보수의 뿌리

보수의 뿌리

편저자	프랑크 메이어
옮긴이	이재학

1판 1쇄 인쇄	2022년 2월 10일
1판 1쇄 발행	2022년 2월 10일

펴낸곳	돌밭
펴낸이	돌밭
디자인	정다희
등록번호	2019-000031호
등록일자	2019년 5월 3일
이메일	theconsevativemind@naver.com

값	25,000원
ISBN	979-11-976676-0-2 03340

이 책 내용의 전부 또는 일부를 이용하려면 반드시 저작권자와 출판사 돌밭의 서면동의를 받아야 합니다.

이 책의 국립중앙도서관 출판예정도서목록(CIP)은
서지정보유통지원시스템 홈페이지(http://seoji.nl.go.kr)와
국가자료종합목록시스템(http://www.nl.go.kr/kolisnet)에서 이용하실 수 있습니다.
(CIP 제어번호:CIP-03340)

잘못 만들어진 책은 구입하신 서점에서 교환해 드립니다.

WHAT IS CONSERVATISM?

보수의 뿌리

프랑크 메이어 편저 이재학 옮김

미국 보수주의를 하나로 묶은 주인공이자 선구자
리커드 위버(Richard M. Weaver)를 기리며

목차

역자 서문

《보수의 정신》을 번역하고 나서 많은 궁금증이 일었다. 러셀 커크의 보수주의가 보수주의의 완결판인가? 다르게 생각하는 사람은 없을까? 보수주의의 뿌리는 유대 기독교 정신에서만 찾아야 하나? 무신론자는 보수주의자가 될 수 없나? 한국에도 보수주의가 뿌리내릴 수 있을까?

그런 질문의 답을 찾아가는 과정에서 이 책을 발견했다.《보수의 뿌리》는《What is conservatism?》이라는 제목으로 1964년 미국에서 처음 출간됐다. 본서는 2015년 조나 골드버그의 서문을 덧붙여 복간된 판본을 번역본으로 삼았다.

편저자 프랑크 메이어가 미국을 비롯해 서구 보수주의 사상가 12명의 글을 한데 묶은 이유는 자명하다. 보수주의라는 정치 철학은 일목요연하게 정리되기 어렵고, 어느 한 사람의 사상이 그 전모를 대변하기도 불가능하며, 그 안에는 매우 다양한 목소리가 존재하기 때문이다. 따라서 그 12명의 글은 보수주의의 변주곡들이며, 보수주의가 얼마나 깊고 다양한 수원(水源)에서 솟아오르는 샘물인지 거듭 확인 시켜 준다.

영미의 전통적 정치 철학이었던 보수주의가 미국에서 새삼 다시 고개를 든 계기는 크게 두 가지였다. 하나는 1917년 소련의 볼셰비키 혁명이고, 다른 하나는 대공황과 뉴딜정책이었다. 우선 대공황과 뉴딜 정책으로 중앙 정부의 경제 개입을 만병통치약처럼 강조하던 자유주의자들이 사회적 대세로 자리 잡기 시작했다. 그와 더불어 독일에 맞서 함께 싸운 소련의 공산주의 혁명을 낭만적 기대가 섞인 눈으로 바라보는 지식인들도 적지 않게 늘어갔다.

이런 정치 경제적 분위기에 위기를 느낀 미국의 지식인들이 누구는 미국의 건국 정신과 전통적 가치(전통주의자)를 앞세우고, 누구는 개인의 자유(자유지상주의자)가 무엇보다 중요하다며 당대의 지배적 풍조인 자유주의(liberalism)에 반기를 들기 시작했다.

미국 보수주의 운동에 참여한 세력들 사이엔 이렇게 강조점의 차이가 없지 않았다. 그 결과 보수주의 세력 내부의 긴장과 갈등도 불가피했다. 그러나 전통적 도덕의 붕괴와 동서 냉전의 이념적 대립 심화라는 시대 상황은 보수 세력들의 결집을 절실하게 만들었다. 이런 배경 아래 1960년대 초에 등장한 이른바 융합주의자(fusionist)들은 보수 세력들의 연대 강화에 노력해야만 했다. 이 책의 편저자 메이어는 바로 그런 융합주의자의 하나이며《보수의 뿌리》는 보수주의자들의 공통점은 강조하고 차이점은 최소화하겠다는 취지로 다양한 필자의 글을 하나로 묶었다.

역자는《보수의 뿌리》에 실린 글을 독자들이 보다 이해하기 쉽도록 최근에 발표된 논문 하나를 추가로 번역해 책의 말미에 부록으로 첨가했다. 보수주의가 영미에서 어떻게 태동됐는지, 그리고 오늘 날 어떤 상황에 놓여 있는지 그 사상사적 흐름을 조금이나마 엿보게 해주는 논문이다. 이 글은 2017년 5월 20일자 <어메리칸 어페어즈 (American Affairs)>라는 잡지에 본 영어 원서의 제목과 같은 제목(What is conservatism?)으로 실렸었다. 필자와 잡지사의 허락을 얻어 게재한다. 저자와 관계자들에게 깊이 감사한다.

보수주의가 무엇인지 사전 지식이 없는 사람들이라면 이 책을 처음부터 읽어가기 보다는 이 논문부터 시작하는 편이 좋다. 현대인을 염두에 두고 쓰인 글이기 때문에 이해하기가 훨씬 더 쉽다. 이 글을 통해 보수주의 철학의 기본을 이해하고 나서 조나 골드버그의 서문을 읽어 보길 권해드린다. 또한 오래 전의 미국 이야기지만, 현대 보수주의 운동이 다시 태동할 때 미국의 지식인들이 무엇을 두고 고민하고 갈등했는지 생생하게 전해주는 11장 윌리엄 버클리의 글도 미리 읽어보라고 추천한다. 다른 필자들의 글을 읽을 때, 보다 더 큰 시야를 제공하기 때문이다.

미국의 헌법과 자유, 그리고 기본권의 문제를 다룬 3장은 배경 지식이 없거나 어렵다면 굳이 읽지 않아도 된다. 최선을 다해 번역했지만 7,8,9 장은 정말 이해하기 쉽지 않았다. 그러나 한번은 음미해볼만하다. 전통과 이성은 어떤 관계에 놓여있고 보수주의자는 어떤 사람인지 잘 설명하기 때문이다. 아울러 민주주의가 왜 만병통치약이 아닌지, 아무리 이론적으로 완벽한 정부형태가 있다 해도 왜 모든 나라에서 잘 작동하지 않는지를 설득력 있게 말해준다. 설사 결점이 있더라도 각 민족과 국가에는 그들의 역사와 경험, 그리고 그들의 현실에 맞는 최선의 정부가 따로 있다는 깨달음도 얻게 된다.

이 책은 60여 년 전 미국의 지식인을 상대로 처음 출판되었다. 당시 그들이 공유한 사상적 배경에 매우 낯선 외국인 독자가 쉽게 읽어내기는 힘들다. 사용된 단어가 친숙하지 않은데다 그 단어가 어떤 맥락에서 어떤 의미를 지니는지 지금의 독자들로선 헤아리기 힘든 측면이 없지 않다. 어법과 말투도 요즘과는 거리가 있다. 조금 과장스럽게 비유하자면 현대 한국인들이 100여 년 전 독립선언서를 읽을 때 느끼는 거리감 같은 게 없지 않다. 한국 다우케미칼 대표 유우종 미국 변호사, 퇴직 언론인 M, L, 대학 동기 J, K군, 뉴스위크한국판 편집장이었던 이원기 님 등 여러분의 도움을 받아가면서 독자들이 이해하기 쉽게 번역하려 노력했고 어쭙잖은 각주도 많이 달았다. 그러나 어딘가 있을 오역과 오류는 온전하게 역자의 몫이다. 지적해주신다면 다음 판에 반영하려고 한다.

표면적으로 이 책은 1960년대 미국 보수주의 정치사상을 설명해주고 있다. 그러나 읽으면 읽을수록 정치학의 본질적인 질문에 대답한다는 생각이 들었다. 국가, 사회, 정부는 무엇이며 그 속에서 살아가는 나, 개인은 어떤 존재이며, 정치인의 역할은 무엇인지 등의 질문에 다양하게 답을 펼쳐갔다. 특별한 점은 교과서적인 설명 보다는 종교와 역사, 그리고 문명의 맥락에서 인간은 어떻게 살아가야 하는가라는 실천적 물음에 답해가는 방식이었다. 따라서 옛 사람들의 목소리였지만 오히려 오늘 날 한국과 세계 각국의 정치 현실에서 벌어지는 소란의 근본적 의미를 더 선명하게 깨우치는 생경한 경험을 하게 된다.

반세기가 넘는 시간적 간극에도 어쩌면 이 책이 처음 나왔던 당시 미국의 지식인들이 가졌던 혼란이나 시대적 소명이 지금 우리 한국인이 당면한 과제와 그다지 큰 차이가 없을지 모른다는 생각도 들었다. 대한민국은 건국된 지 74년이고, 1인당 국민소득이 3만5천 달러를 넘어섰으며, 국내총생산(GDP) 규모는 미국 중국 일본 독일 영국 인디아 프랑스 이탈리아 캐나다에 이어 세계 10위다. 그런데도 이승만 박정희 전두한 전 대통령과 함께 오늘날의 업적을 이룬 선배들의 피와 땀을 고마워하기커녕 우리에게 아직도 청산해야할 적폐가 남아 있다는 서슬이 시퍼런 구호만 난무한다. 민주화 세력으로 가장한 종북주의자들이 남이 써준 민주주의란 정답을 좇아가야 한다는 핑계를 앞세워 지난 수 십 년간 대한민국을 짓밟고 온갖 치욕을 가해왔기 때문이다.

만국에서 모두 통하는 정치 체제의 모범 답안은 있는가? 없다. 바람직한 헌정질서는 국가와 그 구성원에 따라 저마다 다른 양태를 보일 수밖에 없다고 이 책의 필자들은 말한다. 따라서 남이 만들어준 정답을 베끼기 보다는 한국적 보수주의를, 아니 한국적 헌정질서를 우리 스스로 찾아가야 마땅하다는 얘기다.

이 책으로 내가 보수주의에 가졌던 모든 의문을 해소했다고 장담은 못하겠다. 그러나 적어도 궁금증을 풀 수 있는 실마리는 발견했다고 생각한다. 인내심 있게 읽어가다 보면 독자 여러분도 오늘날 한국 정치가 당면한 과제와 관련해 많은 시사점을 얻으리라 생각한다.

개정판 서문

조나 골드버그(Johna Goldberg)

남들은 성공적인 실패라 부를지도 모를 이 책《보수의 뿌리》를 나는 좋아한다. 그렇다고 이 책이 상업적으로 실패했다는 말은 아니다. 솔직히 이 책의 판매량이 어느 정도인지 모른다. 철학적인 짧은 글들을 하나로 묶은 책들의 역사를 감안하면 이 책이 베스트셀러에 올랐으리라 생각하기는 어렵다. 다만 처음 출판된 지 반세기가 훨씬 지난 지금에도 이 분야에서 자주 인용되는 중요한 책으로는 남아 있다. 이런 종류의 책들은 대개 기고자들조차도 잘 읽지 않는 편임을 감안하면 이 책은 이 분야의 고전이라 주장할 만하다.

그러나 내가 책의 성공과 실패를 들먹이며 말하고자 했던 내용은 이와 전혀 다른 이야기다. 우선 훌륭했기 때문에 이 책은 성공했다. 아주 고매한 목적에 부합했기에 더 중요한 책일지도 모른다. 이 책은 미국 보수주의의 《연방주의자 논집(The Federalist Papers)》이나 마찬가지다. 필라델피아에 모여 새로운 나라의 새로운 헌장을 만들어낸 애국자들처럼 이 책의 기고자들은 새로운 운동의 새로운 합일점을 제시했다. 지적(知的)으로는 프랑크 메이어(Frank Meyer)가, 정치적으로는 나의 옛 상사인 윌리엄 F. 버클리(William F. Buckley Jr.)가 그러한 노력을 이끌었다. 물론 버클리의 지적인 기여도 탁월했다.

보통 융합주의(fusionism)라 불렸던 이 계획의 취지는 메이어가 1962년에 출간한 책 《자유를 옹호하며: 보수주의자의 신조(In Defence of Freedom: A Conservative Credo)》에서 가장 강력하게 개진했다. 그는 자유를 사랑하고 존중한다면 우익의 모든 분파가 하나로 단합해야 한다고 주장했다. 그는 자유롭게 선택되지 않은 미덕은 무의미하다고 전통주의자들을 향해 역설했다. 또한 자유지상론자들(libertarians)—혹은 옛날의 단어를 사용한다면 '개인주의자들'—을 향해선, 도덕성이 결여된 개인주의는 혼란을 초래하고 이 혼란은 다시 이런저런 압제를 불러일으킨다고 설명했다. 메이어는 이 책에 기고한 글에서도 "자유를 죽여야 하는 권위가 아무리 정당하다 해도, 자유가 죽으면 진실이 시든다. 또한 도덕적 가치로 활력이 넘치지 않는 자유 개인주의(free individualism)는 뿌리부터 썩어가며 곧 독재에 굴복해 가는 조건들을 만들어낸다."라고 썼다.

메이어를 비판한 사람도 많았다. 머레이 로스버드(Murray Rothbard)[1]는 메이어가 두 사상적 집단을 묶어내지 못한 "무늬만 자유지상론자"였다고 폄하했다. 메이어의 친구이자 동료이며 가톨릭 전통주의자인 브렌트 보첼

---

1 1926~1995. 미국의 오스트리아학파 경제학자. 정치이론가.

(Brent Bozell)[2]은 또 다른 이유를 들어 융합주의—보첼이 붙인 이름이다—가 실패했다고 여겼다. 정치의 목적은 자유가 아닌 미덕의 고양에 있다고 보첼은 주장했다. 그리고 미덕과 자유가 충돌할 땐 미덕이 승리해야 한다는 게 그의 생각이었다.(보첼이 〈내셔널 리뷰(National Review)〉를 떠나 교황지상권적(ultramontane)인 가톨릭 잡지 〈트라이엄프(Triumph)〉를 스스로 설립한 이유도 아마 그 때문이라 보인다.)

나는 내가 여전히 융합주의자라 생각하지만 그럼에도 융합주의에 철학적인 결함, 혹은 적어도 취약성이 있다는 비판에는 동의한다. 융합주의자가 자신의 신조에 따른 논리적 결론을 끝까지 추구할 경우엔 모든 개인이 자유로운—그래서 미덕 있는—선택을 허락하도록 전부, 아니 거의 모든 걸 허용해야 한다고 주장하는 잘못을 반드시 저지른다. 그러나 미덕 있는 사회라면 어떤 문제들은 이미 결말이 지어졌다고 간주해야 하지 않을까? 원래 보수주의란 과거의 어떤 도덕적 승리를 '주머니에 넣고' 가능한 한 오래 그것들을 보존하겠다는 뜻 아닌가? 그리고 보수주의자란 그러한 승리들을 판돈 삼아 우리 사회가 새로운 도전에 직면할 때마다 옳은 선택을 하리라는 본능에 승부를 거는 사람들이 아닌가? 모든 세대가 매번 아동성애, 근친상간, 수간(獸姦), 동물학대 등의 '문제점'을 반드시 논의해야 할까?

전통적 도덕을 방기하는 사회에서 자유가 유지되지 못한다는 메이어의 말은 분명 옳다. 그러나 이는 그의 더 순수한 자유지상론자 친구들을 당혹스럽게 만든 주장이었다. 심지어 자유시장조차도 자본주의의 밑바닥에 흐르는 가치, 관례, 풍습 등에 많이 의지한다. 프리드리히 하이에크(Friedrich

---

2   1926~1997, Leo Brent Bozell Jr. 로마 가톨릭에 근거한 미국의 보수 운동가.

Hayek)는 "우리의 합리적 통찰과는 별개로, 인간은 도덕이라는 전통적 자산을 가졌다고 자본주의는 상정한다. 이 자산은 진화로 검증됐을 뿐 우리의 지성으로 고안되지는 않았다."라고 말했다. 사회적 신뢰, 법의 존중, 지연보상의 감내[3] 같은 사항들은 자유 경제에 필수적이지만 분명 경제적 현상들은 아니다. 모든 세대에서 우리는 위험한 경제적 주장이 아니라, 유혹적인 도덕적 요구들(seductive moral claims)[4]에 위협받는 자본주의를 본다. 만약 엄격하게 경제적인 공격만 막아내도록 맡겨진다면 자유시장 경제학자들은 언제나 궁극적인 승리를 거둔다. 반면 최저임금제를 옹호하는 사람들은 실증적이거나 논리적일 때보다는 감성적일 때 더 설득력이 생긴다. 하이에크나 밀턴 프리드먼(Milton Friedman)[5]은 이를 잘 알았다. 따라서 자유 시장과 자유 그 자체의 진정한 수호자라면 자본주의라는 성채 밖으로 나가 도덕성이라는 더욱 진흙투성이의 전장에서 싸워야만 한다.

미덕이 있고 자유로운 도덕 질서를—회복이 아니라—유지하는 최선의 도구는 그 무엇보다 더 많은 자유가 아닐까? 그러나 이는 우리가 우리의 자녀들을 대하는 방법이 결코 아니다. 바람직하게 키워진 아이들은 자유보다는 질서가 극대화된 세계에서 인생을 시작한다. 그리고 그 질서는 자유를 주어도 좋을 만큼 아이들이 잘 자랐을 때에만 비로소 완화된다. 자유가 최선의 가치인 세계에서 자란 아이들은 타락할 가능성이 크다.

물론 우리는 미국의 성인 시민들을 어린이에 비유하는 수사적 함정에

---

3 나중에 더 큰 보상을 얻으려 당장의 작은 보상을 거부하거나 손해를 감내하는 현상을 지칭한다.

4 최저 임금, 복지 정책 등 자본과 시장의 논리에는 어긋나지만 감성적으로 매력적인 주장들을 지칭한다.

5 1912~2006. 1976년 노벨상을 수상한 미국의 경제학자.

보수의 뿌리

빠지길 원하진 않는다. 그러나 성인 시민들도 삶을 시작할 때는 아이들과 같다. 모든 게 허용되는 더 큰 사회에서 성장하는 아이들은 무엇인가가 허용되지 않는 사회에서 자라나는 아이들과 매우 달라진다.

품위 있는 사회는 상당히 많은 수의 도덕적 무임승차자들, 다른 이들이 제공하고 유지하는 질서와 번영을 누리면서도 과거의 교훈을 거부하는 사람들을 품어낼 수 있다. 그러나 궁극적으로는 공유지의 비극[6]이라는 논리가 작동하기 시작한다. 모든 문명은 다음 세대의 교육을 진지하게 생각해야 한다.

아이들만 질서와 권위를 필요로 하는 건 아니다. "문명화된 인간은 권위에 의지해 살아간다."고 러셀 커크(Russell Kirk)는 이 책에 실린 글에서 말했다. "권위를 적절히 참조하지 않는다면 어떤 형태의 인간 존재도 진실로 가능하지 않다. (…) 정당한 권위와 존중받는 규범, 그리고 웬만큼 괜찮은 시민 사회 질서의 기둥들이 없다면 진정한 자유는 불가능하다."고 그는 말했다. 문제를 풀고 위기를 끝내려면 더 많은 자유가 주어져야 한다는 경우는 누구도 상상하기 힘들다. 그런데도 2015년 봄에 있었던 볼티모어 폭동 기간에 시장 스테파니 롤링스-블레이크(Stephanie Rawlings-Blake)는 "파괴를 바라는 사람들에게 그렇게 할 수 있는 공간을 주었다"고 설명했다.

한편 질서와 미덕이 언제나 승리해야 한다는 주장은 그 자체에 문제점들이 있다. 이 문제들은 대부분의 독자들에게 아마도 더 익숙하리라 생각된다. 왜냐하면 우리의 교육 체제와 대중문화는 수십 년간 거의 모든 형태

---

6 미국의 UCSB 생물학과 교수가 1960년대 말 만든 개념. 지하자원, 초원, 공기 등 공동체 모두가 사용해야 할 자원은 사적 이익을 주장하는 시장의 기능에 맡겨두면 당대에 남용, 고갈될 위험이 있다는 주장이다.

의 전통적 권위와 전쟁을 벌여왔기 때문이다. 우리는 누군가 조금만 참견하려해도 "당신이 뭔데 이래라 저래라 하느냐?"라고 항의하도록 배워왔다. 또한 우리에게 미덕을 강의하는 인물들을 불신하고, 도덕적으로 바람직하지 않을 뿐만 아니라 우리가 불편하게 여기는 질서를 부과하려는 그 누구와도 맞서 싸운다. 이런 본능은 종종 당파적 색깔을 띤다. 독재를 정의하는 좌파와 우파의 시각이 날이 갈수록 서로 멀어져가듯 말이다. 그러나 정부가 강제하는 미덕을 반대한다는 주장을 여기에서 반복할 필요는 별로 없어 보인다. 이 책에 기고한 많은 필자들이 나보다 그 일을 훨씬 더 잘 해냈기 때문이다.

보수주의, 현실주의, 그리고 감사

왜 이 책이 성공적인 실패였느냐는 질문으로 다시 돌아오게 하는 소제목이다. 나는 앞서 이 책을 《연방주의자 논집》에 비유했다. 이러한 비유는 가발이나 마찬가지다. 세밀하게 검사해보기 전까지는 진짜 머리칼과 다름없이 훌륭하게 작동하는 비유이기 때문이다. 하나씩 뜯어보자면 그 비유의 결함은 명백해진다. 《연방주의자 논집》은 새로운 헌법의 지지를 불러 모으려고 쓰였다. 이 책의 글들은 '보수주의란 무엇인가?'라는 질문에 답하는 새로운 합의를 이끌어내고자 집필이 의뢰됐다. 문제는 편집자인 프랑크 메이어만이 융합주의라는 개념에 완전히 공감했다는 사실이다. 다른 기고자들은 보수주의의―그리고 자유지상론(libertarianism)의―특정 시각을 지지했으며 오직 경우에 따라서만 편집자의 생각에 동조했다. 사상의 다양성은 때때로 너무 커서 마치 《연방주의자 논집(The Federalist Papers)》에 반연방주의자들은 물론이고 때로는 군주론자나 왕당파들이 쓴 글까지 포함된 듯했다.

　이런 생각의 다양성은 보수주의의 거대한 아름다움 하나를 생생하게 보여준다. 폄하하는 사람이든 지지자든 모두 보수주의란 분명하게 정의된 원칙들의 집합, 모든 중요한 사항들의 의미와 정통성을 유추하는 첫 번째 근원(First Things)들의 집합이라는 가정을 토대로 생각하는 경향이 있다. 어떤 보수주의자들에게 미국의 건국은 모든 원칙들이 세워지는 토대다. 그러나 그 토대는 다시 존 로크(John Locke), 아담 스미스(Adam Smith), 몽테스키외(Montesquieu)에서 성경이나 아리스토텔레스에 이르는 다른 근거들에 그 뿌리를 둔다.

　많은 가톨릭 보수주의자들은 자신들의 철학적 신념이 성경이나 교회 박사들(Church Doctors)[7]의 설명대로 자연법의 연장이라 말한다. 좋다. 그러나 성 아우구스티누스(Saint Augustine)나 아퀴나스(Aquinas)에 관해 아무런 말을 못하는 보수주의의 거장들도 많다. 다수의 보수주의자들이 존중하는 마음으로 유대 기독교 전통을 보수주의의 원천이라고 밝히지만 무신론자가 완벽한 보수주의자로 활동하는 경우를 발견하는 일도 전혀 어렵지 않다(누가 조지 윌(George Will)[8]이 보수주의자가 아니라고 말하겠는가?). 또한 힌두교도나 불교신자, 그리고 무슬림신자는 보수주의자가 될 수 없다고 말한 사람은 어디에도 없다.

7　교회학자라 칭하기도 함. 기독교에서 신학이나 교리분야의 발전 등에 크게 기여한 공로를 인정받은 사람들에게 주어지는 명칭이다.

8　1941~. 퓰리처상을 수상한 미국의 보수적 정치 평론가. 〈워싱턴 포스트(The Washington Post)〉의 고정 칼럼니스트.

좌파들이 보수주의를 보는 시각은 단편적이다. 그들은 보수주의자들을 완고한 이론가, 신정(神政)주의자, 혹은 단순히 편견이 가득한 사람으로 그린다. 심지어 가장 관대한 좌익 비평가들도 보수주의자들을 독단론자라고, 자유주의자들을 실용주의자라고 주장한다. 실제로 현대의 자유주의자들은 자신들에게 이념적 집착이 전혀 없다고 확신해왔다. 그러나 실은 그들이야말로 아주 뿌리 깊게, 너무나 독단적인 이들이다. 그들은 국가의 효율성과 지혜에 관한 자신들의 독단과, 국가를 활용해 인류를 태양이 밝게 비치는 역사의 고원으로 데려가지 못하는 자신들의 무능을 전혀 자각하지 못한다.

보수주의자들에게도 분명 독단이 있다. 그러나 우리는 그것을 인정하고 토론한다. 우리는 미덕과 자유 사이, 질서와 자유 사이에 어떻게 선을 그어야 하느냐는 질문과 언제나 씨름한다. 우리는 그에 머물지 않는다. 보수주의가 이념인지 아니면 기질인지, 시간에 구속되는 정치적 과제인지 아니면 영원한 철학적 방향인지를 두고 토론을 벌인다. 보수주의는 인간의 목적을 말하는가, 아니면 단순히 수단을 말하는가? 보수주의는 정부의 교리인가, 아니면 개인적 행동의 교리인가? 마이클 오크쇼트(Michael Oakeshott)[9]는 우리에게 말한다. "정부와 관련해선 보수적이고 거의 다른 모든 활동과 관련해서 급진적이라 해도 일관성이 없는 게 전혀 아니다." 그러나 나는 러셀 커크가 이 말에 전적으로 동의하지 않으리라 믿어 의심치 않는다.

이런 토론들은 보수주의자의 심장을 그대로 관통한다. 내가 아는 모든 사려 깊은 보수주의자들은 보다 순수한 전통주의자들에 속한다거나, 보다

---

9 1901~1990, 영국의 정치철학자. 현대 보수주의를 대표하는 이론가 중 한 명.

열정적인 자유지상론자에 속하는 자신들의 모습 일부를 인정한다. 우리 모두는 자유지상론자들의 주장과 전통주의자들의 주장에 나름의 장점이 있다는 사실을 이해한다. 따라서 우리는 어느 쪽이 어떤 특정한 상황에서 더 옳으냐는 질문에 대해 생각할 때 이성을 적용해야 한다.

이 책은 냉전이 그 정점에 치달았을 때 처음 출판됐으며 여기서 개진된 토론들이 우파를 자극했다. 한 사회는 국가의 안전을 위협하지 않으면서 얼마나 많은 자유를 감내해낼까? 우리는 자유를 제한하지 않으면서 얼마나 많은 사회적 안전을 획득할 수 있을까? 그러한 토론들은 테러와의 전쟁이 전개된 지 20년이 지난 오늘날 또 다시 열정적으로 되돌아왔다. 그리고 나는 그런 토론들이 완전히 사라지지 않으리라 생각한다. 심지어 이슬람주의가 패한다 해도 말이다.

왜 그럴까?

왜냐하면 그것이 인간 존재의 본질이기 때문이다. 모든 보수주의자가 믿는 한 가지는 지상낙원(utopias)들이 불가능하다는 사실이다. 지상낙원이라는 그 단어 자체가 '없는 곳(no-place)'이라는 뜻이다. 우리가 바랄 수 있는 최선은 '좋은 곳(good place)', 즉 에우토피아(eutopia)다. 완벽한 사회는 완벽한 인간을 요구한다. 그러나 보수주의자들에게 인간은 타락한, 혹은 보다 세속적인 의미로 말하자면 결함 있는 존재다. 더욱이 모든 인간에게는 결함이 있지만 그들의 결함이 모두 동일하지는 않다. 불평등은 언제나 있게 마련이다. 계층과 위계질서는 언제나 있는 법이다. 보수주의는 현실주의의 한 형태이므로 이를 인정한다.

그 결과 인생은 곧 각축을 벌이는 욕망이나 선택들 간의 주고받기라고 보수주의는 이해한다. 우리의 개인적인 문제에서 일과 가족, 우정과 의무,

그리고 다른 1,000여 가지의 경쟁하는 가치들이 대립할 수 있고 우리가 그 가치들의 균형을 맞추려 최선을 다한다는 사실을 우리는 이해한다. 통치 행위도 이와 마찬가지로 경쟁하는 가치들 사이에서 무언가를 선택하는 일이다.

짧게 말해 보수주의의 핵심에서는 모순을, 인생은 공평하지 않다는 사실의 수용을 편안하게 받아들인다. 이상(ideals)은 영원히 목표여야지 도착지가 아니어야 하며 완벽함은 선함의 적이 아니라 우리가 처음에 무엇이 좋은지 이해하게 해주는, 비록 유일한 기준은 아니더라도 하나의 기준일 뿐이다. 보수주의는 또한 과거의 권위와 그것이 가르쳐주는 교훈을 인정한다. 이상에만 견줘 비교하면 그 무엇도 언제나 충분히 만족스럽고 좋지는 않다. 오직 과거의 경험에 견줘 측정했을 때 우리는 무엇이 진보인지 진정으로 이해하게 된다. 그리고 아마도 보수주의의 가장 필수불가결한 성향일 감사함은 그러한 이해와 함께 찾아온다.

좋고 정당한 그 무엇을 보존하겠다는 생각은 감사하는 마음에서 시작되어야 한다. 윤리와 공공정책 센터(Ethics and Public Policy Center)의 유발 레빈(Yuval Levin)[10]은 내가 보수주의를 생각할 때 즐겨 음미하는 이야기를 했다. "내 생각에 보수주의는 감사하는 마음이다. 보수주의자들은 우리 사회에서 좋고 효과가 있는 그 무엇에 대해 감사하는 마음에서 시작해 그 위에 무언가를 더 보태려 노력하는 경향이 있다. 반면 자유주의자들은 우리 사회의 나쁘고 망가진 그 무엇에 대한 분노에서 시작해 그 모두를 파괴해 버리려 애쓰는 성향이 있다."

10　1977~ 미국의 정치분석가, 언론인. 2009년 이래 〈내셔널 어페어즈 (National Affairs)〉지의 창간 편집인으로 재직 중.

애국심의 기반은 감사하는 마음이다. 그것 없는 애국심은 민족주의에 지나지 않는다. 우리는 미국인이어서 행운아다. 왜냐하면 미국은 특별하기 때문이다. 미국 혁명은 정확하게 현실주의와 이상주의, 그 둘에 토대를 두었기 때문에 성공적인 혁명이다. 모순을 편안하게 받아들이는 심오함은 우리 헌법의 구조에 깊숙이 놓여 있다. 헌법은 당파와 당파를 대립하게 하고, 삼권이 서로 대항하게 했으며, 민주주의의 과잉을 희석시켰고, 국민이 행정부의 책임을 묻도록 했다. 그렇게 현실주의에 뿌리를 내렸기에 헌법은 우리 이상(ideal)의 무게를 견딜 수 있었다.

이 대목은 프리드리히 하이에크의 글, 〈나는 왜 보수주의자가 아닌가?〉를 떠오르게 한다. 이 책에서 메이어의 원고 청탁으로 쓰이지 않은 유일한 글이다. 이 〈나는 왜 보수주의자가 아닌가?〉라는 글은 하이에크의 글들 중 가장 남용되거나 오용된 경우의 하나다. 사실 이 글의 적절한 제목은 '나는 왜 유럽의 보수주의자가 아닌가?'여야 한다. 하이에크는 다음과 같이 썼다.

바람직한 보수주의는 정당하고 아마도 필요하며, 명백히 말해 급진적 변화에 반대하는 널리 퍼진 태도다. 그것은 프랑스 혁명 이래 150년간 유럽 정치에서 중요한 역할을 담당했다. 사회주의가 등장하기 전까지 보수주의의 반대는 자유주의였다. 그러나 미국 역사에서는 유럽의 이런 사정에 상응하는 갈등이 없었다. 유럽에서 '자유주의'라 불린 그 무엇이 미국에서는 자국의 정체(polity)를 수립한 공통의 전통이었기 때문이다. 그러므로 미국 전통의 수호자는 유럽인들의 의미에서는 자유주의자였다.

다른 말로 미국은 보수주의자가 언제나 고전적 의미의 자유주의자임을 의미해온 세계 유일의 곳이다(하이에크는 이 글에서 자신을 '자유지상론자'나 '개인주의자'가 아닌 '옛 휘그(Old Whig)'로 묘사했다. 러셀 커크에 따르면 이는 보수주의의 창시자인 에드먼드 버크가 선호했던 바로 그 용어다).

미국 건국의 아버지들은 고전적 자유주의자들이었다. 근대 미국 보수주의자들은 자유의 그 전통을 보호하려는 과업에 헌신한 사람들이다. 〈내셔널 리뷰〉의 펠릭스 모얼리(Felix Morely)[11]는 1964년에 이 책 《보수의 뿌리》에 대한 서평의 결론을 다음과 같이 내리며 이 점을 분명히 했다. "이 평자(reviewer)에게 미국 보수주의는 유연하다기 보다는 엄격하게 헌법을 해석하는 입헌주의(Constitutionalism)다."

궁극적으로 이 책은 중요하고, 또한 성공적인 책이다. 왜냐하면 미국 자유의 전통을 잘 보여주기 때문이다. 융합주의는 정치 철학이 되기엔 미흡한 개념이다. 현대의 유사 단어인 컨서버터리아니즘(conservatarianism)도 마찬가지다. 자유와 질서, 혹은 자유와 미덕은 결국 영원히 조화될 수 없기 때문이다. 그것들은 한때 상호 의존적이다가도 어느 때는 서로 전쟁을 벌인다. 상대가 없으면 죽고 못 살면서도 끊임없이 말다툼하는 부부와도 같다. 어떨 때 한쪽이 다른 쪽보다 더 나은 주장을 하지만, 그 다음 날은 반대의 양상이 펼쳐진다. 인생은 모순과 갈등으로 가득하다. 그리고 서구 문명—근대 보수주의에서 유일하게 진정한 토대인—은 이런 모순과 갈등들이 1,000여 년 간 해소되어온 이야기다. 어떤 생각을 담고 있느냐는 면에서 보면 융합주의는 성공하지 못했다. 그러나 어떻게 생각할 것인가에 대한 안내자로 바라본다

---

11 1894~1982. 퓰리처상을 수상한 언론인.

면 눈부신 성공작이다. 융합주의는 우리가 이렇게 갈등하는 원칙들의 균형을 잡으려 언제나 노력해야 한다는 사실을 말해준다. 비록 자유에 조금 더 우호적이긴 하지만 말이다. 왜냐하면 고전적 자유주의의 전통에서, 자유의 존중을 언제나 강제에 앞세워야 하고, 강제력을 동원하고 싶은 쪽이 반드시 그래야만 한다는 증명의 부담을 져야 하기 때문이다.

조나 골드버그는《자유주의적 파시즘(Liberal Fascism)》《클리셰의 독재(The Tyranny of Cliches)》라는 두 권의 〈뉴욕 타임스(The New York Times)〉 베스트셀러를 출판했다. 전국의 여러 신문들에 연재하는 칼럼니스트이며 '폭스 뉴스(Fox News) 출연자인 골드버그는 〈내셔널 리뷰〉의 기고자이자 온라인 판의 창립자, 미국기업연구소(American Enterprise Institute)의 연구원이기도 하다.

서문

이 책의 주제는 현대 미국 보수주의 사상들이 어디에서 견해를 같이 하고 어디에서 달리하는지 알아보자는 데 있다. 미국 보수주의 운동이 당대에 시작됐고, 정치판에서 그 운동이 나날이 더 커져간다는 사실을 부인하는 사람은 없다. 이 운동의 범위를 정하는 일반적인 정치 원칙들을 규정하는 일도 어렵지 않다. 지난 30년간 미국을 지배해온, 우리가 '자유주의(liberalism)'라 부르는 성향에 대조되는 내용이 보수주의라는 정치 원칙들이다. 미국의 보수주의자들은 정부 권력의 증가—복지국가로 알려진-와 연방정부로의 권한 집중에 반대한다. 또한 그들은 우리 시대의 전형적인 무차별 평등주의도 반대한다. 이 평등주의는 우리 국가의 삶 전반, 정치, 사회, 경제뿐 아니라 학문의 분야에서도 나타난다고 보수주의자들은 본다. 그들은 공산주의를 앞에 두고 현재 우리가 보이는 뒷걸음질과 유화적인 태도라는 국가 정책을 거부한다. 그리고 공산주의의 전진에 단호하게 저항할 뿐 아니라 공화국 미국, 그리고 우리의 전반적인 제도와 기관들의 생존을 유일하게 보장하는 방안은 이에 맞서 싸우는 일이라고 확고하게 믿는다.

현실 정치 수준에서 이뤄진 이러한 합의는 어디에 그 토대를 두었을까. 바로 인간의 본성, 그리고 인간이 정부 또는 사회와 맺는 관계에 대한 일반적인 합의―적어도 '자유주의적' 시각과는 대조적인―다. 또한 그 합의를 둘러싸고 벌이는 자세한 토론이 곧 이 책의 내용이다. 근대 환경에서 미국을 건국하고 헌법을 고안했던 이들의 합의와 이 책의 내용은 대체로 비슷하다고 말해도 좋다.

그러나 이러한 합의 내에서도―미국을 설립한 사람들의 합의 내에서도 그랬듯―강조점의 차이들은 뚜렷이 존재한다. 물론 합의 역시 존재한다. 그리고 이 책의 목적은 이 합의와 차이의 명백한 역설(paradox)을 검토하고 그 해결책의 근거를 제시하는 데 있다. 구체적으로, 차이의 가장 심오한 요소는 전통과 권위의 개념을 역설하는 사람들과 자유라는 개념을 힘주어 말하는 사람들이 서로 다른 점을 강조하기 때문에 발생한다. 이런 차이의 고려가 이 책의 주요한 관심사다. 물론 그 과정에서 대단히 중요한 합의 사항이 떠오르기도 하고 문제점이 나타나기도 한다.

첫 장인 '자유, 전통, 보수주의'에서 프랭크 메이어는 이 주요한 차이의 근본적 요소를 설명하고, 일반적인 보수적 합의 안에서 그 해결책의 몇 가지 측면을 잠정적으로 제시한다. 러셀 커크와 윌무어 켄달(Willmoore Kendall)은 각자 서로 다른 관점에서 보수주의 사상의 반 자유지상론적인 강조점을 개진했다. 반면 빌헬름 뢰프케(Wilhelm Röpke)와 하이에크, 그리고 M. 스탠턴 에번스(M. Stanton Evans)는 자유를 강조하는 견지에서 대답한다. 스탠리 패리(Stanley Parry) 신부는 이 토론을 돌파해 또 다른 차원에서 현대 문명의 문제들과 관련해 예언적 관점이라 불릴 만한 내용을 제기한다. 스티븐 J. 톤소(Stephen J. Tonsor)와 개리 윌스(Garry Wills)는 전통주의자와 자유지상론자(libertarian)들의 강조점을 모두 아우를 만한 정치적 원칙들을 도출하려 시도한다. 몇몇 구체적인 문제들을 분석하면서 존 체임벌린(John Chamberlain)과 윌리엄 버클리는 각각 경제 문제, 그리고 보수주의자들 사이에 벌어진 구체적인 일들을 다루면서 토론의 영역을 실천적 적실성의 차원으로 끌어간다. 결론을 맺으며 프랑크 메이어는 앞서의 토론들이 어떻게 보수주의자들 간의 합의를 보다 굳건하게 수립하고 그들의 차이를 품어나갔느냐는 관점에서 분석했다.

공유하는 가치

The Common Cause

1

자유, 전통, 보수주의

프랑크 메이어 Frank S. Meyer

집산주의적 자유주의(collective liberalism)가 지난 50년간 미국의 사상계를 지배해왔다. 그러나 지금은 그것의 지적(intellectual) 파산이 갈수록 더 명백해진다. 집산주의적 자유주의가 한창 기세를 올리던 때는 영혼을 울리는 열정, 상상력과 활력이 그 특징이었지만, 이젠 공허한 구호만 지루하게 반복한 지 오래인 데다 관료적 권위의 무게와 타성으로 그 명맥만 유지할 뿐이다.

자유주의의 영향력은 여전히 의심하기 어렵다. 그러나 그 힘이 막강하긴 해도 인간사에서 최종적인 결정권을 행사하진 않는다. 인간은 지적이고 정신적인 이해에 고무되고 안내를 받아가며 권력을 휘두르고, 통제하며, 제한하고, 나눈다. 그릇된 세계관의 문제점이 드러나 그 기초 위에 세워진 권력의 구조물이 쇠락하고 붕괴하기까지는 수년 아니 수십 년이 걸릴 수 있다. 그러나 그 몰락과 패배는 시간의 흐름에 따라 나타날 필연적인 결과다. 왜냐하면 진실은 지성과 영혼의 문제에 관심이 있는 사람들의 의식, 미래의 기초를 결정하는 사람들의 의식에 반드시 다시 떠오르기 때문이다. 비록 그들의 손에 당대의 물질적 통제력은 없겠지만 말이다.

지난 5~6년 사이 자유주의적 집산주의가 근거로 삼는 개념에 맞서 100년간 유례가 없었던 지적 반란이 발생했다. 역사적으로 전례가 없진 않지만 현실 정치의 영역에서 민주당뿐 아니라 공화당에서도 권력의 지위를 결정적으로 확보하는 지경까지 자유주의의 영향력이 끊임없이 번져가던 바로 그 순간에, 지적인 측면에서 창조적 에너지가 그렇게 동시 다발적으로 폭발했다는 사실은 얄궂기(ironic) 짝이 없다. 그러나 얄궂든 아니든 그것이 사실이다. 근대 미국에서 처음으로 하나의 사상적 학파가, 집산주의적 자유주의의 바로 그 개념적 토대를 의식적으로 공격했다. 지적으로 진지한 잡지인 〈모던 에이지(Modern Age)〉와 〈내셔널 리뷰(National Review)〉가 국가의 삶에서 당당하게 자리를 잡았다. 그리고 대학에서는 새로운 세대의 학부생과 대학원생, 그리고 젊은 교수들이 주류였던 자유주의적 정론(liberal orthodoxy)에 공개적으로, 또 점점 더 많이 맞서기 시작했다. 무엇보다 중요한 사실은 아마도 20세기 중반 미국이라는 상황에서 자유주의의 적들이 자유주의 시각의 문제와 의미를 두고 집중적이고 광범위한 토론을 벌였다는 점이다.

나는 바로 이 토론을 다루고 싶다. 집산주의를 반대하는 사람들의 지적인 이해가 자라지 못하게 가로막거나 의견을 분분하게 만든 문제들이 명료히 정리되는 데 도움을 주고 싶기 때문이다. 그러나 이 토론에는 실체적

곤란함 못지않게 의미론적 어려움도 덧붙여진다. 따라서 나는 독자들에게 '보수적'이란 단어가 두 가지 사상의 흐름을 포괄하는 용어임을 받아들여 달라고 요청한다. 그 두 가지 사상은 기득권을 누리는 집산주의적 자유주의의 이념에 반대하고자 실제로 힘을 합했다. 비록 때로는 서로 대립되는 듯 표현되지만 그 두 생각의 흐름들이 실천적으론 폭넓은 보수 정치 이론의 틀 안에서 하나로 묶인다고 나는 믿는다. 그 둘은 공통의 전통에 뿌리를 두었으며 같은 적에 맞서 싸우기 때문이다. 여러 형태를 보이지만 그 둘의 대립은 서구 신념 체계의 본체에서 자유와 개인이라는 내재적 중요성의 강조를 추출해낸 사람—우리가 '자유지상론자(libertarian)'라 부르는—과, 같은 근원에서 생각을 길어 올리지만 가치와 미덕 그리고 질서를 강조하는 사람—우리가 '전통주의자'라 부르는—의 차이일 뿐이다.

그러나 두 생각의 흐름이 시작되는 근원이자 서구 문명에 영속되어온 의식은 이처럼 명백히 대립되는 목적들을 균형감과 긴장감 속에서 하나로 유지해내는 능력을 실천적으로 과시해왔다. 미국 근대 보수주의의 논쟁에서 서로 맞서는 이 두 입장은 사실 상대의 목적을 대개 암묵적으로 받아들인다. 가치의 절대적 근거를 암묵적으로 인정하지 않으면 정치·사회적 사상과 행동의 기준인 인간의 존엄(pre-eminence)은 그 철학적 기초를 잃고, 자유는 오직 의미 없는 자극에 불과해지거나 정치의 진지한 목적이 되지 못한다. 다른 한편 인간 존재의 목적이 미덕이라는 믿음은 그 목적을 선택 가능케 하는 자유의 필요성을 묵시적으로 인정한다. 그 필요성을 인정하지 않는다면 미덕은 단지 강제되는 성향에 지나지 않는다. 아주 높은 경지 위에 두어져 인간 개개인을 굴종시키거나 초라하게 만드는 질서는 더 이상 전통주의자들이 의미하는 질서가 아니게 되며 전체주의적인 지배, 비인간적이거나 인간 이하의 지배만 의미할 뿐이다.

이 두 입장의 어느 쪽도 상대가 주장하는 목적을 의도적으로 묵살하거나 철학적 근거를 들이대며 부인하지 않는다. 오히려 양측은 스스로 결정적이라 생각하는 서로 다른 서구 전통의 위대한 가치들을 대단히 강력하게 강조하고, 그 때문에 사상의 왜곡이 시작된다. 그래서 서구의 전체적인 전통에서 차지하는 그 가치들의 위치는 잊혀지고 자유와 미덕의, 개인과 정치 질서의 상호보완적 의존성은 묻혀버린다.

어쨌든 보수 사상에서 이렇게 상반된 강조점들은 두 집단을 서로 멀리 떨어뜨려버릴 만하고 실제 그러기도 한다. 특히 삶의 진정한 목적이 미덕의 추구에 있다는 믿음이나, 그 목적을 성취하는 조건으로서 신이 부여한 자유가 있다는 이 두 가지 공통의 유산, 그 어느 한쪽을 양측의 지지자들이 각각 무시할 때 그렇다. 그러나 그들의 대립은 해소될 수 있다. 그들이 그 유산을 공유한다는 바로 그 사실 때문이다. 한쪽의 극단주의자들은 자신들이 믿는 강령만 역설해준다면 권위주의 사회가 재연될지 모른다는 위험을 간과한다. 다른 편의 극단주의자들도 정치적·경제적 개인주의가 지배적이기만 하면 무엇이 궁극적 가치가 된다 해도 무신경해진다. 그러나 양측의 극단주의자들은 자멸을 부를 뿐이다. 자유를 죽여야 하는 권위가 아무리 정당하다 해도, 자유가 죽으면 진실이 시든다. 또한 도덕적 가치를 모르는 자유개인주의(free individualism)는 뿌리부터 썩어가며 곧 독재에 굴복해가는 조건들을 만들어낸다.

그러한 극단론들이 같은 진리의 반대편을 강조하는 강령들 사이의 변증법적 결과물일 필요는 없다. 오히려 근본적으로 같은 이해에 바탕을 두지만 서로 다른 강조점들의 변증법은 유한한 인간들의 전통 속에 간직된 대부분의 지혜가 획득되는 방식이다. 그러한 변증법이 오늘날 자유지상론자와 전통주의자로 나뉜 보수주의자들 사이에 가장 필요한 단계에 와 있다. 한쪽의 진실만이 결정적이라고 간주하는 양측 사람들의 의식 속에 동일한 진실의 보완적이거나 다른 측면까지 남아 있기만 하면 가장 위대한 의미가 담긴 결과는 반드시 성취된다.

그릇된 대립을 만들어 건설적인 대결을 방해하는 성향은 부분적으로 지금 우리가 당면한 혁명적 시기, 보수주의의 내재적 딜레마에서 비롯된다. 전통, 규범, 사회 조직의 보호를 향한 보수적 정신의 깊숙한 충정—이른바 '자연적 보수주의(natural conservatism)'라 불려온—과 호전적인 보수주의 사이에는 진정한 모순이 있다. 호전적 보수주의는 사회 조직이 거칠게 찢겨나갔을 때, 유해한 혁명적 원칙들이 기승을 부릴 때, 그래서 보호가 아닌 복구가 무엇보다 요구될 때의 보수주의, 보다 논리적으로 다듬어지고 원칙에 의거한 의식적 보수주의이기 때문이다. 보수주의자는 단순히 몇 년간 혹은 몇 십년간 우연히 존재했던 조건들이 아니라 자신이 살아온 문명과 나라의 합의사항을, 존재의 본질에서 유추된 진실을 지난 수백년 동안 반영해온 그 합의사항을 보호하려는 사람이다. 지금 우리는 지난 30년간의 느리지만 교활하게 진행된 국내 혁명, 그리고 지난 50년간 해외에서의 폭력적이고 공공연한 혁명이 만들어낸 상황에 놓여 있다. 이러한 상황에서 진실되고 바람직한 그 무엇을 보존한다는 의미는 오랜 시간 묻혀버린 깨달음—그리고 그 깨달음을 반영하는 사회구조—의 회복에 있지 현재의 규범이나 언제 변할지 모르는 과도기적 관습을 보존하려는 게 아니다.

보수주의의 딜레마는 바로 이 지점에서 우리의 현 강령적 논의에 영향을 미친다. 우리의 처지에서 현재의 집산주의적이거나, 과학적이고 비도덕적 파도와 전투를 벌여야할 필요를 느끼는 자유지상론자들은 이성만 숭배하고 전통이나 규범(현재의 지배적 규범과 동일하다고 여긴다)은 방기하는 성향이 있다. 반면 전통주의자는 이 자유지상론자들의 성향에서 우리 시대 혁명의 특징이거나, 프랑스혁명이나 그 후계자들의 특징인 추상적이고 관념적 이념을 인간에게 강요하려는 열기가 보인다고 의심한다. 전통주의자들은 그런 뒷걸음질 속에 자신들의 일방적인 입장만 고집하려는 성향을 보인다. 전통주의자들은 너무 자주 이성과 원칙을 '악마적 이념'과 혼동한다. 이성의 한계, 다시 말해 어느 한 세대나 한 인간에 내재한 시야의 유한한 테두리나, 계속되는 전통의 여건에서 이성을 택해야 할 의무를 정당하게 강조하기보다는 때때로 이성 그 자체에 전면적으로 등을 돌리거나, 관습과 규범의 권위를 이성과 조화시키기 불가능한 장소에 놓아둔다.

그런 두 가지 태도는 진실을 가리고 변증법의 가치를 훼손한다. 서구의 역사는 전통의 범위 안에서 작동해온 이성의 역사였다. 이성과 전통 사이의 균형은 미약했고, 때때로 그 긴장은 정신적으로 거의 수용하기 힘들 지경까지 높아지기도 했다. 그러나 서구의 영광은 이 긴장과 균형에서 만들어졌다. 이성과 전통 어느 한 요소가 배타적 지위를 갖는다고 주장한다면 자유주의적 집산주의라는 괴물에 맞서 싸우는 전선에서 보수주의의 잠재력을 훼손하고 서구 역사의 그 영광만 더럽히는 짓이다.

전통이 없는 진공 속에서 작동하는 추상적 이성이야말로 건조하고 왜곡된 이념만 낳는다. 그러나 혁명의 시대에서 자연적 보수주의는 그 특성 때문에 오직 그 혁명의 지배적 권력에만 왕관을 씌워줄 염려가 있다. 자연적 보수주의는 인간의 정당한 특징이며, 안정된 시기에는 올바른 성취를 이뤄낸다. 익숙한 그 무엇에 집착하고 삶의 기존 양식을 유지하려는 보편적 인간의 성향이 바로 이 자연적 보수주의다. 평화로운 시절의 자연적 보수주의는 진실의 깊이를 더 깊게 한다. 아울러 가치를 고양하고자 그동안 수용됐던 한계를 부수고 나오려는 역동적 충동과도 건강한 긴장관계를 이룬다. 그러나 그런 긴장관계는 사회 조직이 견고할 때, '관습의 정수(cake of custom)'가 온존할 때에만 가능하다. 그래야 그 두 가지의 인간적 성향들은 정당한 비율로 유지된다. 왜냐하면 모든 여건의 인간들은 각자 자신들의 이해 수준에 따라 진실과 가치에 있는 동일한 초월적 근거를 믿기 때문이다. 그러나 어떤 이유에서건 이 긴장의 통일성에 균열이 생길 때, 삶의 영원한 리듬에 깃든 긴장이 깨지면서 그 역동성이 사라져버릴 때, 한마디로 혁명적 무력이 문명의 균형과 통일성을 부숴버릴 때 보수주의가 제 의무를 다하려면 또 다른 형태로 바뀌어야 한다. 보수주의는 무비판적 수용이나 자연적 보수주의의 핵심인 단순한 존숭(uncomplicated reverence)에 머물러선 안 된다. 개념이나 상징과 이미지의 세계는 뒤죽박죽 엉켜버렸고 문명의 생명선은 잘려나갔거나 산산이 찢겨나갔기 때문이다.

이것이 우리의 상황이다. 그래서 우리에겐 의식적 보수주의(conscious conservatism), 즉 철학적·정치적 진실의 새로운 환경에서 분명하게 원칙에 근거해 다시 정의된 보수주의가 요구된다. 이 의식적 보수주의는 단순한 충성심이 아니라 심오한 의미에서 존재의 본질에 보내는 충성을 지녀야한다. 어찌됐든 그 의식에는 저항의 정신이 담겨야 한다. 혁명이 인간 지혜의 계속성에 가한 무례한 파열에 맞서 싸우겠다는 정신이다. 그 단절이 만들어낸 상실감이 의식적 보수주의를 불러낸다. 이제 의식적 보수주의는 자연적 보수주의와 달라야 한다. 의식적 보수주의가 존재하는 세계는 혁명적 세계다. 그런 세계를 인정하고 보존한다면 인간이 오랜 세월 개발해온 이해(understanding)를 부정하고, 성취된 진실을 파괴하는 그 혁명의 본질들을 수용하고 보존하는 셈이다.

의식적 보수주의란 그저 과거로의 무조건적 회귀를 우리에게 요구하지 않는다. 과거의 그 많은 측면들은 모두 균형 잡힌 정지 속에 있었다. 그러나 혁명은 그 정지 상태를, 전통을 파괴했다. 그 미묘한 조직은 같은 형태로 다시 만들어질 수 없다. 그것의 통일적 특질은 이미 파괴됐다. 혁명적이거나 혁명 이후 시대의 의식적 보수주의는 혁명 이전의 자연적 보수주의가 상상하지 못한 문제에 직면한다. 자연적 보수주의라는 사고방식 자체는 이런 시대적 과업에 적합하지 않다. 오늘날의 보수주의는 단순히 현실을 추인해선 안 된다. 반드시 선택하고 판단해야 한다. 다만 그 선택과 판단이 수천 년 인류의 집합적 지혜에 근거하기 때문에 보수적이다. 또 그 지혜로 드러나는 불변의 가치들이 요구하는 대로 이성을 제약 없이 무책임하게 활용하지 말아야한다는 걸 받아들였기 때문에 보수적이다. 의식적 보수주의는 눈앞에 놓인 현대 세계의 현실을 수용하지 않고 오히려 그것에 도전해야 한다. 우리 시대의 정치적, 또 사회적 실체가 보여주듯, 그 철학적 사상의 기존 체계는 근본적으로 잘못되었다. 그것을 수용하는 일은 보수적인 행동이 아니라 오히려 혁명을 묵인하는 행위인 셈이다.

이런 특성의 상황들은 문명의 역사에서 끊임없이 계속해서 발생해왔다. 그때마다 유산의 잔해에서 진정한 원칙을 복구해낸 이들은 위대한 혁신가였다. 그들은 이성의 인도를 받았다. 신중함으로 다듬어지긴 했어도 처음엔 물론 이성이었다. 아테네 군중(demos)의 웃자란 자부심이 인간 정신과 정치체(body politic)에 만들어낸 혼돈과 맞섰던 소크라테스(Socrates), 플라톤(Plato), 아리스토텔레스(Aristotle)와 마찬가지로 우리 역시 자연적 보수주의의 행복한 시대를 살아가진 않는다. 우리는 전통을 그저 존숭하는 데 그치거나, 무비판적으로 추종해서도 안 된다. 요즘의 지배적인 지적 추세 탓에, 그리고 견해와 믿음을 주조하는 모든 기관들의 난립과 학교들 덕분에, 지금 우리에게 주어진 전통은 진실과 미덕을 경멸하는 실증주의로, 집산주의로, 고삐 풀린 국가로 빠르게 변질되어가고 있기 때문이다.

모든 혁명기의 보수주의자들과 마찬가지로, 오늘날의 보수주의자들 역시 자신들이 맞선 문제와 관련하여 이성을 끌어 모아야 할 필요성과 의무에서 벗어날 수 없다. 그들은 혼돈과 오류라는 거대한 뒤죽박죽의 덩어리를 관통하는 과업에서 기본적인 원칙을 적용해 거짓과 참을 분리해내야 한다. 또한 새로운 여건에서 서구의 위대한 전통으로 전해져온 진실을 표현하는 생각의 형태와 제도를 다듬어야 할 의무가 있다. 선례와 규범, 과거의 지혜를 존중하지만 그가 당면한 과업은 원칙을 찾아내고, 거짓에서 참을 분리해내도록 힘을 주는 기능, 즉 이성의 도움을 얻어야 수행된다.

이성과 전통 사이의 첨예한 대립만 강조한다면 그 둘 사이에 존재하는 진정한 조화를 왜곡하고 보수주의 사상의 발전을 가로막는다. 둘 사이의 진정한 반목은 없다. 오늘날 계속 발전해야 할 보수주의는 그 둘의 포용, 즉 전통의 범위 안에서 작동하는 이성이어야 한다. 인류의 축적된 지혜를 무시하면서 이상향의 청사진을 관념적으로 창조하겠다는 이념적 오만도 정답이 아니고, 우리 세대에 요구되고 우리가 노심초사해서 답해야 할 질문에 과거의 지혜에만 맹목적으로 의지해 자동적으로 대꾸해서도 안 된다.

보수주의자들 사이의 대화를 왜곡하는 이성과 전통의 그릇된 대립은 자유지상론의 역설과 전통주의의 강조에서 나타난다. 너무 자주 지나치게 권위주의적이었던 보수주의가 고전적 자유주의와 19세기 유럽에서 벌였던 투쟁의 역사적 유산탓이다. 고전적 자유주의에는 보수주의자들이 마땅히 거부해야 할 요소가 많았다. 자유주의의 철학적 기초, 이상향을 건설하려는 그들의 성향, 그리고 전통을 경멸하는 태도(명시적인, 결코 암시가 아닌) 말이다. 20세기가 맞은 곤경의 상당 부분은 당연히 자유주의에 그 책임이 있다. 그러나 자유의 옹호, 자유를 확보하려는 정치 경제 이론의 발전은 우리가 보존하고 발전시킬 필요가 있는 유산이다. 이는 공리적 윤리(utilitarian ethics)[12]와 고전적 자유주의가 우리에게 물려준 세속적 진보주의[13]를 거부해야 할 필요만큼이나 자유주의가 우리에게 기여한 부분이다.

19세기의 보수주의는 가치와 미덕의 탁월함을 이해하고 인류의 전통을 계속 지켜가는 일을 존중했기에 자유의 요구에 지나치게 무신경했고, 너무나 쉽게 국가나 사회의 권위에 개인을 굴복시키려 했다.

오늘날의 보수주의자들은 비극적으로 갈라진 이 두 서구 전통에서 최고만을 물려받았다. 그러나 분열은 계속됐고 보수적 논의들에 어려움을 가중시켰다. 전통주의자는 비록 실천적으로는 20세기의 집산주의적 괴물 국가에 맞서 자유지상론자들과 함께 싸웠다. 그러나 고전적 자유주의의 불건전한 형이상학에 저항하면서 그와 함께 흘러나온 자유의 경제·정치적 이론

---

12 최대다수의 최대행복이란 공리주의적 윤리관은 인간의 행복을 산술적으로 계산하며, 한사람의 행복은 다른 사람의 불행으로 이어진다고 본다. 결과적으로 개개인을 서로 다른 인간이 아니라 익명의 숫자 하나로 간주한다는 오류에 빠진다고 보수주의자들은 비판한다.

13 과거나 전통의 전면적 부정을 지향한다.

들까지 거부하는 경향을 보였다. 이렇듯 전통주의자는 거짓과 함께 진실까지 버려, 자유지상론자라는 자기의 분신과 나누는 대화에 불필요한 장애물만 만들어낸다. 반면 자유지상론자는 자유의 19세기적 옹호라는 혼란스런 유산으로 고통 받으며 계속성과 전례를 강조하는 전통주의자에 저항한다. 전통주의자들의 강조가 연상시키는 권위주의가 반감을 만들어내기 때문이다. 실제로는 집산주의와 국가주의가 만들어낸 혁명적 파도의 솟구침에 맞서 전통과 계속성을 굳게 옹호하면서도 말이다.

우리는 고전적 자유주의의 역사에 내재하는 비극의 희생자들이다. 제한된 국가권력, 자유시장 경제와 개인의 자유라는 정치·경제적 강령을 발전시키면서 고전적 자유주의는 공리주의를 앞세웠기 때문에 유기적 도덕질서를 믿는다는 이념적 기반을 약화시켰다. 그러나 개인의 완결성, 그리고 자유라는 압도적 가치의 존중을 가능하게 하는 기초는 유기적 도덕 질서를 믿는 데 있다. 정치·경제적 자유라는 강령은 그런 믿음 없이 유지되지 못한다.

더욱이 그런 믿음이 보편적으로 수용되지 않는다면, 제아무리 자유로운 사회—그런 게 정말 존재한다면—라 해도 곧 만인이 만인과 서로 싸우는 전쟁터가 되고 만다. 의무와 자선이라는 개인적 책임을 광범위하게 수용하지 않는 정치적 자유는 결코 존속 가능하지 않다. 자유의 철학적 기초를 이해하지 못하고, 미쳐 날뛰는 파렴치한 비적들에 노출되면 인간은 자신들의 운명을 선택하는 순간까지만 완전히 자유롭다는 사실을 잊고, 자신들에게 복지와 질서를 약속하는 각양각색의 오류[14]들이나 기웃거리게 된다.

철학자로서 고전적 자유주의자들은 자유주의 정치·경제적 강령의 기초

---

14 공산주의나 사회주의를 비롯해 다양한 종류의 정치·경제적 만병통치약이나 포퓰리즘을 지칭한다.

보수의 뿌리

를 훼손했다. 이렇게 우리의 불행에 많이 기여했지만 정작 그들은 수 세기 동안 승계되어온 기독교 국가의 도덕적 자산 위에서 살아갔다. 그들의 철학적 강령은 양심의 토대를 공격했지만 여전히 양심적인 인간으로 살아갔다. 크리스토퍼 도슨(Christopher Dawson)[15]이 말했듯 "옛날의 자유주의는 모든 약점에도 불구하고 서구와 기독교 문화의 영혼에 깊게 뿌리박고 있다." 그런 뿌리들이 아직 잘려나가지 않은 상태에서 고전적 자유주의자는 오늘날 보수적 유산의 일부인 정치적 자유나 경제적 자유의 이론들을 개발해낼 수 있었다.

자유지상론자(libertarian)와 전통주의자 사이의 오해는 상당 부분, 고전적 자유주의의 강령들이 유효하거나 유효하지 않은 서로 다른 수준들을 이해하지 못한 결과일 뿐이다. 자유는 도덕적 영역에서 인간의 올바른 목적인 미덕을 추구하는 수단에 지나지 않는다. 이런 사실을 고전적 자유주의자는 잊어버렸고 현대의 자유지상론적 보수주의자 역시 때때로 잊어버리는 경향이 있다. 그래도 고전적 자유주의자는 정치 영역에서 자유가 주요한 목적이라는 사실 자체는 이해한다. 만약 액튼(Acton) 경과 함께 우리가 "도덕적 의무를 구현하는 자유의 수립을 문명사회의 목적으로 삼으려 한다."면, 정치 지도자들의 마음속에 가장 마지막으로 떠오르는 게 자유인 시대를 사는 오늘날의 전통적 보수주의자는 고전적 자유주의자들이 자유라는 개념에 기여한 바를 거부해야 할 이유가 거의 없다. 설사 자유가 목표라는 그들의 이해(理解)가 아무리 타락했다손 치더라도 말이다. 그들의 잘못은 대체로 일시적인 무엇과 초월적인 무엇을 혼동한 데서 비롯됐다. 인간

---

15 1889~1970. 영국의 저명한 가톨릭 사학자. 문화사와 기독교를 다룬 수많은 책을 저술했다.

과 제도가 인간의 자유를 억압한 *권위주의*는 신이나 진실의 *권위*와 다르다는 사실을 그들은 구분하지 못했다.

한편, 반대로 똑같은 잘못이 19세기 보수의자의 생각을 망가뜨렸다. 그들은 전통으로 전해져 내려온 신과 진실의 권위를 존중했으나, 신의 권위라는 성스러운 영광을 인간과 제도의 권위주의에 너무도 자주 덧씌웠다. 올바른 역할만 주어진다면 전통은 이성의 작동을 안내한다. 그런데도 그들은 전통을 이용해 이성을 억압하라는 유혹에만 너무 쉽게 굴복했다.

인간 존재의 도덕적 기초를 이해한다는 사실이, 현재와 과거를 연결하는 전례와 계속성을 존중한다는 점이 현대 보수주의를 존재하게 만드는 핵심적인 요소들이다. 그러나 19세기의 위대한 보수주의 사상가들을 맹목적으로 추종해야 마땅한 안내자로 더 이상 받아들여선 안 된다. 마찬가지로 그들의 반대자들인 고전적 자유주의자들 역시 깊이 생각하지 않고 비난하지 말아야 한다. 19세기 보수주의 사상가들이 비록 인간 존재의 핵심 사항들에, 미덕을 추종하는 운명에, 미덕을 추구해야 할 의무에, 도덕적 질서의 의무에 충실했다 해도 그들은 도덕적 실현의 정치적인 조건이 강제가 없는 자유라는 사실을 너무도 자주 놓쳐버렸다. 그들은 정치·경제적 권력이 뭉쳐질 때 오는 결정적인 위험을 분명하게 인지하지 못했다. 그들의 눈앞에서 과학과 기술이 빠르게 일궈낸 경제적 에너지의 막대한 집합체가 매일매일 거대해져갈 때 닥치는 그 위험을 말이다. 고전적 자유주의자들이 원죄의 현실을 인식하지 못했듯, 19세기 보수주의 사상가들은 인간이 무제한의 권력을 휘두를 때 그 원죄의 효과들이 더 사악해진다는 사실을 잊었다. 국가가 미덕을 권장해주기 바라면서 그들은 국가의 권력이 피지배자 못지않게 원죄의 효력에 종속된 사람들의 손에 놓여 있다는 사실을 잊었다. 그들은 고전적 자유주의자들이 이해했던 진실을 보지 못했거나 보려 하지 않았다. 만약 국내외의 폭력에 맞서 국민을 방어하며, 정의를 관할하려는 목적에 따라 자연적으로 부여된 권력뿐만 아니라 경제 사회적 에너지를 지배하는 실제 권력까지 국가에 덧붙여진다면 독재를 향한 유혹에 저항하긴 힘들어지고 자유의 토양이 될 정치적 조건들은 시들어간다.

전통주의적 보수주의자들은, 오늘날 보수적 시각을 명료하게 세우려면 19세기에 스스로를 보수주의자라 일컬었던 이들의 원칙을 계속해서 견지해야 한다고 고집한다. 그런 그들의 태도는 문제를 너무 단순화시키거나 혼란스럽게 만든다. 그러나 보수주의가 말하는 전통의 보존은 과거에 다른 사람이 했던 일을 무미건조하게 모방하거나 반복한다는 의미가 아니다. 우리는 인간의 운명이란 기본적 과제를 넘어서지 못하며, 단지 시대의 상황에 맞게 구현하거나 후대로 전달할 뿐이라는 진실은 이미 명백히 우리에게 주어져 있었다. 당대의 압도적 경향을 무릅쓰고 초월적 운명의 피조물이라는 오래된 인간의 이미지를 보존했다는 점이야말로 19세기 보수주의자들이 해낸 진정으로 영웅적이었던 일이다.

정치·경제적인 영역의 이런 진실들만이 문명사회의 목적, 그리고 국가의 기능이 무엇인지 이해하는 기초를 수립한다. 자유를 보장해서 인간이 자발적으로 미덕을 추구하게 한다는 목적은 다른 수단으로 다른 상황에서도 성취될 수 있다. 이런 수단들이 구체적인 상황에서 무엇을 의미하는지 분명하게 알려면 보수주의자는 자신의 이성을 활용해야 한다. 20세기의 기술적 환경은 무엇보다 권력의 분산을, 국가와 경제 그 자체 내에서는 물론 둘 사이에 있는 권력 중심들의 분립을 요구한다. 인간이 한 번도 꿈꿔보지 못했던 거대 규모의 권력이 오늘날 현실화됐다. 권력의 분립은 언제나 바람직한 사회의 핵심적인 요소였다. 이에 더해 사회를 지배하는 사람이 타락하지 않게 하는 데, 또 피지배자들이 강제에 놓이지 않게 하는 데 있어 권력의 분립은 기술이 발전된 현대라는 조건 아래에서 반드시 더 필요한 일이 되었다. 고전적 자유주의는 이 결정적 문제의 분석이나, 그 문제의 정치·경제적 해결을 도출하는 데 대단히 크게 기여했다. 그 유산을 거부한다면 사회주의, 공산주의, 집산주의적 자유주의에 맞서게 해주는 가장 강력한 무기들의 일부를 우리가 스스로 내던져버리는 셈이다. 고전적 자유주의의 철학적 오류 때문에 그 유산을 거부해야 한다고 주장하는 전통주의자는 보수적 강령을 심각히 약화시키기만 할 뿐이다. 이는 때때로 권위주의에 얽혀버린다는 이유로 전통주의를 배격하자는 자유지상론자들도 마찬가지다.

역사적 사실은 우리가 당면한 문제의 복잡성을 키웠다. 서구의 위대한 전통은 분열되고 두 갈래로 나뉜 19세기를 통해 우리에게 전달됐다. 따라서 우리는 19세기 당시 보수주의자라 자처했던 사람들뿐 아니라 스스로를 자유주의자라 불렀던 사람들의 지혜를 활용해야 한다. 영국의 자유주의적 전통의 경제학자들, 아담 스미스에서 시작해 비난받았던 맨체스터리안(Manchesterian)[16]들을 지나 카를 멩거(Karl Menger)[17]나 뵘바베르크(Böhm-

---

16　19세기 리차드 콥든(Richard Cobden) 등이 이끈 경제 운동에 동참한 사람들을 지칭함. 자유무역을 통해 모든 사람에게 싼 값으로 곡물 등 꼭 필요한 산물을 공급하자는 주장을 했다.

17　1840~1921, 오스트리아 경제학자로 오스트리아 경제학파의 창시자. 한계효용이론의 개발에 기여했음.

Bawerk)[18], 루드비히 폰 미제스(Ludwig von Mises)[19]나 하이에크 같은 오스트리아 경제학자들은 산업사회의 조건들을 분석하고, 그 사회가 생산한 거대 권력이 괴물 같은 전체주의 국가(Leviathan)를 키우지 않고 인간에게 유용해질 수 있는 원칙들을 수립했다. 그들의 엄청난 지적 노력이 없었다면 우리는 칼 마르크스(Karl Marx)나 존 메이나드 케인스(John Maynard Keynes)[20] 그리고 존 케네스 갈브레이스(John Kenneth Galbraith)[21] 같은 집산주의 경제학 앞에서 무장해제되어야 했을 것이다. 정치이론의 영역에서 전능한 국가가 점점 커져가는 데 따르는 위험을 19세기의 자유주의자들보다 더 예언적으로 이해한 사람들이 있었는가? 보수주의자들은 오늘날 그들의 19세기 유산 어느 쪽도 거부해선 안 되고, 양쪽 모두에 의지해야 한다.

자유지상론자와 전통주의자의 강조점은 불가피하게 차이가 난다. 그리고 그 차이를 유감스럽게 생각할 필요는 없다. 모든 보수주의자들이 단 하나의 획일적 사상 계보에 속하진 않는다. 우리의 과업은 건설적 대화를 통해 서구 전통이 19세기에 맞닥뜨린 양분화를 극복하는 데 있다. 이미 사라져버린 집단의 문양이나 발굴해내는 협소한 역사주의에 입각해 우리 유산의 복잡성과 폭넓음을 이해하려 들지 않고, 오히려 그 양분화를 영속화하는 잘못을 저지르진 말아야 한다.

18　1851~1914, 오스트리아 경제학파에 중요하게 기여한 인물. 오스트리아 재무상을 역임했으며 마르크시즘을 비판하는 일련의 논문을 발표했음.

19　1881~1973, 오스트리아 경제학파에 속한 경제학자이자 역사가, 사회학자. 고전적 자유주의를 광범위하게 옹호했음.

20　1883~1946, 영국의 경제학자. 경기순환의 충격을 줄이려면 정부가 적극적으로 시장에 개입하는 재정 정책을 시행해야 한다고 주장했음.

21　1908~2006, 20세기 미국의 자유주의를 옹호한 경제학자, 하버드 대학 교수. 그의 경제학은 제도학파에서 후기 케인스주의로 기울었음.

내가 그동안 해온 말들이 절충주의로 비판받을 수 있고, 원칙을 묵살하려는 노력으로 공격받을지도 모른다는 사실을 잘 안다. 그러나 이 책의 목적은 현재의 집산주의적 자유주의에 맞서 공동 전선을 제시하자는 데 있지, 자유지상론적 보수주의자나 전통적 보수주의자 어느 한쪽으로 선명하게 치우친 신념을 유지하자는 데 있지 않다. 오히려 협소하게 왜곡되지 않은 지적 토론을 통해 그들의 주장에 감춰져 있던 의미들이 발전해온 과정과 신념 체계를 더욱 깊이 이해해야 한다. 이렇게 이해를 심화하고 양자의 강조점을 이해하면서 보수주의 공통의 강령을 발전시키는 일이야말로 지적인 차이를 거창한 문체로 희미하게 만들거나, 차이점에 눈감아 버리는 피상적인 태도로는 성취해내지 못한다. 그것은 오직 치열하게 논쟁하는 지적인 대화로, 양자가 공통의 적에 직면했으며 온갖 차이점에도 불구하고 공통의 유산을 가졌음을 확인하는 대화로만 달성된다.

미국인인 우리는 충분히 기대어 활용할 만한 위대한 전통을 지녔다. 한편으론 미덕과 가치, 그리고 질서를, 다른 한편으론 자유와 개인의 완결성(the integrity of the individual)을 강조하는 유럽 사상의 양분화와 분열이 극복된 전통 속에서, 또 서구 사상의 팽팽한 대립이 정치 이론과 실천에서 전례 없이 지속적으로 조화롭게 통일된 나라에서 살아왔기 때문이다. 미국이라는 공화국을 창건한 사람들, 헌정체제의 틀을 만들고 《연방주의자 논집》이라는 정치적 지혜의 금자탑을 만들어낸 사람들은 미국 현대 보수주의 내부에서 벌어지는 강조점의 충돌 못지않은 어려움을 극복해냈다. 조지 워싱턴(George Washington), 벤자민 프랭클린(Benjamin Franklin), 토머스 제퍼슨(Thomas Jefferson), 알렉산더 해밀턴(Alexander Hamilton), 존 애덤스(John

Adams), 존 제이(John Jay), 조지 메이슨(George Mason), 제임스 매디슨(James Madison) 사이엔 커다란 차이가 있었다. 그들은 개별 인간과 사회 질서 중 어느 쪽이 앞서는지, 또 자유와 미덕은 어떤 관계에 있는지 서로 다르게 생각했다. 그러나 그들의 지적인 대화는 공통된 유산을 계속 염두에 두는 범위 안에서 진행됐다. 그런 진지한 토의를 통해 그들은 진실과 미덕이 형이상학적이고 도덕적인 목적이지만 그것들을 추구하는 자유는 그런 목적을 이뤄주는 정치적 조건이고, 권력의 분산이 유지되는 사회 구조는 그런 정치적 목적 구현의 불가결한 수단임을 파악하여 정치 이론과 정치 구조를 창조했다. 미국의 제도들을 만들어낸 바로 그 대화는 우리가 마땅히 추구해야 할 모범적인 대화다.

자유주의적 집산주의[22]의 강령은 지난 반세기, 아니 그 이상 동안 우리 사회의 결단력 있고 논리 정연한 세력들의 행동을 형성했고 그들의 의식을 지배했다. 이에 맞서 함께 싸운 그 운명적 전투에서 마음속으로 간직했던 삶의 형태를 우리가 계속 지켜간다면, 우리의 그 토론은 대립되는 강조점들에 지적으로 내재된 에너지, 유익함, 궁극적 깨달음을 더욱 빠르고 더욱 심도 있게 발전시킬 것이다.

인간은 자유롭지 않고, 초월적 운명에서 영감을 받지도 않는다는 서로의 이미지와는 반대로, 전통주의자들과 자유지상론자들 사이의 차이점은 강조점의 차이일 뿐 근본적인 대립이 아니다. 우리는 이런 두 집단의 진정한 관점을 분명히 인식해야 한다. 그러한 견지에서 자유지상론자와 전통주의자는 공통점에 바탕을 둔 대화로 서로를 깊이 이해해가면서 공동의 전선

---

22 사회 경제적 문제를 해결하려면 반드시 정부의 개입이 요구된다는 사조다.

과 투쟁을 유지할 수 있다. 인간의 이미지에 범하는 모독, 자유와 초월적 운명에 함께 가해지는 공격은 직접적인 싸움에 나설 공통의 명분을 제공한다. 공화국의 기초를 세운 우리 조상들의 경우처럼 우리의 공통 신앙에 맞서는 도전은 우리에게 강조점의 차이를 포기하지 않고 강령의 근본적인 통일을 창조하도록 영감을 준다. 기계적이고 건조한 집산주의가 일시적으로 우월한 지위를 누리며 인간 본성을 부인하는 요즘, 자유지상론자와 전통주의자는 그 강령 안에서 서로를 존중하며 그 집산주의에 맞서는 자유롭고 책임감 있는 인간의 본성을 함께 지켜낼 수 있다.

보수의 뿌리

전통과 권위

Emphasis On Tradition And Authority

2

규범, 권위,
질서 있는 자유

러셀 커크(Russell Kirk)

문명의 세례를 받은 인간은 권위를 따른다. 권위와 무관한 인간 존재의 형태란 사실상 전혀 불가능하다. 마찬가지로 인간은 규범을 따른다. 고대의 관습과 관례, 또 그것들이 수립한 권리들을 존중한다는 의미다. 공정한 권위와 존중되는 규범, 그리고 그 나름의 시민적 사회 질서라는 기둥들이 없다면 진정한 자유는 불가능하다.

최근 들어서야 아주 많은 사람들이 마음의 변화를 겪었지만, 한동안은 권위와 규범을 조롱하는 일이 유행이었다. '프로이트적 윤리'라 이름 붙여진 어휘 뭉치에서 '권위'는 자의적 제약을 의미했고, 규범은 문화적 지체나 미신과 동일시됐다. 그러나 이 고삐 풀린 관념들의 결과는 유쾌하지 못했다. 무엇이든 허용하는 '응석받이(permissive)'식 세계관에 따라 길러진 젊은 친구들 세대는 자신들의 인격을 충분히 발현시켜 주리라던 질서의 결여

(lack of order)에 직면하자 오히려 저항하고 불만족스러워했으며 짜증을 냈다. 절대적 자유와 영속적 평화를 외치는 구호들에 속아버린 세계는 점증하는 폭력과 철두철미한 독재에 잠식되었다. 만약 사람들이 누군가와 더불어 살아가야 한다면 어떤 식이든 권위적인 형태의 지배가 필요하다. 전통적 권위, 교회와 계율, 그리고 교육적 규율이나 부모의 권위를 저버린 사람들은 곧 어떤 새롭고 무자비한 권위에 굴복하도록 강제된다. "질투하는 신, 그런 신이 없다면 히틀러나 스탈린을 존경해야 한다."라고 엘리엇(T. S. Eliot)은 말했다. 권위와 규범이 결여된 질서는 유지되지 않는다. 만약 권위가 정당하지 않고, 규범이 단지 어떤 새로운 지배의 칙령에 지나지 않으면 사회 질서는 자유를 거의 용납하지 않는다. 진정으로 질서가 잘 잡힌 자유, 국가 안에서의 질서나 영혼 내의 질서로 가능해진 자유야말로 유일하게 바람직한 자유다. 무질서한 자유, 권위와 규범에 저항하는 자유는 그저 늑대나 상어 같은 인간 이하의 상태, 또는 모든 인간에 맞서는 카인[23]에 내려진 형벌일 뿐이다.

인간이 진정한 자유를 바란다면 진정한 권위가 무엇인지도 알아야 한다. '권위'는 경찰관의 곤봉이 아니다. 존 헨리 뉴먼(John Henry Newman)[24]은 존 케블(John Keble)[25]을 논한 수필에서 "양심이 권위다"라고 썼다. "성경이 권위다. 교회, 고대의 문물, 현자의 말들, 역사적 기억들, 법률적 금언, 국가

---

23 아담의 아들로 동생 아벨을 죽인 인류 최초의 살인자가 됐다.

24 1801~1890, 영국의 신학자이자 시인. 성공회 사제였다가 로마 가톨릭으로 개종하고 추기경이 됐다.

25 1792~1866, 영국의 성공회 성직자이자 시인. 옥스퍼드 운동의 지도자. 옥스퍼드 대학의 케블 칼리지는 그의 이름에서 유래했다.

의 공리, 격언, 정서, 예감, 선입견[26] 등이 곧 권위다." 요컨대 권위는 신중한 행위가 이뤄지는 토양이다. 권위를 인정하지 않는 인간은 자신을 카인으로 만들어버리는 셈이고, 오래지 않아 오만(hubris)이 만들어내는 천적의 공격을 받아 쓰러진다.

정치적 권위는 공정한 국가의 권력과 권리(claims)이며 비록 우리의 삶을 지배하는 복잡한 권위에서 중요한 부분을 차지하지만 결국 모든 권위의 일부에 지나지 않는다. 때로 권위들은 상호 충돌한다. 역사의 중요한 분쟁들 대부분은 본질적으로 어떤 권위가 더 위에 있는가를 두고 벌어졌다. 그러한 분쟁들은 결코 완전히 최종적으로 해결되지 않았다. 예를 들어 가끔 자신의 권위가 더 우월하다고 주장하는 교회와 국가의 갈등은 잘 수습되기 어려워 엄청난 어려움을 낳았다. 마찬가지로 신앙의 권위와 이성의 권위도 때때로 충돌했다. 그러한 갈등에서 양심적인 인간은 자신에게 주어진 빛에 따라 어떤 권위가 더 우위에 있는지 결정하려 노력한다. 그러나 어리석은 인간은 절망스럽게도 모든 권위를 다 부정해버린다.

인간의 본성에는 원천적으로 결함이 있다. 따라서 우리 모두는 대개 가장 많이 신세를 지는 제도들과 사람들에 반기를 든다. 다시 말해, 인간이라면 누구든 스스로 신이 되고 싶은 충동이 어느 정도는 있기 마련이다. 다른 모든 권위를 거부하고 자신의 욕망과 변덕을 추종하고 싶어 하기 때문이다. 이 악덕 탓에, 총체적 권력을 지향하는 사악한 영향력은 가장 선한 본성을 지닌 인간에게도 미친다. 신(神)의 공정한 권위를 뒤집어엎고

26　에드먼드 버크를 비롯해 보수주의자들에게 선입견(prejudice)이란 그릇된 고정관념이나 편견이 아니라 슬기롭고 지혜로운 조상들이 중요 문제에서 무엇이 옳고 그른지 이미 판단을 내려준 내용을 의미한다.

권위가 자리를 비운 권좌에 자신을 절대자로 만들어 앉히려는 반역자의 열정, 악마(Lucifer)의 이 반역은 무질서를 좇는 오래된 충동을 상징한다. 그러나 그 반역적 봉기의 결과적인 멸망은 루시퍼의 그것처럼 자명하다. 모든 권위에 반역하려는 어른은 마치 부모를 거역하려는 세 살 먹은 아이나 마찬가지다. 좋은 부모든 나쁜 부모든, 그들 없이 아이는 단 하루도 살기 힘들다.

19세기 자유주의 운동에는 시작부터 모든 권위를 파괴하려는 어리석은 열망이 내재해 있었다. 자유주의엔 물론 좋은 특성도 있다. 그러나 그 장점들은 권위와 규범을 거부하려는 타고난 성정을 극복하지 못했다. 초기 자유주의자들은 기존 정부와 교회를 전복하고, 그 자리에 합리적이고 평등하며 전적으로 세속적인 제도들을 새로 도입하기만 하면 인간 조건의 주요한 문제들은 거의 해결단계에 이른다고 확신했었다. 사리사욕을 억제하고, 보통 선거를 도입하며, 공리적 공공 정책들이 우세해지면 빈곤, 무지, 질병, 그리고 전쟁은 종식된다는 얘기다. 인간은 그저 오직 과거의 잘못, 미신의 치명적 억압을 없애기만 하면 됐다. 과거의 권위를 모두 철폐하면 달콤함과 빛이 찾아온다고 그들은 주장했다.

그러나 자유주의의 승리는 50년 남짓 지속됐을 뿐이다. 1880년대에 이르러 초기 자유주의자들의 개인주의는 사회주의로 변질됐다. 이는 존 스튜어트 밀(John Stuart Mill)[27]의 삶에서 쉽게 확인되는 과정이다. 자유주의는 권위와 규범을 부인하고, 모든 종류의 오래 지속된 관계와 의무를 철폐하

---

27 1806~1873. 영국의 정치경제학자. 벤담의 영향을 받은 19세기 영국 철학자.

면서 시작됐다. 그러나 조지 산타야나(George Santayana)[28]의 표현을 사용하자면, 후기 자유주의자들은 결혼의 매듭만 약화시켰을 뿐 그 어떤 관계와 의무의 제약도 느슨하게 만들지 못했다. 비록 암묵적이었으나 자유주의자들은 점차 새로운 권위, 전능한 복지국가의 권위를 받아들였고, 오직 사생활의 영역에서만 권위를 계속 거부했다.

후기 자유주의가 정치적으로 얼마나 낡고 비현실적인 시각으로 변했는지는 1961년 여름에 있었던 영국 자유당(English Liberal Party)의 전당대회가 잘 드러낸다. 이 대회에서는 군주제 폐지, 상원의 세습적 요소 철폐, 복지국가의 확대 등 세 가지 주요 결의안이 발의됐다. 첫 번째 결의안은 토론 끝에 부결되었으나 다른 두 가지는 열정적으로 채택됐다. 그리고 회의는 끝났다. 당원들은 자신들이 20세기 영국이 당면한 문제를 어떻게 풀었는지 영국 국민에게 보여주었다며 만족했다. 그러나 자유당 당원을 제외한 모든 국민에게 자명한 사실은 따로 있었다. 영국 군주제의 폐지는 정의와 질서의 영국적 상징을 파괴한다는 의미 외엔 명백히 아무런 효과도 없다. 상원의 세습적 요소 철폐는 세계에서 가장 사려 깊은 논의기구만 훼손할 뿐이다. 영국에 복지 국가적 요소가 확장이 되는 만큼 자유주의는 치명적인 단계에 돌입했다. 그런 복지국가적 요소의 확대는 분명히 완벽한 사회주의를 의미하고, 어쩌면 영국 헌정 체제나 번영의 종말을 뜻하기 때문이다. 자유

---

28 1863~1952, 스페인 태생의 미국 철학자이자 시인, 평론가. 하버드 대학 졸업 뒤 교수가 되었으나 1912년에 사직하고 영국, 프랑스에서 살다가 1925년 이후 로마에 정착했다. 그의 사상은 어느 학파에도 속하지 않았으며 실재론과 관념론을 결합시키려 했다. 이 글의 필자인 러셀 커크를 비롯한 많은 보수주의 학자들은 산타야나의 사상이 보수주의에 기반을 둔다고 평가한다.

당의 그 전당대회는 사멸해가는 정당[29]의 기행이었다.

 비록 그들이 초기의 정치 강령은 거의 다 버렸지만 20세기 자유당은 여전히 권위를 포괄적으로 혐오한다는 원칙에 매달렸다. 그러나 이 혐오는 정치 영역에서 도덕적이고 사회적인 영역으로 옮겨 갔다. 존 스튜어트 밀을 추종한 미국의 후기 자유주의자 데이비드 리스먼(David Riesman)[30]의 글은 이런 사정을 드러낸다. 리스먼 교수는 우리 사회 내 권위의 붕괴를 인지하고, 그 때문에 혼란스러워한다. 그는 '전통을 따르는 개인', 즉 전통과 권위에 일정한 존경을 보내는 개인을 살려내기는 어렵다고 판단하면서 그런 개인이 사라진다는 사정에는 거의 눈물을 흘리지 않는다. 전형적으로 행동하던 19세기 자유주의자, 즉 '내적 목소리를 좇는 개인'이 세계에서 곧 사라지리라는 사실을 리스먼은 더 걱정스러워했다. 그러므로 이제는 '다른 사람들을 따르는 개인', 다시 말해 이웃이 하는 행위를 보면서 자신의 규범을 찾는 근대의 대중 집단만 남았을 뿐이다. 그들은 산발적이고 얼빠진 체제 반대자, '사회적 가치를 지니지 않은 뿌리 뽑힌 사람(anomics)', 의미 없이 또 헛되이 당대의 위대한 풍조를 거부하는 떠돌이 개인들이다. 리스먼의 유일한 희망은 전통이나 자유주의적 '내적 통제', 그리고 당대의 변덕과 성벽(性癖)에 휘둘리지 않는 '자주적' 인간들이었다. 그 뿌리 없는 인간들이, 오직 그렇게 되길 희망하기만 하면 다른 사람들에 휩쓸리는 군중보다 나아진다고 리스먼은 생각했다. 이 마지막 희망보다 더 우스꽝스러운 건 없다. 리스

---

29 1859년에 창당된 영국 자유당은 실제로 1924년 노동당에 지지층을 대거 내주고 군소정당으로 전락한 뒤 1988년 공식해체됐다.

30 1909~2002, 미국의 사회학자이자 시카고 대학과 예일 대학 교수. '고독한 군중(The Lonely Crowd)'이라는 책으로 유명하다.

먼은 또한 여성들이 '사적 영역 밖으로 나오길'―다시 말해 조금 더 자유로 워지길―, 그리고 모든 자주적 여성들이 '소비자로서의 역할'이나 다른 오 락들에 더 많은 시간을 소비하는 모습을 보고 싶어 했다.[31]

웃어야 할지 울어야 할지 답답하다. 20세기 자유주의 최고의 지성인에 게 그런 지적이고 도덕적인 파탄이 찾아왔으니 말이다. 건전하고 공정한 권위의 존재 그 자체를 부인하고 조상들의 지혜에 콧방귀 뀌면서 한때 단 단하게 뿌리내렸던 자유주의의 닻은 모두 잘려나갔다. 어느 정도 권위라는 원칙이 없다면 인생은 무의미해지며, 정치적이고 지적인 집단들은 역사의 쓰레기통으로 미끄러져 들어간다.

만약 문명과 어떤 인간존재라도 권위―최근 몇 년 동안은 그 인기가 시 들었지만―라는 요소가 불가피하다면 인간은 어떤 방법으로 그런 권위를 발견할까? 여러 방법이 있지만 대부분의 인간이 활용할 만한 수단을 우리 는 규범이나 전통이라고 부른다.

규범(prescription)을 사회적이고 정치적으로 말해보자면, 기억조차 없 는 시대부터 오래 지속되어온 관례로 만들어진 방법과 제도, 권리들이다. 전통(18세기 말까지는 성경에 기록되지 않은 기독교적 믿음들을 거의 배타적으로 지칭한 단어다)은 대대로 전해져 내려와 널리 받아들여진 지혜, 종교·도덕· 정치·미학적 믿음들을 의미했다. 따라서 대부분의 사람들은 그 믿음들을

31　지금으로선 어쩌면 당연해 보이는 모습이다. 그러나 60년 전 전통주의자에겐 독립적 개인의 붕괴, 다른 사람에 휩쓸리는 군중화 현상의 하나로 대단히 우려스러운 현상이었다.

당연하게 받아들였다. 나는 내 책《탐욕의 꿈들을 넘어(Beyond the Dreams of Avarice)》에서 전통과 규범의 본질을 비교적 자세히 논의한 바 있다.

샤르트르의 풀버트(Fulbert of Chartres)[32]와 랭스의 거버트(Gerbert of Rheims)[33], 이 위대한 두 중세 신학자들은 우리 근대인들이 '거인의 어깨 위에 서 있는 난쟁이'라고 말했다. 우리는 조상들의 성취로 고양된 덕에 그만큼 멀리 본다. 조상들의 지혜에서 멀어진다면 우리는 그 즉시 무지의 구렁텅이로 떨어지고 만다. 우리가 알거나 가진 전부는 조상들의 경험에 그 기초가 있다. 버크에 따르면 "개인은 어리석지만 인류는 현명하다." 인간에겐 도덕적이고 정치적인 실험으로 국가와 문명 자체를 위험에 빠뜨릴 권리가 없다고 그는 이야기했다. 왜냐하면 각 개인의 개별적인 지적 자본은 보잘 게 없기 때문이다. 축적된 역사와 그 지적 자본, 다시 말해 조상들의 지혜에 의지할 때 인간은 현명하게 행동한다. 전통과 규범에 의지하지 않으면 우리에겐 덧없는 우리 삶의 부분적이고 간략한 경험, 그리고 자만심만 남게 된다. "우리는 단지 그림자에 지나지 않고, 그림자나 좇을 뿐이다!(What shadows we are, what shadows we pursue!)"[34]

길버트 K. 체스터턴(Gilbert K. Chesterton)[35] 역시 '망자의 민주주의(the democracy of the dead)'를 언급했을 때 이와 매우 유사한 진실을 말했다. 우리 시대의 위대한 질문에 답해야 할 때 우리는 동시대인들의 머릿수만이

---

32 952 또는 970~1028, 신학자. 1006년부터 1028년까지 샤르트르 성당의 대주교였다.

33 946~1003, 교황 실베스테르 2세(Sylvester II)를 지칭. 프랑스인으로는 처음으로 999년에 교황이 됐다. 대학자로서 아랍의 수학을 장려하고 권장했던 그는 풀버트의 스승이기도 했다.

34 버크의 말. 전통과 단절된 개인은 별 의미 없는 존재라는 의미임.

35 1874~1936, Gilbert Keith Chesterton 영국의 극작가, 시인, 철학자, 언론인, 신학자. 문학과 예술 비평가로도 이름을 날렸으며 역설의 왕자란 별명이 있다.

아니라 수많은 세대를 아우르는 인류의 견해, 또 우리에 앞서 살았던 현자들의 확신을 특별히 고려해야 한다는 이야기다. 시행착오, 계시, 천재적 인물들의 통찰력으로 인류는 인간 본성과 문명사회의 질서라는 지식을 수천 년에 걸쳐 천천히 고통스럽게 획득했다. 이는 어느 한 개인이 개별적 합리성으로 만들어낼 가능성이 전혀 없는 엄청난 지식이다.

이런 관점은 도덕과 정치와 양식(良識)이라는 문제에서 특히 더 맞는 말이지만, 근대 과학과 기술의 문제에서도 상당부분 사정은 마찬가지다. 이러한 내 견해를 듣고 한번은 어느 학생이 반론을 제기한 적이 있다. 발달한 근대인이 어리석은 조상들에게서 물려받은 뒤죽박죽의 제도보다는 훨씬 더 나은 도덕과 정치 체제를 합리적으로 만들어낼 수도 있지 않겠느냐는 이야기였다. 그래서 나는 그 학생에게 물었다. 일반적으로 선배 기술자들의 자문이나 책의 도움 등 어떤 권위에 의존하지 않거나 남의 도움 없이 자동차를 만들어낼 수 있는지, 심지어 모든 종류의 충고를 받는다 해도 정말 한 개인이 홀로 자동차를 만드는 일이 가능하다고 생각하는지 말이다. 그는 그렇게 하기는 어렵겠다고 시인했다. 그러면서 그 학생의 마음에는, 실제로 작동되는 도덕과 정치의 체제를 백지 상태에서 만들어낸다는 건 자동차 제작보다 훨씬 더 어려운 일이라는 생각이 깃들기 시작했다.

다시 말해 가장 재주가 뛰어난 사람이라 할지라도, 또 언제나 인간의 절대 다수는 이 세계에서 어떤 행동을 하려면 반드시 전통과 규범에 의지해야 한다. 그렇게 하면 적어도 많은 시간이 절약된다. 스스로 지구의 둘레를 직접 계산해보겠다는 마음만 먹는다면, 나는 앞서 살았던 이들이 했던 계산을 무시하고 직접 해낼 수도 있다. 그러나 내겐 엄청난 수학적 재능이 없고, 그렇기에 과거의 권위자들이 해두었던 계산보다 더 정확할 가능성은 거의 없다. 또한 내가 계산해낼 결과 값은 기껏해야 과거에 남들이 계산해 둔 지구 둘레와 거의 같은 정도에 불과할 뿐이다. 그런데도 나는 그저 물어 보면 간단히 해결될 일을 두고 내 짧은 인생의 몇 달 혹은 몇 년을 소비해 야 할까. 삶에서 무언가를 성취하려면 우리는 많은 사항들을 당연하게 받 아들여야 한다. 굳이 선택해야 한다면 전부를 의심하기보다는 차라리 전부 믿는 편이 낫다고 뉴먼은 말했다. 지구 둘레에 관한 문제에서 보자면 '전통 적'이고 '권위 있는' 계산을 단순히 수용하는 편이 우리 모두에겐 거의 대부 분 훨씬 더 낫다.

도덕적이고 사회적인 근본 원칙들(first principles)의 경우엔 더욱 그렇다. 사람은 규범과 전통을 통해서, 또 정당하고 건전한 권위를 습관적으로 수 용해야만 인간적 규범의 지식을 획득한다. 기존의 권위에 따르면 살인은 잘못이다. 아주 오래전부터 규범은 살인자들에게 혹독한 처벌을 내렸다. 전통은 고대로부터 전해진 살인의 사악한 결과를 다룬 복잡한 이야기를 우 리에게 말해준다. 오늘날 개인의 사사로운 합리성이 우리 조상들의 지혜보 다 우월하다고 생각하는 사람은 이 오래된 비이성적 도덕관념을 점검해볼 목적으로 살인을 직접 시험해볼 수도 있다. 그러나 그런 실험의 결과들은 연구자를 포함한 모든 관련자들에게 유쾌하지 못할 게 분명하다. 따라서 실험을 감행한 사람은 교수형을 당한다 해도 놀랄 권리가 없다. 규범과 관 례를 비웃으면 삶은 견디기가 힘들어진다. 전통과 규범의 존중, 그러한 지 식의 근원들에 의지해서 대부분의 인간은 규준(norm)과 관습, 그리고 사적 이고 사회적인 존재에 용인되는 규율을 웬만큼은 이해하게 된다.

규준(norm)은 지속적으로 유지되는 기준이다. 인간 본성의 법칙이며 무 시하면 우리의 목숨이 위태로워진다. 인간 행동의 규칙이자 공공 미덕의 척도다. 규준은 보통, 중앙, 평균값, 평범(mediocre)을 의미하지 않는다. 규준은 세속적인 평균인의 행위도, 집단에서 평균적인 행동을 나타내는 단순 척도도 아니다. 인간에겐 인간의 법칙이, 사물엔 사물의 법칙이 있다. 고(故) 앨프리드 킨제이(Alfred Kinsey)[36]를 굳이 언급하지 않더라도, 장수말벌이나 뱀의 규준과 인간의 규준은 다르다. 규준은 객관적인 존재다. 인간은 규준을 무시하거나 잊을 수 있지만 규준은 여전히 존재하며 인간에게 여전히 영향을 미친다. 인간은 규준을 파악하거나 또는 이해하지 못하긴 해도, 그것을 만들거나 파괴하진 않는다.

규준에 복종하도록 만드는 힘은 개인적인 이득이나 합리성이 아닌, 진실로 인간적인 그 무엇을 초월한 원천에서 온다. 인간은 그 자신이 고안해낸 무엇에 오랫동안 복종하지 않는다. 시대적 편의에 따라 만들어진 기준은 얼마 지나지 않아 당대의 편의에 따라 파괴된다. 규준은 직접적인 효용과 무관하게 존재하고, 그렇지 않다면 단순한 가공물에 지나지 않는다. 만약 규준이 그저 조상들의 시건방진 날조일 뿐이고 그저 한 세대나 한 분파의 이해를 반영하는 데 불과하다고 우리가 생각한다면, 모든 젊은 세대는 개인이나 사회적 질서의 원칙들에 의문을 제기하고 고통을 통해 지혜를 새로이 배워야 한다. 우리가 지난 반세기 동안 도덕적으로나 사회적으로 무조건 새로움을 추구해야 한다(neoterism)는 추세가 낳은 결과를 직접 겪은 이유는 바로 그 때문이다.

버나드 쇼(Bernard Shaw)는 《메투셀라로 돌아가라(Back to Methuselah)》에서 "종교가 없을 때, 본성이 착하고 야망이 없는 사람이야말로 겁쟁이

---

36 1894~1956. 미국의 동물학자. 인디애나 대학교 동물학 교수로, 인간이 동물과 다르지 않다는 생각을 바탕으로 인간의 성(性)생활을 연구했다.

다.”라고 썼다. “여송연과 샴페인, 자동차를 비롯해 더 유치하고 이기적으로 돈을 쓰겠다는 생각에 매달려 어떤 일도 마다않겠다는 탐욕스러우며 대체로 얼빠지고 둔한 약골들뿐만 아니라, 지배와 착취밖에 할 줄 모르는 유능하고 건전한 관리자들은 그런 겁쟁이들을 착취하고 지배한다. 그러한 상황 아래에서 정부와 착취는 동의어가 된다. 세계는 마침내 그런 유치한 산적이나 깡패들이 지배하게 된다.” (쇼가《메투셀라로 돌아가라》에서 반쯤은 진지하게 반쯤은 농담처럼 선언한 그 흥미로운 종교, 혹은 종교와 비슷한 그 무엇에 동의하지는 않더라도 누구나 이 통찰력의 신랄함은 인정해야 한다.)

이 구절을 달리 또 해석한다면, 평균적인 착한 심성의 야망 없는 사람 또한 비겁자라고 할 수 있겠다. 어떤 종교적 감정은 가졌더라도 버크의 말처럼 “인간의 미덕이 그의 습관이 되도록 하는” 그런 “현명한 선입견”이 없다면 말이다. 만약 정의와 불의, 자선과 이기심, 자유와 굴종, 진실과 거짓을 가르는 널리 받아들여진 의견들을 거의 무의식적으로 따르는 사람은 어느 정도 결의와 용기를 가지고 습관적으로 행동하게 된다. 그러나 어떤 행동양식이나 관점도 말하지 않는 후기의 자유주의 혹은 도덕적 상대주의라는 바다에 홀로 떠 있는 인간은 시련이 닥칠 때마다 무기력해진다. 전통과 규범에 따라 관습적으로 행동할 때 인간은 외롭다고 느끼지 않는다. 망자의 민주주의가 그를 지지하기 때문이다. 그러나 규범에 의지하지 않고 행동한다면 개인적이고 시민적인 어떤 위기 상황에서 그는 대개 겁쟁이가 되거나, 그게 아니라면 짐승이 되고 만다.

검증된 권위를 수용하고 규범과 전통의 바람직한 영향력을 인정하는 인간은 널리 합의된 지혜(conventions)를 존중하되 결코 그것에 굴종하진 않는다. 널리 합의된 지혜는 규범에 복종하도록 사회에 뿌리내려진 수단이고, 그 지혜는 우리가 서로의 권리와 권위를 존중해주겠다고 합의한 계약들이다. 그 널리 합의된 지혜를 존중하는 정도는 개인의 인격이나 심지어 상궤를 벗어난 특이성(eccentricity)[37]의 발달 정도와도 상응한다. 수없이 많았던 위대한 '인물들'은 진실로 그 지혜를 높이 받든 이들이다. 새뮤얼 존슨(Samuel Johnson)[38], 벤자민 디즈레일리(Benjamin Disraeli)[39], 존 애덤스(John Adams)[40], 존 랜돌프(John Randolph)[41], 시어도어 루스벨트(Theodore Roosevelt)[42] 등 이름만 들어도 충분한 예가 되리라 생각한다. 과오에 직면해 겉으로 드러내는 완강한 냉철함, 규준을 존중하려는 내적으로 확고한 충성심이 반드시 상호 모순적이진 않다. 공정한 권위와 그 결과물을 수용하는 강력한 인격을 지닌 인물은 유순하지만 오직 모세처럼 그러할 뿐이다. 즉, 신의 의지에는 복종하나 세상의 독재자들 앞에서는 조금도 굴하지 않는다.

훌륭한 시민은 법을 지키는 전통주의자다. 베르길리우스(Virgil)[43]의 정치학은 그렇게 요약된다. 용기와 미덕이 있는 인간에겐 대개 훌륭한 도덕

---

37 수학적으로는 중심에서 벗어난 이심률을 의미하나, 여기에서는 널리 합의된 지혜를 존중하면서도 새로움을 추구하는 인간의 창발성을 가리키는 표현이다.

38 1709~1784. 흔히 존슨 박사라 지칭되며 영국 문학에 크게 기여한 시인, 극작가, 수필가 문학비평가다.

39 1804~1881. 영국 근대 보수당 창당에 핵심적인 역할을 했던 정치인으로 두 번 총리를 역임

40 1735~1826. 미국 2대 대통령. 초대 부통령. 독립전쟁과 미국 건국의 영웅.

41 1773~1833. 남부 농장주로 버지니아 출신 하원의원과 상원의원을 역임.

42 1858~1919. 미국의 26대 대통령. 뉴욕 주지사. 공화당의 지도자. 역사가들은 그를 미국에서 가장 위대한 대통령 5명의 하나로 꼽음.

43 B.C. 70~B.C. 19, 로마의 국가 서사시 《아이네이스》의 작자. 로마와 전 유럽의 시성(詩聖)으로 추앙받는 시인. 단테는 《신곡》에서 그를 저승의 안내자로 선정했음.

적 습관(habits)이 있다. 그들은 어릴 때부터 좋은 예와 모범, 그리고 공식 교육을 통해 습득한 특정 전제에 바탕을 둔 좋은 행동들을 거의 습관적으로, 굳이 생각하지 않고 실행에 옮긴다. 이것이 '선입견은 무지한 이들의 지혜'라 썼던 버크의 말이 의미하는 내용이다. 그들은 전통과 규범의 수용에서 힘을 끌어 올린다.

그러나 오랫동안 수립된 관례와 널리 받아들여진 지혜의 무조건적 수용이 사적, 또 공공의 문제를 전부 해결하는 데 충분하다는 말은 아니다. 세계는 분명 변한다. 활력 있는 사회라면 어디서나 전통과 규범을 철폐해버리거나 세대를 이어가며 널리 받아들여진 지혜에 무언가 더 추가하겠다는 힘이 넘쳐난다. 또 많은 문제에 직면한 우리는 먼 조상들의 규칙에만 의존해서 살아가진 못한다. 그러나 다시 버크의 구절을 인용하자면, 인간이 오래도록 수용해왔던 신념이나 제도가 바람직한 영향력을 행사해온 듯 보인다는 사실은 "하나의 타당한 추정"을 수립하게 해준다. 만약 우리가 과거의 방법에서 벗어나고 싶다면 궁극적인 결과를 냉철하게 고려한 다음에만 그렇게 행동해야 한다. 권위와 규범 그리고 전통은 모든 세대에서 일정한 여과 과정을 겪고, 진정으로 낡고 못쓰게 된 내용은 그 과정을 통해 버려진다. 그러나 우리는 그것이 실제로 여과의 과정일 뿐, 우리의 유산을 그저 하수구로 흘려보내는 행위가 아니라는 점을 분명히 해야 한다.

그와 비슷하게, 우리가 과거의 세대로부터 계승받은 포괄적 원칙들과 가치 있는 제도들은 신중하게 적용되고 또 활용되어야 한다. 바로 그 지점에서 어느 사회에서든 지도자들은 올바른 이성을 활용해야 한다. 우리에겐 예를 들어 십계명 같은 도덕적 규율이 있다. 그러나 우리가 그런 규율을 준수하는 방법은 우리 자신이 살아가는 환경에 따라 우리 시대에서 결정되어야 한다. 따라서 우리 시대의 현명한 사람들은 시대의 절박성과 오래 지속된 기준 사이의 조화를 이루어가야 한다. 우리에겐 검증된 정치 제도들이 있다. 그러나 그러한 제도들이 위축되지 않고 지속되려면 때때로 개혁은 필수불가결하다. 따라서 버크가 모범으로 삼는 정치가는 개혁할 수 있는 능력과 보존하려는 성향을 겸비한 사람이다.

살아 있는 이들이 열정적으로 적용하고 신중하게 개혁해 가는 노력으로 유지하지 않으면 규범과 전통은 영원히 유지되지 않는다. 그러나 조상들의 지혜로 묶이지 않으면 규범과 전통을 활발하게 적용해 정교하게 만들어낸 개혁들조차 그저 모래로 만들어진 밧줄에 지나지 않는다는 사실 또한 부인하기 힘들다.

인류의 경험과 천재들의 합리적 추론 그 모두에 뿌리를 두었으며 섬세한 과정을 통해 보편적 선입견이라는 지위를 획득한 신념, 그 계승된 확신들의 변치 않는 가치를 보여주는 하나의 예는 플라톤과 키케로(Cicero)가 표현한 정의의 개념이다. 정치학의 위대한 고전 철학자들은 정의란 곧 각자에게 주어진 합당한 몫이라고 주장한다. 모든 인간은 이상적으로 자신의 본성에 가장 적합한 그 무엇을 받아야 한다. 인간의 재능과 욕망은 사람마다 크게 다르다. 때문에 모든 사람을 동일한 존재로 취급하는 사회, 혹은 다른 종류의 인간들에게 속해야 마땅한 권리와 의무를 전혀 다른 종류의 천성을 지닌 사람들에게 배정하는 사회는 정의롭지 못하다.

이러한 정의의 개념은 윤리와 법률 체계, 그리고 심지어 우리가 '서구 문명'이라 일컫는, 상상력이 풍부한 문헌에 깊이 뿌리내려져 있다. 이 개념은 키케로나 플라톤을 읽지 않은 수많은 이들에게도 여전히 심대한 영향력을 행사한다. 또한 모든 인간을 단 하나의 존재 양태로 축소시켜버린 급진적 평등주의에 맞서는 일종의 선입견도 창조한다. 더불어 이 개념은 질서를 선호하는 건전한 선입견을 정착시켰는데, 그 질서란 버크가 말했듯 모든 인간이 "동등한 권리를 가졌을 뿐 동등한 사물을 소유하지는 않는" 공동체, 다시 말해 다양한 보상과 의무로 특징지어진 사회의 질서다. 이 이론을 근간으로 하는 사회적 질서의 예가 미국과 영국의 헌정 체제다.

오늘날 이런 고전적인 정의의 개념은 질서를 반드시 철폐해야 한다는 마르크스 강령의 도전을 받는다. 모든 인간은 똑같은 존재로 취급되고 조건의 평등이 의무적으로 강제되어야 한다는 주장이 마르크스의 강령이다. 보통의 미국인이나 영국인이 규범적 질서를 전복하고 한계 없는 사회를 수립해야 한다는 마르크스의 이런 요구와 직접 맞닥뜨릴 경우, 다양성과 입헌주의라는 방어 논리를 개인적으로 추론해내서 그에 맞서기는 힘들다. 그러나 공산주의자들의 주장이 어쩐지 근본적으로 정의롭지 못하다는 느낌에 근거해 그들은 마르크스의 강령에 저항한다. 보통의 미국인이나 영국인은 요즘 들어 현기증 나도록 기술·산업적 변화가 일어나는 와중에도 법을 준수하는 전통주의자들이다. 그들은 인류가 어제 태어나지 않았다는 사실을 당연하게 받아들이고, 검증된 문명사회의 질서를 내던져버릴 권리가 우리에게 없다는 사실도 안다. 또한 조건의 단조로운 획일성은 인간의 오래되고 깊은 열망에 어긋나며 공산주의는 사물의 본질에 위배된다는 사실도 알고 있다. 아울러 위대한 전통의 계승자인 덕에 보통의 영국인과 미국인은 정의의 고유한 본질을 알고, 그렇기에 급진적 혁신가의 위협과 유혹에 결연히 맞설 수 있다.

"인류라는 이 위대하고 신비스러운 합성체(the great mysterious incorporation of the human race)"는 버크가 말했듯 일종의 계약이다. 신성과 인간성, 죽은 자와 현재를 살아가는 자, 그리고 아직 태어나지 않은 인간들 사이에서 맺어진 계약 말이다. 전통과 규범을 통해 우리는 사회의 영원한 계약에 어떤 조건들이 포함되었는지 알고 있다. 우리가 도덕과 정치에서 진정하고 공정한 권위, 다시 말해 규준(norm)에 복종할 때 바로 그 영원한 계약을 계속 유지하는 셈이다. 그리고 그 복종은 우리 모두에게 질서 있는 자유를 보장해준다.

정부는 공정한 권위의 존중을 통해 정의와 질서를 확보하려는 제도다. 정부에 그 이상을 요구하는 행위는 곧 정의와 질서를 위태롭게 만들기 시작한다. 정치적 조작으로 인간을 행복하게 만들 수 있다는 개념은 자유주의 시대가 낳은 가장 슬픈 착각 중 하나다. 그러나 어떤 정부 형태들은 인간을 비참하게 만드는 데 성공할지 모른다. 따라서 나는 여기서 대체적인 사람들의 복리와 꽤 조응한다고 보이는 정부 형태의 윤곽을 그려보도록 하겠다. 여기서 우리는 두 가지 원칙에 의존해야 한다. 좋은 정부라면 조금 더 활력 넘치는 우수한 사람들이 자신들의 약속을 실현하거나 능력을 발휘하도록 허용하되, 그들이 국민 대다수를 학대하거나 억압하지 못하도록 해야 한다는 게 첫 번째 원칙이다. 두 번째 원칙은 모든 국가에서 최선의, 아니 가장 덜 해로운 정부 형태는 국민들의 전통, 그리고 규범적 삶의 방식과 일치해야 한다는 것이다. 이 두 가지 일반적 원칙 이외에 보편적으로, 또 일관되게 적용될 만큼 안전한 정치적 규칙이란 없다.

심지어 리스먼도 인간은 평등하게 창조되지 않았다는 오래된 진실을 발견했다. 인간은 서로 다르게 창조됐다. 어느 나라에서나 획일성이 아닌 다양성이 힘과 희망을 준다. 그렇기에 좋은 정부를 보장하는 나의 첫 번째 원칙—에릭 푀겔린(Eric Voegelin)[44] 교수에게 많은 빚을 진 개념이다—은 지난 150년간 사회적 평등주의가 압도적인 성향을 누렸음에도 여전히 설득력을 발휘한다. "인간은 다른 사람에 못지않거나 조금 더 나을 수 있다." 이세속적 평등주의의 강령은 좋은 정부를 수립하고 보호하는 일에 악영향을 끼쳤다. 정치권력의 평등은 조건의 평등으로 이끌어가는 성향이 있다. "모든 사람은 다른 모든 사람에 속한다."는 올더스 헉슬리(Huxley)의 《멋진 신세계(The Brave New World)》에 등장하는 사회 구호다. 그런 사회는 죽음 속의 삶이다. 어떤 사람은 다른 사람처럼 선하지 않고, 모든 사람은 다른 모든 사람에 속하지 않는다. 첫 번째 오류는 기독교적 도덕의 부정이고, 두 번째 오류는 인격을 보는 기독교적 개념의 부정이다.

그렇다. 인간은 서로 다르게 창조됐다. 그리고 이런 법칙을 무시하는 정부는 정당하지 않은 정부가 된다. 왜냐하면 평범한 사람들 때문에 우월한 사람을 희생시키기 때문이다. 정당하지 않은 정부는 열등한 이들을 만족시키려고 우월한 사람들을 끌어내린다. 이 끌어내림은 두 가지 측면에서 인간성을 훼손한다. 첫째, 이 끌어내림은 능력 있는 사람들이 자신들의 잠재력을 구현하려는 본능적 욕구를 좌절시킨다. 그래서 더 나은 사람들이 국가와 그 자신들에 불만족스러워하도록 만들어 버린다. 그리고 그들은 지루함에 빠져드는데, 이는 인류의 도덕적·지적·물질적 조건의 질적 개선을 방해한다. 둘째, 이 끌어내림은 조만간 모든 사람들의 복지에 부정적 영향을 끼친다. 책임 있는 지도자와 모범적인 예를 빼앗긴 채 판에 박힌 일상이라는 길을 걸어가도록 운명 지워진 수많은 남녀는 그들 문명의 풍조와 물

---

[44] 1901~1985. 독일계 미국 정치 철학자. 1938년 나치를 피해 비엔나와 미국으로 이민. 기독교적 이상을 그릇되게 해석했기에 전체주의가 확산됐다고 주장했다.

질적 조건에서 고통을 받기 때문이다. 도덕적 평등이라는 기독교적 신비를 세속적 강령으로 만들어버리는 정부는 한마디로 인간이란 존재에게 적대적이다.

이 정치적 원칙에는 두 부분이 있다는 사실을 기억해야 한다. 공정한 정부는 보다 능력 있는 사람들의 권리뿐 아니라 대부분의 보통 사람들이 그들에게 선동당하거나 위협받지 않을 권리도 인정한다는 사실이다. 신중한 정치가는 이 두 측면의 균형을 맞추려 노력한다. 타고났건 세습되었건, 귀족들의 정치가 인간 삶의 통치를 총체적으로 장악했던 시대가 있었다. 관습과 규범에 따라 살아가려는 다수의 욕구를 박탈하고 종종 그들 자신의 물질적 이해에 반하는 복종을 일반인들에게 요구하던 시대였다. 다수의 복지에 무관심한 집권세력은 소수의 능력 있는 집단의 권리에 무관심한 지배만큼이나 나쁘다. 그러나 오늘날 위험은 더 강력한 집단, 지배적이고 탐욕스러울 뿐 아니라 도덕적·지적 능력에서도 우위에 있는 집단이 다수를 능욕하며 군림할 가능성에 있지 않다. 나는 차라리 우리 시대의 저주는 호세 오르테가 이 가세트(José Ortega y Gasset)[45]가 말한 '대중의 봉기'라고 생각한다. 모든 전도유망한 지도층이나 개선의 가능성은 물론이고, 정신과 인격의 모든 정당한 고양조차 짓밟아버리고 마는 평범한 사람들의 위협 말이다. 따라서 우리 시대의 현명한 정치가는 대중의 권리를 확대하기보다는 능력 있는 소수의 권리를 보존하는 데 더 많은 관심을 쏟아야 한다.

대중의 지지를 받는 정부는 곧 도덕 가치의 평등, 지적인 평등, 조건의 평등을 내세우는 정부여야 한다고 착각해선 안 된다. 그런 것들을 앞세우

---

45 1883~1955, 스페인의 철학자. 니체와 실존주의 중간쯤에 위치한 관념주의적 '생의 철학'에 기반을 두었고 《대중의 봉기》라는 저작을 남김.

는 정부는 좋은 정부가 아니다. 좋은 정부는 남달리 특별한 인물들의 권리와 요구를 존중하기 때문이다. 좋은 정부는 수도자들의 고독할 권리를 존중한다. 지도자가 국가 공동체의 현안을 다룰 때 정직하게 주도적으로 나설 권리를 인정해야 좋은 정부다. 좋은 정부는 발명가들의 독창적일 권리를 인정하고, 제조업자와 상인들의 노력이 보상받을 권리를, 절약하는 사람들이 저축을 유지해 후손에게 물려줄 권리를 존중한다. 좋은 정부가 그런 권리와 요구를 존중하는 이유는 그러한 권리들의 향유, 그리고 그 권리에 연동된 의무의 수행을 통해 인간이 자아를 실현하고, '각자에게 주어진 합당한 몫'이라는 상당한 정도의 정의 역시 획득되기 때문이다.

평범한 사람들과 특별한 사람들에 속한 권리와 요구 사이의 균형이, 어떤 시대에선 야심만만하고 재능 있는 인물들에게만 유리했다. 그러나 오늘날 그 균형은 평등주의 원칙의 지나친 요구 쪽으로 기울어졌다. 공산 러시아는 민주적 강령의 퇴락이 이룬 승리를 가장 완벽하게 보여주는 예다. 평등주의의 세속적 강령을 입에 올리지만 소비에트 러시아는 당의 음모가나 유능한 행정가들의 지배하에 있을 뿐이다. 변증법적 유물론이라는 이념에 복종하는 소련 정부는 탁월한 능력을 타고난 사람들의 욕구를 억눌러 그들에게 자연스럽게 주어진 일을 하지 못하게끔 했다. 공산주의의 새로운 엘리트들은 탁월한 능력을 타고난 특별한 이들이 아니라 자코뱅 광신자[46]들에 지나지 않을 뿐이다. 공산주의 엘리트에게는 거의 높은 도덕적 자질이 없고, 공산주의는 그저 일군의 지저분한 과두지배자들이 장악한 정권이다. 그들 사이에는 예언자나 시인도 없으며 그 엘리트 집단에 진입할 유일한

46　1789년 프랑스 혁명에서 강력한 중앙집권적 공화제 국가의 창설을 요구하며 급진적 사회변화를 추진하려는 광범위한 정부 개입 지지자들을 지칭한다.

자격은 권력 그 자체를 획득하려는 투쟁에서 발휘하는 무자비한 교활함뿐이다. 소련 정부는 도덕적 성취와 정신의 독립에서 나타나는 고매한 자질이 아닌, 저열한 자질만 인정하고 보상한다.

소련 정치체제의 대척점에서 맞서 싸우는 상대는 미국의 '민주주의' 그자체가 아니라 도덕적이고 정치적인 전통, 아니 그 헌정체제다. 능력 있는사람들의 권리와 보통 사람들의 요구 사이의 그럴듯한 균형을 맞추는 정치적 민주주의는 가능하다. 그러나 그러한 균형은 군주제나 귀족정치, 어떤다른 정부 형태에서도 발견된다. 자연적이고 규범적인 권리의 존중은 어떤단일한 정치 제도에서만 고유하게 가능한 일이 아니다.

국가 공동체에서 양측의 이해를 가장 많이 보호하고 존중할 가능성이높은 정부를 아리스토텔레스는 하나의 '시민공동체(polity)'[47]라 불렀다. 이는 사회에서 계급 간의 균형과 견제가 이루어지는 상태를 지칭한다. 미합중국은 상당한 정도로 하나의 그런 정체로 남아 있다. 공화국을 설립한 사람들은 순수한 민주주의를 의도하지 않았다. 미국 안에서 순수 민주주의는승리를 거두지 못했다. 아니, 거두어서도 안 된다. 훌륭한 정부는 무산자의승리나, 확립된 재산권의 단순한 보호에서는 자라나지 않기 때문이다.

신중한 정부는 품위와 바람직한 질서로 세워진 테두리 안에서 모든 사람이 자신의 기분에 따라 살아가도록 허용한다. 그런 정부는 낭만적 삶을살아가는 사무엘 테일러 콜리지(Samuel Taylor Coleridge)[48]와 비슷한 부류

---

47 아리스토텔레스는 정치학에서 politeia/polity는 군주제, 귀족정치를 비롯해 미덕 있는 정부형태의 하나로 성숙한 시민 다수의 지배를 뜻한다. 민주주의와 유사하지만 다르다.

48 1772~1834, 영국의 시인, 철학자이자 신학자. 낭만적 보수주의자. 독일 관념철학을 영국에소개. 랠프 왈도 에머슨과 함께 미국의 초절주의에 영향을 미침.

의 사람들에게 숫자로 표시되는 제레미 벤담(Jeremy Bentham)[49]식의 행복을 강요하지 않는다. 왜냐하면 벤담식 행복에선 한 사람의 행복이 곧 다른 사람의 불행이기 때문이다. 심지어 능력 있는 이들 사이에서도 마찬가지다. 건전한 무관심을 발휘하는 신중한 정부라면 사적인 행복은 스스로 알아서 처리하도록 한다. 원한다면 이런 신중하고 인내심 있는 정부를 '민주주의'라 불러도 되지만, 이럴 경우 나는 그 단어를 왜곡하는 셈이라 생각한다. 나는 차라리 그런 정부를 그저 이념보다 원칙, 단일성보다는 다양성, 전지전능보다는 균형을 선호하는 정부라 부르고 싶다.

------×------

이제 좋은 정부의 두 번째 원칙을 따져볼 차례다. 정부는 마땅히 사람들의 전통이나 규범적 방법과 일치하는 행동을 해야 한다. 이는 몽테스키외(Montesquieu)[50]나 버크의 관점이다. 좋은 정부는 인공적 고안물이나, 카페에서 노닥거리는 철학자들의 발명품이 아닌, 한 시대의 지적인 분위기에 적합한 선험적 추상에서 시작한다. 순수 이성으로 급하게 고안된 정부는 대개 비열한 지배다. 이런 형편없는 정부 중 가장 오래 지속된 경우가 근대 프랑스의 정부다. 이 정부는 1789년 이래 융통성 없는 형이상학자들의 손으로 행해진 난도질을 끝내 극복하지 못했다. 제1차 세계대전 이후 중남

---

49 1748~1832, 영국의 철학자·법률가·사회개혁가이자 근대 공리주의의 창시자. 최대 다수의 최대 행복이 옳고 그름을 판단하는 잣대라 주장했다. 결국 한 사회의 행복은 구성원들 사이의 제로섬 게임이라는 주장이다.

50 1689~1755, 프랑스의 법관·정치철학가.

부 유럽에 인공적으로 세워진 정부들의 경우엔 전통의 저수지가 훨씬 작아서 훨씬 더 빠르게 고갈되었고, 덧없이 사라졌다. 이러한 정부들과 매우 다르게 좋은 정부는 수백 년의 사회적 경험을 토대로 성장한다. 유기적 또는 구조적 성장이라 불리지만 나는 '영적(spiritual)' 성장이란 표현을 더 선호한다. 좋은 정부는 전례, 규범, 역사적 시행착오, 몇 세대에 걸쳐 이뤄진 합의 등을 믿으며 조상들의 지혜와 국가의 경험을 신뢰한다. 좋은 정부는 예스러움(Gothic style)의 위엄과 힘을 선호하며 깔끔함에 현혹되지 않는다. 영국 정부는 성공적으로 오래 지속되었기 때문에 이런 형태의 사례 중 가장 최선의 경우다. 이와 비슷하게 우수한 예는 존숭, 규범, 전통으로 함께 묶인 당당한 계속성과 정수(essence)라는 원칙이 사회에서 승리한 미국 정부다.

물론 겉으로 보기에 우리 미국인들은 의도적 행위의 결과로 수개월에 걸쳐 연방정부의 헌법을 창조했다. 그러나 실제론 이미 지속되었고 대중의 마음속에 받아들여진 형식적인 헌법과 우리 국가의 구성 형태를 그저 종이 위에 옮겼을 뿐이다. 식민지 땅에 오래도록 수립되어왔고 의회와 관습법, 계급 내의 질서와 이해의 균형이라는 수백 년에 걸친 영국의 경험에서 믿음과 제도들이 도출되었다. 전례와 규범의 존중은 공화국 건립자들의 정신을 지배했다. 우리는 영국의 규범적 자유를 추구했지 프랑스적인 자유·평등·동지애[51]를 추구하지 않았다. 우리의 시민적 질서가 가진 철학적이고 도덕적인 구조는 기독교 신앙에 뿌리를 내렸지 이성의 숭배에 토대를 두지 않았다.

미국과 영국 정부의 성공은 벽장에 처박힌 철학자가 만들어낸 거대한

---

51 흔히 박애라 번역되는 fraternité는 사실 보편적인 사랑이라는 뜻보다는 동지애, 즉 뜻을 같이 하는 사람들끼리 똘똘 뭉친다는 패거리 의식, 우리끼리라는 의미가 강하다.

설계도보다는 규범, 전통, 경험과 성장 과정을 선호한 결과라고 나는 말하고 싶다. 정치학의 위대한 교훈은 미국과 영국 정부의 역사적 경험을 통해 사람들에게 가르쳐진다. 어떤 국가도 과거와 단절된 채 번성하지는 못한다. 죽은 자들만이 우리에게 힘을 준다. 한 나라에 어떤 헌정 체제가 오랫동안 수용됐다면, 설사 조금 수정된다 해도 본질적으로는 마찬가지인 그것이 국민이 기대할 만한 가장 최선의 정부다. 맞다. 헌정 체제는 개선되거나 회복된다. 그러나 그것이 한 번이라도 모조리 휴지처럼 버려지면 사회의 모든 질서는 끔찍하게 훼손된다.

미국과 영국의 헌정 체제는 잘 작동했다. 그러나 살아 있는 생명체로서 그것들은 다른 나라에 쉽게 이식되기 힘들다. 프랑스 혁명가들이 저지른 주요 실수들 중 하나는 그들이 영국의 정치라고 생각하는 본보기 위에 프랑스를 다시 만들려 노력했다는 것이다. 어떤 국민들이 다른 국민들의 경험에서 무언가를 배우기는 하겠지만, 다른 곳에서도 성공적으로 적용되도록 고안된 하나의 헌정 체제란 존재하지 않는다. 어느 국민의 정치 제도는 그들의 종교, 도덕적 습관, 그들의 경제, 심지어 문학에서 자라나기 때문이다. 정치 제도들은 문명이란 복잡한 구조물의, 무한하게 깊이 들어가는 뿌리의 일부다. 빌려온 제도들을 낯선 문화에 강요하려는 시도들은 설사 그 실험이 불행한 결과로 이어질 때까지 몇 십 년, 혹은 몇 세대가 걸린다 해도 대체로 파멸적이었다. 로아노크의 랜돌프(Randolph of Roanoke)[52]는 미국의 형태를 본떠 혁명을 장려하는 헨리 클레이(Henry Clay)[53]의 구상에 반대하면서 냉소적으로 외쳤다. "소나무 묘목 한 줌으로 쾌속 범선이 만들어지지

---

52 미국 버지니아 로아노크 출신 연방 상원의원 존 랜돌프를 지칭한다.

53 1777~1852, 미국의 정치인. 켄터키 주 출신으로 제7대 하원 의장, 제9대 미국 국무장관을 역임.

않듯 스페인이란 곳에서 자유를 만들어내지는 못한다." 비록 스페인 사람들에게 조금 가혹하게 들릴지 몰라도 영미 방식의 의회 정부가 스페인 땅에 거의 정착하지 못했다는 건 사실이다. 스페인 사람들이 자유를 누렸다면 그것은 다른 제도와 관습으로 확보됐다고 해야 한다.

그럼에도 미국 헌정 체제와 방식의 일정한 지배가 보편적으로 수립되어야 한다는 착각 때문에 우리의 정치 이론과 외교 정책은 고통을 받았다. 산타야나의 문장으로 표현하자면 "수녀는 수녀로 남아 있지 말아야 하며 중국은 그 장벽을 유지할 수 없다."는 미국의 자유주의적 확신이다. 이러한 철없는 희망은 결코 실현되지 못한다. 체스터턴이 말했듯 개인은 하찮은 자기 자신으로 남아 있을 때에만 행복하기 때문이다. 국가도 마찬가지다. 미국식 헌정 체제를 세계에 강제한다고 세계가 행복해지지 않는다.[54] 오히려 그 반대로 우리의 헌정 체제는 오직 제한적으로만 작동하며 많은 사람들을 금세 불행하게 만든다. 국가도 개인처럼 질서와 정의, 자유를 찾아가는 자신만의 길을 발견해야 한다. 그리고 그런 길은 대개 오래전부터 있었고, 구불구불하며, 그 길의 이정표는 각 국가의 권위와 전통, 규범이다. 로마법과 관습법에 깊이 뿌리내린 사법 제도가 없는 곳에 마구잡이로 던져지는 미국의 헌정 체제는 제대로 작동하기 어렵다. 자, 그럼 이 헌정 체제를 추상적 개념의 산물로 만들어 이국의 식물처럼 페르시아나 기니, 혹은 콩고(Congo)에 심는다고 가정해보자. 그런 나라들은 영국식의 관습법이나 로마법이 알려지지 않은 곳이다. 정의의 토대가 코란이나 세습적인 추장의 지배하에 있는 그런 곳에서 미국의 헌정 체제는 전혀 작동하지 않는다. 그

---

54 전 세계에 미국식 민주주의와 시장경제를 확산해야 한다는 네오콘(neocon)의 철학과는 극히 대조되는 관점이다.

보수의 뿌리

러한 시도는 정의의 오래된 체제를 어지럽히고 잠시 대체할지는 모른다. 그러나 결국엔 역사적 경험으로 확인된 전통적 도덕, 습관, 기존의 국민들이 다시금 제자리로 돌아오게 된다. 기존의 문화가 살아남는 곳에서 모든 개혁은 무위로 돌아간다.

아시아나 아프리카인들이 급격하고 전면적으로 자신들의 국가에 서구식 제도를 도입하려 시도한다면 결국엔 환상에서 깨어나 좌절하고 말 뿐이다. 그들이 폭력적인 반응으로 그 시도를 끝내지 않는다면 오히려 다행일 정도다. 커닝햄 그레이엄(Cunninghame Graham)[55]의 글에 등장하는 레바논의 아랍인 시디 부 지불라(Sidi bu Zibbula)처럼, 그들은 똥더미(dunghill)에 웅크려 앉아서 이렇게 말할지 모른다. "나는 당신들의 서양 도시들을 보았다. 그러나 이 똥더미가 더 낫다."

좋은 정부는 대량 생산된 상품이 아니다. 질서와 정의, 자유는 다양한 형태로 발견되지만, 한 국민의 역사적 경험에서 벗어나기 힘들다. 경험과 유리된 이론, 이념의 노리개, 광신자들이 사랑하는 단도(dagger)[56]는 한없이 위험하다. 그들의 사회적 기능은 유사할지 몰라도 평화라는 정의는 이슬람 하급 법관(cadi)을 대신하지 못하며, 아무리 학문이 높은 제임스 밀(James Mill)이라 해도 인도 사람들에게 공정한 법을 만들어주진 못한다.

나는 말한다. 과거에 맞서 반란을 일으키는 짓은 전혀 옳지 않을 뿐 아니라, 반란이 만들어낸 정치 질서가 사회의 다양한 구성원들에게 그럴듯한 정도의 자유와 정의를 유지한다면 대단히 운이 좋은 셈이다. 우리는 완

---

55 1852~1936, 스코틀랜드의 정치인·작가·언론인이자 모험가. 영국 하원의원으로는 최초의 사회주의자였음.

56 모든 사회문제를 단칼에 해결하겠다는 태도를 지칭한다.

벽한 무엇에 어울리지 않는다. 설사 '완벽한' 정부의 지배하에 있을지라도, 우리는 그저 지루하다는 이유만으로 트집을 잡게 된다. 진정한 시민적 자유는 공정한 권위에서, 우리의 문화·도덕·정치적 유산의 존중에서 나온다. 내 생각에 그것은 일견 이런 게 아닐까 싶다. "세상의 모든 권세는 다 하느님이 정한 바다."라고 선언했을 때 성 바오로(St. Paul)가 의미했던 그 무엇 말이다. 사람들은 진정한 정치 체제라는 자유를 향해 권위와 규범에 의지하며 자신들의 길을 찾아간다. 권위와 규범이 없다면 그들은 콩고인들처럼 절망적인 '자유'로 괴로워하게 된다.

3

권리 장전[57]과 미국의 자유

윌무어 켄달 Wilmoore Kendall

쉽게 확인되지만 잘 알려지지 않았던 몇 가지 사실이 있다.

I

1. 미국 헌법을 만들어낸 제헌회의는 인간이 타고난 권리들(natural rights of man)을 담은 문서나 선언을 헌법에 포함하자는 메이슨 대령(Colonel Mason)의 제안을 만장일치로 부결했다.

2. 그러나 곧이어 몇 개 주에서 그런 선언이나 권리 장전을 포함해야 한

---

57   Bill of Rights는 미 헌법에 추가된 10 가지 수정안이다. 제임스 매디슨이 주도하여 작성해 1791년에 추가됐다. 영국의 권리장전은 1689년 채택됐다.

다는 제안들이 나왔고 이를 필라델피아 헌법의 비준에 반대하는 투쟁의 주요 근거로 삼았다.

3. 소위 비준여부를 논의하는 회의들이 연이어 열리는 과정에서 논란이 벌어졌다. 그러나 비준 반대론자들은 다음 두 가지 현안을 분명히 구분해서 이야기하지 않았다. 1) 새로운 연방정부는 "너무 강력해서" 주(州)의 완결성과 자주성을 위협하지 말아야 한다. 2) 새로운 연방정부가 "너무 강력해서" 주(州)에 거주하는 시민 개개인의 타고난 권리가 위협받아선 안 된다.

다른 말로 하자면 우리는 비준에 반대한 상당수의 사람들이 새 연방 동맹체 때문에 주(州)에 어떤 일이 벌어질까 염려했던 사람들이라는 사실을 안다. 《연방주의자 논집(The Federalist Papers)》에 참여한 필자들의 마음에서 비준 반대의 논지로 가장 중요한 자리를 차지한 대목이 바로 그 점이었다. 일종의 권리장전이라는 바로 그 개념 자체를 공격한 해밀턴(Hamilton)[58]의 글은 상대적으로 나중에 등장했기 때문에 비준을 두고 벌인 논란 자체에 영향을 미치기엔 너무 늦었다. 그럼에도 개인의 권리를 밝힌 법안 보다는 차라리 수정헌법 10조처럼 주의 권리를 짓밟는 연방 권력의 팽창을 견제하는 장치를 도입해야 한다는 의도(animus)는 비준을 논의하는 과정에서 뚜렷하게 모습을 드러내지 못했다. 오히려 개인의 권리를 보장하라는 요구 속에 묻혀 버렸다.

헌법 제정 과정에서 드러나는 흥미로운 점 하나가 여기 등장한다. 예를 들어 주(州)의 권리를 주장하는 사람들이 정작 주의 권리에 가장 위협이 된

---

[58] 1755~1804, Alexander Hamilton, 미국의 정치인. 건국의 아버지 중 하나. 초대 재무장관. 연방주의자.

보수의 뿌리

-누군가는 "명백히"라고 첨언하고 싶겠지만- 헌법상의 "필요 적절" 조항[59]을 집중적으로 공격하지 않은 이유는 무얼까. 오히려 비준에 반대하는 가장 주요한 요소는, 거듭 말하지만, 개인의 자유를 보장해달라는 요구로 일찌감치 수렴됐다. 그들이 개인의 권리를 보장하는 권리장전이 주(州)의 "자주권"을 결코, 아니 적어도 직접적으로 보호하지 않으리라는 점은 분명 보지 못했다. 주(州)의 권리를 구하겠다는 일념으로 비준에 반대한 사람들이 있었으며 이들이 헌법을 모두 좌절시키려는 희망으로 권리 장전을 끌어안고 고집을 피웠다는 이른바 "냉소적" 설명은 검증이 불가능하기에 논외로 하겠다. 연방주의자들은 종종 이런 주장을 하지만 우리는 이를 "속임수"라 불러야 한다. 설사 사실이었다 해도 나는 그것이 어떻게 조금이라도 사실로 뒷받침된다는 말인지 모르겠다. 권리장전을 지지한 사람들은 그들의 언어로 논란에 참여했으며, 그들이 획득했다고 여겨진, 말하자면 권리장전 그 자체를 원했다고 가정해야 한다. 학문적으로 다른 어떤 대안적 설명도 가능하지 않다.

4. 헌법 비준을 둘러싼 논란은 여러 측면에서 흥미롭다. 정확하게 말하자면 하나의 논란이 아니라 여러 주에서 벌어진 여러 논란이었다. 연방주의자나 반연방주의자들은 동맹 전체를 아우르는 조직을 만드는 과정에서 자신들의 주장을 거의 포기하지 않았다. 연방주의자들은 각 주에서 그저 지역 단위의 반연방주의자들만 상대했다. (이 대목을 강조하고 싶다. 곧이어

---

59   필요 적절 조항(Necessary and Proper clause)은 미국 연방헌법의 제1조 제8항 제18절에 있다. 연방헌법 제1조 제8항의 제1절에서 제17절에 규정된 권한들을 연방정부가 "시행하는 데 필요하고 적절한 모든 법률을" 제정할 권한이 연방의회에 있다고 규정한 조항이다. 따라서 이 조항에 따라 연방의회엔 주의 권리를 임의로 제약할 권한이 있다고 주장될 수 있었다.

대단히 중요한 의미를 나타내기 때문이다.) 편지와 서류들이 오고갔다. 이렇게 특정한 주 안에서 다른 사람들의 생각이 전략에도 분명 영향을 끼쳤다. 그러나 그 정도였다. 또 달리 흥미로운 점은 (바로 위에서 언급한 이유로 어느 정도는 의심할 필요도 없이) 헌법의 일부로 채택된 바로 그 권리장전을 두고 논란을 벌이지 않았다는 사실이다. 논란을 벌인 대상은 인권을 다룬 하나의 법안으로 당시엔 누구도 애써 초안조차 잡지 않았다. 따라서 권리장전 X를 둘러싼 논란이긴 했어도, 수학에서처럼 그 X는 아직 누구에게도 그 내용이 알려지지 않은 X였다. 이 역시 나중에 중요성을 갖게 되기 때문에 강조하고 싶다. 매디슨(Madison)이 급기야 이 문제에 나서서 초안을 준비할 때 그는 극히 자유로웠다.

5. 많은 역사학자들은 헌법에 포함되든 아니면 추가되든 미래의 권리장전에 "포함되어야만 하는" 내용을 "모두 알았기 때문에" 아무도 애써 초안을 잡으려 하지 않았다고 주장한다. 그러나 이는 사실이 아니다. 초대 연방의회(First Congress)[60]에서 문제의 권리장전이 마침내 투표에 부쳐지는 순간까지 그 내용은 극도의 불확실성으로 남아 있었다. 학문적 조심성을 발휘하자면 차라리 이렇게 말해야 한다. 모든 사람들은 아마도 어떤 내용들이 담기게 될지 짐작했을지 모른다. 말하자면 권리장전의 상당 부분이 이미 관습법으로 전해져왔던 인간의 권리들이라는 사실을 알았기 때문이다. 그렇다면 나는 이렇게 결론 내리고 싶다. 만약 초안이 관습법적인 권리에 국한되어 미리 준비되었고 전국적인 반 연방조직이 이를 채택해야 했다면

60　미국의 하원과 상원이 처음 구성된 초대 연방의회(1789~1791)로 조지 워싱턴 대통령 재임 첫 2년의 기간이며 뉴욕과 필라델피아에서 열렸다. 1787년에 통과된 헌법에 따라 출범했다.

그런 논란이 벌어질 이유도 없었다고 말이다. 연방주의자들은 이렇게 말했거나 말했어야 했다. "아, 그게 당신들이 원하는 전부라고요? 그렇다면 당신들의 권리장전을 마다할 이유는 없죠." 새로운 정부가 불합리한 수색과 몰수를 강제집행하고, 피고 스스로 불리한 증언을 하도록 강제하며, 한번 재판을 받은 사람을 같은 죄로 두 번이나 처벌할 권한을 가져야 한다는 그런 입장[61]을 연방주의자들이 공개적으로 채택할 리는 없었다.

다른 말로 하자면 만약 어떤 초안이 마련됐다면, 그리고 수정헌법 2항에서 10항의 내용에 국한했다면 연방주의자들이 예외로 하고 싶어 했을 조항은 민사 사건에서도 배심원 판결을 규정한 부분이었을지 모른다. 건국의 아버지들은 민사 사건의 경우 배심원 재판이 보장되어야 한다는 조항을 헌법에서 제외해야 할 명예로운 이유가 있었다. 그리고 그 문제에 관한 그들의 의도(animus)는 연방주의자의 가슴에 계속되어서 내가 상상하는 가설적 상황까지 영구화됐을지 모른다.

그러나 관습법적 권리만을 담은 권리장전이라는 해결책은 논외였었고 지금에 와서 되돌아보자면 다음과 같은 두 가지 이유가 엿보인다. 우선 비준 회의들에서 초대 연방의회로 제출된 이른바 "권고적" 수정안들에서 보이듯이 반 연방주의자들은 두 번째에서 열 번째에 이르는 권리 중 무엇이 "핵심적"인 권리인지 의견이 같지 않았다. 그러한 권리들이 여러 권고적 수정안들에서 일관되지 않은 형태로 나타났기 때문이다. 그러나 두 번째로 문제의 핵심에 더 다가서게 해주는 내용은 다음과 같다. (아마도 청원이나 평화로운 집회의 자유와는 별개로) 우리가 오늘날 수정 헌법 1조의 내용과 동일

61　이는 모두 권리장전에 포함된 내용이다.

시하는 영역에 어떤 권리들이 "들어가야" 하느냐를 둘러싸고는 중대하고 잠재적인 의견차이가 있었다. 이런 관점에서 사람들은 암암리에 두 집단으로 나뉘었고, 그 각 집단 안에서도 서로 의견이 달랐다.

논리 전개의 편의상 수정 헌법 2조에서 10조까지의 실체와 관련해서는 이미 어떤 합의가 있었다고 양보해도 좋다. 그러나 내가 나중에 적절하게 언급하게 될 이유들 때문에 수정 헌법 1조[62]의 내용을 두고는 그런 합의나 잠재적 합의가 있었다고 어느 누구도 주장하기가 어렵다. 이를 다른 말로 이야기 해보자. 나는 여러 문서들을 주의 깊게 살펴보고 오래 생각해본 결과 지금 확신한다. 첫째 (a) 연방주의자들이 권리장전에 반대하도록 이끈 불안감은 주로 미래에 권리장전의 틀을 잡아 나갈 사람들이 우리가 지금 휴고 블랙(Hugo Black) 영역[63]이라고 부르기 시작한 타고난 권리(natural rights)에 무엇을 집어넣고 무엇을 뺄까 하는 우려와 관련돼 있음에 틀림없

---

62 미 수정헌법 1조. Congress shall make no law respecting an establishment of Religion, or prohibiting the free exercise thereof; or abridging the freedom of speech, or of the press; or the right of the people peaceably to assemble, and to petition the Government for a redress of grievances. 의회는 종교를 만들거나, 자유로운 종교 활동을 금지하거나, 발언의 자유를 저해하거나, 출판의 자유, 평화로운 집회의 권리, 그리고 정부에 탄원할 수 있는 권리를 제한하는 어떠한 법률도 만들 수 없다.

63 Hugo Lafayette Black (1886~1971)은 1926년 미국 남부 앨라배마주에서 민주당 상원의원으로 선출돼 연임한 이후 1937년부터 1971년까지 미국 대법관을 역임했다. 프랭클린 루스벨트 대통령이 대법원 내부에 뉴딜 정책의 지지자를 늘리려 현역 상원의원을 대법관으로 지명한 경우였다. 처음엔 수정헌법 1조를 글자 그대로 해석하면서 언론 자유 등을 진보적으로 해석했으나 나중엔 보수적인 의견으로 돌아섰다. 예컨대 언론 자유에도 한계가 있어야 한다며 떼를 지어 구호를 외치는 흑인의 민권 운동에도 일정한 제약이 있어야 한다고 했고, 투표를 하려면 세금을 내야 한다는 인두세나 낙태를 금지한 법이 어리석기는 해도 위헌은 아니고, 전자 도청에 따른 증거 능력을 헌법이 무효화 한 사실이 없다는 해석을 내놓기도 했다. 2차 세계 대전당시 군이 일본계 미국인을 격리 조치한 사실도 위헌이 아니라는 의견을 제시했다. 휴고 블랙 영역은 블랙 대법관이 처음 권리 장전을 엄격하게 글자 그대로 이해하면서 수정 헌법 1조의 권리들은 타고난 권리여서 절대 훼손되어선 안 된다고 해석했을 때의 취지에 따른 영역이다.

다. 그리고 (b) 반연방주의자들이 권리장전을 열망했던 이유는 휴고 블랙 영역에서 이것 혹은 저것을 말해야 한다는 그들의 결의로 설명되어야 한다. 그러나 나는 다시 강조한다. 반연방주의자들이 권리장전에 어떤 내용을 담아야 하는지 모두 다 분명히 동의했다고 생각하기는 어렵다. (많은 사람들은 권리장전이 오로지 어떤 종교적 자유를 이야기해야 한다고 생각했다. 그러나 이들도 종교적 자유가 무엇을 의미하는지는 서로 생각이 달랐다. 많은 사람들은 주로 언론의 자유에 관심이 있었다.) 나는 반드시 이에 다음과 같이 덧붙여 말하고 싶다. 수정 헌법 1조의 내용은 무엇보다도 연방주의자들과 반연방주의자들이 논쟁을 벌이지 않은 영역이었다. 기록을 읽어보면 거의 모든 사람들이 그 문제를 피하는 듯 보였다. 정확하게 말하자면 너무 논쟁적이었기 때문에 연방주의자들은 하나의 권리장전 전체를 뭉뚱그려 반대하는 편이 더 편했다. 그러면서 문제 자체를 회피했다. 반연방주의자의 사정을 감히 짐작해 본다면 통일된 견해를 앞세우기보다 저마다 이런 저런 조항들이 반드시 "포함돼야"한다고 목소리를 높이는 쪽이 더 쉬웠다. 각자는 상대의 존재 자체가 성스러운 무엇을 위협한다고 확신했다. 아주 깜깜한 동굴에서 서로를 맹목적으로 더듬어 찾았지만 상대가 접근해 온다고 느껴지면 본능적으로 접촉을 피했다. "싸움"은 바로 그런 두 사람 사이에 벌어진 셈이라고 해야 한다.

너무 지나칠 정도로 생생하게 묘사한다는 위험이 있겠지만 나는 다음과 같은 가설을 제기해 보고자 한다. 수정 헌법 1조는 쓰이기 오래 전에 이미 잠재적으로 미 공화국의 폭발적인 문제였다. 아니 잠재적이 아니라 불가피하게 폭발적인 문제였다. 사소한 예외가 있지만(예를 들어 도청이 불합리한 수색이나 압수인지, 혹은 피고 스스로 불리한 증언을 하지 않아도 된다는 수정 헌법 5조가 하원의 비 미국적 활동위원회의 증인에게도 여전히 유효 하느냐 아니냐), 권리장전과 미국인의 자유라는 문제는 메이슨(Mason)이 필라델피아에서 발의한 이래 수정 헌법 1조와 미국인의 자유라는 문제이고 문제였었다. 아마도 누군가는 내가 이 글의 제목을 "수정 헌법 1조와 미국인의 자유"라고 붙였어야 한다고 말할지 모른다. 그러나 나는 그럴 수 없었다. 논란들은 정확하게 권리장전을 두고 벌어졌기에 우리는 그곳에서 출발해야 한다.

6. 권리장전을 다룬 적지 않은 글에서 미국의 초대 연방의회가 그 장전을 "입법해야 했던" 이유가 다양하게 언급됐다. 먼저 각 주에서 열린 연방 헌법 비준 회의가 그렇게 권한을 위임했기 때문이라는 얘기가 있다. 혹은 연방주의자들이 그러한 회의들에서 권리 장전에 동조하기로 "스스로 다짐했거나" 약속했기 때문이라는 말도 있다. 혹은 (그러한 고려를 제외하고도) 의회가 무시하기에는 너무나 일관되게 권리장전을 지지하는 대중적 압력이 압도적이었기 때문이었다고도 한다. 그러나 위의 세 가지 시각 어느 하나에도 탄탄한 증거는 없다. 권리장전에 우호적인 사람들은 각 주의 비준 회의에서 모두 소수였다. 어떤 경우에도 권리장전을 지지했던 사람들이 (비록 시도는 했었지만) 권리장전의 사후 채택을 비준투표 찬성의 조건으로 달지는 못했다. 권리장전 지지자들은 회의 내내 모든 면에서 수세에 몰렸다. 그런데도 연방주의자들은 매번 "권고 수정안들"에서 "양보"를 거듭했다. 다시 말해 그들은 초대 연방의회가 고려해도 좋은 수정안 제안들을 첨부한 채 비준 절차가 계속 진행되어야 한다는 데 동의했다. 그러나 각 비준 회의에서 연방주의자들이 했던 양보는, 양보해야 했기 때문이 아니었다. 오히려 최종 표결에서 찬성하는 사람들을 가능한 더 많이 만들어 새로운

헌법에 조금 더 광범위한 지지기반을 마련해주고 싶다는 희망에서 "양보" 했다는 인상을 강하게 준다.

우리는 다음과 같은 주요 요소들을 반드시 이해해야 한다. (a) 누구도 당시 전국 각지의 연방주의자들을 대변할 처지에 있지 않았으며 (b) 어떤 경우에도, 심지어 문제의 양보가 정확하게 말해 부차적이었다고 감안한다 해도 비준회의들은 초대 연방의회에 "위임사항"을 부과할 처지에 있지 않았다. 왜냐하면 비준회의의 참석자들은 유권자들이 명백하게 부여해준 의무만 수행할 수 있었을 뿐 초대 연방의회에 위임사항을 부과할 권한이 없었기 때문이다. 비준회의들은 그들이 했던 대로 권고만 할 수 있었다. 조건부에 반대하며(두 번째 회의를 열거나, 이러 저러한 수정안을 추가적으로 채택하거나, 권리장전을 채택한다는 등의 조건) 비준을 획득했던 다수는 단순히 초대 연방의회에 소수의 견해를 반영한 권고사항이나 보내기로 동의했을 뿐이다.

세 번째 주장, 초대 연방의회에 대중적 압력이 있었다는 주장을 뒷받침하는 증거들은 심지어 더 설득력이 떨어진다. 권리장전에 반대하는 의원들이 선거에서 일방적으로 승리했으며 초대 연방의회를 완벽하게 지배했기 때문이다. 선거 말고 대중적 압력을 효과적으로 설득력 있게 전달할 방법은 없다. 그리고 마지막으로 초대 연방의회의 역사를 읽어보면 누구나 확실하게 알게 된다. 만약 그러한 압력이 있었다면 오직 매디슨만이 알았거나 혹은 적절하게 말해 그 사람만 신경 썼다고 해야 한다.

처음부터 매디슨은 권리장전에 동료 의원들의 관심을 조금이나마 더 불러일으키고 싶었다. 의원들에겐 달리 다루어야 할 매우 더 중요한 문제들이 많다고 그는 생각했다. 나중에 사용된 언어로 그들은 물론 "다리를 질질 끌며", "교묘하게 시간을 벌었다." 그러나 그 점을 지나치게 과장하지는 않겠다. "양심의 자유"를 보장하고 "교회"와 "국가"의 "분리"를 보장하는 일종의 조치들을 선호하는, 광범위하게 퍼진 소수의 정서가 있었다는 만족할 만한 증거는 있다. 그리고 매디슨은 자신을 뽑아준 버지니아의 유권자들에게 권리장전을 삽입하도록 노력하겠다고 약속했었다. 그러나 그 정도가 그 일을 묘사한 러틀랜드(Rutland)[64]의 설명에서 얻어지는 전부다. 러틀랜드는 권리장전의 채택을 최대한 "민주적"으로 보이도록 만들고 싶어 했기 때문이다. 연방주의자들의 헌신도 없었고, 비준회의의 위임사항도 아니었으며, 압도적인 대중적 압력도 없었다는 게 내 결론이다. 그런 세 가지 그릇된 개념을 우리 머릿속에서 제거하지 않으면 실제로 어떤 일이 벌어졌는지 이해하기 어렵게 된다. 문제는 매우 놀라운 방법으로 매디슨에게 좁혀진다. 그 사람이야말로 권리장전의 아버지이다. 원치 않는 어머니라는 몸에 그것을 잉태시켰으니 더더욱 그렇게 불려야 마땅하다.

7. 이제 비준회의의 "논란들"로 돌아가 보자. 놀랍게도 권리장전에 반대한 연방주의자들의 논리나 주장은 거의 관심사항이 아니었다. 비준회의에서 논의됐고, 무엇보다 《연방주의자 논집》이란 대중적인 출판물로 전개된 그들의 주장들은 주목받을 만한 가치가 있다. 최대한 간략하게 그 주장을 요약해 보겠다. 그리고 만약(앞서의 말을 반복하자면) 그 문제에 본격적으로 뛰어들어 모든 노력을 다해 저지해야 했다면 그들이 사용했을지도 모를 몇몇 주장들을 그들의 말투로 열거해 보는, 비정통적인 방법도 짧게 시도해

---

64 1922~2000, Robert Allen Rutland, 미 헌법학자. 권리장전의 형성 과정을 다룬 '권리장전'이라는 책을 썼다.

보겠다. 공개적인 주장들은 다음과 같았다.

a. 권리장전은 불필요하다. 새로운 연방 정부는 단순히 위임 받은 권력에 기반을 둔 정부이기 때문에 권리장전이 금지하려는 행위를 감히 범하지는 못한다.

b. 권리장전은 실효적이지 않거나 집행이 불가능하다. 권리장전들은 이미 각 주에 존재했다. 미국 권리장전의 위대한 원시적 어머니는 버지니아 주에도 있었다. 권리장전이 수립하려던 장벽은 매디슨의 고전적 구절처럼 "양피지 장벽(parchment barriers)"[65]이다. 주어진 상황에서 의회는 권리장전을 무시해버린 채 무엇이든 요구되는 바를 수행하려 들기 때문이다. 오직 매디슨과 제퍼슨은 충분한 선견지명이 있어서 법원의 강제집행이 가능하다고 생각했지만 그들은 그 점을 강조하지 않았다. 그러나 알렉산더 해밀턴(Hamilton)이 《연방주의자 논집》에서 주장한 집행 불가능성 논의는 분명히 말해준다. 그가 어떤 사법적 재검토를 꿈꾸었다 해도 그는 권리장전에 삽입된 권리를 두고 대법원과 의회가 미래에 충돌을 벌이리라는 생각은 전혀 안 했다. 《연방주의자 논집》 84편에는 그런 논의가 하나도 없다.

c. 새로운 연방정부의 힘을 제한하겠다는 점에서 권리장전은 자멸적이다. 그것은 연방정부의 권한을 확장하면 했지 축소하는 효과는 없다. 해밀턴이 《연방주의자 논집》 84편에서 사실상 말했듯이 새롭게 만들어지는 연방정부에 언론의 자유를 훼손하지 말아야 한다고 굳이 말한다는 의미는 필라델피아 제헌회의가 처음 비준해달라고 각 주에 보낸 헌법이 아예 하지도

---

[65] 양피지 장벽이란 양피지에 기록된 문서로는 무엇인가를 보장하기 어렵다는 냉소적인 표현이다. 사회적 합의가 없거나, 누군가 무력으로 짓밟으려 든다면 그 장벽의 훼손은 막을 길이 없다는 의미다.

않았던 생각을 새삼 만들어낸 셈이다. 다시 말해 언론 자유를 훼손할 권한 이 연방정부에 있다고 가정했기 때문에 굳이 훼손하지 말라고 했다는 의미 다. 이렇게 새로이 제방을 세운다면 이른바 연방권력이라는 물은 그곳까지 차오르게 된다. 그렇지 않다면 필라델피아의 대의원 55명이 처음 생각했던 바로 그곳에 연방권력이 그대로 머물렀을 텐데 말이다.

여기선 나도 한 두 마디 보태고 싶다. 앞서의 주장은 심지어 해밀턴이 했 다 해도 그에게 이미 익숙한 "필요 적절" 조항을 감안할 때 분명히 솔직해 보 이지는 않는다. 새로운 정부가 시민에게 직접 호소한 사실은 유명하다. 그들 이 필요한 때 전쟁에 참가하도록 강제되었다는 사실은 더 이상 말할 필요도 없다. 해밀턴과 동료 시민들은 언론 자유의 제약 없이는 전쟁 수행이 불가능 하다는 사정을 심지어 "필요 적절" 조항이 없는 헌법 아래에서도 경험했다. 그는 진정으로 미래의 어떤 전쟁에서 그가 반대하는 종류의 제방이 연방권 력을 "필요 적절" 조항이 *밀어 올리는* 힘보다 더 강하게 *끌어 내린다고* 믿었 을까? 이는 반연방주의자들이 해밀턴을 충분히 밀어붙여서 진정한 문제에 직면하도록 만들지 못했다는 전모의 불행한 한 단면이었을 뿐이다.

한편 1963년이라는 유리한 시점에서 당시의 논쟁을 바라본다면 얼마 나 그럴듯한 예견이었는가! 나는 예언이 아니라 예견이라고 말하겠다. 왜냐하면 분석의 관점에서 진행했고 그 분석의 날카로움은 분명히 예언 의 정확성으로 입증됐다. 사태가 해밀턴이 말한 꼭 그대로 되지 않았다 고? 휴고 블랙이 끊임없이 지적한대로, 또 그에 앞서 알렉산더 메이클존 (Alexander Meiklejohn)[66]이 말했던 대로 연방 권력은 수정헌법 1조의 자유

66　1872~1964, Alexander Meiklejohn, 철학자, 교육 행정가, 교육 개혁가. 언론 자유 옹호자. 앰허스트대학 총장.

라는 제방까지 차올랐다. 아마도 대체로 미국 연방대법원의 친절하고 능력 있는 보살핌 덕분에 "연방정부는 언론 표현 결사 청원 집회 등등의 자유를 축소할 수 있는가?"라는 질문은 오래 전에 사라졌다. 왜냐하면 모든 사람은 그 질문의 답으로 "그렇다, 연방정부는 할 수 있고, 또 한다. 그리고 우리 모두는 *반드시 그러해야 한다.*"고 명백히 알기 때문이다. 차라리 "어떤 환경에서? 분명하고 현저한 위험에 처한다면? 수정 헌법 1조의 집행이라는 우리의 권익을 견제할 만한 정부의 이해가 존재하는가?"라고 질문해야 한다. 내 말은 "필요 적절" 조항 아래에선 이런 질문을 해야 하는 상황이 어쨌든 발생하지 않았으리라는 얘기가 아니다. (휴고 블랙 판사를 대단히 화나게 만든 결정들의 호들갑스런 언어와 논리가 없었더라도 충분히 발생할 수 있었다.) 내 말은 해밀턴의 지적에 일리가 있었고 따라서 그를 자랑스러워해야 한다는 얘기다.

d, 권리장전은 채택되지 말아야 한다. 왜냐하면 타고난 권리들(natural rights)은 유권자들이 선출한 대의원들의 손바닥 안에서만 안전하기 때문이다. 우리는 다른 대안이 없다는 현실 때문에 사람들을 신뢰해야 하지만 이는 "양피지 장벽"이라는 주장과 겹친다. 오래 전에 루소가 말했듯이 만약 사람들이 스스로 해치겠다고 작정한다면 누가 못하게 막아설 수 있겠는가? 그러나 중첩된다는 점만 말하자. 다만 두 요점은 서로 다르다. 알렌 스미스(J. Allen Smith)[67]와 추종자들의 가르침을 받은 사람들은 처음 "민주적" 주장을 한 사람들이 연방주의자였다는 사실을 이해하기 힘들지 모른다. 권

---

[67] 1860~1924, J. Allen Smith, 변호사, 경제학자, 정치학자. 진보적인 헌법 사상을 영향력 있게 대변했다. 가장 중요한 저작은 "미국 정부의 정신"(The Spirit of American Government, 1901)이다. 헌법에서 견제와 균형의 조항들을 없애 더 민주적으로 만들어야 한다고 주장했다. 그는 미국 헌법이 독립선언서의 혁명적 원칙에서 반동적으로 후퇴했음을 보여준다고 주장했다.

리장전의 논란에서 사람들을 신뢰해야 한다는 주장을 앞세운 사람들이 곧 연방주의자들이었다. 그들의 그런 주장은 필라델피아 헌법의 인신보호영장(habeas corpus)**68** 구절에 이미 표현됐다. 그 구절을 영원히 의회의 권한 밖에 두겠다는 시도는 이뤄지지 않았다. 오히려 "공공의 안전"을 위해 그런 권리가 정지되어야 한다는 상황이 솔직히 고려됐다.

또 한 마디 더 보태자면 필자의 의견으로는, 수정헌법 1조를 폐지해야 된다는 측의 설득력은 이 조항을 애초에 채택하지 말았어야 할 만큼 강력했다. 그러나 그 논지를 자세히 검토해보면 권리 장전을 대하는 연방주의자들의 심리 상태를 충분히 보여주지 않는다는 사실을 알게 된다. 그래서 나는 이제 묻겠다. 그렇다면 우리가 수 십 년을 가로질러 알아온 연방주의(Federalism) 정치사상을 침해하지 않으면서 어떻게 그 문제를 이해해야 할까? 우리는 어떤 주장을 덧붙여야 할까? 시건방지게 보일 위험을 무릅쓰고 나는 연방주의의 대변인이 덧붙였을 법한 몇 가지 주장을 그들의 말투로 다음과 같이 추가해 보겠다.

a. 메이슨 대령(Colonel Mason)은 필라델피아 회의장에서 한 위원회가 "세 시간"만 논의하면 인간이 타고난 권리의 목록을 충분히 만들어낸다고 말했다. 이처럼 메이슨을 비롯 반 연방주의자들은 필라델피아에서 작성된 (그리고 연방주의자 논집에서 옹호된) 헌법의 특질에 부적절한 "분노"를 드러냈다. 헌법은 "공동체의 심사숙고(deliberate sense of the community)"로 운영되는 미국의 자치체제를 전제로 한다. 공동체의 심사숙고는 특별히 헌법

---

68 라틴어 habeas corpus는 너는 몸이 있다는 의미이며 신체의 자유를 보장하는 영미법의 한 제도이다. 1679년의 영국에서 인신보호율(Habeas Corpus Act)로 규정했으며 이유 없이 구금되었을 때 인신보호영장을 신청해 구금에서 풀려날 수 있다

보수의 뿌리

전문에 제시된 목적들에 따라 요청되는 문제에서는 상황별로, 또 각 시점에 따라 내려야 하는 의사결정에서 따로따로 이뤄져야 한다. 아니, 아니다. 문제는 인간에게 타고난 권리가 있느냐 혹은 그런 권리들을 정부가 존중해야 하느냐에 있지 않다. 쟁점은 그런 자연권 사상에 역시 깊게 공감했던 지난 수 십 세대의 조상들과 대조적으로 우리 세대가 그 타고난 권리의 "항목"을 이제 와서 만들고 그렇게 함으로써 미래의 세대에 영원히 그것들을 부여하겠다고 추구할 특별한 이유가 있느냐다. 문제는 결국 인간에게 타고난 권리가 있는지 그 여부가 아니라 그러한 권리들을 어떤 특정한 시기에 영원히 규정해도 좋으냐다.

우리는 여기서 관습법에 따른 권리를 특별 취급했는지도 모른다. 그 권리들은 사실 이런 저런 사람들이 앉아서 "작성했다"는 어떤 항목들과는 전혀 무관하다. 그 권리들은 오랜 세기에 걸쳐 법정에서 차곡차곡 쌓여왔으며 어떻게 오심을 막느냐는 혼란스런 문제와 관련해 영어가 모국어인 사람들의 축적된 경험을 반영한다. 아마도 우리는 그것들을 "타고난 권리(natural rights)"라고 불러서 일을 더 혼란스럽게 했는지 모른다. 어쨌든 우리는 이 수정 권고안을 보고 나서 당신들이 관습법에 있는 권리들의 단순한 진술을 넘어 더 멀리 가길-얼마나 멀리일지는 아무도 모르지만-바란다고 생각한다. 우리는 가장 현명했던 조상들이(아무도 "항목"을 만들려고 시도하지 않았다) 밟기 두려워했던 곳으로 당신들이 나가려 한다고 생각한다. 처음 들어봤거나 전혀 들어본 적 없는 "표현의 자유"라는 항목을 당신들의 권리장전에 적어 넣으려 한다는, 마치 그 자유를 정부가 어떤 상황에서도 침해하지 못할 권리인 듯 적어 넣으려 한다는 논의가 심지어 -많지는 않아도 우리가 잠시 주춤할 정도로 충분하게- 당신들 사이에 있다. 글쎄 우리는 그러한 권리가 궁극적으로 질서 있는 정부와, 특히 무엇보다도 자유롭고 질서 있는 정부와 양립가능하다고 생각하지 않는다. 신사 여러분은 상식을 찾아야 한다.

b. 우리가 이 권리장전을 채택할 경우 그것이 누릴 지위가 무엇인지도 명확하지 않다. 여러분들은 "수정안"이 헌법 5조에 마련된 절차에 근거해 집행 가능하다고 말한다. 그러나 헌법 5조의 절차는 일단 비준되면 헌법의 본문과 동일한 지위를 누리는 수정안을 상정한다. 그리고 당신들은 그것을 진지하게 의도했을지 모른다. 그러나 그것은 솔직히 당신들이 충분히 생각하지 않았을 심각한 문제 몇 가지를 발생시킨다. 예를 들어 의회, 혹은 의회와 대통령이, 혹은 의회, 대통령, 대법원이 이런 저런 조항을 무효화시키려 할 때 누가 어떤 방법으로 그 권리장전의 집행을 보장해주겠느냐는 총괄적인 문제가 있다. 만약 당신이 권리장전에 동일한 지위, 헌법 본문과 동등한 지위가 주어지길 기대한다면 권리장전으로 몇 마디 덧붙이는 조치 이상의 행동을 해야만 한다. 헌법 본문으로 돌아가서 그 본문이 집행의 문제를 해결하도록 다시 써야 한다. 그렇지 않다면 책임 소재를 두고 커다란 혼란이 야기된다. 한 곳에서 헌법은 다수의 지배라는 공화국의 원칙들을 통해 표현되듯 공동체의 심사숙고가 그 무엇보다 앞선다고 말하지만 다른 곳에서는 그렇지 않다고 말하는 듯 보인다. 타고난 권리들에는 이런 저런 절대적인 내용이 있어서 공동체의 심사숙고는 반드시 그 권리들을 존중하거나, 혹은 그런 권리들에 구속받아야 하고, 그래서 공동체가 심사숙고한 결과는 아무런 의미도 없다고 말이다. 그런 체제는 솔직하게 말하면 그 즉시 작동이 불가능하다. 권리장전은 의회 권력의 장애물로서 사문이 되거나, 액면 그대로 집행이 불가능해서 어떤 장치가 그것을 강제집행 하도록 개발되어야만 한

다. 그러나 우리는 그 장치가 어떤 형태를 띠어야 하는지 상상조차 하기 힘들다.

c. 우리에게는 이 모든 사항에 덧붙여 여전히 또 다른 불안감이 있다. 이제 헌법의 본문이 대단히 압도적 동의로 뒷받침되어 발효될 가능성이 보인다. 우리는 그것이 좋은 일이라고 믿는다. 우리나라는 독립 선언서가 만들어졌던 오래 전부터 국민의 동의에 기초한 정부를 믿는다고 분명히 밝혀왔다. 이제 논쟁을 위해 동의하자. 일련의 수정 조항들로 당신들은 관습법의 권리들을 실현할 수는 있다. 아마도 명백하게 위임되지 않은 모든 권리를 주(州)에 맡기는 문제에서부터 여러분 중의 일부가 언급하는 조항까지 모두 그런 수정 조항에 구현해내는 일이 가능하다. 그러면서도 계속해서 정도 높은 동의를 얻으리라 기대해도 좋다. 그러한 조항들은 스스로 집행이 가능해서 조금 전 우리가 말했던 집행의 문제를 비켜가게 해줄지도 모른다. 왜냐하면 모든 미국인들이 그 보장 방법을 믿기 때문이다. 그것들이 존중받으리라고 생각할 이유들은 충분히 있다. 그러나 일단 당신이 그 이상으로, 즉 표현의 자유, 언론의 자유, 양심의 자유 등으로 가게 되면 어떤 일반적 합의를 요구하는 말의 형태가 고안되리라 생각하지는 않는다. 이 분야에서 각 주(州) 권리장전들의 광범위한 다양성을 보라. 다른 말로 하자면 일단 당신이 그런 권리들을 항목으로 만들어버리면 당신은 관습법의 권리 이상으로 나아가게 되며, 전통에 의지한 제재와도 이별하게 된다. 우리는 국민으로서 자유로운 표현, 자유 언론, 양심의 자유라는 전통이 없고, 심지어 국교(國敎)를 갖지 않는다는 전통도 없다. 신사 여러분은 지금 우리가 가보지 않은 바다로 나아가길 원한다. 그러지 말아야 한다.

d. 미래에 우리에게 주어질 권리장전의 지위로 돌아가 생각하면, 명백하게 풀리지 않는 집행의 문제 때문에라도 여러분은 헌법의 본문과 동일한 지위를 그 장전에 부여하길 원하지 않을지도 모른다. 예를 들어 버지니아의 권리선언은 주 헌법의 일부로 간주되지 않는다. 오히려 – 어떻게 말해야 할까– 권리장전은 시민들이 모두 바람직하다고 생각하지만 당장 적용하기엔 불가능해 보이는 이상적인 내용들의 진술이라고 잘 알려져 있다. 자, 그런 내용을 당신들이 생각하고 있다면 그런 생각의 도구로 헌법에 그 수정 조항을 덧붙여 보겠다는 구상을 자제해야 한다. 헌법은 지상 최고의 법이다. 따라서 모든 일이 잘 되면 불특정 미래의 어느 시점에 우리가 적용하게 될지도 모를 고매한 원칙을 두는 장소로는 부적절하다. 만약 "공공의 안녕"이 요구할 때, 혹은 정의와 자유의 필요에 따라, 의회가 헌법이나 그 조항 어느 하나를 정지하려고 한다면 법의 위반을 장려하게 되는, 그러니까 법이라는 바로 그 본질적인 개념을 훼손하는 셈이다. 그리고 우리가 분명히 알다시피 어느 나라도 벌을 받지 않고 그 일을 저지르지 못한다. 행여 그렇지 않다면 비록 당신이 명백하게 원칙을 저버리면서도 사실은 진정으로 저버리는 게 아니라고, 법을 분명히 위반하면서도 진정으로 법을 위배하지 않는다고 당신 스스로를 설득하는 말장난이나 하는 꼴이다. 어떤 나라도 무탈하게 그런 일을 저지르지는 못한다.

8. 분명하며 지나치게 강조하기 힘든 한 가지가 있다. 권리장전을 채택하겠다는 투쟁의 어느 시점에서도, 내가 지금까지 공부한 내용으로는 권리장전을 입법화한 초대 연방의회에서 미국의 미래사회가 반드시 "열린사

회(open society)[69]"라거나 그래야 하느냐는 질문이 제기된 적은 단 한 번도 없었다. 미래의 권리장전이 구현하는 권리들은, 그것이 허용하는 보장들은 명백히 새로운 연방정부에 반하는 권리와 보장들이었다. 역설적으로 반연방주의자들이야말로 광범위한 영역의 권리보장을 연방정부에 누구보다 더 바라지 않았던 사람들이다. 반연방주의자들은 주의 권리를 옹호하는 사람들이었고, 주 정부에 맞서 그러한 권리들과 그 보장의 집행 업무를 새로운 연방정부에 줄 생각이 전혀 없었다. 혹은 평범한 시민적 자유의 질과 자세한 내용은 무한한 미래에, 여러 주 정부들의 행위와 정책 그리고 법으로 결정된다고 대충 정의해버릴 만큼 사태의 진전을 중대하게 변경하겠다는 생각도 없었다. 인간이 "정부"에 "주지 않은" 자연권을 구현한 권리 장전이 반연방주의자 덕분이라는 이야기는– 지금 엄청난 양의 그러한 이야기가 있지만– 이 관점에서 보자면 불행한 혼동만 대변할 뿐이다. 반연방주의자들 스스로도 어느 정도 혼란스러웠다. 따라서 권리장전은, 물론 매우 특별하게 말하자면 수정헌법 1조는 그 집행의 시점에 연방주의자나 반연방주의자 모두 문제의 최대치에서 끊임없이 그 의미를 혼란스러워할 만한 인용구의 원천이 되었다. 그에 관해 곧 조금 더 말해보겠다.

9. 마지막으로 초대 연방의회를 존재하게 만들었던 절차들은 처음부터

---

69 1932년 프랑스 철학자 앙리 베르그송이 만든 용어. 2차 세계 대전 당시 오스트리아 출신 영국 철학자 칼 포퍼가 발전시켰다. 열린사회는 폐쇄사회와 반대로 전통과 그것이 나타내는 특정한 가치들에 비판적이면서 정부와 사회는 투명하고 유연하게 도덕적 판단에서 열린 태도를 지향한다는 개념이다. 예컨대 낙태나 동성결혼을 인정하고, 성조기를 불태울 언론 자유를 보장해야 한다는 이야기다. 도덕적 가치 판단을 유보해야 한다는 태도는 도덕적인 문제에서 누구도 옳고 그름을 결정할 수 없으니 미성년자가 성전환을 요구해도 결국엔 들어줄 수밖에 없다는 논리로까지 발전한다. 열린사회란 곧 도덕적 가치판단이 전혀 축적되지 않는 사회, 혹은 사안별로 시대 상황에 맞게 매번 다시 해야 하는 사회다.

끝까지 "공화정의 원칙들"과 일치했으며, 말하자면 "다수결주의"였고, 소수의 명령이나 협박에 다수가 굴복했다는 특징은 전혀 없었다. 초대 연방의회를 실제로 만들어낸 선거들의 진실은 이른바 만장일치의 원칙이 조금도 고려되지 않았다는 데 있다. 게다가 다수를 획득한 연방주의자들이-혹은 존 로체(John Roche)[70]가 선호한 호칭인 헌법주의자들이-새로운 "국가적" 입법기관에서 상황을 정당하게 지배하리라고 모두가 명백하게 이해했던 선거 이후의 상황에서나, 주의 비준회의에서도 사정은 마찬가지였다. 최종적인 결정은 언제나 다수결로 매듭지어졌기 때문이다. (한 주에서는 특별한 다수를 요구했지만 여전히 만장일치제의 원칙은 아니었다고 나는 믿는다.) 예이츠(Yates)와 랜싱(Lansing) 같은 "철회자들(withdrawees)"[71]뿐 아니라 필라델피아 회의에 참석했던 소수도 더 이상의 대화가 무의미하고, 자신들이 소수로 전락했다는 사실을 확인하자 다수의 의견을 "따랐다." 오직 하나의 예외는 거대 주와 작은 주들의 대타협이었다. 로체(Roche)에 따르면 매디슨은 비록 충분한 표를 확보했지만 회의 자체가 산산 조각이 나지 않도록 자신에게 유리한 표결을 밀어붙이지 않기로 결정했다. 거기서 소수는 그들이 싫어했던 다수의 결정을 방지할 수 있었지만 -심지어 로체도 주장하지 않았듯이- "명령하지 않고" 단순히 수용을 요구했을 뿐이다. (심지어 주의 대표단 안에서도-불쌍한 알렉산더 해밀턴을 보라-대표단의 표를 어떻게 던지느냐의 결정은 다수결의 원칙으로 결정됐다.)

---

70 1923~1994, John P. Roche 미국의 정치학자. 작가.

71 1787년 5월에서 9월까지 필라델피아에서 열렸던 제헌회의에서 뉴욕 주를 대표하던 Robert Yates와 John Lansing은 7월5일 뉴욕 주의 의사 대변을 공식적으로 중단했다.

보수의 뿌리

Ⅱ

지금까지의 이야기는 잘 알려지지는 않았지만 쉽게 확인되는 사실이다. 그리고 이 모두는 내 주제의 핵심에 접근하는 데 몹시 필요하다고 믿는다.

이미 동의한 다른 세 대법관과 함께 휴고 블랙 대법관은 미 공화국의 설립자들이 미국 헌법 첫 번째 수정 조항의 자유들을 "절대적" 권리라고 의도했다고 우리에게 장담한다. 즉 어떤 상황에서도 무효화시키지 못한다는 의도가 있었다는 얘기다. 따라서 그러한 자유를 이런 저런 이유로 조금이라도 훼손한다면 미 공화국의 기본적 특성에 근본적인 변화를 초래하는 셈이라고 생각했다. 그렇다면 그는 "좋은" 역사[72]를 말하고 있는가? 그렇지 않은가?

다른 말로 하자면 의회가 통과시키고 각 주가 비준한 헌법의 첫 번째 수정 조항은 미 공화국을 "열린사회"라 선언했는가, 그리고 "열린사회"를 만드는 장치를 작동시켰는가? 말을 바꿔 다시 얘기하면 블랙 대법관이 이야기하듯 우리도 첫 번째 수정 조항의 "명백한 언어(plain language)"[73]에 근거해 초대 연방의회의 다수와 이를 비준한 여러 주의 "의도들"까지 논해도 좋은가?

이 질문들은 내가 지금까지 살펴봤던 내용보다 덜 알려진 사실들에 근거해야 답이 얻어진다고 믿는다. 그리고 사안의 본질상 훨씬 더 확인하기 어렵다. 부분적으론 우리가 원하는 자료들을 확보할 수단이 없기 때문이고, 부분적으론 우리에게 원하는 자료가 있다 해도 그 자료들의 대부분은

---

72 "좋은 역사"란 사실을 지칭한다.

73 명백하게 쓰인 글자 그대로의 의미를 담았을 뿐 숨겨진 다른 뜻이 있지 않다는 의미다.

서로 다르게 해석될 여지가 있기 때문이다. 왜냐하면 내 시각에서 볼 때 주요한 질문들은 우선 이 문제에서 매디슨의 행동을 어떻게 이해할 것인가이다. 그리고 둘째로는 그가 궁극적으로 동료 의원들로부터 권리장전에 우호적인 표를 많이 끌어 모았다는 사실에 얼마나 큰 중요성을 부여해야 할 것인가이다.

나는 이 글에서 위의 두 문제 그 무엇도 "결론"지었다고 뽐낼 생각은 전혀 없다. 그러나 나는 이 문제에서 블랙 대법관의 입장을 지지하기는 대단히 어렵다는 걸 보여주고 싶다. (그 자신이 적어도 대부분의 경우 헌법의 첫 번째 수정 조항에 사용된 "명백한 언어" 말고도 부차적인 자료들을 많이 참조했다.) 적어도 블랙 대법관과 동료들이 전반적으로 해석한 건국의 아버지들의 의도란 궁극적으로 존 스튜어트 밀(건국의 아버지들보다 조금 뒤에 태어난)의 공허한 환상에 뿌리를 두었을 뿐이라는 사실을 보여주려 한다. 더 기본적으로 말한다면 위 두 문제는 동시적이다. 그리고 나는 그 문제들을 순차적으로 다루지 않겠다. 오히려 내 연구에서 결론을 내린 대로 충분하게 또 결정적으로 답해지려면 반드시 고려되어야 하는 특정한 사항들을 지칭하며 이야기를 풀어가려 한다.

또한 내가 이미 암시했듯이 이야기는 놀라울 정도로 매디슨으로 좁혀져 간다(이미 언급했듯이 권리장전은 거의 첫 번째 수정 조항으로, 아니 첫 번째와 열번째 수정조항으로 수렴해 간다. 물론 내가 아래에 설명할 거의 알려지지 않은 차원 때문에 꼭 그렇지 않은 측면도 있다.) 매디슨이란 인물은 물론 우리가 현재 보유한 권리장전이 있기까지의 필수 조건(sine qua non)이지만 충분조건은 아니다. 그런 인상을 전달하는 데 열심이 아니었던 학자들의 설명은 우리들을 다음과 같이 확신하게 만든다. (a) 만약 매디슨이 동료 의원들의 무관심과 회의 진행의 지연 술책에 직면해 권리장전을 포기했다면 첫 번째 연방의회는 권리장전을 주에 보내지 않았을 것이다. 또 (b) 버지니아의 유권자들에게 권리장전을 만들어주겠다는 유명한 약속을 했지만 (하원 의석에서 제임스 먼로(James Monroe)를 꺾으려고) 매디슨은 이미 자신에 요구된 양심의 최대치만큼은 노력했다고 스스로 자임해버렸거나, 어느 시점에선가 버지니아 유권자들은 권리장전 추진을 이미 포기했을 지도 모른다. 그러나 매디슨은 끈질기게 노력했고 결과적으로-러틀랜드(Rutland)가 관련 입법 사건들을 순차적으로 설명하면서 "마침내"라는 단어로 묘사했듯-승리했다.

왜 그랬을까? 이런 질문이 떠오른다. 우리는 먼저 권리장전에 반대하는 연방주의자의 주요 주장에서 보았듯이 매디슨이 마음을 바꾸었기 때문은 아니라고 추측한다.《연방주의자 논집》은 권리장전에 반대하는 책으로 매디슨의 서명과 함께 후세에 전해졌을 뿐 아니라 매디슨은 글을 써 기고한 자신의 역할이 나중에 과소평가되지 않게 하는 조치를 취했다.(더 이상 얘기할 필요도 없이 그는 경멸적인 용어인 "양피지 장벽"이라는 말을 만들어낸 사람으로 남았다.) 심지어 마지막 순간에 그가 기꺼이 자신을 헌신할 만한 최대치는 사실상 다음과 같았다. 권리장전은 (내가 일찍이 표현한 대로) 해를 끼치지 않는다. 혹은 그의 정확한 표현을 사용하자면 "가장 흔쾌하게 이 정부를 존중하는 사람의 눈으로 볼 때 중요한 측면 어느 하나에서도 이 정부를 위태롭게 만들지 않는다." 이것이 권리장전을 만들어낸 "토론"의 특징이었다. 즉 아무도 그에게 이 문제를 놓고 자신의 옛날 견해와 새로운 입장을 설명하고, 연방주의자의 주장에 반박해보라고 실질적으로 요구하지 않았다.

상대적으로 이 문제의 인색한 설명에서조차 우리의 "왜?"라는 질문에 합당한 답이 떠오른다. 그리고 그 답이 우리를 끌고 가는 만큼(비록 끝까지는 아니지만) 우리는 다음과 같이 분명히 확신해도 된다. 말하자면 매디슨은 어디선가 문제의 존재양태를 바꾸어버렸다. 동시에 아마도 권리장전 자체의 장점에 관심을 두기보다는 권리장전의 통과가 주는 이득에 주된 관심을 갖게 됐다. 그의 문장 하나가 그것을 분명하게 말해주는 듯하다. 제안된 수정안은 *"헌법에 반대하던 사람들의 눈에 헌법을 더 낮게 보이게 만든다.* 헌법에 애착을 보이는 사람들이 판단할 때 그 기본 틀을 약화시키거나 그 효용성을 훼손하지 않고 말이다. …우리는 그런 개선의 효과를 낳는 현명하고 자유로운 사람의 역할을 담당한다." 다른 말로 매디슨은 새로운 헌법이 그 모든 의도와 목적에서 반드시 100%의 동의를 받아야 한다는 사실을 고려했다. 마지막 반대자나 거부자도 납득되어야 한다. 그는 그 목적을 달성하는 데 필요한 대가가 있다면 기꺼이 지불하고, 남들도 지불하도록 설득할 준비가 돼 있었다. 그것이 그가 하원과 상원에서 필요한 다수결을 확보하게 해준 주장이었다. 그 암묵적 유인과 더불어 내 권리장전을 통과시키면 나는 당신들을 평화롭게 내버려 두겠다는 이야기였다.

그는 연방주의자 친구들에게 그들이 분명한 승리를 획득했을 때 바로 그 헌정질서 게임의 규칙을 변경하도록 요구했다.(그가 이미 하원에서 반대당으로 옮겨가는 과정이었다는 사실은 신경 쓸 필요도 없다. 그들은 여전히 그의 친구다. 그렇지 않았다면 그가 다수를 확보할 방법은 없었다.) 그는 그들에게 다수의 지배라는, 처음부터 이제껏 모든 절차를 지배했던 "공화정의 원칙들"을 잠시 밀쳐두고 *패배자들의 요구조건인* 만장일치제로 갑작스레 옮아가도록 요구한다. 다시 말해 현안으로 걸린 나머지 두 가지 큰 문제의 첫 번째인 권리 장전뿐 아니라 두 번째(주(州)의 "주권(主權)"을 분명히 더 "못 박아야"할지 말지의 문제)에서도 소수파에게 양보하라고 말이다.

보수의 뿌리

권리장전의 *장점들*이라는 논의의 주제는 곧 수면 아래로 사라졌다. 그리고 내가 지금까지 알기로는 오늘날도 수면 위로 떠오르지 않았다. 의회의 연방주의자 의원들은 비록 자신들의 생각을 매우 잘 알았지만, 말하자면 하룻밤 사이에 그런 주장들을 마음속에서 지워버렸다. 프랑스의 왕과 달리 연방주의자들은 처음엔 병력을 단순히 행진시키기보다는 언덕 위로 밀고 올라갔다. 그러나 결국은 프랑스 왕처럼 병력을 언덕 아래로 다시 행진시켜 내려가는 데 만족했다.[74] 왜? 이 질문이 우리를 진정으로 추론의 영역에 침잠시킨다. (이 관점에 엄청난 양의 연구가 아직도 이뤄진다. 우리 역사가들의 환상을 아직 충족시키지 못했기 때문인 듯하다.) 나는 단순히 이렇게 말하고 말겠다. 당신이 좋아하는 전부를 매디슨의 "신망(prestige)"에 양보하라고 말이다. 그의 신망은 분명 위대했다. 권리 장전 문제에서 단지 그와 한편이 되는 방법으로 동료 의원들이 그들의 등에서 매디슨을 떨쳐버렸다는 주장에 당신의 전부를 양보하라. (권리 장전에 할애된, 짧고 심지어 재고의 기회조차 열어두지 않은 회의 진행 시간은 하원 의원들과 상원의원들이 얼마나 다른 일에 매달리고 싶어 했는지를 보여준다.) 그러나 이런 답변만으로 마음이 평안해지지는 않는다. 따라서 또 다른 답을 구하려 나서게 된다.

당신 앞에서 소리를 높인다고 보이는 두 가지 가능성은 (A)그럴 리는 거의 없어 보이지만 매디슨의 동료 의원들 스스로 갑자기 마음을 바꿔 권리장전의 가치가 크다고 생각했거나, 혹은 매디슨이 뒷방에서 대다수의 동의가 중요하다는 점 뿐 아니라 권리장전이 "정부의 아름다움을 위험하게 하

---

74 영미 어린이들의 자장가에 등장하는 구절로 역사적인 사건을 빗대어 프랑스 왕이 군사를 이끌고 공연히 헛된 노력을 했다는 놀림의 의미를 담았다. 연방주의자들이 갑자기 마음을 바꿔 수정헌법을 지지하게 된 정황을 빗댄 말이다.

거나" "형태를 약화시키거나 그 효용성을 훼손하지" 않는다는 점에서 막강한 설득력을 발휘했다고 해야 한다. 이제 우리는 매디슨이 그런 점들을 주장했을까 자문하게 된다. 그런 주장으로 무엇을 말하려 했나? 또 다시 그 가능성들은 대단히 좁은 영역으로 제한될 개연성이 있다고 생각한다. 그는 (a) 강제 집행의 효과적인 수단이 헌법 안에 마련되지 않은 권리장전은 국민의 대의원들이, 궁극적으로는 의회가 *스스로에게 그 집행을 강제하겠다*고 선택하지 않는 이상 사실상 사문이 되고 만다거나 (b) 연방의 사법부가 머지않아 권리장전의 "보호자"를 당연히 자처하게 되고 그것을 이행하게 된다(다시 말해 다른 두 기관, 입법부와 행정부가 사실상 그 주장을 묵인해 권리장전이 무엇을 허용하고 금지하는지 사법부가 "최종적인 유권해석"을 내리도록 허용하리라는 말이다.) 아니면 (c) 권리장전은 −수 십 년간 사람들이, 미래의 의원들은 물론이고 대통령들이나 판사들도 모두, 혹은 대부분, 동일한 마음으로 그 문제들을 생각하게 하는−그러한 특질을 지녀서 곤란한 문제가 결코 발생하지 않으리란 주장을 했다고 보인다.

또 다른 네 번째 가능성은 없어 보인다. 내 의견으로 제시한 3개의 가능성에서 (b) 사법부가 의회와 행정부의 묵인 하에 집행을 보장하게 된다는 주장은 안전하게 제거되어도 좋다. 왜냐하면 이것을 매디슨이 권리장전 추진의 근거로 삼았다면 우리가 모르고 지나치기 어려울 정도로 엄청난 소란을 이미 일으켰으리라 보이기 때문이다. (c)의 가설은 어떤가. 결국 권리 장전에 적시된 사안들을 우리가 모두 동의하고 앞으로도 계속해서 동의할 게 확실하다는 이야기다. 따라서 우리가 오늘날 아는 대로 수정헌법 두 번째, 세 번째, 네 번째, 다섯 번째, 여섯 번째, 일곱 번째, 여덟 번째 조항에 관해서는 매디슨이 대단히 효과적으로 그 주장을 사용했으리라 보인다. 아마도 그와 동료의원들이 "필요 적절" 조항을 모두 잊었다고 가정한다 해도 아홉 번째 조항까지도 이런 주장을 설득력 있게 사용했을지 모른다. 그러나 첫 번째 수정조항은 아니다.

이제 권리를 두루 모은 하나의 법안과 권리 장전의 차이로 돌아가 보자. 매디슨은 "무엇을 넣고" 뺄지, 어떤 근거에서 가져다 쓸지, 자신이 도입하려고 하는 장전에 소위 어떤 "지위"를 부여할지 등에서 대단히 "자유로웠다"고 말해도 된다. 어느 때인가 우리는 매디슨이 어느 친구로부터 축하를 받았다는 소리를 듣는다. 새 정부에 맞서 권리의 보장을 요구하는 많은 제안서가 서너 군데 비준회의에서 전해져 왔는데 그 중에 매디슨이 탁월한 취사선택으로 권리장전의 초안을 마련했다는 이유였다. 우리는 그가 버지니아 권리 선언(Virginia Declaration of Rights)에 아주 많이 의지했다는 사실을 더 많이 듣긴 했다. 그러나 이 첫 번째 추정은 복잡한 문제를 단순화해서 보자는(Occam's razor) 차원에서 희생되어야 한다. 즉 그가 만든 최초의 초고는 거의 믿기 힘든 하나의 "뜻밖의 사안(surprise)"을 제외하고는 단일한 문서에서 골라낸 듯 보인다. 그 결과 두 번째 추정으로 넘어가자면 그는 최초의 버지니아 권리선언이 아니라 버지니아의 비준회의가 보낸 권고적 수정안에서 주요 내용을 골라냈다.(비록 그 추천 수정안의 필자들이 최초의 버지니아 권리 선언에 대단히 많이 의지했다는 주장이 성립하겠지만 말이다.) 그러한 권고들이나, 혹은 그런 권고가 담겨있는 문서는 현대 헌법이론의 관점에서 대단히 흥미로운 일이며, 우리의 목적을 위해서도 두 가지 이유로 상당한 관심을 끈다.

첫째, 그것은 미래의 권리장전에 매우 많은 보장들을 담으라고 촉구한다. 물론 표면적으로 그 보장들은 헌법의 본문에 이미 다 처리돼 있는데도 말이다. (예를 들어 군은 민간에 복속해야 한다거나, 입법부와 행정부의 관리들은 때때로 민간인 신분으로 돌아가야 한다는 담보조항들이다.) 사람들은 권리장전을 읽으면서 계속 자문하게 된다. "수정안 통과자들은 자신들이 수정하려는 헌법 본문을 읽어보기는 했는가?" 그리고 심지어 "그들은 자신들의 일을 심각하게 여겼는가, 아닌가?" 라고 말이다. (매디슨은 어떤 경우든 그런 모든 종류의 일을 즉석에서 해소한다. 예컨대 만약 버지니아에서 반대가 제기된다면 그는 명백하고 반론을 제기하지 못할 답변을 내놓을 수 있다.) 그러나 두 번째로, 문서는 원래의 버지니아 선언처럼, "원칙"의 진술들로 만들어졌다. 이 진술들은 "법 적용의 원칙(rules of law)"과 대조적으로 무엇은 반드시 "행해져야" 하며 무엇은 반드시 "행해지지" 말아야 한다는 진술이다. 두 가지 관점은 우리의 주제와 관련해 대단히 중요한 함의가 있다고 보인다. 왜냐하면 매디슨이 만족시키려고 최선을 다해 노력했을 법한 사람들인 버지니아 주 헌법 반대론자들이 당시 그 문제에서 집요하게 고집했던 사고방식은, 매디슨의 초안에 적어도 한 측면에서는 나름 충분히 반영됐다.

매디슨은 지금까지 충분히 주목받지 못한 두 가지 일을 직접 했다. 우선 그는 그의 초안을 (수정헌법 10조나 11조와 달리) 블랙 대법관이 이해하는 대로 권리장전에 적절한 내용들로 국한했다. 따라서 원칙들의 "단순한" 진술이라는 원래 버지니아 선언과는 이미 동떨어지게 만들었다. 두 번째로는 그가 채택한 각 조항을 법 적용의 원칙(rule of law)으로 변형시켰다. 다시 말해 명확한 의무사항(오스틴(Austin)이 말했듯)의 명령으로 바꾸었다. 권리장전이 일련의 순수하고 집행 가능한 의회 권한의 제한이라는 주장이 의미를 가지려면 그 두 가지는 명백하게 행해져야 했다. 그러나 앞서의 그 어떤 변화도 대중의 토론에 등장하거나 심지어 어디에선가 언급될 정도로도 알려지지 않았다. 말하자면 그 조항이 이미 집행가능하게 쓰이는 바람에 그것이 어떻게 집행될지 생각조차 안 하게 됐다는 사실에 주목하지 못했던 듯하다. 참으로 버지니아에서 온 불만들은, 그 불만이 전해졌을 당시 매디슨의 초안이 타고난 권리들의 보장을 충분히 담지 않았다는 의미였다! 여기에 내가 앞서서 매디슨의 커다란 놀라움이라고 부른 내용으로 그의 초안에 담긴 이른바 형사재판에서 주(州)가 배심원에 따른 재판을 훼손하지 못하도록 금지한 조항이나, 그 밖에 양심의 권리, 표현이나 언론의 자유 등을 첨가해 보라. 그럼 우리는 문제의 복잡성을 보기 시작하게 된다. 매디슨의 관심사는 무엇이었을까? (물론 매디슨은 그러리라고 분명히 알았겠지만 상원에서 그 조항은 삭제됐다. 매디슨 자신의 진술에 의하면 권리장전의 문제를 다루는 그의 생각은 무엇보다도 반통합주의자, 반중앙집권주의자이자, 주의 권리를 앞세우던 반대세력들을 만족시키려는 데 있었다.)

그러나 버지니아 권고안들의 관점에서 바라보길 진정으로 원했던 내용은 수정조항 첫 번째다. 버지니아의 문안은 이렇게 쓰여 있었다. (a) "국민은 표현의 자유, 그들의 감정을 서술하고 출판할 권리를 가졌다. 그러나 (필자의 강조다) 언론의 자유 [해밀턴이 《연방주의자 논집》 84번에서 주목한 "자유"]는 자유의 보루 중 하나이며 절대 훼손되지 말아야 한다." (b) 국민은 평화롭게 결사하거나 대의원들에게 명령할 자유가 있다. 그리고 모든 자유인은 불만의 제거를 대의원들에게 청원하거나 의뢰할 권리가 있다. 그리고 마지막으로 (c) "종교"[곧 이어 정의되는데 말하자면 "우리의 창조자에게 바쳐지는 의무"로서의 종교] 와 "그것을 행하는 방법은 이성과 확신의 대상이지 무력과 폭력으로 강제되지 않는다. 따라서 모든 사람은 양심의 명령에 따라 종교를 자유롭게 믿어도 되는 동등하고 자연적이며 양도할 수 없는 권리를 갖는다. 그리고 어느 특정한 종교적 분파도 다른 종파에 보다 우선해서 법으로 설립되거나 특혜를 받지 못한다."

이러한 주제들 아래 전개된 진화 과정을 관찰하는 일은 흥미롭다. 상원에 제출된 초안은 내가 방금 인용한 종교적 자유에 관한 장황한 원칙에서 사실상 우리가 지금 그 아래 살아가는 보장의 형태로 움직인다. "의회"-이 변화를 주목하라. 나머지 수정조항과 대조적으로 오직 명백한 이유 없이 첫 번째 조항에서만 특징적인-"의회는 종교[소문자 "religion"이 아니라 대문자 "Religion"]를 설립하거나 자유로운 종교 활동을 금하는 법을 만들어서는 안 되며, 양심의 자유로운 권리가 침해되어서도 안 된다," "양심의 자유로운 권리"는 마지막 초안 전에 사라져서 다시는 돌아오지 않았다.(비록 몇몇 주가 그러한 보장을 추천한 적이 있기는 했지만.) "종교를 설립하는 법은 없다"가 "종교 설립을 존중하는 법은 없다"로, "자유로운 종교 활동의 동등하고 자연적이며 양도 불가능한 권리"는 "자유로운 (종교) 활동을 금하지" 못한다는 조항으로 바뀌었다. "국민은 표현의 자유와 그들의 감정 등을 저술 출판할 권리를 갖는다."라는 버지니아 선언의 조항은 우선 "표현과 언론의 자유는…침해되지 않는다."로 바뀌었다가 나중에 권리장전 자체에, "의회는 표현과 언론의 자유를 저해하는 법을 만들지 않는다."로 다시 새로운 강조점이 의회에 주어졌고, "침해(infringe)"에서 "저해(abridge)"으로 작은 변화를 겪었다. 결사의 권리와 관련해서는 "국민은 평화로이 함께 단체를 이룰 권리를 갖는다."에서 처음엔 "국민이 평화롭게 결사해 자신들의 공동선을 논의할 권리는 침해되지 않는다."를 거쳐 "의회는 사람들이 평화롭게 결사할 수 있는 권리를 저해하는 법을 만들지 않는다."로 바뀌었다. 그리고 마지막으로 우리는 "모든 자유인은 불만의 제거를 대의원들에게 청원하거나 호소할 수 있는 권리가 있다."에서 하원의 초안에서는 "의회는 불만의 해소를 정부에 청원할 수 있는 국민의 권리를 저해하는 법을 만들지 않는다."로 바뀌었다.

매디슨은 의회가 무엇인가를 "하지 말아야" 한다는 식으로 범위를 좁혀 놓은 이외에는 버지니아 선언의 문구를 다듬고 그에 "법의 소리"를 입혔을 뿐이다. 조건적인 구절도 사라졌다. 그로 얻어진 효과는 엄격한 단순성이다. 그러나 그가 그렇게 했을 때-우리의 주된 관심사는 어떻게 그가 연방주의자들이 찬성하도록 설득할 수 있었는가에 있다는 걸 기억하라- 말하자면 버지니아의 권리선언에서는 멀어졌지만 버지니아의 사람들이 이의를 제기할 만큼 멀어지지도 않았다. 그리고 수정 헌법 첫 번째 조항의 "명백한 언어(plain language)"에 국한해서 볼 때 가장 타격을 받은 내용은 블랙 대법관에게는 미안하게도 "권리들"에 관한 바로 그 모든 주장들이었다. "명백한 언어"에 근거하자면 우리에게 남겨진 권리는 오직 두 가지, 평화롭게 결사할 권리와, 불만을 제거해달라고 청원할 권리뿐이었다. "표현하거나, 국민들의 감정을 저술하고 출판할 자유라는 권리"는 사라졌다. 수정안에는 표현의 자유를 훼손하는 법을 의회가 만들지 못한다는 내용만 남았다. "언론 자유는 자유를 지키는 위대한 보루의 하나다."라는 개념은 사라졌다. 우리에게는 대신 "의회는 언론의 자유를 저해하는 법을 만들지 않는다."만 남았다. "종교 활동의 평등하고 자연적이며 양도할 수 없는 권리"는 사라지고 (이와 함께 의회가 그 "자유로운 활동"을 "금하지"말아야 하는 "종교(Religion)"는 우리가 "창조주에게 진" "의무"라는 개념도 사라졌다는 사실을 알게 된다.) 우리는 오직 "의회는 종교의 자유로운 활동을 금하는 법을 만들지 않는다."만 갖게 됐다. 가장 특별히 눈에 띄는 사실은 "양심의 명령에 따라서"가 사라졌다 ("양심의 자유"는 주의 비준 회의가 보낸 몇몇 추천 문안들에는 때때로 등장한다. 그리고 하원의 초안도 "침해"되어서는 안 되는 권리의 하나로 "양심의 권리"를 선명하게 언급한다.). 마지막으로 가장 흥미로운 변화는 "어떤 특별한 종교적 분파나 단체도 다른 종교의 분파나 단체와 비교해 법으로 특혜를 받거나 설립되어서는 안 된다."는 버지니아의 선언이 그저 "의회는 종교의 설립에 **관계된**(respecting)(필자의 강조) 법을 만들지 않는다."로 되었다.

모두 대단히 사소한 변화들이다. 따라서 당신은 "그런데 이 모든 소란은 뭐냐?" 그렇게 반문할 만하다. 나는 답하겠다. 그렇다. 매디슨이 최종안을 들고 버지니아의 유권자들에게 "당신들이 원한 걸 가져왔소."라고 이성적으로 말해도 좋다는 의미에서 그 변화는 사소하다. 혹은 말하자면 버지니아 사람들이 매우 열심히 바라보면 수정 헌법 첫 번째 조항에서 그들이 요구했던 내용이 "보인다."는 의미에서는 사소하다. 그러나 블랙 대법관의 질문이라는 관점에서 보면 전혀 사소하지 않다. 그것은 수정 헌법의 첫 번째 조항이 미국을 열린사회로 만든다는 결정을 구현하고 있느냐 아니냐는 질문이다. 의회에서, 그리고 미래의 비준과정에서 연방주의자들의 찬성표 획득을 우리가 매우 확신하게 됐다는 점에서는 사소하지 않다. 우선 수정 헌법 첫 번째 조항을 당대의 언어와 개념으로 해석했을 때 사실상 무엇을 의미했느냐(강조점을 의회에 두었기 때문에)하면, 종교를 설립하거나, 자유로운 종교 활동을 금지하는, 혹은 표현과 언론의 자유를 저해하거나, 혹은 평화롭게 국민들이 결사할 권리와, 불만을 제거할 청원권을 저해하는 법들은 **주 정부의 독점적 관할**에 속한다고 인식했다는 말이다. 다시 말해 수정 헌법 1조가 정확하게 무엇을 하지 않았는가? 블랙 대법관이 수정헌법 1조가 보장한다고 생각한 문제들에서 "입장 취하기"를 하지 않았다. 표현의 자유라는 "권리"뿐 아니라 언론 자유라는 권리도 주장되지 않았다. 두 경우 모두 오히려 명백하게 회피됐다. 자유로운 종교 생활이라는 권리나, "양심의 권리"도 주장되지 않았다. 그것들도 명백히 비켜갔다. 어떤 종교적 분파나 단체가 법으로 다른 분파들에 비해 우월한 혜택을 입거나 그렇게 수립되는 땅에서 살지 않을 권리도 주장되지 않았다. 오히려 일부러 그런 조항들은 피해갔다.

　반복하지만 "권리"라는 형식으로 남은 모든 것은 평화롭게 결사하고 불만의 제거를 청원할 권리뿐이었다. 둘 다 내친 김에 주목하자면 전통적이고 관습법으로 다소간 인정되었던 내용이다. 표현의 자유는 물론, 자유로운 종교 활동이나, 종교를 수립하지 않는다는 이른바 굳이 주장된 권리들과는 달랐다. 시대를 감안하고 그 문서가 만들어진 맥락에서 읽게 되면 결국 수정 헌법 첫 번째 조항에서 두드러져 보이는 내용은 바로 과장된 목소리의 부재다. 말하자면 여기서 말하는 "자유"는 곧 "권리"이며 블랙 대법관이 좋아하는 표현으로 하자면, "절대적" 권리라는 뜻이 수정 헌법 첫 번째 조항에서는 보이지 않는다. 그 권리들이란 단지 표현, 언론, 종교라는 관점에서 다시 쓰인 수정 헌법 열 번째 조항(그리고 기본적인 헌법이론)이며 그렇게 다시 쓰인 조항들이 필라델피아에서 마련된 정부 형태의 아름다움을 해치지 않는다고 매디슨은 말할 수 있었다. 그리고 그가 사용했으리라고 생각되는 언어로 말하자면 그 조항들은 의회의 권한을 제한하는 요소로는 분명히 죽은 활자로 남아 있도록 쓰였다. 매디슨이 표현한 "명백한 언어"의 관점에서 연방주의자들이 그에 반대할 이유가 있었겠는가? 표현과 언론 그리고 종교 활동의 자유가 무엇인지는 연방주의자 논고처럼 주로 공동체가 심사숙고할 문제로 남아서, 그들의 심사숙고로 결정되어야 하고, 결정되어야만 한다고 하지 않았는가? 더구나 그 공동체의 심사숙고는 바로 그러한 자유를 의회가 훼손해서는 안 된다고 금지한 수정헌법 조항들을 통해서만 표현되어야 하지 않는가? 매디슨은 그런 점을 주(州)가 배심원 재판, 양심의 권리, 언론 자유나 표현의 자유를 침해하지 못하도록 금지한 조항을 제거하는 (분명히 예상 가능한) 상징적인 단계를 밟아가도록 동료 의원들을 동시에 강제해 설득력을 높였다고 말할 수 있다.

두 가지만 더 이야기하고 이 글을 마무리 짓겠다.

우선 어떤 사람들은 불유쾌하게 생각할지 모르지만 실질적인 의미로 말하자면 권리장전이 필라델피아에서 고안된 정부 형태의 "아름다움"을 "손상"하지 않는다는 매디슨의 판단은 대단히 옳았다. (비록 우리가 이미 보았듯이 수정헌법 첫 번째 조항이 마땅히 말했어야 할 내용을 말하지 않는 방식으로 말이다.) 권리를 담은 법안에 반대한 연방주의자들의 주장은 돌이켜 볼 때 우연하게도 대단히 훌륭한 정치이론들이었다. 매디슨 권리장전의 잉크가 마른 지 2백 여 년이 거의 흘렀지만 매디슨과 제퍼슨이 예상했으며, 그가 다시 쓴 버지니아 선언이 초래하리라 보였던 그 대결은 일어나지 않았다. 모든 미국인들이 알고 있고 언제나 알아왔다고 생각되는 위험한 영역, 말하자면 수정 헌법 첫 번째 조항의 영역에서, 타고난 권리를 침탈하는 경향이 있는 의회와, 집행 가능한 법의 지위로 상승된 권리들의 선언으로 무장된 ("명백한 언어"가 주어졌으니 얼마나 확실한가) 연방 사법 체계가 그런 의회에 "아니"라고 말하는 대결은 아직 발생하지 않았다. **오늘날까지 대법원은 미국 의회의 법안 제정을 수정헌법 첫 번째 조항에 근거해 위헌이라고 선언한 적이 없다.**

결과적으로 "타고난 권리들(natural rights)"이 번창해 꽃피워 나갔는지 위

보수의 뿌리

축됐는지에 대한 의견은 분명히 갈릴 수 있다. 다시 말해 권리장전을 옹호한 사람들이 고안했을지도 모를 대안적 기구에서보다, 연방주의자들이 고집한 대로 만들어진 필라델피아 헌법에서 "타고난 권리"들이 국민들과 더불어 더 확실하게 믿을만해졌는지는 의견이 다를지 모른다. 그러나 매디슨의 권리장전을 바르게 읽거나(내가 여기서 읽었다고 믿듯이) 국민으로서 읽어온 대로 우리가 읽는다면 블랙 대법관이 핵심적 영역이라고 올바르게 간주한 그 타고난 권리들은 포괄적인 연방주의 원칙들의 범위 안에 남겨졌다. 다시 말해 그런 권리의 문제는 미국 공동체의 심사숙고에 맡겨야 하며 그런 과정에서 양피지 장벽을 세우려는 어떤 시도도 결과적으로 효과를 거두지 못하리라는 이야기였다. 이는 아마도 우리가 공공 교과서에서나 독립혁명 기념 연설에서 묘사하는 미국의 정치체제가 아니다. 예를 들어 옐리넥(Jellineck)[75]이 묘사하고, 다른 유럽 사람들에게 전해진 미국의 제도는 분명 아니다. 그럼에도 오늘날까지 잘 작동해온 미국의 정치 체제다. 그리고 지금이 그렇게 인식하기 시작할만한 좋은 때이다. 연방주의자들이 자신들의 주장을 앞세우기 오래 전에 루소가 말했듯이 국민들이 스스로를 해치려 작정한다면— 혹은 안전장치로 첨언해 스스로에 이롭게 행동하려 한다면— 누가 그러지 말라고 말릴 수 있겠는가? 그리고 미국 체제 문제에 국한해서는, 결정적 영역에서는 어느 누구도 아니라고 답하기 어렵다.

---

75 1851~1911, Georg Jellineck, 19세기 독일을 대표하는 공법학자·헌법학자·행정법학자이다.

자유가 우선이다

Emphasis On Freedom

4

보수주의자의 자유

스탠턴 에번스(M. Stanton Evans)

현대 철학자들이 동의하는 한 가지가 있다면 미국 사회가 무슨 이유에선지 방향을 잃었다는 점이다. 한때 이 나라를 강력하게 만들었고 목적의식을 불어 넣어주었던 가치들이 있었지만 우리가 그에서 멀리 벗어나 버렸다고 거의 모든 비평가들은 한 목소리로 줄기차게 말한다. 반면 그 가치들이 무엇이었고 앞으로 무엇이어야 하는지 비평가들이 서로 동의하는 정도는 상대적으로 훨씬 약하다.

우리 사회의 방향성 상실을 가장 소리 높여 개탄하는 무리들은 대개 보수주의자다. 보수주의자라는 정치·사회적 소집단 안에서도 무엇 때문에 우리가 병들었느냐는 분석에서는 모두 다 의견이 일치하진 않는다. 어떤 보수주의자들은 한 가지에, 다른 이들은 다른 점에 집착하는 바람에 결과적으로 문제가 선명해지기보다는 더욱 복잡해지는 애매함만 남는다.

우리 사회의 방향성 상실 덕분에 권력을 잡은 세력들은 이런 혼란을 즐겨 부추긴다. 요즘의 지배적인 추세[76]들 덕분에 혜택을 보는 사람들은 그런 현상을 바로잡아 보고 싶은 욕망조차 없다. 따라서 지배적인 세력인 집산주의자나 이른바 자유주의자(liberals)들은 보수주의자들의 그런 저항을 애써 신기루처럼 보이도록 노력한다.

요즘의 보수주의를 고전적 자유주의(classical liberalism)의 망령이라거나, 혹은 일종의 정신질환과 비슷하다고 규정하려는 하나의 학문 분파가 발전했다. 어느 쪽이든 요점은 보수주의에 어떤 의미를 부여한다는 건 너무 어리석은 일이라고 치부해 버리려는 의도다. 그 두 시각 중엔 보수주의가 고전적 자유주의와 같다는 비판 쪽이 더 해롭다. 그 말엔 진실의 일말이라도 조금은 있기 때문이다. 예컨대 점증하는 정부 권력의 지배와 개인 자유의 위축에 반대하는 모든 사람들을 스펜서(Spencer)[77]와 섬너(Sumner)[78]의 후계 집단으로 일괄 분류해 모두 같은 종류의 사람들이라 처리하고 만다. 그렇다고 어떤 사람을 고전적 자유주의자로 딱지를 붙인다는 게 반드시 모욕은 아니다. 그러나 국가주의에 반대한다는 오늘날의 보수주의자들이 모두 맨체스터리언(Manchesterian)[79]이 아니라는 사실도 적시되어야 한다. 분

---

76 이른바 진보적, 혹은 사회주의적 흐름을 지칭한다.

77 1820~1903, Herbert Spencer 영국의 철학자 생물학자 인류학자 사회학자로 빅토리아 시대 저명한 고전적 자유주의 정치학 이론가다.

78 1840~1910, William Graham Sumner 고전적 자유주의 사회과학자이자 예일대 교수. 그는 자유방임경제, 자유시장, 금본위제를 지지했다.

79 19세기 영국 맨체스터에서 발생한 맨체스터 자유주의 운동을 지지하는 사람들을 일컫는다. 리처드 콥든(Richard Cobden)과 존 브라이트(John Bright)가 이끈 이 운동은 자유무역이 보다 평등한 사회를 가져온다고 주장했다. 아담 스미스의 경제이론을 정부 정책의 근본으로 삼자고 주장했다.

명히 보수주의자들 중에는 강력했던 메테르니히(Metternich)[80]의 추종자들이 있듯 고전적 자유주의자들도 있다. 그러나 국가주의자나 맨체스터리언이 아닌 보수주의자들도 있다. 종종 극좌파의 고마운 외침 때문에 강조되는 이 사상의 세 꼭짓점이 보수주의의 운동을 분열시키고 그 힘을 무산시킨다.

이런 이론적 혼란은 대단히 불행한 일이다. 보수주의자들이 이런 혼란에 빠지기 전에 그들 대부분은 본능적 합의 아래 움직여왔다. 추상적 제재(abstract sanction)[81]가 어디에 있느냐고 따졌을 때에만 분파주의자가 주도권을 차지해 모든 사람을 이런 저런 파벌로 나누기 시작했다. 현실적으로 작동 가능했던 단합은 이념적 반목으로 무너졌다. 이 글이 제기하는 입장은 그러한 반목이 실천적으로 해로웠다는(나름 충분히 맞는 말이긴 하지만)이야기가 아니다. 필자는 오히려 이론을 정교하게 다듬는 첫 번째 단계에서 나타났고, 대부분의 태도들에 공통적이었던 어떤 오류를 공유해보자는 주장을 하려 한다. 보수주의자들의 합의를 세분화하기 시작한 사람들이 제공했던 강령들이 사실은 그들의 공격 본능에 담긴 지혜보다 오히려 더 일관되지 않았다.

보수주의 이론가들은 인간과 그 본성의 문제를 두고 서로 근본적으로 대립한다. 구체적으로 말하자면 정신과 의지에 결함이 있는 인간은 객관적

---

80 1773~1859, Klemens von Metternich 후작 1809년부터 1821년까지 오스트리아의 외무상으로, 1821년부터 1848년 프랑스혁명까지 오스트리아 총리로 유럽의 중요 문제를 다룬 인물. 최고의 정부는 전제적 절대주의 국가형태이며 이를 뒷받침하는 충성스런 군대와 복종적이지만 효율적인 관료와 경찰 그리고 믿을 만한 종교인들이 있어야 한다고 메테르니히는 믿었다.

81 여기서는 인간의 본성을 스스로 억제하게 만드는 근본적인 힘을 의미한다. 그 힘이 신이라는 초월적 존재에 있다고 보는 사람들이 있는가 하면 보편적 진리를 획득할 수 있는 인간의 이성에 있다고 생각하는 집단도 있다.

이고 비세속적 질서에 복속해야 한다는 기독교적 개념을 앞세우는 집단과, 개인의 자유라는 명제를 무엇보다 중요하다고 여기는 사람들이 서로 조화를 이루기 힘들다는 얘기다. 보수주의자들의 저항 운동을 비판하는 사람들은 보수주의 운동 집단에 내재한 결코 해결되지 않을 이 난제를 지적했다며 기뻐한다. 보수주의의 저항운동이 한편으론 개인의 자유를 주장하지 말아야한다고 요구하고, 다른 한편으론 인간을 기독교적 시각으로 보는 관점을 포기하라고 촉구하는 분파주의자들로 나뉘기 때문이다. 그 두 집단은 서로 공존하지 못한다고 사람들은 거듭 이야기한다. 이 글의 목적에 따라 전자를 선택하는 사람들은 "권위주의자"들로, 후자를 택하는 사람들은 "자유지상론자(libertarian)들[1]이라고 부르겠다.

권위주의자는 객관적 질서를 믿으며 그 질서의 규범을 따르고자 대체로 개인의 자유를 제한할 용의가 있다. 그는 유동적이기보다는 위계질서가 분명한 사회를 선호한다. 어떤 사람들은 지배하고, 어떤 사람들은 순종하기로 운명 지어졌다고 믿는다. 모든 사람들은 객관적으로 부여된 질서를 따라야 한다. 자유지상론자는 그런 정태적 사회를 불유쾌하게 생각하며 그 사회를 규제하는 데 사용된 원칙들을 거부한다. 각자는 현대적 위기의 한 측면에만 못 박혀 그 한 측면이 우리의 모든 관심을 흡수해야 한다고 주장한다. 자유지상론자는 국가의 권력이 기하급수적으로 늘어나지만, 개인의 힘은 그에 상응해 축소되어간다고 본다. 그는 전통적 가치라는 구조를 포함해 모든 다른 고려들은 이런 끔찍한 도전에 맞서는 과업에 양보해야 한다고 요구한다. 권위주의자는 도덕 기준이 붕괴하고 전통적 가치가 무시된다며, 필요하다면 미덕의 적절한 존중이나 회복이라는 과업에 자유라는 대의명분까지 포함해 다른 모든 고려 사항들을 희생해야 한다고 주문한다.

두 입장은 정당하지 못한 논리 전환의 형태를 보인다. 필자의 시각에서 그들은 제1원리[82]와 그 결론들을 적절하게 연결 짓지 않았다. 인내심 있게 따져 가면 초월적 질서의 긍정은 개인의 자율성과 병립 가능할 뿐 아니라, 그것을 가능하게 만드는 조건임을 알게 된다. 인간 본성을 회의적으로 보는 시각은 정치적 자유를 허용할 뿐 아니라 요구한다. 자유지상주의의 유행을 따라 전통적 가치를 공격하면 국가 권력의 성장을 억제하기는커녕 오히려 그 증가에 기여한다. 권위주의적 형태로 개인의 자유를 공격한다고 미덕을 회복해주지도 않는다. 왜냐하면 미덕은 법으로 확보되지 않기 때문이다. 자유와 미덕은 함께 쇠락했으므로 함께 일어나야 한다. 그들은 서로 반대가 아니다. 그들은 미국적 상황에서 독립적으로 다뤄져야 할 별개의 문제조차 아니다. 그 둘은 보완재로서 정비례하거나 서로 의지해 번창하거나 시들어버린다.

그 문제는 둘로 나누어 보면 잘 연구된다. 객관적 가치의 존재와 관련된 자유의 문제가 우선 그 하나고, 인간의 본성과 연결된 자유의 문제가 그 두 번째다.

I

자유지상론자(libertarian), 혹은 고전적 자유주의자는 인간의 의지와 이성을 복속시켜야 하는 신 중심의 도덕 질서가 존재하지 않는다고 단호하게

---

82 제일 원리(first principles)는 다른 방법으로 추론할 수 없는 기본적이고 근본적이며 자명한 명제나 가정을 말한다. 아리스토텔레스와 칸트의 철학에 등장한다. 수학에서는 공리이다.

부인한다. 그는 인간의 자유를 유일한 도덕규범이라고 주장하지만 다른 면에선 전적으로 상대주의자, 실용주의자, 물질주의자이다. 그는 경제를 상당히 강조한다. 모든 가치의 근원은 인간과 그의 만족이며 다른 가치들은 외부에서 강제되어선 안 된다고 고집한다. 자유경제는 인간에 가장 적합하며 그들의 물질적 필요를 가장 잘 공급해주기 때문에 도덕적이다. 실제로 자유 경제는 그런 점에서 효과적으로 작동한다.

자유지상론자들이 이런 견해들을 신봉하는 여러 가지가 이유가 있다. 우선 의심할 바 없이 오늘 날 몇몇 자유지상론자들은 밀(Mill)과 스펜서(Spencer)의 순수한 후예들이며 그들이 믿는 논리에 따라 상대주의자의 전제들을 바탕으로 자유를 정당화해 간다. 그러나 대개 숨어 있는 다른 고려들 때문에 자유지상론자들은 특별한 형태의 상대주의로 기우는 경우가 더 자주 발생한다고 나는 믿는다. 초월적 질서라는 개념에 퍼부어지는 많은 공격은 어떤 특정한 진실의 확인이 활용되는 방식에서 오는 두려움 탓이라고 추정된다. 이런 저런 윤리적 판단에 몰두하다 보면 정치적 권위로 그런 판단을 강제해야 할 필요까지 의미하게 된다고 자유지상론자는 의심하기 때문이다. 그러나 그런 단계는 우리가 곧 보게 되겠지만 미덕이라는 지배체제를 양성하려는 데 관심이 있는 사람들에게는 필요하지도, 또 바람직하지도 않다.

또한 전통과 종교적 가르침이 준 *가치(value)*와, 집단의 압력으로 부과되는 *획일성(conformity)*사이의 심대한 혼동이 있어 보인다. 구체적으로 말해 집단의 압력이 전통적 가치를 집행하려 할 때 물론 그 둘은 일치한다. 그러나 그들이 연결되어 보인다고 곧 그 둘이 같다는 뜻은 아니다. 혁명이 승리하는 시기에 찾아오는 그 *획일성*과 전통의 *가치*를 구분하지 못한다면 분석의 가장 기초적인 수준에서 잘못을 저지르는 셈이다.

그런 문제는 보수주의자들이 변화를 반대하는 만큼 뉴딜 정책을 반드시 지지해야만 한다고 말하는 "새로운 보수주의자(New Conservative)", 다시 말해 반계몽주의자(obscurantists)들의 오류나 마찬가지다. 이러한 주장은 보수주의에 내재한 모든 가치의 내용을 비워버리고 보수주의를 단지 기술적인 문제로 만들어버린다. 그러나 가치를 보존하고 싶어 하는 보수주의자들은 마음속에 특별한 가치를 지닌다. 그리고 그것을 부인하는 어떤 현상 유지(status quo)에도 반대해야 한다. 자유지상론자들은 그 반대의 오류에 빠져버린다. 그들은 뉴딜주의라는 현재 존재하는 상황(status quo)에 반대하기 때문에 스스로 보수주의자일 수가 없으며 스스로 보수주의자라 부르는 사람과 싸워야겠다고 결심한다.

그러나 미국의 역사적인 기관과 제도들을 보존하는 데 관심이 있는 사람들이 지난 25년간 누더기 같은 집산주의를 쉽게 수용했다는 사실은 정말 믿기 힘들다. 애덤스(Adams), 매디슨(Madison), 디킨슨(Dickinson)[83], 오티스(Otis)[84]에서 코크(Coke)[85]와 영국의 관습법에 이르는 우리의 전통은 결국 권력의 자의적 행사에 가해지는 제한에 있다. 국가주의라는 획일성(conformity)은 그러한 전통과의 근본적 단절을 나타낸다. 그러한 전통에 내재된 가치를 지지하고 싶은 사람은 심지어 전통의 훼손이 고착됐고 편안해져서, 이를 복구하려면 엄청난 노력이 필요하다 해도 그 전통의 명백한 훼

83 1732~1808 John Dickinson은 애덤스나 매디슨처럼 미국 건국의 아버지 중 하나.

84 1765~1848 Harrison Gray Otis는 기업인 변호사이자 미국의 첫 번째 정당인 연방주의자당의 주요 지도자. 엘리베이터로 유명한 오티스가의 일원.

85 1552~1634 Sir Edward Coke 영국 대법원장이자 정치인. 법의 지배를 주장한 사람.

손에 맞서 싸워야 한다. 그들은 필연적으로 비국교도이거나 반란자여서 집단의 질책을 감내할 준비가 된 사람들이다. 더욱이 그들은 깊이 간직한 가치를 지키겠다는 동기부여가 확실하기에 그렇게 할 수가 있다. 지금까지 "가치"와 "획일성"은 동일하지 않기 때문에 획일성은 가치가 추락했을 때 요즘처럼 혐오스러운 수준으로 늘어나기도 한다. 내부의 가치로 무장되지 않은 인간은 그 사회의 압력에 맞서 방어할 힘이 없다. 바로 그런 가치의 상실이 19세기의 "내부 지향적인"[86] 미국 시민들을 오늘날의 "타인 지향적인"[87] 자동인형으로 만들어버렸다.

인간은 "어떤 더 높은 권위를 추구하려는 본성의 지배를 받는 존재다. 스스로 그런 권위를 발견하는데 성공한다면 그는 뛰어난 인간이다. 그렇지 못하면 그는 대중적인 인간이며 뛰어난 사람들에게서 그것을 받아야 한다."고 오르테가(Ortega)[88]는 썼다. 공동체 안에서 존재하려면 인간은 그들의 욕구를 반드시 서로 조화롭게 만들어야 한다. 그래서 어떤 종류의 일반적 균형이 찾아와야 하기 때문에 배빗(Babbit)[89]이 말하듯 "내면의 견제"를 잃은 사람은 외부의 견제에 굴복해야 한다. 그들은 대중적인 인간으로 "우월한 사람"들의 지배를 받게 된다.

가치의 붕괴는 더더욱 파괴적이다. 서로 충돌하는 욕구에 질서를 부여하려는 외부적 힘의 필요성을 증가시키면서 국가주의를 장려하기 때문이

---

86 자기 자신만의 가치 기준에 따르는

87 주체성 없이 부화뇌동하는.

88 1883~1955 José Ortega y Gasset 스페인 철학자이자 수필가. 그의 철학은 "생의 철학"이라 특정된다. 대중의 반역이라는 저서가 유명하다.

89 1865~ 1933 Irving Babbitt 미국의 보수주의에 깊은 영향을 준 문학평론가이자 철학자이며 신인문주의(New Humanism)운동을 주도했다.

다. 동시에 가치의 붕괴는 국가에 저항하는 개인의 능력을 약화시킨다. 가치가 없는 사람은 더더욱 기꺼이 물질적 혜택을 대가로 자신의 자유를 포기해 버리려 한다. 도덕적 제약의 상실이 권력의 지배를 부른다는 사실은 20세기 역사에서 가장 잘 증명된 현상 중 하나다. 참으로 매우 많은 비보수적 증인들이 지적했다. 내면화된 가치체계 덕분에 자발적이고 주체적인 행위가 가능한 인간들이 문명의 활력을 좌우한다고 말이다. 이는 데이비드 리스만(David Riesman)[90]의 유명한 연구, 《고독한 군중(The Lonely Crowd)》이 뒷받침한 주장이다. 이 책에서 "내부지향적(inner-directed)"이라거나 "타인 지향적(other-directed)"라는 용어가 만들어졌다. 피티림 소로킨(Pitirim Sorokin)[91], 윌리엄 화이트(William H. Whyte)[92], 리처드 라피에르(Richard LaPiere)[93] 같은 이들의 현대 사회 비평이 전하는 내용도 비슷하다.

권위주의자는 자유지상론자와 마찬가지로 가치와 강제가 나란히 간다고 믿는다. 그러나 권위주의자는 자유지상론자와 달리 그 양자를 수용한다. 그는 단지 강제를 집행하는 사람이 되고 싶어 할 뿐이다. 다만 내가 바람직하게 생각하는 보수주의자는 이런 일반적 분석을 거부한다. 그는 언제든 동료에게 미덕을 강요하겠다는 권위주자의 이런 태도를 공유하지 않는다. 미덕을 희생해서라도 자유를 선택하겠다는 자유지상론자의 결의도 공유하지 않는다. 진정한 보수주의자는 인간이 자유로워야 한다고 믿는다.

---

90 1909~2002, 미국의 사회학자, 변호사, 교육자이다. 하버드대학교에서 학부와 로스쿨을 졸업했다.

91 1889 ~1968, 러시아 출신의 미국 사회학자. 사회 순환 이론에 기여한 학자로 평가된다.

92 1917~1999, 미국의 사회학자이자 기자. 기업문화를 다룬 《조직인 (The Organization Man》(1956) 이라는 유명 저서가 2백만 부 이상 팔렸다.

93 1899~1986, 스탠포드 대학의 사회학 교수.

보수의 뿌리

그러나 자유롭다는 자체가 인간 존재의 목적이라고 믿지도 않는다. 보수주의자는 객관적 질서와 일치하는 삶을 살아가려고, 또 악이 아니라 선을 선택하려고 인간이 존재한다고 믿는다. 그러나 선의 "선택"은 의지를 선호하는 상황에서만 일어난다. 자유는 이렇게 도덕적 결정을 내리는 정치적 상황이다. 자유 속에서 인간의 정신은 도덕적 절대를 찾아간다. 따라서 보수주의자의 시각에는 정당한 선택이 궁극적 가치이다. 자유는 도구적이며 부수적 가치다.

보수주의자에게 경제적이고 정치적인 자유는 그 자체로 "도덕적"이지 않다. 오직 인간의 의지가 담긴 행동들에 도덕적 내용이 담아질 뿐 자유가 특정한 행동을 담보하지 않는다. 자유롭게 행동하는 인간은 그가 어떤 행동을 하느냐에 따라 도덕적일 수도, 아닐 수도 있다. 그러나 자유가 도덕적으로 중립적이긴 해도, 가능한 대안들 즉 강제의 다양한 형태들은 중립적이지 않다. 본질적으로 모든 강제 체제들은 우리가 비도덕적이라 간주하는 특정한 행동을 요구한다. 즉 사람들이 다른 사람에게 자의적으로 권력을 행사하는 일이다. 서구의 윤리는 살인과 도둑질이 잘못이라고 판단한다. 왜냐하면 그 행위들이 신성한 법이나 인격의 본래 모습을 파괴했기 때문이다. 그러나 총체적인 권력이 국가에 주어졌을 때 살인과 도둑질은 국가의 공식적이거나 확고부동한 업무가 되어버리는 성향이 있다는 게 역사적으로 너무 분명했다. 자유경제는 도덕을 허용하지만 보장하지는 않는다. 강제된 경제는 부도덕을 보장한다. 경제적 자유를 옹호하는 모든 사람들을 맨체스터리언이라고 규정하는 데 익숙한 권위주의자들에겐 이런 도식화가 혐오스럽게 보일지 모른다. 그러나 나는 도덕적 선택의 조건을 유지하게 해주는 다른 무엇도 생각하기 힘들다. 전제 군주들의 요구를 억누를 만한 가치체계가 없는 세계라면 무력의 강제를 무엇으로 막아낼까? 옳고 그르다는 객관적인 기준이 없다면 어떻게 독재에 반대할까? 살인과 도둑질이 부도덕하지 않다면 개별적으로 이뤄지거나 집단적으로 이뤄지는 살인과 도적질에는 왜 반대해야 하는가?

마지막 주장은 한 걸음 더 나아갈 필요가 있다. 맨체스터리언들은 자유라는 지배체제 아래 번성하는 인간의 사리사욕이 자유를 보존하는 충분한 보장요소(sanction)가 된다고 주장한다. 그러나 그러한 욕망의 셈법은 대부분의 인류에게는 너무 미묘하다. 직접적인 혜택을 성취할 방법이 있다고 생각한다면 그것을 획득하려고 자유를 기꺼이 포기하려 든다. 하이에크(F A Hayek)가 말했듯이 "정신적 능력의 한계 때문에 우리 눈앞의 직접적인 목적들은 언제나 더 커 보인다. 우리는 그 때문에 장기적인 이점을 희생하는 경향이 있다." 분명 근대 정치의 전반적인 추세는 기분 나쁠 만큼 결정적으로 이 같은 점을 보여주었다. 합의된 가치를 광범위하게 준수 할 때에만, 가치가 자유의 계속을 강제할 때에만 자유는 계속된다. 자유가 가치의 조건이듯이 가치는 자유를 보장해주는 존재다.

II

자유가 바람직한지 여부를 판단하려고 가치의 문제를 따져보았다. 이제 어떤 정치적 합의가 자유를 지속시키는 최선의 약속인지 결정하려면 우리는 인간 본성이라는 문제로 시선을 돌려야 한다. 형이상학적으로 자유는 선택의 맥락(context of choice)이요, 인간이 초월성으로 헤치고 나가려 추구하는 결정의 토대(ground of decision)이고, 정치적으로는 인간 사이에 존재하는 물리적 조건이다. 전통적인 논의에서 "자유"는 대개 한 사람에게 다른 사람이 부여하는 제약이 없는 때를 의미한다. 그러나 어떤 형태의 제약은 인간이 함께 살아가는 데 필요하다. 그 제약이 얼마나 느슨해질 수 있느냐는 정도와 "자유"라 정의되는 그 무엇의 갈등은 이론가들마다 다 다른 대답을 내놓을 만한 문제다.

그러나 자유를 정의하는 어려움이 아무리 크다 해도 자유는 명백하게 인간이 서로에게 행동하는 방법의 결과물이다. 따라서 자유를 극대화하고 싶으면 우선 인간 행위의 동기를 잘 평가해야 한다. 정치적 자유를 추구하려면 우선 인간의 본질이 무엇인지 이성적으로 추론된 입장에 도달 하는게 그 첫 번째 과업이다.

또 다시 권리(Right)를 두고 의견이 분열한다. 자유지상론자 혹은 고전적 자유주의자는 성선설을 인정하거나 혹은 보다 더 과학적인 형태로 말하자면 인간 본성이 악이 아님을 확언한다. 그들은 정부를 악의 근원으로, 억압되지 않은 개인을 선의 근원으로 본다. 자유지상론자는 자유로운 인간의 자연적 창조물인 "진보"에 상당한 믿음을 가졌으며 물질적 성공과 도덕적 미덕이 서로 같지는 않다 하더라도 밀접하게 연결돼 있다고 믿는 경향이 있다. 이 모든 이유로 자유지상론자는 정부가 사람들을 내버려둬 그들이 천성적인 선을 선택하도록 해야 한다고 결론 짓는다. 현대의 자유지상론자들은 그 극단적인 형태에선 철학적 무정부주의자이며 자유 기업의 이상향을 추구하는 사람이다.

권위주의자들은 정확하게 그 반대의 시각을 견지한다. 그들은 자연 상태의 인간이 선하지 않고 악이라 믿는다. 인간의 의지를 사악하게 보고, 인간의 이성에 한계가 있다고 보면서 자동적인 "진보"를 믿지 않는다. 그들은 관찰 가능한 힘의 관계에 가치를 종속시키는, 도덕성과 경제적 번영이라는 다원적 방정식을 거부한다. 그들은 헨리 애덤스(Henry Adams)[94]처럼 상황은 언제나 악화될 경향성이 더 크다고 생각한다. 인간 선택의 자연스러운 방향이 쇠락이라면 당연히 예상되는 일이다. 이 모든 이유로 권위주의자들은 강력한 정부를 신봉한다. 왜냐하면 인간은 사려 깊지 못한 탓에 인간이 선해지도록 강제하려면 귀족이나 지도자의 안내가 필요하다고 생각하기 때문이다.

보수주의자들은 또 다시 그 두 학파가 분석에서 동일한 잘못을 저질러 각자의 입장에 도달했다고 믿는다. 그들은 정부의 문제에 인간의 본성이라는 질문을 연결 짓지 못했다. 구체적으로 그들은 정부가 "인간"에서 분리된 별개의 존재로 처리되기 힘들다는 사실을 보지 못했다. "인간"은 한편으로는 악의 근원이고 다른 한편으로는 도덕적 지침의 근원이다. 왜냐하면 정부는 결국 권력을 행사하는 인간이 아닌가? 자유지상론자들에게 묻고 싶다. 인간이 자연적으로 선하다면 정부의 악함은 도대체 어디에서 오는가? 권위주의자들이여 답하라. 인간이 근본적으로 악이라면 어떻게 정부가 미덕을 강제하는 힘이 되겠는가?

보수주의자들은 인간을 신뢰하지 못한다는 점에서 권위주의자들의 생각에 동의한다. 보수주의자가 항상 관심을 갖는 문제는 타락한 인간성에서 보이는 파괴적 성향을 억제하는 일이다. 그러나 그러한 판단이 곧 인간은 반드시 귀족정치로 지배되어야 한다는 의미라면 동의하지 않는다. 만약 인간이 악이라면 귀족들도 악이어서 논리적으로는 인간에게 다른 사람을 강

---

94 1838~1918, Henry Adams는 미국 2대 대통령 John Adams의 증손자이자 6대 대통령 John Quincy Adams의 손자로 미국 역사학자.

제할 권한이 있다고 말하기 힘들다. 로크(Locke)의 구절에 따르면 "절대 군주들도 단지 인간"이다. 따라서 그들의 신민과 마찬가지로 같은 약점을 지닌 인간의 후예들이다. 더욱이 자신들의 악을 다른 사람에게 전가하는 능력은 그들이 휘두르는 힘의 양에 비례해 명백히 증가한다. 왕, 귀족, 평민들 중에 누가 더 훨씬 현명하고 정직하다고 믿을 이유는 없다고 존 애덤스(John Adams)는 말했다. "그들은 모두 같은 진흙이다. 그들의 몸과 마음은 같다…다른 사람의 권리를 찬탈하는 문제에서 권력이 제한되지 않을 때 세 부류의 인간은 모두 같은 죄를 짓는다." 보수주의자들이 정치적 자유를 원하는 이유는 정확하게 인간의 근본적 본성을 두려워하기 때문이다. 제임스 매디슨(James Madison)은 《연방주의자 논집》 51편에서 문제의 고전적 진술을 전개한다. "정부의 남용을 통제하려는 장치들이 필요한 이유는 인간 본성에 대한 반성 때문이다. 그런 정부 자체가 인간 본성의 반성에 따른 가장 위대한 결과물이 아니고 무엇이랴? 인간이 천사라면 정부는 필요 없었을지 모른다. 만약 천사가 인간을 통치한다면 정부의 내적 통제나 외적 통제도 불필요했을 것이다."

이 문제에서 고전적 자유주의자라 불리는 아담 스미스, 액튼 경, 토크빌의 견해와 내가 말하는 보수주의 철학 사이엔 차이가 거의 없다. "자유주의적" 학파의 입장은 그런 학파가 있긴 있다면 하이에크(Hayek)가 그 자신을 "옛 휘그(Old Whig)"라고 규정한 견해와 가장 잘 들어맞는다. 그런 종류의 "자유주의자"들은 인간을 두려워하기 때문에 정부를 두려워한다. 인간의 본성과 그에 적합한 정부 형태 사이의 관계를 보는 기술적 관점에서 그들을 보수주의자와 구분하기는 어렵다.

하이에크는 우리가 고전적 자유주의자(classical liberals)라고 생각하는 사람들을 두 집단으로 나눈다. "진정한" 개인주의자와 "그릇된" 개인주의자들이다. 물론 "진정한" 개인주의자들이 보수적 견해를 한층 더 깊게 긍정하기도 하고 그러지 않을 수도 있다. 그러나 스스로를 쉽게 집산주의에 활용되도록 만드는 감성적이거나 기계적인 인간관하고는 아주 멀리 떨어진 시각의 소유자다.

"교양 있는 인간은 오직 내적 충동의 유쾌한 경향을 좇기만 해야 한다."고 르낭(Renan)[95]은 그릇된 개인주의를 높이 띄우며 말했다. 바로 이 얼빠진 자기애 탓에 야콥 부르크하르트(Jacob Burckhardt)[96]는 인류가 외부적 기준의 필요라는 개념을 잃어간다고 반성했다. "물론 그렇기 때문에 우리는 주기적으로 완벽하게 권력의 희생자가 되고 만다." "진정한" 개인주의자는 르낭이 아니라 부르크하르트의 편에 선다. 그가 자유를 찾는 주요 관심사는 인간의 "태생적 선함"을 해방시키려는 데 있지 않고 가능한 한 악으로 향해가는 인간의 경향을 최소화 하려는 데 있다. 하이에크는 아담 스미스를 두고 말했다. "나쁜 사람이 가장 적은 해를 끼치게 하는 체제라는 데 개인주의의 주요 장점이 있다고 그(아담 스미스)와 그의 동료들이 주장한다 해도 결코 지나친 말은 아니다."

물론 아담 스미스와 에드먼드 버크 사이에 존재했던 상호 존중은 모두 다 기록에 남아 있다. 그들이 지녔던 생각의 유사성을 놓고 볼 때 권력을 가진 인간의 행위와 인간 자체를 두려워한다는 관점에서 "진정한 개인주의"

---

95 1823~1892, Joseph Ernest Renan은 프랑스의 언어학자·철학자·종교사가·비평가이다. 종교의 초자연적 설명을 거부하고 "자연이 곧 신적(神的)"이라며 인간 본래의 자연성을 도덕적이라고 보았다.

96 1818~1897, Carl Jacob Christoph Burckhardt는 스위스의 예술 문화 사학자.

보수의 뿌리

진영과 보수주의는 정말 하나다. 그리고 광범위한 전통은 물론 명징한 생각의 소박한 조언도 인간 본성의 불신과 자유가 병립 가능하다는 관점을 추천한다는 사실을 이 양자의 *화해(rapprochement)*는 말해준다.

그러면 보수주의자들의 과업은 무엇인가. 정부에 충분한 권위가 있어서 인간적 약점의 범죄적 출현을 억제하도록 보장하는 일이다. 그러나 동시에 어느 개인이나 집단에게도 너무 많은 정치권력이 주어지지 않도록 해야 한다. 이는 수세기에 걸쳐 꽤 어려운 과업임이 증명됐다. 강력한 정부라는 권위주의적 이상을 수립하거나, 완벽한 (그렇기 때문에 일시적인)자유라는 자유지상론자들의 정반대 이상을 실현하기란 그리 어렵지 않다. 더 큰 문제는 질서와 자유를 함께 제공하는 정부 체제를 수립하는 일이다. 버크가 말했듯이 "이런 자유와 제약이라는 반대의 요소들을 하나의 일관된 체제 안에 나란히 길들이는 일은 많은 생각과 깊은 사색, 현명하고 강력하며 복합적인 정신을 요구한다."

현실에서 그렇게 나타났듯이 이것이 미국을 건국한 아버지들의 마음을 사로잡았던 바로 그 문제였으며, 미국 건국의 기반이 된 계약이라고 부를 만한 헌법은 그 최고의 해답이었다. 정부의 문제는 미국의 헌법을 기초한 사람들이 보았듯이 권력이 주어지는 바로 그 행위로 어떻게 권력을 제한하느냐에 있었다. 동시에 또 어떤 제한적인 목적들에만 사용되는 권위, 그러나 정부의 특권을 질투하는 대안적 정책 결정 능력들로, 또 헌법적 제한으로 견제되는 그런 권위를 어떻게 수립하느냐 이었다. 목적은 권력이 분산되고 균형적으로 나뉘어서 권위의 각 원천은 다른 상대를 제한하고 억제하게 한다. 다만 각자에 주어진 적절한 과업을 수행할 충분한 힘은 주면서 말이다.

한마디로 미국 헌법이야말로 자유로운 정부라는 문제에 내리는 모범적인 대답이다. 미국 헌법은 식민지 북아메리카의 서로 대립되는 이해들의 토대 위에 수립됐지만 제임스 매디슨의 현명하고 강력한 통합 정신으로 융합됐다. 해밀턴의 "권위적인" 구상이나 제퍼슨의 "자유지상론적" 개념 어느 쪽도 미국 헌법을 지배하지 못했다는 사실은 주목할 만하다. 대신 매디슨이 고안해낸 위대한 개념적 균형이 헌법을 지배했고 당분간은 이 나라에서 우세했다. "정부에 반드시 요구되는 사항은 서로 다른 이해세력과 분파 사이에 정부를 충분히 중립적으로 만들고, 나라의 한 부분이 다른 부분의 권리를 침탈하지 못하도록 통제하며, 동시에 그 자신을 충분히 억제해 전체 사회의 이해에 역행하는 이해를 수립하지 못하도록 주권(sovereignty)을 다듬고 손질하는(modification) 일이다."고 매디슨은 말했다. 다시 매디슨을 인용하자면 "인간이 인간을 다스리는 정부를 만들 때 대단히 큰 어려움은 여기 있다: 먼저 정부가 피지배자를 통제하도록 해주어야 하며 그 다음 단계로 그 정부가 스스로를 통제하는 데 순응하게 만들어야 한다."

매디슨과 애덤스 그리고 그들의 동료들은 우리가 논의해온 대로 인간 본성을 불신하는 보수주의자들의 마음과 인간의 자유를 확장하고 배양하려는 자유지상론자들의 욕망을 통합해야 한다는 양날의 강조를 당연하게 받아들였다. 두 가지 문제에서 그들은 제한적인 정부에 의지한다는 고전적인 앵글로 색슨의 대답을 내렸다.

그 자체로 오류의 가능성이 있는 인간이 만들어냈고, 또한 오류의 가능성이 높은 인간이 관리한다는 점 때문에 애덤스와 매디슨의 헌법은 당연히 완벽하지 않다. 그러나 움직이는 균형을 유지해왔다. 이 말은 심지어 오늘날에 벌어지는 정치적 논쟁마저 여전히 국부들의 의도들을 두고 벌어진다는 사실이 뒷받침한다. 현재의 피폐해진 조건이나 불완전함이 무엇이든 미국의 헌법은 인간 자체와, 국가라는 탈을 뒤집어 쓴 인간들을 심오하게 불신하는 보수주의의 실천이 자유라는 목적에 훌륭하게 봉사해왔다는 사실을 분명히 증명했다.

5

경제적 자유가
핵심이다

빌헬름 뢰프케(Wilhelm Röpke)

I

나는 베네데토 크로체(Benedetto Croce)[97]가 유명을 달리하기 몇 년 전
에 그와 함께 대단히 중요한 토론에 참가하는 영광을 누렸다. 하지만 그렇
게 엄청난 지적 능력을 가진 사람에게 내 생각을 설명하고 납득시키려 애
써야 했다는 사실에는 경악했다. 우리의 경제 체제는 사회를 지배하는 정
치적이고 정신적 원칙들을 반영한다. 따라서 강제에 기초한 집산주의 경제
(collective economy)와 자유에 기초한 사회질서는 공존할 가능성이 전혀 없

97　1866~1952, Benedetto Croce는 이탈리아 철학자 역사학자 정치인. 비록 자유방임, 자유 교
역엔 반대했지만 자유주의자였다. 1949년에서 1952년까지 국제펜클럽(PEN) 회장을 역임했고 노
벨문학상에 16번이나 지명됐다. 좌파인 안토니오 그람시, 파시스트인 지오반니 젠틸 등에게 심대
한 영향을 끼쳤다.

다고 나는 생각했다.

경제는 자유를 최전선에서 방어한다. 따라서 무엇보다도 현대 경제학자에겐 영광스럽고 어려운 과업이 주어졌다. 그들은 자유와 인격, 정의와 법, 그리고 자유만이 배양하는 그런 종류의 도덕성에 바탕을 둔 국가의 가치를 수호해야 한다. 이를 위해 경제학자는 근대 산업 사회라는 어려운 조건 아래에서 기본적으로 자유주의 경제를 어떻게 유지하느냐, 또 나날이 침투하는 집산주의의 공격에 맞서 어떻게 자유주의 경제를 보호하느냐는 핵심적인 문제에 사고력을 집중해야 한다. 이런 문제에서 크로체의 생각은 나와 달랐다. 경제생활의 조직은 작동 여부의 문제이지 철학자의 문제가 아니라고 그는 말했다(정치적이고 정신적인 영역에서는 자유를 옹호하지만 경제 분야에서는 집산주의를 옹호할 수도 있다는 의미). 그의 시각이 얼마나 중대하고 위험한 잘못을 반영하는지 굳이 증명할 필요는 거의 없다.

이러한 잘못은 특히 정치 경제학의 엄격한 추론 과정에 익숙하지 않은 철학자들에게는 그 뿌리가 깊어 보인다. 나는 이런 문제들을 두고 탁월한 여성과도 논쟁을 벌이기는 싫다. 그러나 한나 아렌트(Hannah Arendt)[98] 역시 베네데토 크로체와 똑같이 잘못 생각한다는 사실을 지적하지 않을 수 없다. 왜냐하면 아렌트는 《헝가리 혁명과 전체주의적 제국주의(The Hungarian Revolution and Totalitarian Imperialism, Munich, 1958, p 49)》에서 "경제의 목적은 일과 소비에 지나지 않는다. 다시 말해 (경제는) 명백하게 인간 삶의 가장 낮은 영역에 속하며 그 속에서 인간은 비록 정치적 강제는 아닐지라도 어쨌든 강제 아래에 놓인다."고 주장했기 때문이다. 그녀가 다른 많

---

98 1906~1975, Johanna "Hannah" Cohn Arendt는 독일 출신 미국의 철학자이자 정치 이론가.

은 사람들과 공유하는 이런 오해에 따르자면 경제적 자유는 자유세계의 필수 불가결한 모습이 아니며, 경제적 자유의 결여가 자유롭지 않은 세계의 특징도 아니다.

이 모두에서 다음과 같은 결론이 나온다. 만약 경제적 자유가 전체적인 자유에 그렇게 결정적인 중요성을 지닌다면 인간에게 이를 수용하도록 교육할 최선의 방법은 그 중요성을 명백하게 확신시키는 일이다. 따라서 우리는 경제적 자유의 의심할 바 없는 경제적 혜택과 물질적 생산성을 보여주기보다는 자유라는 바로 그 개념이 나타내는 지극히 비물질적 가치를 지적하면서 시작해야 한다. 물론 집산주의 경제보다는 시장 경제의 결과물에서 물질적으로 더 큰 풍요가 온다는 사실은 대단히 중요하다. 그럼에도 우리는 우선 경제적 자유가 자유 그 자체의 핵심적 요소라는 점을 분명히 해야 한다. 따라서 물질적 관점에서 비록 덜 이롭다 할지라도 경제적 자유를 선호해야 한다. 자유는 그렇게 소중한 가치여서 우리는 그것을 위해 무엇이든, 심지어 가능하다면 번영과 풍요조차도 희생할 준비가 돼 있어야 한다. 경제적 자유의 필요에 따라 우리가 마땅히 그렇게 하도록 강제된다면 말이다. 그런 다음 우리는 다행스럽게도 자유에 근거한 경제 체제 없이는 자유 자체가 존재하기 불가능하며, 동시에 통제 경제 체제보다는 무한히 더 생산적이라는 사실을 지적할 수 있다.

물질적 풍요라는 사탕발림을 앞세워 경제적 자유를 받아들이라고 인간을 유혹하지도 말아야 한다. 대신 우리의 교육적 노력은 사회 철학의 높은 수준에서 이루어져야 하며 최후의 그리고 극상의 가치들을 강조해야 한다. 우리는 경제적 분야에서 자유를 부정한 뒤 인간 활동의 나머지 다른 영역에 자유를 주지 못한다는 사실을 사람들에게 명심시켜야 한다. 우리는 논리적 주장과 경험의 전체적인 힘을 끌어 모아 이 개념을 사람들이 확신하도록 만들어야 한다.

자유에 결코 우호적이지 않으며, 경제적 자유에는 분명 가장 적대적이었던 강력한 세력들이 근대의 자코뱅 대중 민주주의(Jacobin mass democracy)의 안에서 준동하지 않았느냐는 매우 진지한 의문에 우리는 주목해야 한다. 독일의 시장 경제는, 비록 그 부흥이야 위대한 축복이었음이 증명됐지만 민주주의의 정당한 후손이 아니었다는 사실도 반드시 기억해야 한다. 왜냐하면 1948년 근대 민주주의는 존재하지 않았기 때문이다. 시장 경제는 서자였으며, 독일 민주주의가 이를 사랑한다는 증상이 점점 더 늘어난 다음에서야 합법적인 자식으로 입양됐다. 즉 결혼하고 난 다음에야 서자에서 적자(legitimatio per subsequens matrimonium)로 변했다. 시장 경제를 회복하려는 시도는 에이나우디(Einaudi)[99]의 노력에도 불구하고 이탈리아에선 훨씬 더 성공적이지 못했다. 프랑스에선 이탈리아보다 더 못했으며 경제적 자유와 통화 정책(monetary discipline)의 재수립은 드골의 권위주의 정부 아래에서야 가능해졌다.

경제적 자유의 극단적 대척점인 집산주의와 인플레이션의 경험은 매우 잔혹했다. 그러나 그 편이 통화 정책과 함께 경제적 자유를 수용하도록 사람들을 교육하는 차라리 대단히 효과적인방법이었다. 그 점을 독일의 사례는 특별히 명징하게 말해준다. 결국 에르하르트(Erhard)[100]와 포케(Vocke)[101]

99　1874~1961, Luigi Einaudi는 이탈리아의 정치인, 경제학자이다. 1948년부터 1955년까지 제2대 대통령을 역임하였고, 퇴임 후 종신 상원의원을 지냈다.

100　1897~1977, Ludwig Erhard는 기독민주당 소속 서독 정치인. 1963년부터 3년간 총리 역임. 전후 아데나워 총리 아래에서 독일 경제 개혁과 라인 강의 기적을 이룬 장관으로 평가 받음

101　1886~1973, Wilhelm Vocke는 독일 전후 중앙은행 총재 등을 역임한 금융전문가

는 심지어 자유 경제와 통화 정책의 통합이라는 엄청난 성공에 앞서 이미 처음부터 인기 있었던 그 무엇을 했을 뿐이다. 그들이 했던 일은 극단적으로 혐오스러운 상황의 변화를 의미했기에 인기가 있었다.

Ⅱ

경제적 자유를 교육하려는 우리 노력들의 특별한 측면을 생각해 보고자 한다. 우선 그러한 교육이 반드시 활용해야만 하는 설득력 있는 논지를 반복하겠다. 자유에 기반을 둔 경제 체제의 기술적이고 물질적 우월성을 호소할 뿐 아니라 무엇보다 경제적 자유는, 자유 그 자체의 대단히 중요한 요소이며 사회 철학자들도 자유 그 자체로 인정해야 한다는 점이다. 경제적 자유가 실제로 무엇을 의미하는지는 그것의 반대가 강제라고 진술할 때 명백해진다. 경제적 자유를 속박하는 모든 규제, 국가의 모든 개입, 경제 계획과 지시의 모든 행위에는 일정한 강제를 포함한다. 국가의 의무적 징세와 함께 이런 강제들이 우리 모두에게 대단히 소중한 순수 자유를 조금씩 뺏어간다.

경제적 자유가 제한될수록 그만큼 강제 조치의 물길이 높아지고 자유에 주어진 공간은 좁아진다. 경제적 자유를 수용하도록 사람들을 교육한다는 의미는 이른바 복지 국가의 모든 혜택을 포함해 모든 강제의 증가에 당연히 뒤따르는 무게감까지 고려하라는 가르침이다. 복지국가에서 강제는 대단히 필수적이어서 복지국가의 의미를 명료하게 하려면 "강제적 복지 국가"라 불러야 마땅하다. 계획경제는 물론 복지국가나 재정적 사회주의에 이르기까지 자유가 결핍된 모든 경제체제의 이런 강제적 특성은 정말로 증오스럽다. 따라서 이런 점이 거의 언급되지 않는다는 점은 놀라운 일이다. 더구나 대부분의 사람들이 강제에는 아무런 가치가 없다고 동의하는데도 말이다. 따라서 경제 체제와 경제 정책의 일부로 강제를 기꺼이 수용하겠다는 사람들은 우리를 경제체제에서 떼어놓으려는 목적이 있는 사람이다. 이는 의심할 바 없이 불쾌하고 끔찍한 사실이다.

그런데도 그런 중요한 차이점들을 다음과 같은 질문으로 어물쩍 없애버리려는 시도는 우리의 주의를 흐리겠다는 취지가 아니면 무엇이겠는가. 강제는 어느 사회적 질서에서도 불가결한 요소가 아닐까? 강제의 결여는 무정부로 이어지지 않을까? 경제 역시 어떤 단호한 규칙을 필요로 하며 그 규칙의 준수를 국가가 강제해야만 하진 않는가? 우리는 어디에 마땅히 선을 그어야 하는가? 왜 우리는 어떤 형태의 강제도 수용하기를 끔찍하게 거부하는가?

이런 질문들이 무엇을 겨냥하는지는 단번에 명백해진다. 그 의도는 차이점을 불분명하게 만들어 우리가 가벼운 마음으로 그 경계를 넘어서도록 유혹하는 데 있다. 그러한 유혹에 빠지지 않도록 하려면 더더욱 명료한 해답을 줘야 할 필요가 있다.

우선 강제는 필요악이라고 분명하게 진술되어야 한다. 그 의미는 최소한의 강제로 상황을 관리해야 한다는 뜻이며 집산주의의 특징을 보일 때까지 극단적으로 증가하지 않도록 해야 한다. 더 나아가 강제의 필요성을 증명할 책임은 더 많은 강제를 요구하는 사람이 감당해야 하며 우리는 그들의 증명이 과연 합당한지 극단적으로 엄격하게 따져야 한다. 왜냐하면 제약의 추가적인 증가는 분명히 가장 심각한 반발을 사기 때문이다.

이는 물론 얼마나 많은 강제가 시행되느냐의 문제일 뿐 아니라 경제적 삶에 채택될지 모를 다양한 종류의 강제 조치들을 매우 분명하게 구분하는 일이다. 강제는 모든 국가체제 안에서 정치 사회적 질서를 하나로 묶는 필수불가결한 접착제라고 흔히 말한다. 정부의 손에 그런 질서 수립의 독점적 권한을 부여한다는 게 곧 국가의 정의다. 이러한 관점에서 질문을 바라보면 권력 그 자체가 악이고 "모든 권력은 부패한다."는[2] 말은 분명 틀렸다. 가장 자유로운 경제 체제일지라도 강제나 국가의 권력 없이 작동하지 못한다. 왜냐하면 모든 상황 아래에서 두 가지, 말하자면 법과 화폐체제는 필요하기 때문이다. 이 둘의 제약을 사용하지 않고는 경제가 작동할 수 없다. 그렇다면 시장경제와 그 반대의 체제라는 두 가지 경제 형태 사이의 차이점은 무엇일까. 각자에 연계된 강제의 종류가 명백히 매우 다르다는 사실이다. 그걸 이해하지 못한다면 두 체제가 어떻게 작동하는지 전혀 모른다는 징표에 지나지 않는다. 모든 사람은 지금쯤 시장 경제에서의 제약이나 간섭, 자유의 제한은 일정한 틀 안에 국한돼 있다는 점을 반드시 알아야 한다. 경제적 교류 그 자체는 자유로운 틀 안에서의 규제다. 반면 집산주의는 개인 경제 활동들 그 자체가 강제적으로 계획된다는 특징이 있다. 누구라도 이 근본적인 차이를 이해하지 못한다면 혹은 그 차이를 궤변적으로 고려한다면 그에게 물어야 한다. 자유로운 인간으로서 자기 자동차를 몰다가 신호등 앞에서 멈춰서야 하는 경우와 경찰차에 탄 죄수로서 그래야 하는 게 당신에겐 과연 같은 일인가?

　시장 경제의 강제 조치란 모든 나라가 인간들의 공존을 규제할 때 적용해야만 하는 그런 종류의 조치일 뿐이다. 그 강제조치는 보편적이고 모두에게 적용된다. 예측가능하고 자의적이지 않으며 규제의 틀 안에서 정확하게 처방된다. 집산주의 경제 아래에서 우리는 오히려 사안별로 행사되는 강제에 직면한다. 그러므로 그 강제는 자의적 필요에 따를 뿐이어서 예측 불가능하고 자유를 직접적으로 제약한다. 하이에크는 이를 분명히 지적해 냈고 지적으로 매우 완벽하게 증명했다. 첫 번째 종류의 강제는 입헌 국가의 특징이지만 두 번째 종류의 강제는 입헌 국가에 반하는 특징이다.

경제적 자유는 그러므로 입헌국가의 필수불가결한 조건으로 간주되어야 한다. 경제적 자유의 상실은 바로 그런 국가의 파멸을 필연적으로 수반한다. 마찬가지로 점차 증가하는 경제적 자유의 제한은 입헌 국가를 점점 더 위태롭게 만든다. 그 반대 역시 적용된다. 입헌 국가는 자유에 기초한 모든 경제체제의 필수불가결한 조건이다. 왜냐하면 그런 나라가 자의적 조치에 맞서 안전과 보호를 보장하는 유일한 수단들을 제공하기 때문이다. 그러한 안전장치가 없이는 시장 경제 체제 안에서 특히 미래와 관련된(투자와 저축의) 어떤 결정도 결코 효율적으로 내려질 수 없기 때문이다.

이러한 경계들을 의식적이거나 무의식적으로 제거할 때 어떤 위험한 영역으로 이어지는지 실제의 사례가 잘 보여준다. 독일 공산당의 영향력이 확산되면서 모스크바가 장려하고 희망했던 이상한 이야기들이 많이 만들어졌다. 그 중 분명하게 가장 기괴한 개념의 하나가 서방과 서독의 정치적 견해 속에 스며들었다. 동 서 독일이 각자 현재의 경제체제를 유지한 채 하나의 연맹으로 마땅히 묶여진다는 개념이다. 이 생각이 그동안 많은 사람들을 괴롭혀왔다. 두 독일엔 경제적 자유의 정도가 높고 낮은 차이만 존재한다는 시각에서 이끌어내진 개념이었다.

문제는 우리가 경제적 강제의 수준이 높고 낮은지를 다루는 게 아니라는 데 있다. 여기서 말하는 두 체제의 경제적 강제는 근본적으로 서로 다른 종류다. 따라서 그런 사정을 고려하면 동서독이 하나로 묶여진다는 개념이 얼마나 정신 나간 생각인지, 그런 생각이 모든 기초적 경제 문제에 어떻게 완전히 무지한가를 드러내는지 명백해진다. 서로 다른 종류의 그 강제는 두 경제 체제를 완전히 다르게 만들기 때문에 그 두 체제의 공존은 철저히 불가능하다. 모든 간섭과, 국영기업들 그리고 복지 국가적 활동들에도 불구하고 서독에는 경제적 자유에 기초한 순수한 시장경제가 있다. 그러나 소비에트 독일의 중앙 명령 집산주의 경제는 명령으로 작동하며 모든 경제적 자유를 부인한다. 집산주의적 경제는 국가 그 자체와 완벽하게 동일하다. 그러한 나라는 서독에도 명령 경제체제를 도입할 때에만 총 독일 연맹에 녹아든다. 그렇지 않고 그 두 경제를 하나로 묶는 일은, 느슨한 연맹의 형태로도 결코 불가능하다. 반대로 소비에트 지역을 포함해 독일에 공통적 행정부를 꿈꾸었던 얄타(Yalta) 회담 정치인들의 아마추어 같은 생각은 1948년 자유에 기반을 둔 경제체제가 서독에 도입됐을 때 위험한 허구라는 사실이 드러났다.

논점의 완벽성을 기하려면, 비록 심각하게 받아들여지기 힘들겠지만 마지막으로 하나의 주장을 반드시 더 살펴봐야 한다. (경제적 자유의 제약이나 상실에 따르는 강제를 덜 끔찍하게 느끼도록 만들고자) 시장 경제 역시 제약에 기초한 경제체제라고 주장하는 사람들의 논리를 말이다. 그들에 따르면 시장경제에서도 원하는 모든 상품에 값을 지불하도록 강제하고 이런 저런 물건을 살 돈이 부족한 만큼 자유를 제약하는 강요 아래에 우리가 놓여 있다는 얘기다. 그렇게 생각되고 말해질 뿐 아니라 인쇄까지 되어 남들에게 전달된다는 사실은 끔찍하다. 왜냐하면 그러한 주장의 명청함은 너무나 명백해서 반박에 나설 기쁨을 전혀 주지 못하기 때문이다. 이 주장에 따르면 잘 먹는 죄수는 자유인이고, 자유로운 노동자로서 힘겹게 스스로 벌어먹어야

보수의 뿌리

하는 사람은 죄수라는 말이다. 따라서 완벽한 자유는 상품의 부족에 따른 모든 제약이 사라질 때에만 존재한다는 얘기이며, 말하자면 바보들의 천국에서나 가능하다는 주장이다.

이 모두는 정말 명백하다. 그럼에도 비상식적 개념들이 계속 자라나고, 많은 사람들이 이를 진지하게 받아들인다. 사람들이 배급제 없는 정책을 "지갑을 통한 배급"이라고 공격했던 때를 우리는 모두 분명히 기억한다. 그들은 경찰의 명령으로 집행되는 배급제를 강제적 경제 체제의 대안으로 옹호하면서 시장 경제에 치명상을 입히려 했다. 그들은 우리를 혼란스럽게 하려고 그런 주장을 한다. 통제 경제에 따른 진정한 강제를 상품의 일반적 부족에 따라 우리가 견뎌야만 하는 제약과 비슷한 수준 정도로 가볍게 여기게 만들기 때문이다. 심지어 이런 주장을 더 확대하는 사람들은 자유를 해치지 않으면서 상품의 희박한 획득 가능성에 수요를 적응시키는 시장 경제적 방법을 견디려 하지 않는다. 그 보다는 차라리 우리를 감옥에 넣거나, 전체주의 국가의 집단 수용소나 교수대로 밀어 넣는 그런 강제를 명백히 더 선호하는 말도 안 되는 짓을 한다. 몇 년 전에 스태포드 크립스(Stafford Cripps) 경[102] 시절의 긴축 기간 동안 로마의 어느 친구는 이 선택에 그의 답을 주었다. 그는 런던에서 강연을 해달라는 영국문화협회(British Council)의 초대를 받았다. 그러나 그는 그 초대를 거절했다. 자신의 주머니에 있는 돈을 어떻게 쓰라고 명령하는 정부가 있는 나라에서 1주일이라도 머물기에는 인생이 너무 짧다는 이유였다. 그는 자신의 나라에 머물러 있기를 선호했다. 물론 그 나라는 돈을 벌려면 매우 열심히 일해야 했지만 원하는 대로

---

[102] 1889~1952, Sir Richard Stafford Cripps는 영국 노동당 정치인. 2차 세계 대전 이후 애틀리 정부에서 재무장관 역임.

그 돈을 쓸 수 있는 나라였다. :

　"궁핍으로부터의 자유(freedom from want)"라는 유명한 구호로 루스벨트는 우리 시대의 선동에 탄약을 잔뜩 공급했다. 이 구호야말로 거짓 강제와 진정한 강제를 아무 생각 없이, 또 바보같이 동일시한 결과였다는 사실을 모르는 사람은 없다. 이 안이한 구호가 의미하는 내용은 사실 진정한 자유와 그릇된 자유를, 최고의 윤리적 의미의 자유와, 완벽한 행복을 제한하는 어떤 성가신 존재의 부재를 의미하는 유사 자유를 모두 다 한 솥에 던져 넣고 끓여버리는 짓이었다. 그러나 그러한 혼란이 가져온 성공에는 위대함이 없지 않다. 이런 저런 형태로 맞닥뜨리는 그 모든 궤변들이 얼마나 위험하며, 그런 궤변을 얼마나 시급하게 없애버려야 하는지 그 필요성을 증명했기 때문이다.

　이런 관점에서는 또 하나의 관찰이 딱 들어맞는다. 지난 세대 상품 생산의 증가에 따라 우리 존재의 물질적 제약이 줄어들수록 세계 각지에서 강제가 더 극심해졌다는 사실이다. 예를 들어 여행수단이 대단히 빨라지면서 지구의 거리가 줄어들수록 오히려 처벌의 위협 아래 관료제와 끊임없이 싸워야 했고, 다양한 국가의 절차들을 극복하느라 점차 더 많은 시간을 써야 했다. 프랑스인이 미국 여행을 준비하는 데 써야 하는 추가적인 시간은, 줄 베른느나 필리아스 포그 시절보다 훨씬 더 많이 필요해졌다.(En additionnant les heures qu'on passe pour préparer un voyage, il faut plus de temps à un Français pour aller en Amérique qu'au temps de Jules Verne et de Phileas Fogg.)[3]

III

이러한 고려들을 염두에 두면 경제적 자유의 교육은 주로 논리적 사고를 가르치는 일이라는 결론에 이른다. 현대 경제학자는 따라서 요사이 널리 유포된 모순과 무분별한 멍청함에서 사람들이 벗어나도록 깨우쳐주는 매우 중요한 일을 해야 한다.

이 점에서 더 자세히 서술해야 할 또 다른 이유가 여전히 있다. 내가 위에서 인용한 피에르 가소트(Pierre Gaxotte)[103]는 말했다. "자유로운 나라에서 많은 사람들이 기존의 사회질서를 더 이상 정당하다고 인정하지 않을 때 자유는 사라질 운명에 처한다. (Lorsque, dans un pays de liberté une partie importante du peuple ne reconnait plus comme légitime l'ordre social établi, la liberté est condamnée à disparaitre.)"[4] 이는 명백히 진실이다. 따라서 이 사회 질서의 핵심이 무엇인지 널리 이해될 필요가 있다. 25년 전 루시엔 로미에르(Lucien Romier)[104]가 《만약 자본주의가 사라진다면(Si le capitalisme disparaissait, Paris, 1933)》이라는 소책자에서 지적한 내용은 여전히 타당하다. 어떤 문명도 그 문명을 지지하는 사람들 대다수가 그 문명의 구조와 내적인 법칙들을 더 이상 이해하지 못할 경우 장기적으로 유지되기는 힘들다. 마찬가지로 우리 문명 핵심의 하나인, 자유에 기반을 둔 우리 경제 체제의 기제가 점점 더 복잡해지면서 그 체제의 이해도 자체가 점차 약화되어

---

103 1895~1982, 프랑스 역사학자. 일간지 르 피가로의 우익 칼럼니스트. 프랑스 혁명에 비판적인 시각으로 유명함.

104 1885~1944, 프랑스 언론인 정치인. 1925년에서 27년, 1934년에서 1942년까지 르 피가로 편집장. 독일 게슈타포에 체포되면서 심장마비로 사망.

갈 때 온갖 종류의 선동은 훨씬 더 쉬워진다.⁵ 따라서 정치 경제학의 가장 중요한 과업 중 하나는 시장 경제의 기본과 가격결정 체계 등을 설명하고, 각자의 적절한 위치가 어딘지 분명히 가르쳐서 이러한 이해를 깊게 하는 일이다. 경제학자들은 그들 과학의 핵심적인 개념들이 우리 시대 문명의 활력 있는 지식과 정수의 일부분이 되도록 애써야 한다.⁶ 그들은 이런 방식으로 사람들에게 경제적 자유를 가르치는 매우 중요한 기여를 하게 된다.

불행하게 우리는 모든 양심을 걸고 이러한 과업이 만족할만한 방법으로 충분히 달성됐다고 확언하기 힘들다. 심지어 이런 과업이 일반적으로 확인되거나 인정되었다고 말하기도 어렵다. 만약 우리가 조금 불손하다면 근대 경제학자 대부분이 유통기술자, 국가의 회계사, 가구 제작자처럼 경제 모델을 주문 생산하는 사람, 혹은 도표나 만드는 배관공들에 지나지 않았다고 말해도 좋다. 우리 시대가 직면한 사회 철학의 거대한 문제들에, 심지어 정치경제학의 엄격하게 이론적인 작업들에 위엄, 깨달음, 심오함을 주는 그런 문제들에 그들 대다수가 무신경했기 때문이다. 인플레이션, 경기 순환, 유럽 통합 등과 같은 주제를 두고 많은 지식인들과 토론을 벌일 때 우리는 거듭 거듭 경악하게 된다. 프랑스인들이 말하는 이른바 "강령"이 그들에게서 전혀 발견되지 않았기 때문이다. 그들은 마치 사회 철학의 모든 질문에 무관심한 듯 이야기한다. 과학자로서 비물질적 가치에 어떤 견해를 갖거나 적어도 그러한 견해를 말하는 게 그들의 위엄을 깎아내린다는 듯 이야기한다. 그들은 단지 경제 기술자, 경제 관료가 되고 말았다. 그저 경제학을 도구로 삼은 경제 전문가들에 지나지 않게 되었다.

IV

우리가 비판의 총구를 오직 한 방향으로만 겨눈다면 정당하지 않다. 경제적 자유가 가장 중요함을 분명히 이해하고, 그래서 그에 관해 사람들을 교육해야 할 필요성을 확신하는 사람들의 죄 역시 바로 그들의 현관 계단 앞, 그리 멀지 않은 곳에 있다. 그들 중 얼마나 많은 사람들이 경제적 자유의 전제들, 수요와 공급의 법칙 그 너머에 있는 그 전제들을 분명하게 알았을까? 재산권의 중요성은 물론 대중이 경제적 자유를 품도록 해주는 존재의 모든 닻들을 분명히 깨달았을까? 경제적 자유를 지지하도록 희생을 요구 받자마자 뒷문으로 달아난 사람들이, 경제적 자유와 자유 경쟁체제 아래에서 패배했을 때마다 국가가 강요하는 강제조치를 앞장서 요구한 사람들이, 말하자면 "시장경제의 사기꾼"이라고 불리는 사람들이 바로 이 경제적 자유에 의혹을 부추기고 손상(결과적으로 경제적 자유에 기초한 경제체제에 가해진)을 가한 사실을 그들은 스스로 얼마나 명백히 알았을까?

심사숙고한다면 경제적 자유를 교육하는 일은 자유 그 자체를 최고의 도덕적 의미로 가르친다는 사실과 분리 불가능하다는 점이 명백해진다. 두 가지 방향에서 전개되는 교육적 노력은 도덕적 근거에서 샘솟아야 하며 인간의 윤리적 충동이 발생하는 신비스러운 그 마지막 근원으로 돌아가야만 한다. 우리는 도덕적 책임의 짐을 기꺼이 지려하는 만큼 자유의 공기를 불어넣을 수 있게 된다.

버크가 다음과 같이 말했을 때 우리는 그의 판단을 경제적 자유에도 적용할 만하다. 인간은 자신의 욕구를 억제하는 만큼, 정의를 사랑하는 마음이 탐욕보다 큰 만큼, 판단의 견고함과 절제가 허영과 허세를 극복하는 만큼, 그리고 정직하고 현명한 충고를 불한당의 아첨보다 더 선호하는 만큼의 자유만 누린다. 다듬어지지 않은 방종과 욕구 어딘가에 견제가 이뤄지지 않는다면 심지어 경제적 자유도 지속되지 못한다. 인간 내부의 이 제약이 덜 효율적인 만큼 외부에서 그 제약이 더 부과되어야 한다. 따라서 경제적 자유는 더 적어지며 그만큼 우리의 자유도 줄어든다.

6

나는 왜 보수주의자가 아닌가?

프리드리히 하이에크는(F. A. Hayek)는 고전적 자유주의와 자유 사회의 유지라는 관심사를 공유한 학자들을 모아 몽 펠르랭 소사이어티(Mont Pelerin Society)라는 국제기구를 창립했다. 1947년 설립된 이 모임은 매년 9월 연례 회의를 열어왔다. 1957년 총회에서 하이에크는 이 책의 원서에 그 전문이 실린 "나는 왜 보수주의자가 아닌가?(Why I Am Not a Conservative?)"라는 글을 발표했다. 이 글은 1960년 그의 기념비적인 저작인 《자유 헌정론(The Constitution of Liberty)》의 발문으로 재록됐다.

하이에크는 이 글이 발표된 총회에 러셀 커크(Russell Kirk)를 초청했다. 커크는 1953년 《보수의 정신(The Conservative Mind)》을 출간해 폭발적인 호응을 불러 일으켰던 신진 학자였다. 당시 그 회의에 커크와 함께 참석했던 《보수의 정신》의 출판사 사장, 헨리 레그너리(Henry Regnery)는 커크 박사가 "대단히 명석하고 효과적인 즉흥 연설"을 했으며 하이에크와의 토론에서 "결코 졌다고 생각하지는 않는다."고 말했다.

하이에크가 이 글에서 자신이 속한다고 주장한 옛 휘그(Old Whig)는 바로 근대 보수주의의 아버지라 불리는 에드먼드 버크(Edmund Burke)의 생각과 거의 유사하다. 따라서 그를 뼛속까지 보수주의자라고 부른다 해도 억울해할 이유가 없어 보인다고 커크는 평가했다. 이 책의 편저자 역시 같은 생각에서 이 소론을 이 책의 한 장으로 포함시켰다고 여겨진다.

이 책의 출판사인 ISI(Intercollegiate Studies Institute)는 하이에크의 이 글을 제외한 나머지 원고의 경우 저작권을 모두 보유했다. 단 이 글만큼은 시카고 대학 출판사의 사용을 허락받아 전재했다. 본 번역서는 2014년 《자유헌정론》의 한글판을 펴낸 자유기업원(원장 최승노)의 허락을 얻어 전문을 다시 번역하고 대폭 요약했다. 자유기업원의 너그러움에 감사드린다. ―역자

> 자유의 승리는 소수의 힘으로만 달성됐다. 자유의 진정한 친구들은 언제나 드물었기 때문이다. 자유를 추구한 이들은 자신들과 다른 정치적 목적을 지닌 사람들의 도움을 받아 소기의 목적을 달성했다. 그러나 이 소수와 조력자들의 유대는 적들에게 반대의 정당한 근거를 주었기 때문에 언제나 위험했고 때로는 참담한 결과로 이어지기도 했다.
>
> ― 액튼 경(Lord Acton)

하이에크는 글의 첫머리에서 《자유 헌정론(The Constitution of Liberty)》에서 정의하려고 노력한 생각을 "보수적"이라고 말하기는 어렵다고 주장했다. 자유를 더 침해하자는 진보적 운동들에 함께 반대한다고 해서 자유

의 수호자와 보수주의자를 동일시하지 말라는 지적이다.

그에 따르면 올바른 보수주의는 프랑스 혁명 이래 150년간 유럽 정치에서 중요한 역할을 담당했다. 사회주의가 등장하기 전까지 보수주의의 반대는 자유주의(liberalism)였다. 그러나 미국 역사에서는 유럽의 이런 사정에 상응하는 갈등이 없었다. 왜냐하면 유럽에서 "자유주의(liberalism)"라 불린 그 무엇이 미국에서는 자신들의 정체를 수립하게 해준 전통의 하나였기 때문이다. 미국 전통의 수호자는 유럽인들의 의미로는 자유주의자(liberalist)라고 하이에크는 주장했다.

그가 보수주의를 단호하게 반대해야 한다고 생각하는 이유는 다음과 같다. 보수주의는 현재의 추세에 저항해 바람직하지 않은 발전을 지연시키는 데는 성공할지 모른다. 그러나 보수주의는 적극적으로 다른 방향을 가리키지 않기 때문에 현 추세의 지속을 막을 방법이 없다. 이런 이유로 보수주의는 언제나 그들이 선택하지 않는 길로 질질 끌려들어갈 운명에 처해 있을 뿐이다. 자유주의자는 우선 우리가 얼마나 멀리, 얼마나 빨리 움직이는지 묻지 않고 어디로 움직여야 하는지를 묻는다. 따라서 자유주의자는 보수주의자보다는 오늘날의 급진적 집산주의자와 생각이 더 크게 다르다.

그 세 집단들을 도표로 표현하자면 보수주의가 한쪽 끝을 차지하고 각각 다른 쪽으로 끌어당기는 사회주의자와 자유주의자들이 별개의 꼭짓점을 이룬 삼각형이 그려진다고 하이에크는 말했다. 그러나 하이에크에 따르면 보수주의자는 급진주의자가 떠들어대서 매력적으로 보이게 된 생각들을 적절한 시기마다 받아들이면서 규칙적으로 사회주의와 타협하거나 그들의 생각을 도용했다. 그들 자신만의 목표가 없이 중도를 앞세우는 (Advocates of the Middle Way) 보수주의자들은 양 극단의 사이 어딘가에 진실이 있다고 믿었기 때문이다.

지나간 10년은 대개 사회주의가 대세를 이루었다. 따라서 보수주의자와 자유주의자는 주로 그 운동을 지연시키려 했다. 다만 자유주의는 주요 관점에서 어딘가에 멈춰 서 있기보다 어디론가 가고 싶어 한다. 이처럼 자유주의는 결코 과거 지향적 강령을 내세운 적이 없었다고 하이에크는 말했다. 자유주의자의 이상이 충분히 구현된 때에도, 자유주의는 언제나 제도의 더 많은 개선을 지향했다. 따라서 자유주의자들이 현재 정부의 행위들과 관련해 현실을 있는 그대로 보존하겠다고 바라야 할 이유는 거의 없다. 오히려 자유주의자는 세계 각지에서 자유로운 성장을 막는 장애물의 철저한 제거가 시급하게 필요하다고 생각한다.

미국에선 오래 전에 수립된 제도를 그저 지키기만 하면 여전히 개인적 자유가 보호될 가능성이 있다. 그렇다고 해서 자유주의와 보수주의의 이런 차이가 결코 희미해져서는 안 된다고 하이에크는 주장했다.

하이에크에 따르면 자유주의자들도 보수주의 사상가들의 저작에서 배울 게 많다. (적어도 경제학의 분야 밖에서) 우리는 성숙한 제도들의 가치를 다룬 그들의 매력적이고 존경할만한 연구에서 어떤 심오한 통찰을 얻었으며, 이 통찰들은 우리가 자유 사회를 이해하는 데 크게 기여했다. 콜리지(Coleridge)[105], 보날드(Bonald)[106], 드매스트르(De Maistre)[107], 유스투스 뫼저

---

105 1772~1834, Samuel Taylor Coleridge 영국의 시인 철학자 신학자. 친구 워즈워스와 함께 낭만파 문학 운동 주도. 랄프 왈도 에머슨 등 미국의 초절주의에 큰 영향을 미쳤다.

106 1754~1840, Louis de Bonald 프랑스의 반혁명 철학자. 정치인. 사회적 이론을 개발해 프랑스 사회학이 등장하는 존재론적 틀을 제공.

107 1753~1821, Joseph de Maistre 불어권 사보이야드 철학자. 프랑스 혁명 직후 사회적 위계와 군주제 옹호.

(Justus Möser)[108], 도노소 코르테스(Donoso Cortés)[109] 같은 인물들이 정치적으론 얼마나 반동적이었는지 몰라도, 근대의 과학적 연구들을 선행했고 자유주의자들이 혜택을 입은 널리 합의된 지혜(convention)를 비롯해 언어, 법, 도덕같이 자발적으로 성장한 제도들의 의미를 잘 이해했다고 하이에크는 말했다.

보수주의의 근본적 특징의 하나는 변화를 두려워하는, 새로움 그 자체에 보이는 용기 없는 불신이라고 하이에크는 말했다. 보수주의자들은 이 두려움 때문에 변화 방지나, 변화의 정도를 제한하는 데 정부의 권력을 사용하려는 경향이 있다고 한다. 반면 자유주의자들은 두려움 없이 변화를 수용한다. 비록 필요한 적응이 어떻게 발생하게 될지 모른다 해도 그렇다. 적응의 자발적인 힘을 믿기 때문이다. 보수주의자에겐 그런 믿음이 없다. 자유주의적 태도는 특히 경제 분야에서 시장 자율규제의 힘이 새로운 조건에 맞추어가도록 어떻게든 적응시킨다고 가정한다. 비록 구체적인 사례에서 그런 일이 어떻게 벌어질지 예견하지는 못한다 해도 그렇다. 사람들이 자주 시장의 작동에 맡기길 꺼리는 가장 큰 이유는 무엇일까? 수요와 공급 사이에, 수입과 수출 등등의 사이를 의도적으로 통제하지 않는데도 필요한 균형이 어떻게 발생하는지 모르기 때문이다. 보수주의자들은 어떤 고매한 지혜가 감시하고 변화를 감독한다고 확신할 때만, 변화를 "질서 있게" 유지할 책임이 주어진 권위가 있을 때만 안심하고 만족한다고 하이에크는 말했다.

---

108 1720~1794, Justus Möser 독일 법학자. 사회이론가. 사회적이고 문화적 주제를 강조한 혁신적인 역사서 저술로 유명한 역사학자.

109 1809~1853, Juan Donoso Cortés 스페인의 보수적인 가톨릭 정치학자.

이처럼 보수주의는 권위의 개입 없이 사회적 균형을 자발적으로 만들어 내는 경제적 힘들을 이해하지 못한다. 보수주의는 또 추상적 이론과 일반적 원칙을 불신한다. 자유주의 정책이 의지하는 자발적인 힘들을 이해하지 못할 뿐 아니라 정책의 원칙을 형성할 기초도 없기 때문이라고 하이에크는 말했다. 보수주의자에게 질서란 어떤 권위가 끊임없는 관심을 기울여 만들어낸 결과다. 따라서 그런 목적이 있기에 권위는 특별한 상황에 요구되는 행동을 하도록 반드시 허용되어야 하며 엄격한 규칙에 묶여서는 안 된다. 보수주의자들은 무엇보다 사회이론, 특히 경제 구조를 잘 모른다. 보수주의는 어떻게 사회질서가 유지되는가 하는 일반적 개념을 창출하는 데 대단히 비생산적이었다. 따라서 보수주의의 근대적 신봉자들은 자신들의 이론적 토대를 구성하려 노력할 때 언제나 거의 일방적으로 자유주의에 속한 저자들, 매콜리(Macaulay)[110], 토크빌(Tocqueville), 액튼 경(Lord Acton), 그리고 레키(Lecky)[111]에 매력을 느꼈다. 이들은 모두 스스로를 당연히 자유주의자라 여겼다. 심지어 에드먼드 버크(Edmund Burke)도 끝내 옛 휘그(Old Whig)에 머물렀다. 누군가 자신을 토리(Tory)라 부를지도 모른다는 생각만으로도 버크는 진저리를 쳤을 것이라고 하이에크는 주장했다.

보수주의자들은 이미 수립된 권위가 빚어낸 행위에는 전형적으로 관대하다. 그들은 그 권위의 힘을 약화시키거나 어떤 테두리 안에 가두지 않으려는 데 주로 관심이 있다. 일반적으로 보수주의자는 옳다고 여겨지는 목

---

110 1800~1859, Thomas Babington Macaulay 영국의 사학자 역사가, 휘그 정치인. "영국사"라는 걸작을 남겼다.

111 1838~1903 William Edward Hartpole Lecky 아일랜드 역사학자이자 정치학자로 8권짜리 18세기 영국사를 남겼다.

보수의 뿌리

적 때문에 사용되는 강제나 자의적 권력행사에는 반대하지 않는다. 보수주의자는 훌륭한 사람들이 정부를 장악했다면 엄격한 규칙으로 정부를 너무 많이 제한하지 말아야 한다고 믿는다. 그들은 본질적으로 기회주의자이자 명백한 원칙을 지니지 못했다. 따라서 현명하고 선한 사람이 보통사람들을 강제해야 한다는 강한 희망을 드러낸다. 사회주의자와 마찬가지로 보수주의자는 정부의 권력이 어떻게 제한되느냐는 문제보다는 그 권력을 누가 휘두르느냐는 문제를 더 걱정한다. 보수주의자들은 사회주의자들처럼 자신들이 지니는 가치를 다른 사람들에게 강요할 자격이 있다고 생각한다.

보수주의자에게 원칙이 없다고 말할 때 그들에게 도덕적 확신이 없다는 의미는 아니라고 하이에크는 말했다. 전형적인 보수주의자는 오히려 대개 강한 도덕적 확신이 있는 사람들이다. 서로 의견이 다른 사람들이 자신들의 확신을 복속시킬 만한 정치 질서를 만드는 과정에서 보수주의자들이 의지하는 원칙이 없을 뿐이다. 다른 가치 체계와의 공존을 허용하고, 최소한의 무력으로 평화로운 사회의 건설이 가능하게 만드는 게 바로 그런 원칙들의 인정이다. 하이에크는 사회주의자들의 가치보다는 보수주의자들의 가치에 훨씬 더 많이 공감했다. 다만 자유주의자는 구체적인 목적에 개인적으로 부여하는 중요성이 아무리 크다 해도 다른 사람들에게 강요할 만큼 정당화되기에는 충분치 않다고 생각한다고 하이에크는 말했다. 다른 사람들과 함께 살고 성공적으로 일해 나가려면 구체적인 목적에 충실하다는 것 이상이 요구된다. 어떤 부류의 사람들에겐 본질적 문제인 분야에서도 다른 부류의 사람들에겐 또 다른 가치의 추구가 허용되어야 하기 때문이다. 자유주의자는 그런 종류의 질서를 지지하는 지적인 신념을 지녔다고 하이에크는 주장했다.

자유주의자에게 모든 도덕적이거나 종교적 이상은 강제될 수 있는 적절한 목적이 아니라고 하이에크는 말했다. 보수주의자나 사회주의자들은 그러한 한계를 인지하지 못한다. 자유주의의 가장 두드러진 특징은 제반 문제에서 도덕적 믿음들이 어떤 행위의 강제를 정당화하지 않는다는 시각에 있다. 이는 또 후회하는 사회주의자가 자유주의자보다는 보수주의자의 진영에서 새로운 정신적 고향을 발견하는 일이 왜 그리 쉬워 보이는지도 잘 설명해준다고 하이에크는 강조했다.

보수주의자는 어떤 사회에서도 남들이 다 아는 우수한 사람들이 있으며 그들의 승계된 기준과 가치들, 그리고 그 지위는 보호되어야 할 뿐만 아니라 남들보다 공공의 문제에서 더 큰 영향력을 가져야 한다고 믿는다. 자유주의자도 몇몇 탁월한 사람들이 존재한다는 사실을 부인하지 않는다. 그러나 누가 우수한 사람들인지 결정할 권위는 아무에게도 주어져 있지 않다고 생각한다. 보수주의자들은 특히 이미 수립된 위계질서를 보호하려는 경향이 있고 그들이 가치 있다고 여기는 사람들의 지위를 보호해주는 권위를 희망한다. 그러나 자유주의자들은 자연스런 경제적 변화를 거슬러 보수주의자들이 내세우는 특권이나 독점, 혹은 국가의 또 다른 강제력에 의지해선 안 된다고 생각한다. 비록 문화적이고 지적인 엘리트들이 문화의 진화에 중요한 역할을 한다는 사실은 충분히 알지만 자유주의자는 이러한 엘리트들이 다른 모든 사람들에게도 적용되는 같은 규칙 안에서 그들의 지위를 유지할 만한 능력을 스스로 증명해야 한다고 믿는다고 하이에크는 말한다.

보수주의자는 우리 시대의 악마가 민주주의라고 비난한다. 물론 자유주의자도 다수결의 원칙 그 자체가 목적이라고 여기지는 않는다. 단지 수단으로, 혹은 우리가 선택해야 하는 정부 형태 중에서 최소한의 필요악이라고 간주한다. 거대 악은 제한되지 않은 정부이며 누구도 무제한의 권력을 휘두를 자격은 없다. 차라리 소수 엘리트의 손에 있는 근대 민주주의의 권력이 더 용납하기 힘들다고 자유주의자는 생각한다.

물론 민주주의와 고삐 풀린 정부는 밀접하게 연결돼 있다. 그러나 반대해야 하는 건 민주주의가 아니라 고삐 풀린 정부다. 사람들은 다수결 법칙의 적용 범위는 물론이고 어떤 다른 형태의 정부도 그 영역을 제한해야 한다는 사실을 배워야 한다. 여하튼 평화적 변화의 수단이나, 정치 교육적 측면에서 민주주의의 이점은 다른 어느 체제와 비교해 보아도 아주 크다. 하이에크에게 더 근본적인 문제는 누가 지배하느냐가 아니라 정부에 무엇을 할 권한이 주어졌느냐 이었다.

하이에크는 보수주의자가 지나친 정부 통제에 반대하는 이유는 원칙의 문제 때문이 아니라고 말한다. 그들이 정부의 지나친 통제에 반대하는 분야는 경제적 영역이다. 보수주의자들은 대개 산업 분야에서 집산주의와 명령형의 조치들에 반대한다. 자유주의자들은 이런 측면에서 보수주의자들을 자주 우군으로 발견한다. 그러나 보수주의자는 대개 보호주의자들이다. 농업 분야에서는 사회주의적 조치들도 종종 지지한다. 비록 오늘날 산업과 상업에 존재하는 제약은 주로 사회주의적 시각의 결과물이지만 보수주의자들은 더 이른 시기에 농업에서 똑같은 비중으로 중요한 제약을 도입했다. 많은 보수적 지도자들은 사회주의자들과 경쟁적으로 자유 기업을 폄훼하려는 노력을 벌였다고 하이에크는 말했다.

보수주의자들은 본능적으로 다른 그 무엇보다 새로운 생각들이 변화를 일으킨다는 사실을 감지하고 당연히 그것들을 두려워한다. 근본적으로 생각 자체에 장기적인 힘이 있다고 믿는 자유주의와 달리 보수주의는 특정 시점에 주어진 생각의 총량에 구속된다. 보수주의는 논쟁의 힘을 진정으로 믿지 않기 때문에 탁월한 능력자가 전해준 뛰어난 지혜에 마지막으로 기댄다고 하이에크는 주장했다.

반면 자유주의자들이 모든 변화를 명백하게 진보라고 간주하지 않지만 지식의 진전을 인간이 노력해 나아가는 주요 목표의 하나로 여기며, 그것을 통해 우리가 걱정하는 문제와 어려움들이 단계적으로 해결되어 나가길 기대한다고 하이에크는 말한다. 자유주의자는 새로운 무언가의 생산이 인간 성취의 정수임을 알며 새로운 지식의 직접적인 결과가 좋든 싫든 그것을 흡수할 준비가 돼 있다고 하이에크는 본다.

그러나 보수주의자는 충분히 입증된 새로운 지식조차 거부하는 성향이 있다. 새로운 지식으로 파생될 몇몇 결과를 싫어하기 때문이다. 과학자들도 일시적 유행이나 풍조에 휘둘린다는 사실을 부인하지는 않겠다고 하이에크는 말했다. 따라서 과학자들의 최신 이론에서 끌어낸 결론의 수용을 조심스러워해야 할 이유는 충분히 있다. 그러나 그런 주저의 이유는 합리적이어야 하며, 새로운 이론들이 오래 간직했던 믿음을 뒤엎는다고 안타깝게 여기는 마음과는 무관해야 한다고 하이에크는 말한다. 예를 들어 진화론 혹은 생명 현상의 "기계론적" 설명이 초래할 어떤 도덕적 결과 때문에 그에 반대하는 사람을 용납하기는 힘들다. 새 과학적 통찰에서 합리적 추정으로 끌어내는 결론들이 정작 새 과학적 통찰 그 자체와 어긋나는 경우도 잦다. 그러나 새로운 발견들의 결과를 잘 다듬는 과정에 적극적으로 참여할 때에만 우리는 그러한 발견들이 우리가 사는 세계에 맞는지 아닌지, 맞는다면 어떻게 맞는지 배우게 된다고 하이에크는 말했다. 만약 우리의 도덕적 신념이 정확한 사실이 아닌 내용을 토대로 세워졌다는 점이 뒤늦게라도 증명됐다면, 이 사실을 인정하길 거부하면서 계속 그런 신념을 방어하려는 행위를 도덕적이라 부르지 말아야 한다고 그는 주장했다.

국제주의에 적대적이거나 후안무치한 민족주의 성향은 새롭거나 낯선 것을 불신하는 보수주의와 깊게 연결돼 있다고 하이에크는 말했다. 그러나 우리의 문명을 바꾸는 생각에는 경계가 없다. 새로운 생각에 익숙해지길 거부한다면 필요한 순간 그 생각들에 효과적으로 맞서게 해주는 힘만 상실할 뿐이다. 생각의 성장은 국제적인 과정이다. 그러한 토론에 충분히 참여하는 사람들만이 의미 있는 영향력을 행사할 능력이 있다. 어떤 생각이 비미국적이거나, 비영국적, 혹은 비독일적이라는 주장은 무의미하다고 하이에크는 말했다.

보수주의와 민족주의는 긴밀하게 엮여 있다고 주장한 하이에크는 보수주의에서 집산주의로 이어지는 다리를 이 민족주의적 편향성이 제공한다는 점만 첨언했다. 우리의 산업이나 자원이라는 관점에서 생각한다면 이러한 민족적 자산을 민족적 이해에 맞게 사용해야 한다는 요구로 이어질 뿐이다. 이런 종류의 민족주의가 애국주의와는 대단히 다른 무엇이며, 민족주의를 혐오하는 일이 국가적 전통에 애착을 보이는 태도와 충분히 양립된다는 사실은 굳이 말할 필요가 없다. 동시에 우리 사회의 어떤 전통을 존중하고 선호한다는 사실이 곧 낯설고 다른 그 무엇에 적대적일 필요를 낳지는 않는다고 하이에크는 말했다.

보수주의자들의 반국제주의는 역설적으로 제국주의와 자주 연결된다고 하이에크는 말했다. 낯선 것을 싫어하고 그 자신의 방식이 더 우월하다고 생각하는 사람일수록 다른 사람들을 "문명화시키는"일이 자신의 사명이라고 간주하는 경향이 있기 때문이라는 설명이다. 보수주의자는 자유주의자들이 선호하는 자발적이고 통제 받지 않는 교류가 아니라 효율적인 정부라는 축복을 그들에게 가져다주어 문명화시켜야 한다고 생각한다. 여기서 다시 자유주의자에 맞서 사회주의자들과 손을 잡는 보수주의자들을 자주 발견하게 된다. 웹(Webb)부부나[112] 그들이 설립한 페이비언주의자들(Fabians)이 목소리가 큰 제국주의자들이었던 영국에서뿐 아니라, 국가 사회주의와 식민지 팽창주의가 함께 손을 잡았으며 "책상머리 사회주의자" 같은 집단의 지지를 발견했던 독일에서도 마찬가지였다고 하이에크는 말했다.

자유주의자(liberalist)는 모든 사회 제도를 인간의 이성이 처방한 형태에 따라 재구성하려 드는 사회주의자의 거친 합리주의나, 보수주의자들이 매우 자주 의존하는 신비주의를 모두 멀리한다. 자유주의자는 우리가 모든 답을 알지 못한다는 사실을 충분히 인지한다고 하이에크는 말했다. 또 우리의 손에 들린 답이 분명히 옳은 답이라거나, 우리가 모든 답을 발견할 능력이 있다고 확신하지도 않는다. 자유주의자는 그 정도로는 이성을 불신한다. 또 나름대로 가치가 있다고 증명된 비합리적 제도들이나 습관들에 도움을 청한다고 경멸하지도 않는다. 그러나 이성이 충분치 않은 곳에서 지식의 초자연적인 근원이라는 권위에 호소하기보다는 무지를 기꺼이 직면하고, 또 우리가 얼마나 모르는지 인정하기를 망설이지 않는다는 점에서는 보수주의자와 크게 다르다고 하이에크는 주장했다. 어떤 점에서 자유주의자는 근본적으로 회의주의자이다. 이처럼 다른 사람에게 그들 나름

112　1859~1947, Sidney James Webb과 Martha Beatrice Webb(1858~1943)은 영국의 부부 사회학자 경제학자. 런던 정경학교 설립자이자 버나드 쇼 등과 함께 영국 노동당의 뿌리가 된 초기 Fabian Society를 설립.

　보수의 뿌리

의 방법으로 행복을 추구하게 하고, 자유주의의 핵심적인 특징인 그 관용을 일관되게 지켜가려면 일정한 정도의 망설임은 꼭 필요하다고 하이에크는 말했다.

그렇다고 자유주의자에게 종교적 믿음이 없다고 말할 필요도 없다. 프랑스 혁명의 합리주의와 달리 진정한 자유주의는 종교에 아무 불만이 없다. 자유주의자는 대륙의 자유주의가 19세기 당시 그렇게 많이 고무했던 호전적이고, 본질적으로 반자유주의적인 반종교주의를 개탄할 뿐이다. 이 것이 자유주의의 핵심이 아니라는 사실은 영국 보수주의의 조상, 옛 휘그 (Old Whig)가 분명하게 보여준다. 옛 휘그는 오히려 특별한 종교적 신념과 대단히 밀접한 협력관계를 이룬다. 다만 자유주의자는 자신의 영적인 믿음이 얼마나 심오하든 남들에게 그것을 강요할 자격이 있다고 생각하지 않는다. 그리고 영적인 영역과 세속적인 영역은 서로 다르며 결코 혼동해선 안 된다고 하이에크는 지적했다.

지금까지 하이에크는 자신이 왜 보수주의자가 아니라고 생각하는지 충분히 설명했지만 그렇다고 스스로 "자유주의자(liberalist)"라고 불러야 하는지도 확신하기 힘들다고 말한다. 미국에서 이 용어가 언제나 오해를 부르는데다가 대륙의 합리주의적 자유주의, 심지어 공리주의자들인 영국 자유주의와 자신의 입장 사이에 존재하는 거대한 차이를 점점 더 의식하게 되었기 때문이다.

하이에크는 다음과 같이 말했다. "1688년 혁명은 '오늘날의 언어로 자유주의나 입헌주의라고 이름붙일 수 있는 그러한 원칙들의 승리였다'고 1827년의 어느 영국 역사가는 말했다. 지금의 자유주의와 그 역사학자가 말한 자유주의가 같은 의미라면, 만약 액튼 경과 함께 버크와 매콜리 그리고 글래드스톤이 위대한 자유주의자들이고, 해롤드 라스키와 함께 토크빌과 액튼 경이 '19세기의 핵심적 자유주의자'라면 나 스스로도 너무나 자랑스러운 자유주의자라 여기겠다." 그러나 대륙의 자유주의자들 대다수가 위에 언급한 자유주의자들이 강하게 반대했던 생각을 지지했으며, 그런 자유주의자들 대다수는 세계에 자유로운 성장의 기회를 제공하기보다 머리로 생각해낸 합리적 형태를 강제하려는 욕망에 더 휘둘렸다는 사실을 인식해야만 한다고 하이에크는 말했다.

하이에크가 원하는 "자유주의(liberalism)"는 오늘날 그 이름으로 진행되는 정치 운동과는 거의 무관하다. 따라서 자세한 설명 없이 자유주의라는 용어를 사용하면 너무 많은 혼동을 자아낸다. 이제 그 명칭은 힘의 근원이라기보다는 점점 더 배의 바닥짐 같아졌다고 하이에크는 주장한다. 따라서 미국에서는 "자유주의적(liberal)"이라는 용어를 하이에크가 사용한 의미로 사용하기는 거의 불가능하다. 대신 자유지상론자(libertarian)라는 용어가 사용된다. 그러나 그 단어엔 억지로 조작됐거나 마지못해 만들어진 용어라는 느낌이 너무 강하다고 하이에크는 판단했다. 생명의 집단을 묘사하는, 자유로운 성장과 자발적인 진화를 선호하는 집단의 묘사로는 부적절하다는 얘기다.

영국 휘그당의 이상(Ideal)들은 나중 유럽 전체에 자유주의(liberalism) 운동이라고 알려진 그 무엇을 촉발했다. 그 이상을 미국 식민주의자들이 들고 갔고, 그들의 독립 투쟁과 헌법 제정기를 이끌어주었다. 이러한 전통의 특징들이 프랑스 혁명에 따른 첨가물 탓에 전체주의적 민주주의와 사회주의적 성향으로 수정되기 전까지 자유주의적 집단은 "휘그"라는 이름으로 널리 알려졌다고 하이에크는 말했다.

그러나 영국이나 미국에서 19세기 휘그 정당들은 마침내 급진주의자 사이에서 그 이름의 명예를 더럽혔다. 오직 자유를 원했던 그 운동이 거칠고 호전적 프랑스 혁명의 합리주의를 흡수한 이후 자유주의(liberalism)가 휘그주의(Whiggism)의 자리를 빼앗았기 때문이라고 하이에크는 지적한다. 이제 우리의 과업은 휘기즘에 파고든 지나치게 합리주의적이고, 민족주의적이며 사회주의적인 영향력을 제거해주는 일이라고 그는 말했다.

하이에크는 자신의 사상이 옛 휘그(Old Whig)라고 고백한다고 해서 우리가 17세기에 서 있던 곳으로 돌아가길 원한다는 뜻은 물론 아니라고 말한다. 휘기즘은 현재 우리가 아는 지식으로 새롭게 재구성되어야 한다고 그는 주장했다. 그러나 기본 원칙들은 어디까지나 옛 휘그의 원칙들이어야 한다. 그는 액튼 경의 다음과 같은 말에 동의한다. "비록 강령의 일부 창시자들은 가장 악랄한 사람들이었지만, 국가의 법률들을 뛰어 넘는 더 높은 법이라는 개념은 휘기즘과 함께 시작됐으며, 영국인들이 이룬 탁월한 업적이고 국가에 남긴 유산이다." 아니 세계에 남긴 유산이라고 마땅히 덧붙여야 하며 휘기즘은 앵글로 색슨 국가들의 공통적인 전통에 기반을 둔 강령이라고 하이에크는 첨언했다. 또한 미국의 자유주의는 휘기즘 안에 담긴 가치 있는 그 무엇을 가져온 강령이고, 제퍼슨의 급진주의나, 해밀턴, 심지어 존 애덤스의 보수주의가 아니라, 미국의 정치 체제가 기초로 삼은 바로 이 강령이 "헌법의 아버지" 제임스 매디슨의 손을 통해 순수한 형태로 미국에 대변돼 있다고 하이에크는 강조했다.

그러나 하이에크는 옛 휘기즘이란 이 이름을 되살려내는 일이 현실 정치적으로 의미가 있는지는 확신하지 못했다. 물론 순수한 보수주의자나, 심지어 보수주의자로 변신한 사회주의자들도 휘기즘이란 명칭을 가장 싫어한다는 점에서는 의미가 있을지 모른다고 생각했다. 그 이름은 모든 자의적 권력행사에 끊임없이 반대해온 일군의 이상(ideal)들에 주어진 이름이기 때문이라는 생각에서다.

여전히 자유로운 제도를 지녔고 따라서 기존 체제의 방어가 종종 자유를 지켜내는 미국과 같은 나라에서는 자유의 수호자가 스스로를 보수주의자라 부른다 해도 큰 문제는 없다. 그러나 집산주의적 물결에 공동으로 저항한다고 해서 보수주의와 자유주의를 혼동해서는 안 된다고 하이에크는 말했다. 완전한 자유를 믿는 행위는 반드시 미래를 내다보는 태도에 기초를 두어야지 과거를 갈망하는 향수나, 기존에 존재해온 그 무엇을 낭만적으로 흠모해온 태도에 토대를 두지 말아야 하기 때문이다.

유럽의 많은 지역에서 보수주의자들은 집산주의적 신조의 많은 부분을 이미 받아들였다. 집산주의적 신조가 정책을 오래 지배해왔기 때문에 많은 제도들이 이미 기정사실로 받아들여졌고 심지어 그것을 만들어낸 보수정당들에겐 자부심의 근원이 돼버렸다. 자유를 믿는 사람은 그런 보수주의자와 갈등하고, 대중적 선입견, 기득권의 견해들, 단단하게 수립된 특권에 맞서 기본적으로 급진적인 입장을 취할 수밖에 없다고 하이에크는 생각했다.

하이에크는 그러면서 다음과 같이 말했다. "정치인은 정책을 조심스레 추진하길 원하기 때문에 대중 여론이 지지할 준비가 안 됐다면 아직은 움직이지 않는다. 그러나 정치 철학자는 다르다. 단순히 현재의 여론이 강요한다는 이유만으로 기존의 주어진 내용을 수용해서는 안 된다. 19세기가 시작될 때 그랬듯이 주요한 시대적 필요가 다시 자발적인 성장 과정의 촉발을 요구한다면, 인간의 어리석음이 세운 장벽과 장애물을 제거하는 일이라면, 정치 철학자는 기질적으로 '진보적인' 사람들의 지지를 얻고 설득하는 일에 희망을 두어야 한다. 비록 그릇된 방향으로 변화를 추구한다 해도 그들은 최소한 기존 질서를 서슴없이 비판적으로 분석하고, 필요하다면 기꺼이 바꾸려 들기 때문이다."

정당 정치는 하이에크의 관심사가 아니었다. 전통의 무너진 파편을 주워 모아 하이에크가 재구성하려 했던 그 원칙들이 어떻게 대중적인 매력을 지닌 채 강령으로 만들어지느냐는 과업은 "저 교활하고 재주 많은 동물, 정치인이나 정치가로 불리는 천박한 사람들, 사태의 순간적인 흐름에 따라 움직이는 집단"에 넘겨줘야 한다고 하이에크는 말했다. 정치 철학자는 지금 정치적으로 무엇이 가능한지에 관심을 보이지 않고 "언제나 늘 같은 일반적 원칙"을 일관되게 방어해야 한다. 이런 점에서 보수적인 정치 철학이 있기는 있는지 의심한다. 보수주의는 빈번하게 매우 유용한 실천적 공리일지 모르나 장기적인 발전에 영향을 미칠 만한 길잡이용 원칙들은 전혀 주지 못한다고 하이에크는 주장했다.

예언적 전망

The Prophetic View

7

이성의 한계와
전통의 회복

스탠리 패리(Stanley Parry, C. S. C.)

I. 문제

오늘 날 자유주의자(liberals)들과 보수주의자들이 등장한 기본적 이유는 서구 문명의 질서에 위기가 발생했기 때문이다. 그러나 이 위기에 대응하는 그 두 진영의 시각은 뿌리부터 서로 달랐다. 일찍이 한 논문에서[7] 나는 두 진영의 견해가 위기의 본질을 오해했고, 결과적으로 오늘날의 문제와 무관한 해결책만 제공했다는 비극성을 언급했다. 자유주의자의 시각은 불행하게도 구제불능일 정도로 틀렸고 논점을 벗어났다. 그 입장을 교정하려면 이성, 사회, 그리고 자유를 보는 그들의 근본적인 전제들을 모두 다 부인해야 할 필요성이 생긴다. 그러나 보수주의자들의 시각은 그들이 견지하는 기본적 틀 안에서 우리 시대에 유의미하게 재구성될 만하다. 이 논문은 이

보수의 뿌리

성의 한계를 강조하는 보수주의의 고유한 기본적 전제 하나를 재구성 해보려 한다.

보수주의는 기본적으로 이성과 전통을 나누어 본다. 그러나 이런 구분이 18세기엔 의미가 있었는지 몰라도 20세기의 중요 문제를 다루는 데는 효과가 그다지 없다. 초기 보수주의 사상이 말하는 대로 이성과 전통을 구분해버리면 우리를 크게 오도하게 된다. 그런 구분은 그릇된 문제들에 집중하게 만들고 보수주의를 비판과 반대라는 부정적 기능에만 머물게 한다. 다양한 종류의 보수주의가 있지만 그 중 버크의 보수주의가 그나마 우리 시대에 가장 유의미하다. 그의 보수주의는 이성이 독자적이고 효과적으로 작동하려면 건강한 전통이라는 여건 안에서 움직여야 한다고 본다. 그러나 버크의 이런 시각은 합리적 형태의 이성 보다는 전통을 보호하자는 쪽으로만 이끈다. 그에게는 이성의 한계라는 원칙을 다음과 같은 관점에서 검토해보아야 할 동기가 전혀 없었기 때문이다. 전통이 병들었을 때 이성의 기능은 무엇인가? 전통이 이성에게 사고의 맥락을 전혀 제공하지 않을 때 이성의 한계는 무엇인가? 그런 점에서 오늘 날 버크의 관점은 부적절하다. 왜냐하면 버크의 시각은 건강한 전통을 있는 그대로 지키려는 당대의 목적에 따라(ad hoc) 만들어진 견해일 뿐이기 때문이다. 현대 세계에서 대부분의 보수주의자들은 자유주의자들의 새로운 합리주의에 지나치게 압도되어서 이성의 한계라는 버크의 기존 원칙만 다시 주장하는 데 급급했다. 그들은 전통의 해체로 제기된 문제에는 맞서지 못했다. 많은 현대인들이 생각하듯 전통의 해체는 과연 이성을 해방시켰는가?

이제껏 이성을 영지적(gnostic)[113] 관점에서 보는 시각이 지배적이었기 때문에 그동안 이성을 논하기는 매우 어려웠다. 물론 영지적 혹은 이념적 운동들의 분석에서 몇몇 중요한 진전이 이뤄지기는 했다. 그러나 문명의 위기에서, 위기의 한 형태는 지나친 합리주의이며, 이 합리주의는 인간의 영혼 그 자체를 폐쇄해버리고 만다는 논점을 수립하는 게 이 글의 주요 의도다. 또한 문명의 위기 속에서 이성을 건강하게 조직하고 활용한다면 그 위기가 극복되느냐는 문제도 그동안 충분하게 다뤄지지 않았다. 지금 보수 우파들 사이에서 이성으로 돌아가자는 호소가 선명하게 부상했기 때문에 이제 그런 문제를 논의해볼 만하게 됐다. 보수주의자들이 말하는 이성에 의지하자는 호소는 대단히 온건하고 비이념적이며 형이상학적 현실주의(metaphysical realism)에 뿌리를 내린 데다 자연법에 근거했기 때문에 대단히 묵직해졌다. 그것은 이성을 통해 전통을 회복하자는 호소다. 이 호소는 적극적으로 문제를 해결하려는 어떤 강령과도 어울리는 매력과 흡인력을 지녔다.

그러나 이 견해는 버크의 추종자들이 전통에 의지하자던 호소보다 그 나름의 방식에선 더 틀렸다. 긍정적으로 보자면 이 보수적 입장은 문제의 본질 자체를 인지하는 성과는 거뒀다고 해야 한다. 그러나 질서라는 문제를 해결하는 유일한 최고의 도구가 인간의 이성이라는 자유주의자의 가정을 수용했다는 점에선 매우 부정적이다. 그들은 이성이라는 기능의 보다

113　영지주의는 1세기 말 유태인과 초기 기독교 분파에 있던 종교적 관념과 체계. 물질적 인간에 초월적 존재인 신의 일부가 구현됐다는 믿음이다. 물질에 갇혀 이를 모르는 인간이 스스로의 진정한 지위를 회복하려면 영적 지식을 필요로 한다는 믿음이다. 그 지식은 물질세계 밖에서 와야 하며 그것을 가져오는 사람이 구세주라 보았다. 개인의 그 지식을 기독교의 정통 교리나 가르침 보다 우위에 두었다. 이 글에서 영지적이라거나 영지주의는 인간이 초월적 존재인 신과 그의 계시를 모두 알거나 이해한다는 이성 만능주의의 의미로 쓰인 듯하다.

더 유효한 형태들을 긁어모아 자유주의적 합리주의에 맞서려 시도했다. 바로 이점에서 이성에 호소하자는 보수주의자들은 버크 추종자들의 직관마저 상실해 버렸다. 아마도 전통주의자들이 그 직관을 대단히 부적절하게 이해했기 때문이다. 전통주의자들의 시각과 달리 전통을 지켜야 한다는 호소는 반드시 거부되어야 한다. 왜냐하면 우리 시대에는 사실 전통이 존재하지 않기 때문이다. 또한 이성을 발휘해야 한다는 새로운 호소가 반드시 거부되어야 할 이유도 여기에 있다. 정확하게 말해 전통이라는 여건이 없을 때 이성은 작동하지 않고 무기력해지기 때문이다. 따라서 현재 우리는 바로 이성을 발휘해야 한다는 그 새로운 주장을 반대해야 한다. 이런 논의가 가능해진 까닭은 이성이란 개념에 가해진 오래된 비판을 제거하는 방식으로 이성에 호소해야 한다는 주장이 새로이 제기됐기 때문이다.

나는 전통이 위기에 처했다고 생각한다. 여기서 핵심은 이성이 전통의 위기를 왜 해결하지 못하는지를 이해해야 한다는 점이다. 그 과정을 통해 일부 우파가 어떤 가정 아래 새롭게 이성에 다시 의지하자고 호소하는지 비판적으로 보게 된다. 또한 그에 따라 이성을 왜 불신해야 하는지 그 기초를 더 깊게 재형성하도록 이끌어 준다. 그러한 비판을 통해 우리는 문제 해결에 효과적일 뿐만 아니라 이성을 보는 보수주의의 본질적인 직관을 해결책에 통합시키는 적극적(positive)인 입장이 된다.

전통의 위기는 종교적인 응답으로만 해결된다. 종교적 응답이란 문명을 탄생시킨 압축 경험(the compact experience), 다시 말해 "구원"이라는 맥락에서 초월의식(sense of transcendence)으로 이어지는 "소외(alienation)"의 경험을 다시 포착하는 방식으로 이뤄진다. 이는 일반적으로 플라톤적인 응답이다. 플라톤이라는 철학자 역시 그가 속한 문명이 낳은 어린아이에 지나지 않는다. 도시에 어떤 진실이 있다면 신들이 도시에 그 진실을 주어야 한다. 특히 우리의 문명은 기독교 문명이기 때문에 우리의 위기에 따르는 적절한 대응은 모든 인간의 영혼에 신의 계시를 진정 활성화 시키는 일이다. 이 과정에서 이성의 기여는 부정적이다. 전통의 위기를 가져온 핵심적인 이유인 **오만**(*hubris*)을 몰아내고, 존재의 실제적 세계에서 끄집어낼 만한 어떤 지혜라도 겸손하게 추구하는 길로 되돌아올 때 위기를 극복하게 된다.

II. 도덕 이성의 주관성

모든 도덕 이성[114]엔 본질적으로 주관성(subjectivity)이라는 요소가 반드시 있다. 문명의 위기를 극복하지 못하는 이성의 근본적 무능력은 바로 이런 사실에서 비롯된다. 이런 주관적 요소 때문에 이성이 활용해야 할 설득의 유일한 방법론들은 붕괴된다. 문명이 위기를 맞으면 설득 과정에 필요한 사회적 전제 조건들이 사라지기 때문이다. 그 기본적 전제 조건이란 공통적으로 수용된 도덕 질서다. 따라서 전통이 붕괴하면, 즉 공통적으로 수용된 도덕 질서가 붕괴하면 이성은 거의 자동적으로 무기력해진다. 이것이 이성으로 돌아가자는 호소를 거부해야만 하는 본질적인 이유다. 비록 이성에 의지하자는 주장이 우파 안에서 제기됐다 해도 어찌할 도리가 없다. 그러나 이성이 무기력해진다는 이 주장의 유효성이 명백해지려면 조금 더 자세한 설명이 매우 많이 필요해진다.

---

114 사람들이 도덕적으로 옳고 그름을 판단하고 도덕적 규칙을 획득하고 적용하는 추론체계를 의미한다.

그 설명은 도덕 이성의 주관적 요소를 새로이 음미하는 일에서 시작해야 한다. 옛사람들은 이성의 이런 주관적 요소를, 사회 질서의 문제에서 차지하는 그 전략적 지위를 충분히 인지했다. 그러나 현대에 와서 사람들은 이런 올바른 평가를 잃어버렸다. 기본적인 혼동은 모든 이성이 곧 사변 이성(speculative reason)[115]이라는 합리적 동일시에서 비롯됐다. 도덕 이론에서 이런 혼동은 도덕적 판단의 폐기로 이어졌다. 인간은 객관적인 실재에 근거하지 않고, 순수하게 직관적인 호·불호에 따라 대체로 그런 도덕적 판단을 내린다고 여겼기 때문이었다. 따라서 도덕적 진실이라는 문제는 인간에 관해 진정으로 객관적 지식을 말해 줄 여러 "과학적" 방법들을 발견하는 일이 되어버렸다. 그들에겐 도덕적 인간의 통찰들과 무관한 도덕적 원칙들의 수립이 가장 바람직한 일이었다.

이러한 비판에 맞서 두 가지 방어 논리가 부상했다. 우선 첫 번째 단계에서 자연법 이론가들은 때때로 눈부신 형이상학적 통찰력을 발휘해 도덕 이성의 존재론적 근거를 마련하는 방식으로 대응했다. 존재와 당위의 일체화가 굳건하게 수립됐다. 자연이라는 존재와 "자연의 경향성(tendencies of nature)"이라는 기능이 그 견고한 분석 위에 자리 잡았다. 그러나 이런 선입관에서 자연법사상은 도덕 이성(moral reason)의 다른 측면인 그 주관성을 무시하는 경향이 있었다. 그래서 도덕 이성은 거의 자동적으로 사변 이성(speculative reason)과 본질적으로 다르지 않은 듯 처리됐다. 다른 말로 하자면 그들은 도덕 이성의 객관성을 옹호하면서도 도덕 이성들이 모두 단일한 이성이라는 합리주의자들의 가정이 과연 옳으냐는 마땅한 질문을 제기하

---

115 실천 이성이 아니라 이론적 이성, 순수 이성을 지칭한다. 필자는 사변 이성에서 진실의 지각은 인식아(認識我)라는 객체의 도덕적 조건에 묶여 있지 않다고 본다.

지 않았다.

이러한 무시 때문에 치러진 대가는 컸다. 자연법 이론은 사회 질서의 모든 문제를 오직 진실이냐 아니냐의 문제로만 다루는 경향이 있다. 자연법 이론은 고대인들이 아주 중요하다고 생각한 문제의 측면을 무시했다. 즉 진실이 어떻게 한 사회에서 질서의 원칙(ordering principle)[116]으로 존재하게 되었느냐는 문제다. 이 측면이 중요한 이유는 명백해 보인다. 도덕 지식의 주관성은 진실에 관해(about) 어떤 의문도 제기하지 않는다. 그러나 진실이라는 사회적 존재(social existence)의 문제에서는 바로 이 주관성이 핵심적인 요소이다.

도덕 이성을 방어하는 두 번째 단계에 들어서야 무시되었던 이 주관성이 교정된다. 우선 에릭 푀겔린(Eric Voegelin), 레오 슈트라우스(Leo Strauss) 등등 많은 사람들이 도덕과학의 "과학주의"를 치열하게 비판하기 시작했다. 이 비판의 논리는 도덕 이성의 진정한 특징이 하나의 유효한 주관성을 통해 진실을 획득하는 그 자체만의 근거와 과정이 있다는 강조였다. 두 번째로 고대인, 특히 플라톤으로 돌아가 도덕 지식의 주관성을 의식하는 이론을 적극적으로 재개발하려 했다. 한 사회가 질서의 위기를 맞은 맥락 안에서 사회질서라는 문제들에 이 이론의 적용을 개발하는 건 대단히 중요하다. 그러나 그 적용의 개발은 아직 완전하지 않다. 자연법 이론가들은 주관성의 주장에 근거한 방법론들을 여전히 경계하는 경향이 있다. 그리고 이 때문에 그들 중 많은 사람들이 기본 질서라는 문제에 대응하지 못하는 이성의 근본적 무능력을 충분히 알아채지 못한다. 바로 이 점을 이제 반드시

116　모든 사안에서 신과 일치하려는 내적 욕구가 자연적 질서의 원칙이다. 이 질서의 원칙이 신과 창조의 신비스러운 지식으로 가는 길을 연다고 신학자들은 주장한다.

규명해야 한다.

도덕 지식에 주관적 요소가 있다는 개념은 도덕적 판단을 내리는 순간에, 인식의 주체 그 자신이 이미 알려진 도덕적 판단 대상의 일부라는 사실에서 비롯된다. 이 때문에 인식 주체의 조건은 도덕적 판단의 내용에 깊게 영향을 준다. 올바른 행동이냐 아니냐는 판단은 인간의 추상적 본질(abstract nature)에 관한 지식에 근거하지 않는다. 판단의 순간에는 그런 판단을 내리는 사람의 실재적 본질(concrete nature)에서 비롯된 판단일 뿐이다. 더욱이 그 실재적 본질이란 지식의 어떤 정태적이거나 변하지 않는 대상이 아니다. 그 본질은 동적인 "지성적 필연의 중심(locus of intelligible necessity)"으로 그 경향성은 중개자(agent)[117]가 이미 살아온 삶 전반을 통해 이미 폭넓게 개발됐거나 왜곡되었다. 결국 모든 사람이 도덕적 판단을 내릴 때 활용 가능한 객관적 도덕 질서는 그 사람과 무관하게 밖에서 주어지지 않는다는 얘기다. 사람들은 자신이 이미 그 수립에 참여한 도덕 질서에 근거해 도덕적 판단을 내린다는 게 이런 조건의 근본적 결과다. 모든 사람은 원래 자기 자신의 시원적 본질(primitive nature)을 그 본질의 내적 성향에 순응하거나 거스르면서 형성한다. 선하거나 악하거나 시원적 본질에 있는 그 무엇은 원래 진정으로 그곳에 있었다. 무엇이 있었든 그것이 도덕적 판단을 내리는 유일한 실재다. 그 내적인 도덕 세계에서 인간은 도덕적으로 참이 아닌 실재들을 형성하기도 한다. 이렇게 도덕적 지식은 도덕적 판단을 내리는 중개자를 통해 획득된다. 중개자의 모든 행위는 그가 실재를 인지하는 본질(nature)을 규정하기 때문에 올바르게 아는 능력에도 영향을 미

---

117 판단을 내리는 주체.

친다.

글라우콘(Glaucon)[118]이 자기 자신에게서 기본적으로 악을 선호하는 얼굴을 볼 때, 혹은 니체(Nietzsche)가 오직 권력에의 의지만 볼 때 이 사람들은 자신들의 진실을 본다. 그들의 본질들(natures)은 도덕적으로 왜곡됐기 때문이다. 아리스토텔레스의 실천적 분별심이 있는 성숙한 인간(spoudaios)[119]이 자신에게서 윤리라는 질서를 볼 때 그는 자기 자신의 진실과 도덕적 진실을 동시에 인지한다. 여기서 이 혼란스러운 시대에 "누구의 이성이 옳은지 우리는 어떻게 아는가?"라는 질문이 제기된다. 이 질문은 어떤 제3의 실재라는 기준이 있다고 가정할 때에나 가능하다. 아니라면 기준의 결여 때문에 도덕 지식의 상대성만 의기양양하게 증명하는 셈이다. 그러나 그런 제3의 실재는 없다. 순환적으로 보이는 대답이겠지만 실천적 분별심이 있는 성숙한 인간(spoudaios)의 이성은 옳다. 왜냐하면 그는 옳게 살아가기 때문이라는 게 유일하게 가능한 답변이다. 그런 대답만이 행동 성향으로서 본원적으로 존재하는 객관적 질서라는 인지와, 모든 사람은 존재론적 기본 명령에 따라 발전됐거나 왜곡된 삶을 살아간다는 그 추가적 인지를 결합하기 때문이다. 모든 사람은 그 자신의 도덕 세계를 세운다. 만약 어떤 사람이 세운 도덕 세계가 선하다면, 그는 지평을 넓히며, 악하다면 그 자신을 구속하고 눈멀게 한다. 그러나 그 사람이 어느 쪽의 세계를 세웠든 그것은 그가 진정으로 아는 유일한 세계. 선한 사람은 악을 결점으로

118　B. C 445.~ B. C, 4세기, 고대 아테네인 아리스톤의 아들로 플라톤의 형이었으며 그의 저작 "공화국"에서 소크라테스와 주로 대화를 나눈 사람은 플라톤의 이 형으로 알려졌다.

119　라틴어로 진지하거나, 고매한 목표의 삶을 추구하며 도덕적 기준이 높다는 의미를 지님. 여기서는 그러한 사람들을 지칭.

인지한다. 그러나 악한 사람은 선을 인지하지 못한다.

이런 기본적인 조건이 이성의 한계를 말하는 주장의 핵심적이고 확실한 결과물들이다. 따라서 도덕 문제를 두고 토론이 벌어질 때 악의적이라거나 "인정하길 거부한다."는 주장이 왜 자주 나오는지도 현실적으로 쉽게 설명된다. 현저하게 다른 도덕적 본질을 지닌 두 사람이 도덕적 관점을 논의한다면 그다지 많은 진전이 이뤄지지 않기 때문이다. 그들은 서로 다른 실재를 기반으로 해 이성을 작동할 뿐이다. 따라서 각자에게 상대의 주장들은 비현실적이기만 하다. 이런 점이 인지되지 않았을 때 각자는 오직 상대가 내 주장의 진실을 제대로 보기는 해도 인정하길 거부한다고 생각하기 마련이다. 이런 현상은 여러 형태로 나타나서 악한 사람과 선한 사람 사이, 혹은 여러 가지 다른 종류의 악한 사람들 사이의 도덕적 질서는 서로 소통이 불가능하다. 각자는 그 자신만의 실재에서 살기 때문에 각자는 그 자신의 생각에 걸맞은 증거들만 발견한다. 이렇듯 다른 실재에 기반을 둔 주장은 상대에게 어떤 설득력도 가질 가능성이 없다.

아리스토텔레스는 매우 분명하게 도덕 이성의 이런 특질이 사회 질서에 주요한 함의를 갖는다고 보았다. 그는 설득이란 과정은 실천적 분별심이 있는 성숙한 인간(spoudaios)들의 사회에서만 완벽하게 작동된다고 보았다. 사람들의 불완전함에 비례하여 그들 자신만의 배타적인 실재들은 증폭된다. 따라서 사람들에게 공통의 행동 질서를 따르게 하려면 점점 더 물리력에 의존해야만 한다. 질서가 반드시 필요할 때 어쩔 수 없이 동원해야 하는 설득의 대체재가 물리력이기 때문이다. 마찬가지로 정의를 판단하는 확신의 기본적 차이들은 인간이 그들의 본성을 이해하는 방식의 선천적(prior) 차이, 아니 그들이 스스로를 어떻게 생각해왔는지의 차이로 거슬러 올라간다. 플라톤 역시 선한 인간과 왜곡된 인간들의 소통은 불가능하다고 보았다. 동굴의 사람들은 철학자 왕을 언제나 살해하려 든다. 그들이 참이라고 믿는 질서를 왕이 따지고 들기 때문이다. 이는 물론 사변 이성(speculative reason)에는 해당되지 않는다. 사변 이성에서 진실의 지각은 인식아(認識我)라는 객체의 도덕적 조건에 묶여 있지 않기 때문이다. 사변 이성에서 소통은 언제나 가능하다. 그러나 사변 이성은 그 자체로 도덕적 진실을 발견하지 못한다. 오직 도덕 이성만 그리할 수 있다. 그런데 도덕 이성의 필연적 주관성은 서로 다른 도덕적 실재에 뿌리를 둔 도덕 이성들 사이의 소통을 차단한다.

이런 실질적 소통의 차단 때문에 도덕적 판단에는 실용적 동등함이 있다. 그 동등함은 물론 전적으로 실용적일 뿐이다. 도덕적 판단은 참인지 아닌지 검증가능하며 올바른 판단은 그릇된 판단보다 우위에 있다. 하지만 이는 현실적으로 실천적 결과를 변화시키지 않는다. 누구나 스스로 판단하기에 모든 사람은 대등하고, 다른 이들의 판단만큼 자신들의 도덕적 판단이 훌륭하다고 생각하기 때문이다. 각자는 그 자신의 도덕 세계라는 실재에서만 살아가고, 이는 그가 아는 유일한 실재라, 그들의 도덕적 판단은 그들만의 배타적 진실로 처리되어야 한다. 도덕적 판단은 그 판단의 근거로 삼은 실재에 견줘서만 참인지 아닌지 가늠이 된다. 동일한 도덕 세계를 알거나 그 안에 사는 사람들 사이에서만 판단된다는 얘기다. 따라서 같은 도덕 세계에서는 우월하고 열등한 사람들을 구조화하는 일이 가능하다. 이는 또한 같은 방식으로 도덕 세계가 악한 사람들 사이에서도 맞는 말이다. 그러나 현실에서, 또 사회적 행동의 목적을 위해 서로 다른 도덕 세계들에 뿌리박은 판단들을 비교하기는 불가능하다. (물론 이 모두에서 그 자신의 도덕적 판단에 어긋나게 행동하는 사람의 경우는 예외적인 사례다.)

이렇게 우리는 도덕 이성의 한 가지 기본적 한계에 도달했다. 도덕 이성은 근본적으로 서로 다른 도덕 이성과의 소통이 불가능하다. 이 한계의 본질은 신중하게 주목되어야 한다. 그것은 대체로 전통적 보수주의자들이 찾아내는 이성의 한계가 아니다. 그들은 하나의 전통을 벗어나서는 지혜를 달성하기 어렵다고 강조한다. 전통은 축적되었고 수 세대의 지혜로 검증됐기 때문에 개인이 혼자 획득하는 지혜보다 우월하다고 기본적으로 주장한다. 개인과 전통을 대립시켰을 때 전통이 우월하다는 건 이미 입증된 사례다. 여기에 이성의 한계가 암묵적으로 전제됐지만 어떤 형태로든 명확하게 설명되지는 않았다. 이를 설명하려는 어떤 이론적 근거도 개발되지 않았다. 지혜를 성취하는 과정에서 이성의 힘에는 한계가 있다는 암묵적 이론을 이 입장에서 보았다고 치자. 그렇다 하더라도 그런 시각과 이 글에서 개진된 이론 사이에는 여전히 어떤 유사성도 없다. 이 글에서 개진된 이론은 도덕 이성이 활용할 만한 진실의 경계를 전혀 다루지 않는다. 다만 개별 인간들의 이성들엔 그 소통에 한계가 있다는 사정에만 전적으로 관심을 두기 때문이다. 마찬가지로 여기서 밝혀진 한계는 고전적 경제 사상가들이 밝힌 이성의 한계와도 기본적으로 다르다. 고전적 경제사상가들은 실천 이성의 거의 기계적 한계, 자유로운 경제를 구성하는 무한한 변수를 다루거나 이해하지 못하는 인간 정신의 무능력에 집중한다. 따라서 아무리 합리적인 경제활동 계획이라도 이러한 변수와 자유를 억누르거나 그 변수들을 무시하면 결과적으로 무질서를 만들어낸다. 그러나 이 글이 말하는 주장의 핵심은 무엇을 아는 인간 정신의 힘이 아니라, 특정한 조건 아래서 다른 사람들과 소통하는 능력에 한계가 있다는 얘기다.

Ⅲ. 위기를 맞은 전통

이성이 도덕적 진리의 효과적 소통을 이렇게 제한한다면 사람들이 서로 소통하기는 불가능하다고 생각된다. 인간의 도덕 조건이 엄청나게 다양하다는 사정을 고려했을 때 소통의 가능성은 거의 존재하지 않는 듯 보인다. 이런 소통의 어려움을 극복하는 해결책은 문명이라는 개념에서 찾아야 한다. 혹은 문명의 도덕적 콘텐츠를 강조하는 용어를 사용하자면 그 해결책은 전통에 있다. 기능이 정상적으로 작동하는 문명은 그 구성원들을 그 전통에 열린 마음으로 대하도록 교육시켜, 서로 소통하거나 솔직해지도록 만든다. 이 부분은 조금 더 자세히 설명할 필요가 있다. 왜냐하면 앞으로 전개되는 논점의 주요 단계는 전통의 위기가 이 개방성을 파괴하며, 이성이 서로 소통하지 못하도록 도덕적 원자화를 초래한다는 주장에서 정확히 드러나기 때문이다. 이성이 도덕적 진실의 문제에서 타인을 설득할 가능성이 있느냐는 보편적 관심사를 논하고자 하는 생각은 없다. 내가 다루려는 문제는 대단히 구체적이다. 설득이 반드시 필요할 때 이성이 그 설득력을 발휘하느냐, 다시 말해 위기의 시절을 지나 전통이 재구성될 필요가 있을 때 이성이 그렇게 할 수 있느냐.

전통의 본질을 꿰뚫는 고대인의 통찰들 중 한 가지는 다음과 같은 말에 표현돼 있다. "법이 도시를 만들지, 성벽이 도시를 만들지 않는다." 고대인들은 또 그렇게 이해된 도시의 영역이 시민들의 도덕 세계를 구성한다는 사실을 잘 알았다. 도덕적 삶은 질서 있는 사회라는 울타리 안에서만 가능하다. 더 나아가, 공통적 전통을 보유한 질서 있는 사회, 그 문명의 기본적 중요성은 구성원들에게 조직화된 도덕적 삶을 준다는 사실에 있다. (엄청난 기술, 방대한 과학 그리고 이의 실천적 적용에 따르는 기괴한 결과물들은 기본적으로 인간적인, 그래서 도덕적인 우리 문명의 본질을 감춘다.) 이런 관점에서 우리는 문명을 다층적인 구성원들의 상호 주관적 관계라는 체제로 규정해도 된다. 여기서 사회는 모든 삶의 협력관계[120]라는 취지로 버크가 말했던 유명한 구절을 인용하고 싶어진다. 왜냐하면 만약 우리가 건강한 시기에 있는 어떤 문명을 분석한다면 인간의 의미와 운명을 보는 공통적인 시각에 그 문명의 뿌리가 있다는 걸 발견하게 되기 때문이다. 우리는 인간의 행동에서 마땅히 기대되는 그 무엇, 고귀하고 저열함을 보는 기준의 합의, 정의를 보는 의견의 일치 등이 문명의 기본임을 깨닫게 된다. 다른 말로 이야기하자면 우리는 본질적으로 주관적인 차원을 지닌 인식의 이 모든 요소들에서 합의와 소통과 담론을 발견한다.

물론 우리는 원칙의 구체적인 해석을 두고 의견이 서로 다르거나 토론을 벌이기도 한다. 그리고 어떤 사회에도 그 느슨한 곁가지는 있기 마련이다. 이른바 도시에 남아 있으면서도 성벽 밖에 사는 사람들이다. 이런 주변부적 사례들은 그다지 중요하지 않다. 인간에 관한 진실을 보는 내적 인식의 소통에 기반을 둔 체제가 문명이라는 게 핵심적이다. 이렇게 공통의 전통은 서로 매우 다른 도덕적 성취를 이룬 사람들이 공통의 삶을 살아가게 해준다. 공유한 원칙들이 공동체를 구축한다. 그 구조물은 공적으로 조직

---

120 "사회는 모든 과학, 모든 예술, 모든 미덕과 완벽함의 전 분야에서 이뤄지는 협력관계이다. 그런 협력의 최종적인 목적들은 몇 세대를 통해 획득되지 않으며 이미 죽은 사람, 지금 살아 있는 사람, 앞으로 태어날 사람들까지 포함한 모든 삶들의 협력관계로 얻어진다. Society is a partnership in all science; a partnership in all art; a partnership in every virtue and in all perfection. As the ends of such a partnership cannot be obtained in many generations, it becomes a partnership not only between those who are living, but between those who are dead and those who are to be born."《프랑스혁명에 관한 고찰(Reflections on the Revolution in France, 1790)》에서.

화되며, 대개의 경우 모든 사람이 옳다고 받아들이는 선함의 관점을 구현하려는 제재(sanction)의 과정들로 세워진다. 간단하게 말하자면 문명이란 애시 당초 다양한 인간성을 지닌 사람들이 도덕적 인식의 수준에서 서로의 소통이 가능할 때 존재한다. 인간 본성들이 서로에게 닫혀 있는 곳에 문명은 없다. 대규모 구조물을 자랑하는 건물들이나 기술이 존재한다 해도 이미 문명은 사라져버렸다. 각 구성원의 영혼에 존재하면서 그 때문에 모두가 서로 다른 영혼에 스스로를 개방하게 만드는 바로 그 순간에 전통은 다수 대중의 질서를 잡는 원칙이 된다. 그런 영혼의 개방이 없다면, 비록 전통의 상징물들이 계속 존재하고 형식적인 승인을 받는다 해도 전통은 이미 사라졌다고 해야 한다.

공통의 전통을 통한 도덕적 진실의 이러한 소통이 앞서 제기됐던 도덕 이성의 주관성이라는 어려움을 해결하지는 못한다. 왜냐하면 전통은 인간 본성을 따지는 합리적 사유에 그 뿌리를 두지 않았기 때문이다. 사회의 비합리성을 따지는 합리적 사유는 여기서 또 다시 조심할 필요가 있다. 전통은 사회 구성원들이 인간, 신, 그리고 세계에 관해 파악한 진리로 구성된다. 전통은 물론 합리적인 방법으로 견지된다. 사회의 많은 구성원들은 인상적인 철학 체계, 신학 체계를 구성하는 과정에서 그 진리를 분석하며 그들의 삶을 소모한다. 전통 안에서 이성은 사색의 거리를 자유로이 돌아다니며 비옥한 결과를 얻는다. 그러나 전통의 규칙을 조직하는 일, 그것의 근저(根柢) 인식(root perception)은 진실의 추론적 수립이라는 방식보다는 믿음, 신앙의 방식으로 이뤄진다.

푀겔린(Voegelin)은 이를 원초적 압축 경험(original compact experience)이라고 불렀다. 애초에 민족을 구성하는 그리고 그 민족의 역사가 존재하는 기간 내내 통합의 요소가 되는 경험이다. 이 압축 경험의 보편적 공유가 구성원들을 서로에게 개방하도록 한다. 구성원들이 이 조직화의 신념을 경험하는 정도에 따라 사회의 구조화가 이뤄진다. 따라서 압축 경험을 필요조건으로 상정하고 그에 연결된 주장을 기반으로 삼아 사람들은 선과 악의 문제에서 서로를 설득할 수 있게 된다. 여기서 이를 증명하겠다는 생각은 없다. 왜냐하면 이 점은 뵈겔린(Eric Voegelin)[121], 엘리아데(Mircea Eliade)[122], 윌슨(Francis Graham Wilson)[123], 프랑크푸르트(Harry Gordon Frankfurt)[124] 같은 사람을 비롯해 여러 사람들의 광범위한 저작물들에 의지하기 때문이다. 우리는 여기서 가능한 한 정확하게 압축 경험과 전개되는 전통 그리고 소통의 관계만 규명하려고 한다.

만약 우리가 압축 경험(compact experience)을 분석해 본다면, 그 본질에서 종교적 경험임을 필연적으로 발견하게 된다. 그 용어의 합리적 의미 안에서 진실의 발견이라고 생각하기에 앞서, 인간은 그 압축 경험을 진실에 관한 계시로 여긴다. 압축 경험의 개념에 관한 뵈겔린의 연구는 한 걸음 더 나아가 흥미롭게도 모든 위대한 문명은 종교에 기반을 두었다는 도슨(Dawson)[125]의 보다 포괄적인 관찰과 진술로 이어졌다. 종교의 역사에 관한 더 많은 연구로 이 최초의, 아마도 압축 경험의 구조적 본질을 말해주는 엄

---

[121] 1901~1985, 독일 태생의 미국 정치학자. 1938년 나치를 피해 미국으로 망명한 스탠포드 대학 교수.

[122] 1907~1986, 루마니아 태생의 종교 역사학자이자 극작가. 철학자. 시카고 대학 교수. 종교적 경험 해석의 선구자.

[123] 1901~1976, 미국의 정치학자. 일리노이 대학 교수.

[124] 1929~, 미국의 철학자. 프린스턴 대학 명예교수.

[125] 1889~1970, Christopher Henry Dawson 영국의 독립적인 학자로 문화사와 종교사를 다룬 저서를 다수 출간했다.20세기 영국의 가장 위대한 가톨릭 역사학자라 칭해진다.

청나게 많은 정보가 밝혀졌다. 분명히 종교적 정신의 등장은 그 자체로 문명의 부상을 구성하지는 않는다. 신석기 시대의 인간도 역시 종교적이었다. 여기서 우리는 입증되지 않은 사색의 영역에 진입한다. 그러나 우리는 신석기 시대 인간의 종교는 자연의 율동 안에서(within the rhythm of nature) 이뤄지는 전반적 움직임의 일부였을 뿐이라고 유추할 수 있다. 그리고 또 입수 가능한 문서를 통해 문명을 수립한 특유의 종교적 경험은 자연에 현존하는 위협에 맞서서 인간이 보다 적극적으로 초월적인 존재와 협력을 추구할 때 발생한다고 짐작된다. 이렇게 인간은 초월적 의도에서, 그러니까 인간 삶의 의미와 목적이라는 관점에서 사물의 시작과 끝을 본다. 이러한 맥락 안에서만 인간들은 구원에 조금이라도 가까워진다. 그 구원이 특정한 사람들에게 각각 무엇을 의미하든 말이다.

어떤 자유든 그 진정한 개념의 기초는 다음과 같다. 인간이 자기 존재의 성스러운 목적에 기여하는 힘, 또한 신과 협력하는 인간의 힘이 바로 자유의 기초다. 이렇게 동기를 부여하는 경험은 문명이 성장하면서 개발되는 모든 도덕관의 씨앗을 품는다. 문명의 틀 안에서 어떤 수준의 도덕적 담론이라도 일반적으로 수용된 압축 경험과 얼마나 밀접한가에 따라 그 설득력이 좌우된다. 인간이 본질적으로 도덕적이라는 사실은 신이 인간을 창조한 목적에 부합하는 진실이다.

여기서 다시 구분이 이뤄져야 한다. 인간의 본성은 분명히 도덕 이성으로 인식된다. 건강한 사회에서 도덕 이성은 합리적 성찰을 통해 방대한 양의 자연법을 발견해 낸다. 원칙적으로 우리는 이런 종류의 지식이 심지어 붕괴된 전통의 맥락에서도 획득된다고 인정할 수 있다. 문제는 전통이 붕괴된 경우, 그러한 지식이 소통되지 못한다는 점에 있다. 적어도 그런 지식

보수의 뿌리

은 전통을 재건하는 기초가 되지 못한다. 왜냐하면 전통은 처음부터 이런 종류의 지식으로 구성되어 있지 않기 때문이다. 무엇보다 도덕 이성은 그 본질적 특성 때문에 전통을 재구성하는 문제에서는 근본적으로 무능력하다는 점을 명심해야 한다.

압축 경험은 도덕 이성이란 개념들과 대조적이다. 그 경험은 설득력 있는 합리적 주장에 뿌리내리지 않았기 때문에 오히려 소통이 가능하다. 압축 경험의 강제력은 그 경험을 설명하는 합리성에서 유래하지 않으며 계시적 신성(divinity)이라는 근원에서 온다. 드러난 진실은 그것이 바로 신성하기 때문에 이에 동의하라고 요구한다. 그리고 일단 그러한 진실이 그 원형으로 제시되면 동의는 합리적이다. 왜냐하면 그러한 진실은 스스로 유효하기 때문이다. 설득의 과정은 여기서 복잡하기도 하고 단순하기도 하다. 진실의 내용을 담았을 뿐 아니라 더 깊게는 위협 앞에 놓인 개인의 무기력이라는 경험, 구원의 필요라는 깨달음을 요청하는 그런 본질적인 경험을 포함하기 때문에 우선은 그 설득 과정이 복잡하다. 그러나 설득 과정은 또 단순하기도 하다. 왜냐하면 그 설득은 선험적 전제가 아니라 경험에 호소하고, 문제의 분명한 해결책을 제공할 뿐 아니라, 개인의 능력에 따라 그 해결책은 대단히 정교하거나 또 단순하기 때문이다. 해결책의 구체적인 요소가 진실인지 여부에 관해선 설득할 필요가 없다. 그 본질에서 이 해결책은 신비롭고, 상징과 신화로만 표현되기 때문이다. 종교적 세계관은 전체적으로 일관될 필요만 있다. *알기 위하여 믿는다(Credo ut intelligam)*는 어느 문명에서도 이런 종류의 설명으로는 유일하게 가능한 형식이다.

그렇다면 동기를 부여하는 압축 경험은 전통의 뿌리라고 해야 한다. 압축 경험 덕분에 전통은 권위적 수단들에 의지해서 스스로를 전파해간다.

그러나 이성의 권위에 의지하기보다 그 진실의 우월한 근원, 신성(divinity)이라는 권위에 의지한다. 심리적 수준에서 이 우월한 근원은 압축 경험만이 해소해주는 근본적 절박함을 개인이 경험해야만 유효하다. 모든 문명에는 권위적인 형태로 이 전통을 전달하도록 명령받은 교육체계가 통상적 기초 과정으로 존재한다. 진실의 공식적인 교육은 그 과정의 한 측면일 뿐이다. 문명이 건재 하는 시기에 공동체의 제례란 동기 부여의 압축 경험을 상징적으로 되새김질하는 내용이다.

사람들이 대대적으로 수용하고 공공의 질서라는 지위가 부여된 전통은 구성원 개개인에게 교육적 힘을 발휘하게 된다. 그렇게 사회적 진실은 그 구성원의 내적 삶을 형성하게 된다. 그 과정은 매우 잘 짜여서, 사람들은 그것이 행여 비틀거릴까 의심하지 않는다. 그러나 우리는 그것이 실제론 비틀댄다는 사실을 잘 안다. 그리고 그것이 비틀거릴 때 문명은 그 존재의 기본적 위기를 경험한다. 공통의 삶과 그것이 상정하는 소통이라는 관점에서 이 위기를 분석하면 우리는 기본적으로 개별적 구성원들의 영혼이 서로 접촉을 잃고 스스로를 닫아건다는 사실을 알게 된다. 그 생각은 몹시 진부하게 보이지만 이는 우리의 위기에서 이미 폭넓게 분석된 현상이다. 호세 오르테가 이 가세트(Jose Ortega y Gassett)[126]는 그것을 "대중의 마음(mass mind)", 다른 마음과 소통하지 않는 마음이라고 분석했다. 다른 저자들은 이를 다양한 이름으로 불렀다. 웨일(Simone Adolphine Weil)[127]은 공동체와의

---

[126] 1883~1955, 스페인 철학자. 대중의 봉기라는 대표 저작이 있다.

[127] 1909~1943, 프랑스의 철학가 신비주의자. 정치 운동가. 레지스탕스. 수학자 André Weil 의 여동생. 무정부주의자. 노동운동가. 좌파로는 이례적으로 종교적이고 신비주의적 성향이었음.

유대가 없는(rootless)이라고, 구아르디니(Romano Guardini)[128]는 절망적인 (without horizon) 마음이라고 불렀다. 각 저자들은 그들만의 용어와 그들만의 출발점이 있었지만 모두가 문명의 이 같은 기본적 원자화를 분석했다.

영혼들의 이런 폐쇄나, 닫아걸기는 어떻게 발생하는가? 전통의 위기 뒤에는 무엇이 있는가? 구체적 역사의 관점에서 그 대답은 충분하지 않다. 왜냐하면 위기는 서로 다른 문명에서 서로 다른 역사들로 되풀이해서 발생했기 때문이다. 역사를 들여다보면 엄청난 복잡성과 논란을 보게 된다. 위기가 언제 찾아오느냐, 위기의 본질이 무엇이냐는 질문을 다루는 토론을 살펴보자. 혹자는 위기가 문명의 근원들에 심어져 있다고 말한다. 일부에서는 이 논점을 발전시켜 인간의 역사를 모두 멸망의 역사로 본다. 그러나 이러한 시각에 반대해 역사는 문명의 성장과 번영이라는 사실을 고수해야만 한다. 위기는 다 멸망을 의미하지 않는다. 이 견해의 강점은 위기가 문명의 자궁인 압축 경험과 관련돼 있다는 주장이다. 다른 논자들은 곤고한 시기가 그 사회 역사의 구체적 시점들에서 발생한다고 규정한다. 하지만 대개 이런 입장도 문명을 뒤흔드는 불온한 요소들의 근원을 전통의 발생 시점까지 추적해 간다. 그렇다면 양 입장 모두에서 문명의 위기와 문명의 근원은 밀접하게 연결돼 있어 보인다. 위기를 역사적으로 분석하는 더 큰 어려움은 우리가 평범한 정도의 어려움이라 부를 만한 시기와 근본적 형태의 위기를 구분하는 일에 있다. 문명이 언제 정확하게 그 조직적 형태이기를 멈추는지 판명하기란 언제나 그리 쉬운 일이 아니다. 전통은 단순히 사라지지 않는다. 그것은 사회에서 부분적으로나마 이어진다. 많은 사람들이 여

---

128 1885~1968, 독일 가톨릭 사제. 철학자. 베를린, 튀빙겐, 뮌헨 대학의 교수 역임. 20세기 가톨릭 지성인으로 가장 중요한 인물의 하나.

전히 전통을 준수하며 그들의 내면은 전통에 따라 형성돼 있다. 그러나 전통은 더 이상 그 형태가 온전하지 않다. 전통은 이제 공공의 질서에서 권위적이지 않다. 도덕적 규제로 강화된 형태는 사라진 채 그저 질서만 유지하려 몸부림치고 노력할 뿐이다.

이러한 복잡성들은 우리가 그 문제들을 분석적으로 접근하면 우회가 가능하다. 그러나 이런 접근 방식엔 위험이 있는데 거대한 사회적 과정의 도식적 윤곽만 남기 때문이다. 그리고 이는 다시 역사 발전의 어떤 필연성들을 암시한다. 그러나 관련된 원칙들의 분석에서 우리의 질문을 제한한다면 역사적 필연이란 이론을 피해갈 가능성이 있다. 그 분석을 순서대로 끝까지 계속 다 해야 할 필요는 없기 때문이다. 그러나 문명엔 위기들이 있고 위기가 문명에 내재하는지 묻는 건 정당한 질문이며 그에는 반드시 긍정적인 대답이 주어져야 한다. 바로 그 본질 때문에 모든 전통은 위기를 경험하게 된다. 그러나 모든 문명이 반드시 멸망한다고 말해야 하는지는 또 다른 문제다. 이 글과는 관련 없는 주제다.

하나의 문명은 하나의 시원적 경험에 뿌리를 둔다고 학자들은 말했다. 그 경험에는 3개의 주요 구성 요소가 있다. (1)초월적 의도라는 관점에서 실재를 보는 시각, (2)위협적 존재 앞에서 느낀 위기의식과 구원의 경험, (3)구원의 문제와 관련돼 위험에 직면한 인간에게 신과 협력할 힘을 주는 종교적 경험이 그것들이다. 전통의 위기는 처음엔 형태의 위기로 묘사된다. 즉 질서를 부여하는 원칙들의, 문명이라는 세계관의 위기다. 그러나 이는 또 근본적 원인이라기보다는 다른 무엇의 결과로 보인다. 그 원칙과 세계관의 형태는 우선 위협과 구원이라는 경험에 뿌리를 두었기 때문에 유효했다. 바로 이점에서 위기의 핵심적 요소가 엿보인다. 위기는 제 손에 든 수단

보수의 뿌리

이 미미할 뿐인 인간이 우주적 문제에 직면해서도 더 이상 구원의 필요성을 경험하지 못할 때 발생한다. 이런 방식으로 우리는 질문을 한 발자국 더 뒤로 밀어놓는다. 이 압축 경험(compact experience)의 상실이 위기의 궁극적 근원인가? 위기는 사실 그런 상실로 만들어지는 듯하다. 왜냐하면 전통은 그런 경험의 도움이 없다면 붕괴하기 때문이다. 그러나 한 걸음 더 나아가 그 경험의 상실은 그 자체로 경험의 제3요소라는 견지에서 설명된다.

기독교의 경우엔 고유의 요소들이 있다. 일반적으로 말해 지구상에 일시적 삶을 꾸리는 인간과 종교 사이엔, 다시 말해 문명과 종교 사이엔 밀접한 관계가 있다. 그들은 서로 의지한다. 이 상호 의존성은 특징적인 문제, 오만과 자부심이라는 문제를 만들어낸다. 암암리에 겸손과 무력함이 모든 문명의 시작을 특징짓듯 자부심이란 원리는 모든 문명에 잠복해 있는 듯하다. 다른 말로 자부심과 겸손이 벌이는 갈등은 단순히 개인적 심리나 죄의 현상이 아니라 기본적으론 사회적인 문제로, 종교와 문명 모두의 문제다. 자신의 구원에 기여하는 힘을 부여받고, 또 구원을 받는다는 두 가지의 종교적 경험을 바탕으로 이 문제는 각 문명의 기원에 밀접하게 연결돼 있다.

문명은 그 생명력에 비례해 발전한다. 그 업적을 축적하는 대로 더 많은 성공을 구현하고 그 구성원들에게 더 큰 안전을 가져다주고, 그 자체의 환경과 운명에 더 큰 통제를 준다. 이렇게 문명은 바로 그 번영의 과정에서 문명 수립의 토대가 되는 결핍감과 무력감을 지워가는 경향이 있다. 문명은 스스로 자주적(autonomous)이라고 생각하기 시작한다. 혹은 그 단어가 갑자기 새로운 중요성을 쟁취한다. 문명은 스스로 독립적(sovereign)이라고 생각한다. 여기에 그 고난의 시간이 펼쳐진다. 우리는 아직 엄격하게 종교적인 설명에 즉각적으로 의지하거나 몰염치를 이유로 신이 인간에게 벌을 내린다고 말할 필요는 없다. 비록 "신들은 멸망시킬 자를 사전에 교만하게 만든다.(Whom the gods destroy, they first make proud.)"는 게 사실이지만 말이다. 문명의 발전이 압축 경험의 내적인 붕괴로 이어진다는 사실은 이해할만하다. 이제 천지 만물이 잘 조직화된 만큼, 그에서 오는 위험과 위협이라는 느낌은 미약해져 간다. 그 감각과 경험에서 나온 전통은 인간이 스스로 만들어냈다고 생각하는 삶과의 연관성을 잃어가기 시작한다. 그 연관성은 약화될 뿐 아니라(위험이 더 이상 없기에), 문명의 제재(sanction)[129]도 점점 그 설득력과 권위가 떨어지게 된다. 사회가 점점 더 강력해지면서 구원의 성찬식은 점점 더 형식적으로 변해버린다. 이런 방식으로 문명 창조의 동기가 됐던 압축 경험은 깨져버린다. 신의 힘과 협력한다는 최초의 느낌에서 벗어나 인간은 스스로 무엇이든 해낼 수 있다는 생각으로 움직여간다. 신에서 비롯되지 않은, 자연권(natural right, 타고난 권리)이라는 새로운 자유가 부상한다. 마침내 현실의 종교적 설명은 더 이상의 설득력을 잃게 된다. 필요와 겸손을 강하게 요구했던 그 느낌은 인간이 이룬 성공과 함께 지워졌고, 그 자리를 독립적 존재라는 자부심이 대신 차지했기 때문이다. 이 과정이 완성될 때 문명은 절대적 위기에 있다. 더 이상 압축 경험에서 생겨난 전통으로 질서가 잡히지 않을 때 사회는 이미 존재하지 않는다.

위기에 대처하는 이성의 능력에 국한해서 보면 문제는 이제 더 복잡해진다. 진정한 의미에서 위기는 이성의 위기다. 사회의 종교적 기초를 외면하는 이성에서 위기의 주요 요소가 정확하게 발견되기 때문이다. 위기는 일종의 반역의 위기다. 사람들은 이성이 사회의 질서를 잡아주는 원칙과

---

129 문명을 향유하는 인간들의 삶을 규제하는 초월적인 원천을 의미한다. 종교적 제약이거나 공유하는 도덕적 가치이기도 하다.

보수의 뿌리

의 올바른 관계로 돌아갈 때 치유가 만들어진다고 말하고 싶어진다. 그러나 그러한 말은 위기의 순간에 도달했을 때 이미 이성의 반역이 완성된 다음이라는 사실을 놓쳐버린 꼴이다. 질서를 잡는 원칙으로서의 전통은 파괴됐다. 따라서 이성이 되돌아갈, 이미 존재했던 질서는 없어졌다. 문제는 재구성이지 단지 회개로 해결될 문제가 아니다. 이성에 의지하자는 호소가 제기하는 진정한 문제는, 온건하게 표현한다 해도 이성이 질서를 재구성할 수 있느냐, 전통이라는 원칙의 회복을 가능하게 해주느냐는 문제다. 문제는 언제나 명료해야 한다. 최종적으로 정확하게 다시 말해 보자. 자연 도덕률(natural moral law)로 작동하는 이성이 질서와 전통의 재구성을 성취해낼까? 그리하여 원칙들에 공적인 지위를 찾아줄까?

이 질문의 답은 이제 부정적이다. 그 이유는 이성과 전통을 분석하면 발견된다. 후자부터 시작하자면 전통의 재구성이라는 문제는 자연법의 문제가 전혀 아니다. 그것은 무엇보다도 삶의 의미를 찾으려고 초월적 의지에 매달렸던 경험을 다시 해야 하는 문제이다. 두 번째로는 상실과 회복의 새로운 차원을 맞은 전통을 그 동기 부여의 경험에 다시 통합하는 문제이다. 전통은 근본적으로 신비한 존재다. 그 상징들은 명백히 초월적이며 인간 정신의 협소한 범위 안에 완벽하게 들어맞지는 않는다. 자연법 철학은 그 전통의 한 부분이다. 만약 하나의 미심쩍은 용어를 끌어다 사용해보자면 그 철학은 거의 상부구조다. 그것은 이성의 성취를 대변한다. 그렇지만 이미 이성이 작동할 범위, 의미 있는 우주와 그 지평면이 이성에 주어진 다음이다. 그 테두리 안에선 위협의 경험이 없고 오히려 질서의 경험만 있다. 구원의 문제는 없고 행위를 바로잡는 문제만 있다.

그러나 심지어 위기의 문제가 자연법의 문제라고 정의된다 해도 이성은 여전히 위기에 대응할 능력이 없다. 앞선 분석에서 이미 살펴보았듯이 상호주관적 소통이 효과적으로 이뤄지려면 이성에 특정한 조건들이 요구되기 때문이다. 위기의 발생은 곧 토론과 설득의 공통적인 근거가 사라졌다는 이야기다. 더 절실하게 고려해야 할 대목은 전통이 단순히 해체됐을 뿐 아니라 오만(hubris)에 감염되고, 근본적으로 왜곡된 현실관에 사로잡힌 이성의 공격을 받았다는 점이다. 위기가 아주 심각해질 때는 오만(hubris)이 이미 사회의 지배적 악이 됐다는 의미이다. 플라톤이 그 현상을 분석하며 인간의 영혼이 거꾸로 뒤집히고 아프게 된다고 했다. 근대 작가들의 말에 따르면 이성은 전통이 전제했던 실재에 맞서 대안적 실재를 구성하기 시작한다. 인간들은 그들 자신이 앓는 영혼의 병을 객관적 질서에 투영하고 그것을 공공의 질서로 만들자고 제안한다. 이런 종류의 위기에 포함된 도덕적 악(惡)과는 별개로, 담론의 공통적 토대의 붕괴는 이성의 주관적 측면 때문에 이성의 경험에 한계를 지운다. 이렇게 더 세밀하고 올바른 논점에 의지해 주장할 필요도 없다. 위기에서는 선과 악의 차이를 넘어서서 소통해내지 못하는 이성의 무능력이 무조건 최대치로 촉발될 뿐이다. 자연법과 자연적 선함에 호소한다 해도 전통의 회복은 이뤄지지 않는다. 왜냐하면 전통, 혹은 어떤 토대 위에서라도 질서가 재수립되려면 인간의 영혼에 근본적 치유가 필요하기 때문이다. 그 호소는 듣는 사람들의 양심이라는 한계도 넘어서지 못한다.

이 부분 분석의 대단원을 맺으려면 논쟁의 어떤 정확성들이 필요하다. 지금 있는 그대로 여기서 제기된 이성의 불신은 일종의 신앙주의(fideism)[130]로 해석될 여지가 있다. 따라서 이성을 논하면서 기본적 구분이 항상 실재

---

130 신앙주의란 종교적 진리는 이성이 아닌 신앙으로써만 파악된다는 견해다.

한다는 점을 명확히 해야 한다. 인간의 본성, 자연법, 그리고 인간 삶의 다른 모든 측면을 알아내려는 취지에서 이성의 힘을 분석해 보자. 그리고 이 분석에서 우리는 이성이 그 자체의 존립근거로 보아, 또 그 자신에 내재한 능력으로서 안다는 힘을 가졌다는 데는 동의할 수 있다. 그러나 이성이 그 힘을 성공적으로 발휘하는 데 필요한 존재의 조건들을 검토하거나, 어떤 의미에선 이성 그 자체의 능력에 비본질적인 조건들을 따져보는 일은 완전 다른 얘기다. 우선 이성은 전체적으로 올바르게 정돈된 인간 안에서 작동되지 않으면 자연법을 효과적으로 읽어내지 못한다고 말해져 왔다. 이는 사실 도덕 이성의 작동에 관한 대단히 평범하고 일상적인 진실이지만 우리 시대의 문제를 해결하고자 할 때 자주 적용되는 진실은 아니다. 둘째 한 이성으로 획득되는 도덕적 진실은 다른 이성이 확보한 도덕적 진실과 효과적으로 소통하지 못한다고 말한 바 있다. 진실이라는 문제와 관련해 그 두 이성이 올바르게 구조화되지 않았다면 말이다. 이런 주장은 사실 첫 번째 주장과 당연하게 연결되는 결론이다. 실재에 내재한 그대로의 도덕적 진실에 문을 닫은 정신은 단지 진실을 듣는다고 그 진실을 획득하지는 못한다.

전통의 위기를 해결하는 데 담당해야 할 이성의 역할이 있다. 그러나 그런 말을 하기 전에 이 문제와 관련해 이성의 엄격한 한계를 강하게 주장할 필요가 있다. 합리주의의 *오만(hubris)*에 감염되지 않은 이성에 의지하자는 호소가 사람들 사이에 부상했기 때문이다. 최근 코트니 머리(Courtney Murray)신부는 그의 책 "우리는 이 진실들을 간직한다(We Hold These Truths)"에서 종교가 내부적으로 너무 의견을 달리하기 때문에 서구에서 통일성을 회복하려면 학교 교육에 의지해야 한다고 말했다. 진지한 사람들이 이 입장을 점차 더 많이 채택해 가지만 이는 우리가 마땅히 거부해야 할 시각이다. 합리주의자들은 온갖 의도와 목적에서 문제를 계속해 잘못 정의하기만 한다. 우리는 옳거나 잘못 이해된 이성을 구분한다고 해서 전통에 맞서는 영지적 반란을 이겨내지는 못한다. 우리는 그 안에 있는 요소들의 진정한 분석을 배경으로 통합(unity)의 문제 그 자체를 다시 정의해야 한다. 근본적인 해결책을 제안한 다음에야 오는 어떤 정확성을 바탕으로 이성이 재구성의 기초적 과정에 어떻게 기여하는지 규정할 수 있게 된다.

IV. 이성의 역할

위의 분석에서 자연스레 명백해졌듯이 전통의 회복은 전통을 만들어낸 압축 경험(compact experience)을 다시 체험할 때에만 달성된다. 이 경험과 관련해 이성은 부차적인 역할만 담당한다. 그렇다고 그 역할이 중요하지 않다는 얘기는 아니다. 이성이 하는 역할의 구체적인 기능은 그 자신에서 벗어나 존재의 현실 세계로 돌아가는 일이라고 간단하게 서술된다. 압축 경험의 본질과 이성의 역량은 본질적으로 같은 잣대로 비교되지 않는다. 따라서 이성의 역할에 그 이상을 기대해서는 안 된다. 이성은 마음을 스스로 닫아버리는 게 오만(*hubris*)의 본질이라는 분석을 효과적으로 수행해야 한다. 그런 분석이야말로 전통의 회복이라는 문제의 해결에 이성이 수행해야 할 주요한 공헌이다.

드 뤼박(Henri-Marie Joseph Sonier De Lubac)[131], 다니엘루(Jean-Guenolé-Marie Danielou)[132], 슈트라우스(Strauss), 푀겔린(Voegelin)과 다른 사람들의

---

131 1896~1991, 프랑스의 예수회 사제. 영향력 있는 종교철학자. 후에 추기경이 됨.

132 1905~1974, 프랑스 예수회 사제. 추기경. 신학자이자 역사가로 프랑스 학술원 회원.

연구가 이미 폭넓게 분석한 영지주의적 *오만(hubris)*을 여기서 다시 언급할 필요는 없다. 영지주의의 본질은 이성 그 자체에 가하는 이성의 폐쇄다. 존재라는 진정한 세계를 근본적으로 거부하며 시작된 관념의 닫힌 체계 안에서 벌어지는 사고의 차단이다. 이런 사실은 이 논문으로도 이미 명백해졌다. 푀겔린이 언명했듯이 이런 폐쇄를 기반으로 영지주의자는 존재를 완벽하게 통제하게 된다. 존재는 더 이상 객관적 실재가 아니며, 사유하는 사람의 마음에 아무런 통제도 행사하지 않는 사색의 주체로만 간주되기 때문이다. 여기에 포함된 정신의 폐쇄엔 단계가 있다. 우선 정신은 사회의 전통에서 소외되고, 그 다음엔 사회가 기초한 초월성의 경험을 모두 거부함에 따라 초월성에서도 소외된다. 일단 이런 현상이 발생하면 여러 결과가 뒤따른다. 주요한 결과는 현실의 물질세계(immanent world)[133]에서 의미의 어떤 근거를 재수립해야 할 필요성이다. 거기서 신과 같아지려는 고대의 악마적 욕구가 나타난다. 그 욕구는 그러나 신을 흉내 내려는 데서 그치지 않고 우리 자신의 기호와 이미지로 신을 창조하려 든다. 일단 이 욕구가 실현되고 초월성이 내재하게 되면, 그 정신은 물질세계(immanent world)에조차 스스로를 반드시 차단해야 한다. 왜냐하면 이 세계는 낯선 신에게 쉽게 굴복하지 않으려 하기 때문이다. 그 세계는 완고하여, 의미의 새로운 범주에 순응하기를 계속 거부한다. 해결책은 그 세계를 무시하고 침묵시켜버리면 된다. 카뮈의 비극적 관찰인 "우주는 조용하다."는 말은 우주 자체에 관한 이야기라기보다 폐쇄된 정신에 관한 논평에 더 가깝다. 그러나 일단 우주를 침묵케 하면 신과 같은 정신은 우주에 명령조로 말할 수 있게 된다.

---

133 초월적 세계, 신의 계시나 섭리의 세계와는 반대되는 세속적이고 물질적인 세계를 지칭한다.

이성이 전통의 회복에 도움을 줄 방법이 있다면 바로 이 이성을 스스로 폐쇄해버리는 일이다. 다른 말로 이성에 무슨 일이 벌어졌는지 인지함으로써 이성은 스스로에게서 오만을 몰아내야 한다. 이것만으로 위기를 해소하지 못하지만 그래도 이 자체만으로 좋은 출발이 된다. 만약 그런 단어들의 사용이 가능하다면 준비(praeparatio), 해결을 위한 부정(否定)의 신학(via negativa)[134]이라 표현해도 좋다. 비록 다른 단어들도 적절해보이지는 않지만 자만, 겸손, 회개 같은 용어들의 사용은 유감스럽다. 왜냐하면 이성이 실재에 다시 문을 여는 그 과정은 본질적으로 전혀 도덕적이지 않기 때문이다. 그 과정은 겸손해지라는 간곡한 호소나 자만심의 징계, 그리고 회개의 요청이 아니다. 오히려 그 과정은 그 적절한 객체(proper object), 즉 존재로부터 소외된 정신을 조용하게 학자적으로 분석하는 일이다. 도덕적 문제는 여전히 존재한다. 왜냐하면 기본적 소외 중의 하나는 존재에서 소외된 도덕이었기 때문이다. 상대주의의 본질은 도덕이 실재와는 무관한 정신의 기능으로 만들어진 곳에서 발견된다. 정신이 다시 열릴 때, 정신이 주위의 실재와 다시 연결될 때, 도덕의 문제는 스스로 해결된다. 그 해방의 과정은 본질적으로 철학적이고 형이상학적인 과정이다. 그 발전의 조건들은 막히거나 갇혀버린 영지주의적 정신의 여건들에 따라 규정된다.

우선 영지주의는 오만(hubris)이라고 분석되어야 한다. 영지주의의 전형적 사고방식은 매우 조심스럽게 분석되어야 그것을 만들어내는 동기 부여의 경험이 무엇인지 찾아진다. 이는 정확히 말해 영지주의와 주고받는 철학적 대화를 수립하자는 얘기가 아니다. 그것은 아마도 타당한 철학 이

---

134 직관의 신학이라고도 한다. 제한적이고 불완전한 정의를 부정하는 방식으로 하느님의 본질을 인식하려는 기독교 신학의 한 분야다.

보수의 뿌리

전의 대화로서, 전제가 옳은지 틀렸는지에 근거한다기보다 사상과 사고방식에 깔린 원초적 경험을 분석하는 데 그 목적이 있다. 이 분석을 통해 경험 자체의 내용에 따라 타당함이 엇갈리는 경험들을 비교하는 일은 가능하다. 이는 또 다른 방식으로 플라톤의 궤변론 비판이 우리 시대에 다시 개발되어야 한다고 말하는 셈이다. 그 비판의 목적은 철학적 체계를 반박하자는 게 아니라 정신의 상태에 치료법을 적용하자는 데 있다. 플라톤의 용어들을 계속 사용하자면 그 목적은 욕구(need)나 에로스(eros)라는 동기 부여의 경험에 근거한 사상의 재구성이다. 그 경험의 근본적인 힘은 정신을 그 자체 밖으로, 욕구가 현존하는 곳으로 밀어내, 그 욕구를 충족해줄 선을 추구하는 존재의 세계로 보낸다. 성공적으로 적용될 경우 이런 치유만이 지적인 오만(hubris)을 치료한다. 왜냐하면 오만(hubris)은 본질적으로 이성의 욕구를 실재 세계에서 겸손하게 추구하기 보다는 혼란스럽거나 멍청하고, 어리석거나 사악한 실재에 질서를 강요하는 거만한 형태로 자신의 욕구를 충족하려 들기 때문이다. 이런 비교의 복잡성을 잘 유념해야 한다. 영지주의적 경험은 진정한 철학적 경험과는 비견될지언정 위협이나 구원이라는 종교적 경험에는 미치지 못한다. 그 전체적인 과정은 이성의 질서에서, 기독교적 용어를 사용한다면 자연의 질서에서 진행된다. 종교적 경험의 중심적 문제와는 무관하다. 종교적 경험이란 과정의 전체적인 목적은 이성의 치유에 있다.

　여기서 다시 자연법 전통의 테두리 안에서 이성으로 돌아가자는 보수주의자들의 주장은 그 문제를 실존적 형태로 극복하는 데 실패한다. 그 기본적 잘못은 자연을 질서의 원천이라고 주장하는 데 있다. 정확하게 말해 병든 정신들이 자연을 무질서의 근원으로 여기고, 그들이 스스로 벗어나야할 난제가 자연이라고 인식하는 때에 말이다. 그런 단순한 반박만으론 필요한 치료법을 작동시킬 수 없다. 그 의도가 오로지 하늘에서 오는 계시로만 알려지는, 그런 초월적 목적에 따라 질서가 정연해진 자연이라는 인식으로 가까이 다가가는 일이 중요하다. 따라서 그 문제의 진정한 해결은 무질서한 자연의 위협에서 벗어나 신의 의지로 결정된 올바른 질서라는 개념 쪽으로 움직여가는 데 있다. 기독교와 기독교가 당면한 현재의 위기 안에서 이는 자연의 질서와 여기서 논의되기 힘든 은총이라는 분명한 문제들을 제기한다. 이러한 문제들은 그 해결책으로 자연의 질서에 호소하는 일을 더욱 부적절하게 만든다. 수 세기 동안 서구인은 세속적이고 자연적인 문명을 기독교가 기초한 압축 경험과는 점점 더 다른 형태로 발전시켜왔다. 자연으로, 즉 왜곡이 시작된 지점으로 되돌아가려는 시도와, 자연이라는 개념을 다시 진술하려는 일은 추상적인 개념들을 영지주의에 가깝게 비현실적으로 다루는 셈이다. 우리는 자연의 내재적 질서가 무엇이든지, 그 질서는 잠재하며, 반드시 실현되어야 한다고 이해해야 한다. 자연 또는 인간의 본성이 무질서해졌다는 게 실존적 사실이다. 그리고 그 무질서는 인간 존재에 특유의 위협을 만들어냈다. 인간은 무생물의 세계나 자기 자신의 본질을 모두 왜곡했다. 그리고 이 왜곡은 실제로 존재한다. 자연 그 자체는, 그 적절한 발전 양태가 신의 의도대로 실재하는 한편 신의 창조적 정신에서 온다고 새롭게 볼 필요가 있다. 인간은 실재의 사실적 질서 수립에 자신이 어떻게 기여하느냐가 아니라 신에 복종함으로써 올바른 질서를 경험해야 한다. 이렇게 하려면 우리는 위협이라는 경험에서, 영지주의적 사고방식에 유효한 그 경험에서 시작해야 한다.

자연의 분석은 이 위협의 경험을 통해 정신을 초월성(transcendence)에 개방하는 방법으로 이루어져야 한다. 심지어 정당한 형태라고 해도, 세계 내재적(world-immanent)[135] 형태들에 정신을 집중하는 방식이 되어서는 안 된다. 여기에 자연법의 전통은 제공할 게 매우 많다. 그러나 아직 그것을 실존적으로, 유의미한 형태로 우리에게 주지는 않았다. 자연법 이론이 세계 내재적(world-immanent) 형태로 체계화되기도 한다는 사실은 반드시 기억되어야 한다. 스토아학파의 체계화가 그런 예이다. 우리 시대에는 자연권 이론이라는 이신론(理神論)적(deistic) 이념 형태가 존재한다. 실제로 그것은 질서 있는 사회에 가하는 공격의 일부를 구성한다.

자연법 이론이 도덕적 문제에 관심을 보일 때마다 초월성이 아니라 세계 내재성(world immanence)[136]으로 향한다고 일반적으로 말하기도 한다. 기독교에서 아우구스티누스는 자연이 행동의 규범이라는 생각에 깊은 공격을 가해야 할 충동을 느꼈다. "그러므로 인간이 그 자신을 기준으로 살아갈 때, 즉 신이 아니라 인간을 기준으로 살아갈 때, 분명히 그는 거짓말에 의지해 살아간다."(《神國論 (City of God)》 XIV, 4.) 아퀴나스에게서, 자연법 이론은 주로 자연과 은총의 적합성을 드러낸다. 그리고 아퀴나스는 분명히 밝히길 선한 삶의 규범은 자연이 아니라 은총에서 비롯된다고 했다. 오로지 이성 단 하나에서 추론된 도덕을 기독교는 왜 기본적으로 거부하는가. 인간 삶의 목적은 미덕이 아니라 더없는 행복에 있기 때문이라고 말한다. 즉 인간과 관련해 신이 가진 최종적 의도는 자연이 아니라 은총(grace)으로 드러난다. 전통을 재구성하는 기초로 자연적 기준들을 진지하게 제안한다

---

135 내재성(immanence)은 신이나 그의 섭리가 물질세계에 모두 담아져 있으며, 따라서 신의 섭리조차 인간 이성의 테두리 안에, 혹은 인간 사회와 문화의 규범이나 틀 안에 국한된다는 견해다.

136 초월적 세계보다는 물질적인 현실 세계가 더 앞선다는 생각이다.

면 전통 그 자체를 배반하는 짓이다. 종교 사상이 설득력 없는 상황에서 자연적 기준들만이 전통 재건의 유일한 토대라고 전술적으로 제안하는 태도 역시 잘못이다. 이런 상황에서 이성의 기능은 인간에게 진실을 설득하는 데 있지 않고 기독교적 설명에 더 많이 열린 시각으로 자연을 바라보도록 가르치는 데 있다는 점을 놓쳤기 때문이다.

그 치료법은 초월성뿐 아니라 자연을 바라보는 정신의 태도와도 관계가 있음이 분명하다. 우리는 자연에 질서가 잡혀 있다고 단순하게 말해선 안 된다. 왜냐하면 우리는 사실상 자연이 대단히 무질서하다는 걸 인정해야만 하기 때문이다. 그러나 그 무질서는 자연의 실존적 근거에는 다다르지 않는다. 여기서 우리는 자연이 내부적으로 닫혀 있다기보다 여전히 초월성에 객관적으로 열려 있음을 발견한다. 자연을 그 자체로가 아니라 영겁의 정신(Eternal Mind)이라는 자연의 패러다임으로 보아야 할 근거가 수립된다. 이것이 정신을 자유롭게 하는 치료법이다. 지적인 과정은 본질적으로 형이상학적이다. 그 과정의 본질은 존재를 바라보는 두 개의 근본적인 방법을 회복하는 데 있다. 존재의 유추라는 방식과 존재에의 개입(participation)이라는 방식이다. 이 방법들은 자연에서 그 어떤 존재론적 순서를 주장하지 않는다. 그 두 가지 방법들은 자연의 존재라는 초월적 근거와 관계가 있다. 두 개념은 유한한 존재의 종속적이고 우연적인 특질을 강조한다. 그 두 개념은 유한한 존재 그 자체에 토대를 둔 의미의 어떤 설명도 궁극적으론 부적절하다는 경험의 문을 연다. 또한 그들은 궁극적 의미가 놓인 초월성과의 대화를 통해 의미를 추구하도록 정신을 개방한다. 이 개념들은 질서의 문제들에 대한 답을 주지는 않는다. 그러나 그 개념들의 맥락 안에서 실재를 고려하는 정신은 초월적 의미에 열려 있다. 더욱이 그 개념들은 인간의 질서에서 어느 특정한 시점에 도달하면 의미가 전혀 없을 지 모른다는 가능성에도 심지어 철저하게 열려있거나 병립가능하다. 간단하게 말해 두 개념들은 정신을 자연적 이성이라는 대답과 함께 닫아두지 않고 초월성에 열어둔다.

문명적 위기의 뿌리에서 우리는 위기의 해결에 이르는 열쇠를 발견한다. 우선 무질서로의 하강이 있다. 문명의 업적은 문명이 그 존립 근거로 삼은 결핍감이라는 감각을 좀먹는다. 그 결과 주로 세계 내재적인 삶을[137], 이성을 의미의 근원으로 삼는 자립적 삶을 살아간다는 자부심 가득한 목적들을 낳는다. 이런 왜곡된 노력에서 나오는 무질서들은 무질서한 반응들만 만들어낸다. 인간은 우리의 문명에서 신과 무관하게 독자적으로 살아가겠다는 영지주의적 체계를 구축하기 시작한다. 이는 물론 그들이 치유하길 바라는 무질서를 오히려 더욱 악화시킨다. 마침내 인간은 자신이 처한 상황의 무기력함에 직면한다. 요즘이 바로 그렇게 보이는 중요한 순간이다. 이런 상황 그 자체는 구원의 필요성이라는 동기부여의 경험을 촉발하는 경향이 있다. 신에 의지하지 않는 삶이란 단지 소외의 한 형태임을 인간은 의식하게 된다. 그는 삶의 의미를 말해주는 어떤 근원과 다시 합쳐야 할 필요성을 경험한다. 그러나 이러한 필요성은 아직 영지주의적 경험의 영향 아래 놓여 있다. 따라서 기껏해야 전체적으로 구원의 집산주의적 경험[138]만 만들어냈을 뿐이다. 우리 시대 진정한 문제는 그 자체의 작동 순서로 스스로를 치유할 여력이 있느냐다. 다시 말해 이성이 비록 아무리 무질서하더

---

137 초월성이 부정된 세속적인 삶을 말한다.

138 인간이 지구상에 천국을 만들어낼 수 있다는 사회주의나 전체주의적 가치체계를 지칭한다.

라도 여전히 초월성에 근거한 자연에 스스로를 개방할 수 있느냐의 문제다. 인간은 믿으려고 안다 (intelligo ut credam)고 반드시 다시 말할 수 있어야 한다. 이성에의 호소는 그러므로 전략적이다. 그러나 그것이 무엇을 성취해낸다는 의미인지 제대로 정의된 이해가 있어야 한다. 이성은 우주가 침묵하지 않고 끊임없이 말하는 현실 속에서 인간에게 적절한 조건을 회복시켜준다. 인간이 듣는 능력을 다시 획득하기만하면 전통의 본질을 구성하는 "환희의 복음"을 다시 듣게 된다.

보편적 보수주의

Towards Accommodation

8

보수주의자의
정체성을 찾아

스티븐 톤소(Stephen J. Tonsor)

대립과 대치의 변증법을 낭만적으로 음미하며 글을 쓰던 월트 휘트먼(Walt Whitman)은 말했다. "내 말의 앞뒤가 모순된다고? 뭐 그런가 보지. 나는 크고, 내 안에 수많은 사람이 있으니." 휘트먼과 낭만주의자들은 그들의 심오한 견해를 멋지게 또 자주 다음과 같이 피력했다. 삶의 본질은 대치, 대립, 모순이다. 그리고 그 모순된 요소들이 통합, 조화, 합성될 때, 독립적 인격체나 제도, 혹은 사회로 뭉쳐서 서로 싸우는 세력들은 그들이 부분으로 참여하는 더 큰 맥락(context)을 풍요롭고 힘 있게 만든다.

그러나 오늘날의 핵심적인 지적 관심사는 대립하는 요소들의 유기적 통일이 아니다. "다 산산 조각나서 중심이 유지되지 못하니(Things fall apart, the center cannot hold).[139]"라고 예이츠(W. B. Yeats)는 썼다. 이데올로기 시대

---

[139] 1차 세계 대전 이후 1919년 예이츠가 쓴 <The Second Coming(재림)>이란 시의 한 구절로 질서를 가져와야할 힘이 작동하지 않아 세계에 혼돈이 찾아온다는 의미다.

의 엄격한 필연성들(the stern necessities)은 획일성(conformity)을 요구하지만 편견에 사로잡힌 자유주의적(liberal) 지식인들은 무기력해졌다. 그들은 대립 요소들의 변증법과 다양성이 사회를 역동적이고 풍성하게 만들었던 한 시대가 저물어가는 모습만 슬퍼할 뿐이다. 자유주의적 지식인들은 사회의 변화를 바라지만 그에 따르는 대가의 지불은 거부한다. 그들은 획일성에 반대하고 창조를 원하지만 관점의 다양성과 부조화가 치러야 할 대가로 정렬에서 벗어난 엉뚱함(eccentricity)[140]의 빈발은 인내하지 않으려 한다. 창조를 원하지만 그 과정에서 불가피하게 등장하는 실험과, 삶의 실패나 그 엉망진창의 결과는 불편하게 여긴다. 자유주의자는 건강한 사회의 기준인 대립자들의 유기적 조화 대신 "다원론(pluralism)"의 신화를, 상호 배타적이고 적대적인 단위나 개인으로 공존하는 군중의 꿈을 선택했다. 그러나 그 꿈은 사람들을 행동하도록 자극하거나 그 공통의 집단을 풍성하게 만들지는 못했다. 지금은 고전적 시대(classical age)이며 다른 모든 고전적 시기처럼 활력이 없고 지쳐 있다. 보수주의 사상도 이런 시대정신과 무관하지는 않다. 보수주의가 자유주의(liberalism) 사상 보다 더 포괄적이며, 더 포용적이고, 더 역동적이며. 더 창조적이라고 가정한다면 잘못이다. 투박한 진실은 이렇다. 보수주의자들 대부분은 스스로 자신이 어떤 사람인지 모르고, 그들이 창조하고 싶은 사회가 무엇인지 분명한 개념도 없다. 아울러 과거나 현재와 유기적 관계를 맺지 않은데다, 거대한 구상도 펼쳐 보이지 않는다. 또한 그들은 지속되는 원칙을 마음에 지니지 않았으며, 인간이나 사회의 전체적이고 건강한 미래를 담당하겠다는 책임감도 없다. 그들의 담론은

---

140 획일성을 거부하거나 무리에서 벗어나는 창발적 태도 등을 지칭한다.

진부한 정치적 비판에 불과하며, 그 비판들이 얼마나 유익하고 필요한지 모르지만 원칙을 대신하거나 행동을 안내하지는 않는다.

보수주의의 성향은 해체를 지향한다. 왜냐하면 현대 자유주의보다 보수주의 안에 있는 원심력이 훨씬 더 크기 때문이다. 자유주의(liberalism)에는 일관된 강령이 있다. 그 강령은 일군의 핵심적인 전제에서 연역적으로 추론된다. 반면 보수주의는 권위와 자유라는 모순된 원칙들의 통합이다. 개인과 사회는 이런 원칙들을 불안정한 균형 상태로 유지한다. 그 보수 세력들의 결의는 결코 최종적이지 않으며, 권위와 자유의 통합도 결코 완벽하지 않다. 그들이 사회에 전하는 생명력은 많든 적든 그 불안정함의 산물이다.

보수주의자들이 마침내 원칙의 수립과 집단의 형성에 필요한 합의를 이룬다 해도, 자유와 권위의 변증법에 그 자신들을 반드시 조화시켜야 하며 분열된 유산의 가치들을 활용해야 한다. 그들이 이를 가장 잘 성취하려면 알렉시스 드 토크빌(Alexis de Tocqueville, 1805-1859)과 액튼 경(Lord Acton, 1834-1902)의 사상을 탐구해야 한다. 그 둘의 삶을 합하면 19세기를 모두 포함한다. 두 사람은 오늘날의 보수주의자들이 활용할 만한 가장 건전하고 일관된 현대 보수주의 사상의 본체를 정교하게 수립했다. 그들은 자신들의 삶과 사고에서 권위와 자유를 조화시켰다. 또 그 모든 문제가 내재된 현대 세계를 묵묵히 기다리면서, 활기 있고 낙관적인 해결책을 찾으려 노력했다. 그들은 권력의 중심 가까이에 서 있었으나 둘 다 이를 불신하고 반복적으로 부패하는 권력의 영향력을 이야기했다. 그럼에도 현실 정치에는 활발히 참여했다. 그러나 그 둘은 본질적으로 사변적이다. 권력을 행사하기보다 연구하길 더 좋아했다. 이들은 대단히 종교적이었지만 모두 이단 근처에 서 있었다. 인간 본성의 최악을 의심했으나 최선을 낙관적으로 희망했다. 둘 다 해체 과정에 있었던 귀족 계층에서 태어났다. 그럼에도 반동이 아니라 서구 사회를 변화시켜가던 새로운 사회 과정을 이해하고 그에 적응하고자 상황에 대처했다. 두 사람은 탁월한 윤리적 사상가였고, 현실 정치 때문에 원칙을 절대 양보하지 않았으며, 그들의 사상과 삶에서 원칙과 자유를 모두 지키는 데 헌신했다. 현대 보수주의자라면 마땅히 보여야 할 그런 헌신이다.

비범한 인물들뿐 아니라 역사 그 자체도 느슨한 결합으로 대립자들을 통합시킨다. 인간들에겐 대단히 반복적으로 상충한다고 보이는 대립자들을 말이다. 그 자체로 목적을 지닌 신의 섭리가 처분을 내리고, 현명한 인간들은 신이 결정한 그 질서에 스스로 맞춰간다. 비록 신의 세계가 인간의 질서를 부분적으로만 수용했더라도 말이다. 역사의 목적이라는 이런 기본 명제를 인간이 일단 수용하게 되면 개별적이고 집단적인 행위의 필연성을 받아들이기란 매우 어렵다. 그래서 과거에 다른 사람들이 그랬듯이 신앙과 소망이 적극적인 자선을 불필요하게 만든다고 가정하기가 너무 쉽다. 그러나 오직 역사적 이해, 행동, 마지막으로 신의 섭리를 믿는 신앙을 통해서만 대립자들의 화합은 가능하다. 액튼 경과 토크빌은 신앙과 소망의 필연성은 물론 당면한 정치 행위의 필연성까지 모두 이해했다. 두 사람 다 인간 본성에 비관적이었지만 대체로 압도적인 섭리를 믿었기 때문에 낙관론자였다. "그리스도는 부활하시었고 결코 죽지 않는다."고 액튼 경은 썼다. 토크빌도 썼다. "나는 창조주가 우리 주변의 지적인 비참함과 끊임없이 투쟁하도록 인간을 내버려두었다고 믿지 못하겠다. 신은 보다 조용하고 보다 분명한 미래를 유럽이라는 공동체에 예정하신다. 나는 그의 구상을 모른다. 그러나 내가 그 구상을 이해하지 못한다고 해서 그 구상을 믿지 않을 수는 없다. 나는 신의 정의를 불신하기보다는 차라리 내 능력을 불신하겠다."

하지만 섭리가 지배하는 세계라는 맥락 안에서 행위와 이해의 필연성을 받아들이기는 쉽지 않다. 따라서 지난 2백 50년간 섭리라는 개념 그 자체를 받아들이기는 한참 더 힘들었다고 액튼경과 토크빌은 인정했다. 섭리와 목적을 겨냥한 공격은 근대사회를 구분하는 특징이었고, 희망과 가치의 방기는 그 두드러진 징표였다. 18세기 볼테르(Voltaire)의 캉디드(Candide)[141]나 사드(Marquis de Sade)[142]의 반합리적이고 반섭리적 저작들은 목적을 세우고 역사적 사건들에 의미를 부여하는 창조적 섭리라는 일반적 개념을 부정했다. "18세기에 맞선 반역(revolt against the 18th century)"으로 일컬어지는 이 현상은 18세기 중반에 이르기까지 계속됐다. 그것은 이성에 맞선 일시적인 반역이었을 뿐이나 이성 역시 목적이 추방되자 그 지배력을 포기하도록 강요받았다. 역사에서 신의 목적과 본질을 의심하면서 허무주의는 물론이고 철저히 몽매했던 그 시대가 시작됐다. 질서의 회복, 가치의 회복, 그리고 목적의 회복이라는 19세기의 온갖 시도는 역사의 의미를 되찾으려는 중심적 문제를 맴돌았다. 심지어 마르크시즘도 역사의 목적을 회복하고, 종착점을 회복하며, 가치를 회복하려던 하나의 시도다. 그 시도가 실패한 가장 설득력 있는 이유는 신의 섭리가 아니라 스스로 세운 목적과 가치 등을 역사에서 회복하려 들었기 때문이다. 신은 역사의 실패나 딜레마 또 애매

---

141 캉디드는 프랑스의 작가 볼테르가 1759년에 쓴 철학적 풍자 소설로 당시의 지배 계급이었던 로마 가톨릭교회 예수회와 종교재판소 등 성직자들의 부패상을 묘사했다.

142 1740~1814, 사드 후작(1740년~ 1814년)은 "사디즘"이란 용어로 잘 알려진 프랑스의 작가이자 사상가다.

한 형태로 섭리가 무엇인지 그 모습을 드러내기 때문에 인간이 그에 조화를 이루기는 대단히 어렵다. 또한 인간이하이거나 반인간적으로 드러나는 변증법적 유물론의 과정을 정당화하기도 불가능하다.[143]

인간이 어리석음에서 벗어나려면 질서, 가치, 목적, 믿음의 영역으로 걸어 들어가야 한다. 18세기 말에 접어들자 이는 권위에 호소하는 방식을 취하지 않으면 지적으로(intellectually) 불가능했다. 사회적이고 정치적인 수준에서의 그 호소란 기존의 사회·경제적 제도의 권위에 기대는 방식이다. 종교적 수준에서의 그 호소는 정통파 신앙에, 특히 이미 확립된 종교적 형태와 제도에 기대는 일이었다. 그 시절은 반혁명적이었고 반합리적이었다. 권위는 왕관과 제단의 복구로 재건되어야 했었다. 그러나 보수적 측면에서 권위를 추구했던 사람들은 굽힐 줄 모르는 비관론자들이었다는 점을 주목해야 한다. 드 메스트르(De Maistre)[144], 드 보날드(De Bonald)[145], 메테르니히(Metternich)는 더 나은 세계를 만들어내지 못하는 인간의 본성이나 신의 능력에 모두 절망했다. 회의주의는 합리성의 장벽을 부수고 나갔다. 어리석음이 의미와 목적의 세계를, 허무주의와 악마성이 가치나 아름다움의 세계를 대체했다.

드 메스트르의 《상트 페테르부르크의 저녁들(Les Soirées de Saint Petersbourg)》에는 마르키 드 사드의 세계관에 나타난 폭력, 절망, 추악함의

---

143 그들이 가고자 하는 공산 이상 사회에 이르려면 폭력적이고 전체주의적인 과정을 꼭 거쳐야 하기 때문이다.

144 1753~1821, Joseph de Maistre 프랑스의 사상가, 저술가이다. 반계몽주의의 대표적 사상가로, 절대군주정과 교황무오류권을 옹호했다. 그는 합리주의가 기독교를 거부해 프랑스 혁명의 혼란을 초래했다고 논했다. 러시아 대사를 역임.

145 1754~1840, Louis Gabriel Ambroise, Vicomte de Bonald 프랑스의 반혁명 철학가이자 정치인. 그가 개발한 일군의 사회 이론은 프랑스 사회학이 등장하는 존재론적 틀을 형성하는데 크게 영향을 미쳤다.

끔찍한 울림이 들린다. "피를 달라고 울부짖는 지구를 듣지 못하느냐?"고 쓴 메스트르는 서구의 어느 사상가보다 가장 끔찍하게 묘사된 그림을, 삶에 맞서는 삶의 투쟁이라는 그림을 그렸다. 다윈의 생존 경쟁 이론은 자연스럽기 때문에 순박했다. 드 메스트르의 묘사는 그 투쟁이 형이상학적이기 때문에 악마적이다. 그는 무시무시한 구절로 결론을 맺는다. "끊임없이 피에 흠뻑 젖어 있는 지구는 거대한 제단이다. 그곳에서 모든 살아 있는 존재는 끊임없이 또 속절없이 제물로 바쳐진다. 모든 존재가 소모되어 없어질 때까지, 악마가 사라지고 죽음 그 자체가 죽을 때까지…"

시인 드 네르발(De Nerval)[146]은 다음과 같이 쓰면서 세계 위에 내려앉은 멸망의 잔해를 읊었다. "신의 눈을 찾아 나섰지만 나는 한낱 거대하고 바닥없는 검은 구멍만 보았다. 그곳에 깃든 밤은 세상 위로 번져가고 더욱 더 검어진다. 이상한 무지개가 이 어두운 구덩이를, 그 그림자가 공(空, nothingness)인 이 오래된 혼돈의 경계를, 삼라만상과 시대를 집어삼킨 이 소용돌이를 감싼다!"

원칙으로 함께 묶여져 있지 않은 보수주의, 그 정향성에서 목적론적이지 않은 삶, 의미가 없는 역사를 추구하는 현대의 "보수주의자"들은 인류를 연구해본 적이 없으며 지나간 시대의 의미가 무엇인지도 모른다. 지난 150년간 우파나 좌파를 막론하고 우리 모두에게는 인간의 불안한 노력이 어른거린다. 우리는 잃어버린 중심을 되찾으려 했고, 권위란 원칙을 다시 도입하려 했으며, 역사의 수수께끼를 이해하려 몸부림쳤다. 인간의 내부에서 종교적 권위가 결핍된다면 오직 외부의 세속적 권위가 인간에게 강요될

---

146 1808~1855, Gérard de Nerval은 프랑스 낭만파 작가이자 시인인 Gérard Labrunie의 필명. 번역가로 실러나 괴테 등 독일 낭만파 작가들의 작품을 프랑스에 소개.

보수의 뿌리

때에나 사회의 존립이 가능해진다. 19세기에 맺어졌던 종교적 제단과 왕관 사이의 보수적 동맹은 실패했다. 왜냐하면 왕관이나 제단 어느 쪽도 설득력 있는 권력을 전혀 유지하지 못했기 때문이다. 비관주의와 신앙의 상실은 보수 정치의 초라한 시작이다.

《미국의 민주주의(Democracy in America)》에서 토크빌은 믿음의 상실이 초래할 결과를 예측했다.

> 한 민족의 종교가 파괴될 때, 의심은 지성이라는 더 고매한 능력을 장악하고 나머지 모두를 반쯤 마비시킨다…종교에 권위라는 원칙이 더 이상 없을 때, 정치에서만큼도 없을 때 인간은 이 고삐 풀린 독립이라는 상황에 금세 경악하게 된다. 주변 모든 사물들의 항구적인 동요는 인간을 놀라게 하고 기진맥진하게 만든다. 정신의 영역에서는 모든 일들이 출렁이는 바다에 떠있기 때문에 사회 체계는 적어도 견고하게 고정되어야 한다고 사람들은 결론 내린다. 그리고 그들은 고대의 믿음을 다시 회복하지 못하기에 새로운 주인을 받아들인다.

권위에서 한 발만 더 내딛으면 권위주의로 간다. 그리고 진정한 사랑의 종교들이 실패하는 곳에 그 종교의 대안으로 외부적 강제(force)가 솟아오른다. "강자가 자기들 마음대로 하고 약자가 그저 제 몫의 고통을 받아야 하는" 사회에서 문명의 구조가 보존되려면 물리력과 강제를 채택해야만 한다. 만약 존 던(John Donne)[147]이 그리는 모습이 사실이라면,

---

147 1572~1631, John Donne 영국 성공회 사제이자 시인. "세계의 해부(An Anatomy of the World)" 라는 시의 일부다.

새로운 철학은 모두를 의심한다,

불이란 원소는 완전히 꺼졌다;

태양은 사라졌고, 지구, 그리고 인간의 예지는

어디서 태양을 찾아야 할지 방향을 제대로 가리켜주지 않는다.

전부 산산 조각나 버려, 일관성은 사라졌다.

모두가 그저 대리인이고, 관계일 뿐이다.

우리는 길을 잃은 자로서 우파나 좌파의 절대주의에서 찾아지는 위안을 마땅히 느껴야 한다. 우리는 싫든 좋든 파괴되지 않은 부르주아의 몇몇 선입견들이나, 해체되지 않은 어떤 환상을 유지하는 방법으로 잠시 행동하게 된다. 그런 다음 심지어 인간의 신화조차 약화되면서 쇠락을 부르는 힘들(forces of decay)[148]은 거침없이 자신의 임무를 완성해 간다.

권위가 외부에서 순간적으로 주어지고, 그 권위의 구조가 잠시 유지될지도 모른다. 그러나 멍청이들이 사는 제국의 기대수명은 1천년보다 짧다. 인간 경험의 핵심에는 신들이 존재한다. 그리고 그 신들만이 불멸, 목적, 은총을 부여한다.

신앙, 목적, 그리고 가치는 사회적 형태들로 스스로를 드러내지만 그 근원은 결코 사회적이지 않다. 따라서 종교는 법으로 만들어지지 않는다. 자유롭게 이루어진 동의의 산물인 경우에만 종교적 권위는 지속된다. 권위와 자유는 인간 사회에서 모순적일 뿐만 아니라, 상호의존적이다. 무조건적이

148　Henry Brooks Adams (1848~1927)라는 미국의 사학자는 문명의 흥망성쇠란 순환론을 설명하면서 상황은 언제나 악화될 경향성이 더 크다고 주장했다. 인간 선택의 자연스러운 방향은 쇠락이라는 얘기다. 그는 미국 2대 대통령 존 애덤스의 증손자다.

고 절대적인 자유가 없다면 진정한 권위는 존재하지 않는다. 개인의 자유는 일반적으로 공유된 어떤 일련의 믿음에 동의해야만 가능하다. 토크빌은 썼다. "나는 인간이 완벽하게 종교와 무관한 존재로 독립적으로 살면서 동시에 온전한 정치적 자유를 옹호하기는 힘들다고 생각한다. 그리고 만약 신앙이 부족한 인간이라면 반드시 복종해야 하며, 인간이 자유롭고 싶다면 반드시 믿어야 한다고 생각하는 편이다."

양심이 훼손되어선 절대 안 된다는 생각은 상대적으로 새로운 개념이다. 18세기 말까지 타인의 양심을 꼭 존중해야 한다는 생각을 많은 사람들이 공유하진 않았다. 19세기까지는 국가의 목적을 자유의 확대보다는 종교적 정통성의 보호에 둔 사람이 오히려 더 많았다. 국가의 사명은 인간을 선하고 행복하게 만드는 데 있었다. 국가는 특히 정통 기독교의 관점에서 선함(goodness)을 정의했다. 이런 국가 개념은 로마 제국의 이상에까지 거슬러 올라갈 만큼 오래됐다. 그리고 그런 개념은 달리 어쩔 수 없을 때만 버려졌다. 거의 대다수의 인간에게 시민 사회의 목적은 인간을 자유롭게 만든다기보다는 인간을 선하고 행복하게 만드는 데 있었다. 근래에 보수주의 운동의 상당 부분은 그러니까 18세기처럼 이제 국가의 역할을 실천적 관점으로만 이해해, 국가의 사명을 세속적이고 항구적 복지로만 받아들인다.

정통성을 강요하려면, 종교를 수립하려면, 안전을 보장하려면, 행복을 법제화하려면 국가는 각 개인의 양심에 침입하고, 개인의 자유를 우회하거나 부인해야만 했다. 이럴 경우 종교의 이름으로 인간에게 주어진, 종교의 가장 위대한 선물인 자유는 거부된다. 동의가 없는 권위는 작동하지 않는다. 그런데도 역사를 통해 인간은 그들이 획득하지 못할 권위를 강제로 얻으려 들었다. 결과적으로 정치적 반동과 종교적 기득권 사이의 연결고리는

끊어진 적이 없다.[149]

비록 이 말이 예언적이면서 혁명적이고, 보수적이면서 희망적으로 보일지도 모르겠다. 그러나 오직 양심의 목소리라는 내재화된 권위만이 종교를 확립하고 자유를 확장하는 데 필요한 도덕적이고 윤리적인 힘을 지닌다. 양심은 교회나 국가의 권위 밖에 놓여 있다. 교회나 국가는 양심에 저항하거나 그 요구에 굴복할 수밖에 없다.

그럼에도 종교는 양심이 우세해지도록 서서히 그 길을 깔아 주었다. 액튼 경은 그의 《근대역사 강의(Lectures on Modern History)》에서 그 과정을 이렇게 묘사했다.

사회를 변화시킨 가장 심오하고 핵심적인 이유들은 중세적 유산이다. 양심의 심리학은 13세기 말에 처음으로 치밀하게 연구됐다. 그때 양심은 인간을 결코 오도하거나 좌절시키지 않으며, 분명하거나 애매하거나, 옳거나 그르거나 언제나 반드시 복종해야 하는, 인간의 귀에 들리는 신의 목소리라고 여겨지기 시작했다. 교회 권력에 맞서는 저항을 명확한 이단으로 간주하는 관례를 통해, 공공의 그리고 명백한 권위로 그 비밀스러운 감시를[150] 억눌러버려, 양심이라는 개념은 외견상 억제됐었다. 하지만 그런 억누름이 약화되면서 양심이란 주장이 부상했다. 종교재판관(Inquisitor)이[151] 버린 영역을 인간이 다시 차지한 셈이다. 양심이 인간 본성에 내재하는 신성한 그 무엇으로 정의되고 인지됐을

---

149 정당하지 못한 정치권력과 종교적 기득권이 서로 기대려 했다는 지적이다.

150 양심

151 저승에서 죽은 자의 죄를 판단하는 염라대왕과 비슷한 역할을 담당하는 존재.

때 양심의 작동은 권력을 제한한다. 주변 사람들의 고착된 관습이나 표현된 의지보다 내적으로 지고(至高)한 목소리가 더 크게 들리기 때문이다. 이런 전제 하에서 영혼은 국가보다 더 성스럽게 됐다. 왜냐하면 영혼은 하늘에서 빛을 받았을 뿐만 아니라 양심의 관심은 영원하며 정부의 일상적 이해들과는 비교하기 힘들 만큼 크기 때문이다.

양심의 개념이 자유의 수립과 관련해서 액튼에게 얼마나 중요했는지는 그가 스스로에게 남긴 수 천 장의 개인 메모 중 하나에 이렇게 나타나 있다.

성 토마스가 그 용어[양심]를 사용했다는 중요성.
그렇다면 그는 왜 그 용어를 종교에 적용하지 않았을까?
왜냐하면 종교적 과오가 양심적이라는 사실을 부인하기 때문이다.
그러는 한, 그곳에 자유는 없다.
만약 국가가 그 모두를 배제한다면, 제멋대로 행동한다.
양심의 영역을 종교적 과오까지 확대하라.
그럴 때에만 자유가 가능하다.

다른 구절에서 액튼 경은 이러한 관계를 또 한 번 요약했다.

기독교적 개념은 양심에 상응해 개인의 자유가 당연히 있어야 한다고 전제한다. 신에게 느끼는 의무와 책임만이 기독교인이 행하는 바의 옳고 그름을 가리는 유일한 심판자다. 이와 함께 어떤 인간적 권위도 그 사이에 개입하도록 허용되어선 안 된다. 우리는 지고함으로 뻗어나가야 하고, 좌고우면 없이 양심이란 유일한 목소리에만 복종해서 행동하는 영역을 보호해야 한다. 그러지 못하도록 하는 모든 방해를 막아내야 한다.

따라서 액튼과 토크빌을 비롯해 19세기의 위대한 보수적 자유지상론자들(libertarians)이 추구한 권위는 교회나 국가에서 말하는 정통교리의 제도화된 권위가 아니었다. 그것은 양심의 권위였다. 신에 근거를 둔 양심, 신이 인간의 가슴에 새긴 양심이었다. 액튼은 썼다. "도덕률은 영원불멸의 명판에 쓰여 있다." 다른 글에서 액튼은 저자의 허락을 받고 알렉산더 비넷(Alexander Vinet)[152]의 글을 인용했다. "양심은 우리 자신들이 아니다. 그것은 우리 자신에 맞서는 그 무엇이다. 따라서 우리 자신과 다른 존재이니 신이 아니라면 달리 무엇일 수 있겠는가? 그리고 그것이 신이라면 신에 걸맞은 영예를 주어야 한다. 우리는 최고 절대자보다 그의 대리인을 더 숭배해선 안 된다."

양심은 세속적이거나 종교적인 권위로 제도화되어 있지 않다. 따라서 종교적 권위에 양심을 짓밟을 힘이 주어진다면 양심이나 자유가 훼손되지 않기란 힘들다. 만약 자유가 인간 최고의 선이라면, 정부는 그에 적합하게 구성되어서 인간의 양심이 요구하는 내용을 충족하게 해주어야 한다.

액튼의 마음에 자유가 최고의 선이었음은 의심할 여지가 없다. 그는 이렇게 말했다. "인간이 사랑하고 추구하는 최고의 가치는 종교와 자유이지 쾌락이나 번영, 지식이나 권력이 아니다. 그러나 종교와 자유의 길은 피로

---

152 1797~1847, 스위스의 비평가이자 신학자.

보수의 뿌리

무한히 점철돼 있다."

정부는 인간이 양심에 따라 행동하도록 여건을 마련해주어야 한다. 액튼 경은 근대역사 강의의 시작을 기념한 공개 강연(Inaugural Lecture)에서 강조했다. "의무는 권리의 근원이다." 다시 말해 자유는 양심에서 솟아난다는 말이다. 1861년의 에세이 <램블러(Rambler)>에서 그는 이렇게 썼다. "자유는 우리가 원하는 바를 할 수 있는 힘이 아니다. 우리가 해야만 하는 일을 하게 해주는 권리이다." 자신에게 남긴 메모에서 그는 한 마디를 더 보탰다. "자유는 우리가 의무를 수행하도록 해준다. 국가나 사회, 또는 무지나 잘못에 방해받지 않고 말이다." 따라서 양심의 길을 방해하는 곳에 서 있는 종교나 국가는 악이기에 반드시 그에 저항해야 한다.

그러나 국가의 목적이나 의도와 무관하게 국가가 저지르는 행위가 자주 양심을 억압하고 훼손하게 된다는 명제는 19세기가 시작된 이래 거듭 증명됐다. 오직 19세기의 보수주의자들이나 20 세기 자유주의자들만 여건이나 목적이 어떠하든 국가의 행위가 언제나 선하다고 강변해왔다. 심지어 칼 마르크스(Karl Marx)도 국가 그 자체는 압제의 수단이라고 여겼다. 그의 정치적 이상향은 자유의 이름으로 국가의 소멸을 요구한다. 그는 앞으로 수백 년의 역사는 계급국가의 파멸로 이어진다고 보았으며, 그 결과 개인이 다시 자유로워져 모든 잠재력을 완전히 발휘하도록 해준다고 생각했다. 그러나 마르크시즘의 운동이 벌어진 세기에 탄생한 국가들은 국민을 해방하지도, 훈육하지도, 교화하지도 않았다. 오히려 국민들을 부패시켰고 짐승처럼 취급했다. 국가는 소멸하지 않았고 오히려 괴물처럼 성장했다. 소련에서는 국가가 인간 삶과 사상의 제반 측면에 파고들었다. 양심의 이름으로 권위에 맞서 성공한 혁명은 언제나 인간을 자유롭게 만들지 않았다. 바로 반동적 보수주의자들이 경고했던 그대로, 혁명은 만인의 만인에 대한 투쟁으로 인간을 이끌었다. 양심과 여론의 지배는 불가피하게 민주주의의 성립으로 이어졌고, 어떤 영향력으로도 견제되지 않은 채, 구세주와 선동가들의 꿈으로 불타오른 민주주의는 사회의 모든 구조를 위협했다. 국가와 권위에 인간이 어떻게 관계를 맺느냐는 개념이 갑자기 바뀌었다. 그러자 많은 사람들은 양심의 이름으로 파괴해버린 구체제가 새로 들어선 체제보다 더 우월했다는 사실을 뒤늦게야 발견했다.

이렇듯 우리 시대의 문제는 과거와 달리 새롭다. 그동안 인간들이 맞서 싸워왔던 문제가 아니다. 교회, 헌정체제, 경제적 이해, 권력의 분립, 권위의 분권화와 다원화 등으로 견제되지 않은 민주주의는 절대적 획일성을 불러오며 뒤이어 폭정을 촉발하는 경향이 있다. 이 시대의 변화는 마르크시즘의 사회학이 예언했듯 자유가 아니라 폭정으로 나아갔다. 명민한 정치사상가 액튼은 말했다.

> 자유를 귀족 사회나 군주제 국가와 조화시키려고 지난 수백 년간 분투해왔다. 미래가 해결해야 할 특별한 문제는 절대적 민주제 아래에서 자유를 보존하는 일이다…[근대의 위험 요소]는 국가 절대주의이지 왕정 절대주의가 아니다…소수의 압제는 나쁘지만 다수의 압제는 그보다 더 나쁘다. 전체 국민의 절대적 의지란 시각에서 보면 피난, 구속(redemption)[153], 간청은 없고 오직 반역만 있을 뿐이다.

---

153 救贖, 예수가 인간의 죄를 대신하는 일.

이렇게 미래가 간직한 위험을 보는 시각은 액튼 뿐만이 아니었다. 토크빌은 낙관적 세기의 한가운데에서도 이렇게 서술했다.

사람들 사이가 민주적일 때, 즉, 공동체에 계급과 신분이 더 이상 존재하지 않고 그 구성원들이 교육이나 재산이라는 측면에서 거의 동등할 때, 정신은 [자유로부터 벗어나] 반대 방향으로 나아간다. 인간들은 매우 비슷하다. 그들은 말하자면 동일성에서 조금이라도 벗어나면 괴로워한다. 그들 자신의 고유한 특성을 유지하려 들기보다는 보통 사람들의 무리와 자신을 일치시키고자 고유한 특성을 떨쳐버리려 노력한다. 그 보통 사람들의 무리가 사람들의 눈에는 권리와 힘의 유일한 대변자이기 때문이다. 개별성이라는 정신은 거의 제거된다.

《미국의 민주주의(Democracy in America)》에서 토크빌은 썼다. "나는 생각한다. 앞으로 전개될 수 백 년 동안의 민주주의에서 개인적 독립성과 지역적 자유는 언제나 인위적 산물이어야 한다. 중앙집권적 정부가 더욱 자연스러워져가기 때문이다."

토크빌과 마찬가지로 마르크스도 그 시대의 추세를 알았다. 그는 중앙집권적 추세를 연구하고 고무했다. 그러나 그가 기대했던 이상향은 그의 정치 사회학적 지식과는 전혀 일치하지 않았다. 민주주의적 성향을 견제하는 장치가 사회 안에 제도화되지 않으면 불평등의 철폐는 곧 자유의 절멸을 의미한다는 사실을 보지 못했기 때문이다.

그는 유물론이 자유를 행사하거나 사랑하는 데 가장 부적절한 기반을 제공한다는 사실도 몰랐다. 이는 부분적으로 마르크스가 자유를 목적이 아니라, 경제·사회학적 과정의 부산물로 보았다는 사실에 기인한다. 액튼과 토크빌에게 자유는 목적 그 자체였다. 자유는 주요한 가치여서, 필요하다면 사회의 여타 목적과 목표들은 반드시 이에 희생되어야 했다. "자유는 대단히 성스러운 존재라 신조차 그것의 존재를 위해 악을 허용하도록 강요되었다."고 액튼은 썼다. 또 다른 경우 그는 이렇게 말했다. "자유는 선물이거나 취득물이 아니다. 휴식이 아니라 노력과 성장의 상태다, 정부의 시작이 아니라 결과이다."

민주 사회에는 파괴적이고 반자유주의적 성향이 내재한다. 따라서 다음과 같이 충고하는 보수주의자들을 추종해야 할지 모른다고 말하는 사람도 있다. 시계를 거꾸로 돌리지는 못한다 해도 최소한 더 이상 진행되는 민주화는 막아야 한다. 그리 하려면 우리 사회를 이미 집어 삼킨 경제·사회적 발전들을 중지시켜야 한다. 그 모든 가능성을 두고 볼 때 계급 없는 사회의 폭정보다는 계급사회의 폭정이 아마도 덜 가혹하고 혹독하리라 희망하면서 전 세계에 계급이 지배하는 정부들[154]을 수립해 주고 지지해주는 편이 낫다고 말이다.

위와 같은 주장의 기본적인 부도덕성을 떠나 이런 관점에서 생각하는 보수주의자들은 환상의 세계에서 살아가는 꼴이다. 좋든 싫든 보수주의는 전통의 후손인 만큼 변화의 자식이기도 하다. 버크에서 버클리(Buckley)[155]까지 보수주의는 혁명적인 정치 경제학과 보수적 사상을 결합해왔다. 자본주의와 개인적 자유는 현대 사회에서 가장 혁명적인 두 가지 개념이다. 그

---

154 귀족정치나 과두제 정부를 지칭한다.

155 1925~2008, William Frank Buckley Jr. 미국의 보수적 지성인이자 평론가. 1955년 <내셔널 리뷰(National Review)>라는 잡지를 창간해 20세기 후반 미국에서 보수주의 운동을 선도했다.

보수의 뿌리

리고 우리가 그 변화의 과정이 굴절되지 않을 혁명적인 사회에서 살아간다는 사실을 더 중요하게 봐야한다. 기술적으로 또 사회적으로 우리는 거대하고 항구적인 변화에 사로잡혀 있다. 뒷걸음질은 없다. 기원후 10세기 이래 끊임없이 역동적이었던 우리 서구 사회에서 진정한 퇴행은 없었다. 민주주의와 사회·경제적 평등의 증대는 우리가 살아가는 사회에서 당연한 일이다.

토크빌은 백 년 전에 이를 확신하며 다음과 같이 썼다.

우리가 진입하는 시대엔 귀족적 특권 위에 자유를 세우려는 그 누구의 시도도 반드시 실패하리라 확신한다. 즉 단일한 계급 안에서 권위를 끌어내고 유지하려 시도하는 사람들은 모두 좌절한다. 오늘날 어떤 통치자도 영원히 구분되는 계급을 신민들에게 다시 부여해 전제국가를 수립할 만큼 능력이 있거나 강력하지 않다. 어떤 입법가도 평등을 그의 첫 번째 원칙이자 좌우명으로 받아들이지 않으면서 자유로운 제도들을 유지할 만큼 명석하거나 강력하지 못하다. 모든 동료 인간의 위엄과 독립을 수립하고 확보하려는 동시대인들은 스스로 평등의 벗임을 과시해야 하며 그런 사실의 과시만이 스스로 그러하다는 점을 보여주는 의미 있는 유일한 수단이다. 여기에 그들의 고상한 과업이 성공적으로 수행되느냐가 달려 있다. 이렇게 문제는 귀족이 지배하는 사회를 어떻게 재구성하느냐가 아니라 신이 우리가 살아가도록 만든 사회의 민주적 상황에서 자유가 어떻게 계속 전진하게 만드느냐에 있다.

윌리엄 글래드스톤에 관해 쓰면서 액튼은 말했다.

그의 위대함을 말해주는 결정적 이유는 그가 뒤에 남길 뛰어넘지 못할 간극이다. 그의 정치적 후계자들은 누구도 다음과 같은 내용을 이해하기 어렵다. 임금을 지급하는 사람들은 그 임금을 받아가는 사람들의 정치적 주인이 되어서는 안 된다는 이유를 말이다.(왜냐하면 법은 나라에서 가장 막대한 이해가 걸린 사람들156에 맞게 수정되어야 한다. 그들에게 실정(失政)은 훼손된 자존심이나 사치품의 감소가 아니라 빈곤과 고통, 그들 자신의 삶과, 자손의 영혼에 강제되는 타락과 위험을 의미하기 때문이다.) 동시에 전통을 통합하고, 망자들의 지배157를 지속시키는 제도들에 공감하고 또 그 제도들을 제대로 이해하는 후계자도 없을 것이다.

바로 그렇다! 문제는 "신이 우리에게 부여한 민주적 상황의 사회에서 자유가 어떻게 계속 전진하게 하느냐"이다. 이처럼 민주적 시대의 성향에서 뒷걸음질 치는 그런 종류의 보수주의자들에게나, 가만히 멈춰선 사람들에게 주어질 대답도 마찬가지다. 토리 계급(Tory class)158이나, 특권 귀족층, 아니 기득권층도 없기 때문에 미국엔 진정한 보수주의가 불가능하다고 주장하는 자유주의자들에게는 어떤 대답이 주어져야 할까. 그런 사람에겐 그

---

156 피지배 계급을 지칭한다.

157 조상들의 지혜를 소중하게 생각해, 당대의 다수결로 중요사항을 다 결정해 버리지 않는다는 의미다.

158 왕당파 귀족 계급을 지칭한다.

보수의 뿌리

저 "다행이군. 그렇담 우리는 철폐할 게 없을 뿐이란 얘기네."란 대답이면 족하다. 보수주의자들은 시대의 현안들을 직면해야 한다. 그리고 보수주의자는 권위의 자손이자, 혁명의 자식으로서 자유를 이해하고 개인의 존엄이 보존되어야 한다는 사정에 지속적인 관심을 보여야 한다.

양심의 원칙이 도입되면서 발생한 민주 혁명은 정부라는 문제의 본질을 바꾸어 버렸다. 토크빌은 썼다.

> 정치의 세계가 변해 간다. 신종 질병에는 새로운 치료법이 찾아져야 한다. 정부의 행위엔 폭넓지만 명료하고 특정한 제약을 부여해야 한다. 사인(私人)들에겐 특정한 권리를 주며, 그들이 그러한 권리들을 확실하게 즐길 여건을 만들어 주어야 한다. 동시에 개인들이 여전히 보유하는 독립성, 힘, 독창성이 무엇이든 그대로 유지하게 해주면서, 사회와 더불어 자유롭게 사는 개인을 육성하고, 그런 개인을 있는 그대로 존중해 주어야 한다. 바로 이런 일들이 내가 보기엔 우리가 이제 진입하려는 시대의 입법가(국회의원)들이 수행해야 할 주요 과제들이다.

액튼과 토크빌, 그리고 그들을 따랐던 의원들의 근심거리는 중앙 집중화된 권위의 성장이었다. 19세기 자유주의자들이나 보수주의자들이 지배하던 국가는 12세기에 시작된 권위의 중앙 집중화 과정과 절대주의의 성장을 계속 이어 나갔다. 19세기 후반 무렵이 되면 그런 서구 정치 제도들의 성향을 오해하는 사람들은 없었다. 액튼은 썼다. "근대 유럽 국가들이 성장한 그 사회에서는 도시 자치체(corporation)가 우선이었고, 주권 국가는 두 번째였다. 그러나 국가는 점차 존립 근거를 넓혀갔고 모든 사람들에 관련된 사안들을 직접 처리했다." 점차 도시 자치체들의 권리와 의무를 떠맡은 중앙 정부가 그런 사안들을 대신 집행하면서 도시 자치체의 권리 등에 깃들어 있던 자유는 사라졌다. 더욱이 근대 이전의 국가 안에 존재하며 경쟁했던 많은 세력과 권위들은 어느 한 주체가 권위와 세력을 일방적으로 행사하지 못하도록 제한했었다. 이러한 이유로 액튼 경은 거듭 경고했다. "어떤 세력을 절대 파괴하지 말라. 그 세력이 압도적으로 군림하지 않는다면 적어도 통치권 견제에는 유용할지 모른다." 그러나 국가 안에서 경쟁하던 각 권위들은 하나씩 사라졌다. 교회는 국유화되고, 의회는 쇠락하고, 중앙 정부의 권위는 커져만 갔다. 계급은 빈약해지거나 교체됐다. 권력의 원천은 지위에서 재력으로 옮겨갔다. 자유보다는 점차 안전(security)이 우선시 됐다. 사태의 흐름은 토크빌의 시대에 충분히 분명해졌다. 그는 썼다. "최고 권력의 통일, 보편성, 전지전능함은 물론이고 그 지배의 획일성은 우리 시대의 전면에 나선 모든 정치체제의 주요한 특징들이다. 그런 특징들은 정치 쇄신의 가장 초보적인 구상에서도 여전히 등장한다. 인간의 정신은 그런 성향들을 꿈에서도 추구한다."

그러나 이런 경향은 절대적으로 자유에 적대적이다. 액튼과 토크빌은 심지어 우리 세대를 겪지 않고도 충분히 그렇게 내다보았다. 그들은 둘 다 자유지상론자(libertarian)였기에 절대주의의 성장을 재촉해온 어떠한 형태의 정치 조직이나, 그 본질에서 절대 권위에 자연적으로 작동해온 견제들을 무너뜨리는 어떤 형태의 정치 조직도 혐오했다. 그렇다면 명백히 독재로 가는 길을 연 민주주의에 그들은 어떤 태도를 보였는가? 액튼은 썼다.

[프랑스 혁명에서]사람들은 결코 군주제나 귀족정치에 더 이상 압제 당하지 않겠다는 결의가 분명했다. 그러나 그들은 민주주의의 압제를 경험하거나 경고를 받지는 못했다. 계급들이 해악을 초래하게 해선 안 된다. 그러나 새로운 적, 국가가 등장했다.… 프랑스인들은 권위적이거나 소수가 지배하는 정부의 압제에서는 벗어났다. 그러나 그들은 다수를 대항할 수 없는 존재로 만들었다. 프랑스인들은 국민투표로 폭정을 만들어냈다.

민주주의와 여론의 지배는 양심의 명령이라는 절대적 특성의 원칙적 연장일 뿐이라고 토크빌과 액튼은 파악했다. 더욱이 두 사람은 민주주의가 그들 시대의 지배적인 정치 형태가 되리라는 점을 깨달았다. 민주주의의 전진을 저항하기는 어렵다고 말이다. 둘은 모두 이것이 신의 섭리라고 믿었다. 그러나 어떻게 민주주의가 자유를 파괴하지 못하게 막아낼까? 어떻게 자유와 권위가 마침내 조화를 이룰까?

그 대답은 미국에서 와야 했다. 액튼은 개인 메모에서 이렇게 썼다.

미국이라는 위대한 계시는 보수 정치인들이 만들어낸 일종의 혁명이다.
해밀턴, 애덤스, 워싱턴.
우리 시대의 디크(Deak)[159], 카부르(Cavour)[160].
그들의 힘은 누구도 계량하지 못할 만큼 크다.

---

159   1803~1876, Francis Deak 헝가리 정치인 법무장관. 민족의 현자로 불림.

160   1810~1860, Camillo Benso Cavour 공작 이탈리아정치인으로 이탈리아 통일에 앞장섬.

지방분권화, 여러 갈래로 흩어진 권위들, 연방주의는 절대 민주주의(absolute democracy)를 자연적으로 견제할 뿐 아니라 좋은 정부의 기초였다. "중앙 집중화는 중심에선 발작을, 주변에선 마비를 의미한다."고 액튼은 썼다.

연방주의, 여러 갈래로 흩어진 권위들, 그리고 지방분권은 미국 헌정체제의 핵심이기 때문에 토크빌과 액튼은 모두 미국에서만큼은 폭정으로 가는 민주주의의 내재적 성향이 견제되리라 믿었다. 액튼은 미국의 남북전쟁 과정에서 그의 희망에 처음으로 찬물을 끼얹은, 크나큰 실망을 목격했다. 20세기로 넘어가는 과정에서 민주주의를 자연적으로, 또 헌정체제로 견제했던 그 요소들은 점점 더 사라져갔다.

토크빌은 미국인들의 생활과 헌법이 어떻게 민주주의에 내재한 폭정의 요소가 드러나지 않도록 막아주었느냐는 분석을 꽤 면밀하고 구체적으로 설명했다. 액튼과 토크빌은 연방주의의 제도들, 정교 분리, 중앙정부가 전적으로 지배하지 않는 교육제도, 자유기업, 시장경제에 특별한 중요성을 부여했다.

토크빌과 액튼은 지방의 주도권이나 권위가 연방주의의 가장 중요한 측면을 구성한다고 생각했다. 자유를 실질적으로 존중하려면 자선과 교육, 법률과 정부는 반드시 지역적이어야 한다. 마찬가지로 나눠진 권력, 나뉜 권위도 중요하다. 그들은 무엇보다 모든 권력과 특권이 워싱턴의 중앙정부로 휩쓸려가는 현상에 우울했을 것이다.

그러나 미국 체제에는 연방주의라는 족쇄 말고도 민주주의에 가해지는 다른 중요한 견제가 있었다. "종교와 자유는 번영과 쾌락보다 인간에게 더 소중하다"는 액튼의 말이 맞을지 모른다. 그러나 근대 혁명들은 자유의 이름으로 발생한 만큼이나 사회·경제적 정의의 이름으로도 자주 발생해왔다. 토크빌은 썼다.

> 국가의 외형을 바꾼 거의 모든 혁명들은 사회적 불평등을 파괴하거나 강화하려고 발생했다. 부차적 원인들을 제거하고 나면 세계의 대대적 경련들을 촉발한 바탕엔 거의 언제나 불평등이라는 근원이 발견된다. 가난한 자가 부자를 갈취하려 했든지, 부자가 가난한 자를 노예로 삼으려 했든지 둘 중의 하나다. 그렇다면 누구나 지킬 게 있고, 남에게서 취할 게 거의 없는 그런 사회가 세워지기만 한다면 세계 평화의 상당 부분은 이미 이룩한 셈이다.

액튼 경도 삶의 물질적 자원이 널리 또 공정하게 배분되어야 할 필요성을 확신했다. 그는 썼다. "굶주림이 있는 곳에 자유는 없다.…자유의 이론은 가난한 자를 도우라는 강력한 노력을 요구한다. 안전, 인류애, 종교적인 목적뿐 아니라 자유 그 자체를 위해서도 그렇다." 만약 재산권이 타고난 권리라면 반드시 폭 넓게 자리 잡아서 사회에 진정으로 기여하는 모든 사람들에게 귀속되어야 한다.

민주주의의 이론은 끊임없이 확대되는 평등을 요구한다. 시장경제와 발전된 기술이라는 도구를 통해 이것이 달성되지 못한다면 그 평등은 선동가나 독재자의 손에 의해 성취된다. 토크빌은 이를 분명히 간파했다. "민주 공동체에서 최고 권력의 중앙 집중화를 성공시키려면 유일하거나 가장 중요한 조건이 충족되어야 한다. 바로 평등을 애호하거나, 혹은 당신이 평등을 사랑한다고 다른 사람들이 믿게 만드는 일이다. 이렇게 전제 정치의 과학은 한때는 대단히 복잡했지만 단순화 되면서, 말하자면 하나의 원칙으로 수렴됐다."

민주적 대중(democratic masses) 사이에 재산의 분산과 평등이 폭넓게 이뤄져야 한다는 생각과 함께 액튼과 토크빌은 시장 경제에도 관심을 보였다. 토크빌은 특히 국가자본주의가 기업과 사람들의 자유로운 결사(結社)에 미칠 영향을 우려했다. 기성 종교의 위험을 두려워해야 하는 만큼 19세기 이래 사람들의 경제적 삶을 지배한 국가에도 두려워해야 할 요소가 많았다. 개인의 자유에 미치는 영향 때문에 기성 종교의 사상을 혐오하는 현대의 자유주의자들이 국가 자본주의의 사상을 쉽게 받아들인다는 건 정말 이상해 보인다. 양자는 모두 정치적 자유와 절대 양립하지 못한다.

액튼과 토크빌은 경제 사회적 평등이 안정적인 사회를 이루기에 반드시 필요한 조건(sine qua non)이지만 사회에서 가장 중요한 요소는 단연코 아니라고 생각했다. 액튼은 썼다. "도덕 기준이 없는 민주주의는…마라(Marat)[161]가 지배하는 공화국보다 더 오래 지속되기 힘들다." 토크빌은 액튼이 말하고자 하는 의미를 이렇게 명료하게 풀이했다.

대부분의 종교는 인간에게 영혼의 불멸성이라는 강령을 가르치는 유일하게 보편적이고, 단순하며 실천적인 수단이다. 그 강령이야말로 민주 사회가 종교적 믿음에서 얻는 가장 위대한 혜택이어서 믿음은 그 어떤 사람보다 민주주의를 지지하는 사람들에게 더 필요하다. 따

---

161 1743~1794, Jean-Paul Marat는 스위스 태생의 프랑스인으로 프랑스 혁명에서 급진적인 저널리스트이자 정치가로 잘 알려진 내과 의사, 철학자, 정치 이론가, 과학자이다. 혁명 발발 후, 자코뱅 클럽의 산악파에 참여해서 공포 정치를 추진했다. 지롱드파 지지자였던 샤를로트 코르데가 마라를 암살했다.

보수의 뿌리

라서 어떤 종교가 민주주의에 깊이 뿌리 박혀 있을 때 그것을 훼손하지 말아야 한다는 사실을 명심해야 한다. 오히려 귀족정치 시대가 남긴 가장 소중한 유산으로 조심스럽게 지켜보아야 한다.

보수주의는 자신이 앞세우는 가치를 세속주의와 혼동해선 안 된다. 보수주의는 종교적 기득권층을 고무하는 사람들의 대의명분과 혼동해서도 안 된다.

그러나 교회와 국가의 분리라는 강령은 정교 분리의 벽(wall of separation)이라는 이론을 결코 내포하지 않았고 또 내포했던 적도 없다.[162] 보수주의는 마땅히 전력을 다해 종교를 강화하고 고무해야 한다. 종교 교육은 민주사회에서 전혀 분열적이지 않으며 종교가 그 일부이기도 한 국가의 연방주의를 오로지 강화하고 견고하게 만들 뿐이다. 세금은 교회 산하 학교들을 지원하는 데 쓰여야 한다. 종파를 초월하는 종교적 교육은 공적인 학교 교육 내용의 일부가 되어야 한다. 신학 교수들은 국립대학 체제와 연계되어야 한다. 국가의 손에서 교육구조의 상당 부문을 빼앗아 온 초교파적 종교 교육이야말로 자유주의적 세속주의라는 대중적 선입견과 일치하지 않는 공간을, 자유의 영역을 확보해 준다.

그러나 그와 마찬가지로 국가의 강제력은 종교 숭배를 강제하거나, 공중의 도덕과 구분되는 사적인 영역에 침투하는 데 사용되어서도 절대 안 된다. 심지어 "청교도적 금법(blue law)"[163]이라는 겉보기에 득이 되는 형태

162　흔히 알려진 상식과는 반대로 미국의 헌법을 만들었던 국부들은 정교 분리의 강령을 통해 종교와 국가체제 사이에는 넘지 말아야 할 벽이 있다고 상정하지 않았다는 뜻이다.

163　서구에서 주일에 유흥과 오락을 금했던 엄격한 법들을 통칭한다.

일지라도 정통 교리의 강요는 개인의 양심이라는 자유에 위험한 요소가 된다. 종교는 내적 명령체계로만 강요된다. 종교가 외적인 힘으로 강제되면서도 여전히 인간의 가슴에서 그 고유한 권위를 유지할 수는 없기 때문이다. 종교는 국가나 혹은 다른 공동체의 실체에 속한 권위를 빼앗으려 해서도 안 된다. 종교가 전달하려는 내용은 영원하다. 따라서 종교는 신앙심이 깊은 슬로프(Slopes)[164]씨와 교회 만능주의적 우리아 히프(Uriah Heep)[165]의 간섭, 간섭, 간섭과 결별해야 한다. 토크빌은 썼다.

> 인간의 조건이 더 평등해지고 더 동질화될수록, 종교는 속세의 일상적인 소동과는 조심스럽게 거리를 두면서도, 일반적으로 지배적인 생각들이나 많은 사람들 사이에 존재하는 상시적인 이해에 불필요하게 맞서지 않는 게 점점 더 중요해진다. 왜냐하면 대중 여론이 존재하는 권력들 사이에서 점점 더 최우선이자 누구도 저항하지 못할 세력으로 성장해갈 때 그 대중 여론의 공격에 오래 저항하게 해주는 충분히 강한 외부적 지원이 종교적 원칙에 주어지지는 않기 때문이다. 공화국에 사는 사람 못지않게 독재자의 지배를 받는 민주적인 사람들에게도 이 같은 사정은 마찬가지이다. 평등의 시대에 왕들은 종종 복종하라는 명령을 내릴 수 있다. 그러나 다수가 언제나 신앙을 통제한다. 따라서 복종은 다수의 신앙에 어긋나지 않을 때에만 가능하다.

164 Mr. Slopes는 Anthony Trollope이 집필한 영국의 소설 Barchester Towers에 등장하는 인물로 말주변이 좋고 감언이설에 능한 목사.

165 Charles Dickens의 소설 David Copperfield의 등장인물로 그의 이름은 아첨과 동의어로 쓰였다.

민주적인 국가에서 종교는 중요하다. 사회조직을 보존할 뿐 아니라, 중앙 집중화라는 전체주의 성향을 보이는데다 공격적이기도 한 근대국가를 견제하는 가장 중요한 세력으로 작동하기 때문이다. 국가권력을 떠나 독립적으로 남아 있는 강력한 종교가 없다면 시민적 자유를 생각하기 힘들다. 국가의 권력은 다소나마 교회의 권력으로 균형이 잡히고 누그러진다. 개인의 자유는 교회나 국가 어느 쪽도 성공적으로 장악하고 지배할 수 없는 영역에서 가장 뚜렷해진다.

결국 만약 현대의 보수주의자들이 그들의 정치 정서를 액튼과 토크빌의 자유지상론적 보수주의의 용어로 표현한다면 비관주의를 포기하고 낙관적이고 적극적 신앙을 채택하는 셈이다. 액튼은 썼다.

신의 왕국과 함께 끝나는, 그것은 자유.

그 끝에서 얼마나 먼가? 아프리카는 시작하지 않았고 아시아는 얼마나 미약한가.

그러나 미국과 오스트레일리아, 남아프리카는,

우리의 혁명이라는 사상들로 지배된다.

밖으로 나아가 세계를 지배하는 사상들-유럽에서는 그들의 반동.

9

편의로 탄생한
국가

개리 윌스(Garry Wills)

자유주의자(liberal)와 보수주의자가 건설적인 목적으로 자신들의 공통점과 차이를 정리하려 들다 보면 처음부터 이례적인 문제에 맞닥뜨린다. 그들을 하나로 묶는 바로 그 개념들이 혼란과 더 깊은 간극의 원인이라는 사실이다. 심지어 서구인들은 전쟁을 할 때도 같은 무기고에서 무기를 선택한다고 한다. 그래서 (진부한 조롱처럼) 중세의 신은 서로 맞서 싸우는 군대들이 자신에게 승리를 간구하는 기도 소리를 동시에 들었다고 한다. 마찬가지로 플라톤과 아리스토텔레스는 그들의 도움으로 창조된 모든 문명의 위를 맴돈다. 심지어 인간은 자신들의 성채를 무너뜨릴 때조차 건설에 썼던 도구를 사용하며, 아주 많은 경우 무의식적으로 사용한다. 이는 우리의 유산을 둘러싼 분란에 동족상잔(fratricide)이라는 쓰라린 고통을 가져온다. 보수주의자는 서구가 자랑하는 지혜의 창고를 지키는 보호자를 자처한다. 자유주의자는 서구의 우월함이 혁신의 능력, 이성의 멋진 힘, 변화를 향한 끈질긴 탄력에서 비롯된다고 주장한다.

이 두 세력들은 하나의 어휘를, 어느 정도는 그 전망까지 공유한다. 따라서 그들이 같은 단어들로 다른 이야기를 한다는 발견은 양쪽 모두 상대의 배신을 의심하게 만든다. 같은 단어에 고통스럽게 가해진 의미의 변화는 메우기 힘들 만큼 벌어진 양측 간의 틈을 말해주는 듯하다. 두 세력 모두 자유와 질서라는 원칙에 보이는 충성만큼 그 간극이 극명한 경우도 없다. 양쪽 모두 그 두 원칙 사이의 어떤 대립과 균형의 필요성을 부인하지 않는다. 자유주의자가 전통적으로 자유의 대변자라 간주되듯이, 보수주의자는 질서의 대변자로 여겨진다. 그러나 이 용어들이 최근에 수행한 기만적 책동을 차치하더라도 아무도 그런 단순한 구분이 절대적이라고 주장하는 사람은 없다. 가장 종파적인 자유주의자라도, 만약 그가 책임감 있게 말한다고 주장하려면, 보수주의자가 자유를 보장하려 애쓴다는 사실을 부인하기는 어렵다. 광기의 건너편에서 가장 극단적인 반동분자[166]라 하더라도 자유주의자가 사회 질서를 구성하려 노력하지 않는다고 주장하지는 못한다. 사실, 시간이 흐르면서 양측이 기존에 선포했던 원칙의 보조적인 준칙들을 강조하기 시작하자 자유주의자들과 보수주의자들은 서로 자리를 맞바꿨다는 인상을 준다. 그 결과 자유주의자는 강력한 중앙정부를 주장하고, 보수주의자들은 경제적이고 정치적 개인주의를 대변하는 듯 보이게 되었다. 그렇다면 이들 둘의 차이는 어느 순간 일어났던 단지 우연한 현상이었을 뿐일까? 길게 보면 정치적 삶에서 보수주의자는 규범적 요소를, 자유주의

166 극단적 보수주의자

자는 자발적 요소에 역점을 두는 정도만 다르기 때문에 하는 말이다. 결국 같은 재료들을 받아든 요리사들이 단지 조리법만 달리 한다는 얘긴가? 아니다. 그들이 공유한 언어는 근본적인 차이들을 가리고 오히려 그 차이를 영속시켰을 뿐이다.

자유와 질서, 정의와 기득권, 진보와 전통…이런 단어들은 서로 다른 집단에서 각기 다른 내용을 의미하는 용어로 쓰였다. 그리고 이런 개념들이 뭉쳐져서 보다 복잡한 생각의 덩어리, 예컨대 공화국, 민주주의, 자결(self-determination), 귀족 지배 체제(aristocracy) 등의 개념을 형성할 때 그 의미의 차이는 엄청난 승수효과를 거치며 더 크게 벌어진다. 자유와 질서는 어떤 과거의 정치체제에서도 서로 관계가 있다는 얘기가 맞다. 그러나 이 역시 소통을 어렵게 한다. 왜냐하면 만약 자유에 다양한 의미가 있다면 다른 단어인 질서에도 그에 상응하는 다양한 의미가 있기 때문이다. 따라서 강조점을 자유에 둘지, 질서에 둘지 토론해봐야 소용이 없다. 마치 자유와 질서가 오직 양적 차이만 있지 본질적으로는 늘 있었다는 듯이 자유와 질서의 바람직한 수준만을 논의해서 주요 정치 체제의 시비를 가르는 일도 소용이 없다. 우리가 물어야 할 질문은 *어떤 질서인가, 어떤 자유인가*여야 한다. 우리의 역사는 각 미덕의 다양한 실패들로 점철돼 있다. 명백한 사례를 들어보자면 자유와 질서를 신권 정치적으로 정의하는 방법이 있었다. 그 강령 아래에서 자유와 질서라는 원칙들은 신의 섭리(Providence)나 미덕(Virtue)이 된다. 그러한 구조에서 자유는 미덕을 발휘할 자유이며, 질서는 인간에게 미덕을 적절하게 강요할 권리이다. 우리의 경험에서 또 다른 극단은 무정부주의다. 역설적이게도 무정부주의는 체제를 회피하려는 체제다. 무정부주의에도 역시 질서라는 원칙이 있다. 정치적 강제를 제거하고 그것을 계속 부정해서 무제한의 자유를 보장하려는 질서다.

이런 체제들은 둘 다 작동이 불가능하다. 왜냐하면 강제된 미덕은 미덕이 아니며 통제를 벗어나게 해준다는 무정부는 그걸 보장해야 할 만큼의 통제를 필요로 하기 때문이다. 그러나 그들의 헛된 기대이자 도깨비 불(ignis fatuus)[167]은 많은 인간을 비극의 길로 이끌었고 앞으로도 계속 유혹의 손짓을 보낼 것이다. 자유와 질서의 배열이 달라지는 정도에 따라 체제를 구분하는 일이 무의미하다는 사실은 매우 중요하다. 무정부주의자는 질서보다 자유를 찬양하는 일에선 잘못이 없지만 옳지 못한 부류의 자유나 질서를 찬양한다. 문제는 그릇되게 수립된 그들의 철학적 틀 전반에 있다. 자유와 질서의 상호 작용은 올바르게 이해했지만 단지 세계를 그릇되게 인식했다는 말이다. 달리 말하자면 자유와 질서의 관계는 역동적이어서 일관된 강령의 기치 아래에서도 얼마든지 다양한 형태로 나타난다. 하나의 정치 체제는 따라서 그 역학이 아니라 본질로 판단되어야 한다.

밀(Mill)[168]은 자신이 《자유론(On Liberty)》을 집필한 동기가 고대로부터 이어져온 "자유(liberty)와 권위(authority)의 투쟁"에 판결을 내리려는 시도였다고 설명했다. 그러나 그런 그의 설명은 처음부터 자신의 주장을 설득력 없게 만들어 버렸다. 마치 자유와 권위, 그 둘은 영속하고 언제나 같은 의미를 지니지만 서로의 관계가 우월하거나 종속적으로 엎치락뒤치락 변한다는 듯이 이야기했기 때문이다. 예를 들어 고대 그리스와 "야만인들"의 역사적으로 규범적 정체들 사이의 진정한 차이는 단지 한쪽이 자유의

167　라틴어글자 그대로는 불(fire)과 어리석다(foolish)는 의미이며 비유적으로 말하자면 헛된 희망이나 환상을 지칭한다.

168　1806~1873, John Stuart Mill, 영국의 사회학자, 철학자, 정치경제학자. 하원의원.

정체이고 다른 한쪽이 폭정이었다는 데 있지 않다. 고대 제국은 신비스러운 제재(sanction)[169]의 힘을 지녔다. 그들의 예술과 관습에서는 헬라(그리스)의 인물 조각에서 나타난 개인주의의 자각이 전혀 보이지 않는다. 그러한 사회에서 자유는 헬레네 사람들의 논의에서 드러난 의미와는 다른 뜻을 지녔다. 근대 인류학자들은 고대 사회들을 매우 자세하게 조사 연구했다. 그 결과 그들은 모든 인간들이 의지하는 정치 질서를 수립했던 바로 그 원칙들을 도구 삼아 극도로 어려운 처지에서 조차, 개인을 보존하고 교육시켰다. 그러한 세계에서도, 질서와 자유의 관계는 여전히 존재했다. 그러나 복종이 곧 지배(cui servire regnare)라는 종교적 금언으로 철저하게 축소된 형태. 비슷한 역설이 마르크스의 변증법에도 나타난다. 그리고 오웰(Orwell)이 이를 풍자하여 요약하길 "자유는 예속이다."라고 했다. 이 구호는 정신적 유희가 아니라 마르크스 세계에서 자유를 향한 오직 유일하게 가능한 통로를 표현한다. 공산주의자의 역설엔 기독교적 용어와 비슷한 일관성이 있다. 축복의 세계에서 자유는 완벽한 복종으로 강화된다고 기독교는 서술해왔기 때문이다. 마르크스주의자의 유일한 잘못은 현실정치의 무절제한 영역들을 천국과 동일시하려 노력했다는 데 있을 뿐이다. 또다시 인간은 질서와 자유의 관계는 올바르게 알았지만 현실 세계만은 제대로 알지 못했다.

자유와 질서는 서로 유관하기 때문에 한 극단의 절대주의는 다른 극단의 절대주의로 이어진다. 마르크스주의자는 질서에서 시작해 "자유는 예속"이라고 주장한다. 절대적 개인주의는 다른 극단에서 시작하지만 역시

169　사회 구성원들의 행동을 올바르게 이끄는 궁극적인 힘의 원천을 지칭한다.

보수의 뿌리

같은 모순에서 끝난다. 가장 극단적인 자유지상론자도 그의 입장을 정당화하려면 질서에 호소해야 한다. 예를 들어 밀(Mill)은 사상의 자유시장이 확신으로 이끄는 가장 무오류한 안내자라고 주장했다. 모든 사람이 자신의 견해를 충분히 개진하도록 허용한다면 거짓을 주장하는 사람과 "자명하다(self-evident)"고 주장하는 모든 사람을 누르고 자동적으로 진실이 생산된다는 주장이었다. 이렇게 자유는 결국 권위가 되고, 자유주의적 국가는 인간의 "자명한" 권리들을 진전시키려고 채택한 모든 수단으로 스스로를 무장해야 한다는 얘기다.

그러나 만약 자유가 언제나 어떤 일관된 체제 안에서 질서를 내포한다면 왜 서구 문명은 자유라는 별도의 목적과 구호를 만들었으며, 그리스는 왜 자유를 창안해 냈다고 자랑하며, 미국의 독립 전쟁은 "자유 아니면 죽음을 달라!"라는 깃발을 휘둘렀는가? 그 이유는 다른 모든 전통, 심지어 동양의 가장 세련된 정치적 원칙들과 달리 서구적 전통은 개인을 찬양했었기 때문이다. 개인 영혼의 우월성에 중심을 둔 이 문명은 인간 역사에 완전히 새로운 사회 질서를 가져왔다. 그 차이는 그리스의 사상과 예술이 세상에 등장했을 때 곧바로 명백해졌다. 기존에 있었던 비인간적 형태의 질서, 신성한 체제(hieratic system170), 이상(Ideal)이라는 영원성에의 몰입 등은 인간의 벌거벗은 영광과 개별성으로 대체됐다. 심지어 신들조차 의인화된 형태를 취했으며 아직도 서구의 상상력에서 핵심적인 기능을 담당한다. 그리스의 "이데아(Idea)"는 우선 분리되어서 여러 가지 신의 이름이 주어진 종교적 조각상에 기술되었다. 그러나 현실적으로는 하나의 타이틀, 인간을 공

170　이집트의 신정체제 등을 지칭한다.

유했다. 인간은 더 이상 종교-정치적(religio-political) 수단으로 질서의 비밀을 전수받아 인간다움을 완성하지 않았다. 개인의 이성은 그리스에서 현실을 검증하는 수단이 되었다. 그리고 이 이성은 마술과 신비의 질서를 부인하면서 스스로를 앞세웠다. 국가의 종교는 세속화됐다. 국가는 영성적 요소를 내다버리고 켄타우로스(Centaurus)[171]나 다른 반인반수 권력자들과 벌인 투쟁의 상징 아래 이 해방을 자랑했다. 개인의 이성은 이렇게 찬양됐으며 뚜렷한 서구적 업적들, 체계적 논리와 과학, 미신에서 해방된 철학 등으로 과감하게 전진해 나아갔다.

개인이라는 독특한 자원을 발견하고, 개인의 이성으로 세계를 검증하게 되면서 국가에 새로운 역할이 강요됐다. 과거에는 인간이 어렵게 획득했던 업적들이 공동체의 권위 안에 축적이 됐고, 성스러운 지도력과 상징 아래 보관됐다. 그러나 그리스 정신은 전통에 전적으로 의존했던 이런 정신을 해방시켰으며 인간의 시야는 미지의 영역으로 향하게 됐다. 일찍이 신비(mystery)를 지향하는 어떤 집단적 방법도 이끌어갈 수 없었던 곳이었다. 국가는 개인들 사이에 질서를 잡는 더 겸손한 기능을 담당하게 됐다. 개인들의 자유로운 추구 때문에 그리스 도시들은 분열됐고, 중구난방으로 거의 무정부적인 개별성을 띠게 되었다.

이렇게 자유는 그 자신의 꿈을 추구하는 개인의 권리가 되었다. 모든 인간의 사색과 교육에서 자유는 그 무엇보다 앞서는 요구였다. 그리스 세계가 펼쳐지고 나중에 기독교 정신으로 변질되면서도 이 요구는 줄어들지 않았다. 오히려 개인 영혼이라는 가치의 기독교적 강조와 기독교의 탈속적인

---

171 그리스 신화에 나오는 상반신은 사람, 하반신은 말인 상상 속의 족속이다.

목적은 종교적 국가와 인간 사이의 간극만 더 깊게 했다. 기독교 정신은 분열된 충성심을 인정했다. 카이사르에게 카이사르의 것을 주었지만, 신에게는 신에 속하는, 측량할 수 없을 만큼 광대한 영혼의 영역을 주었다.

그러나 만약 그리스 세계에서, 사적 세계(private world)의 질서를 구축하려는 개인의 시도와 국가의 질서가 더 이상 공존하지 못한다면 정부는 어떤 역할을 담당해야 하는가? 개인의 우월성은 어디에 그 경계를 그어야 하나? 혹은 다른 어떤 요구들과 대립하는가? 각 인간의 개별성이라는 성스러운 영역들은 서로 어떻게 만나고 적응하는가? 이런 질문들이 서구에서 벌어진 정치적 분쟁의 핵심에 자유의 문제를 가져다 놓았다. 궁색하나마 철학적으로 요약하면 이 문제는 인간이 누려야 할 자유의 양을 찾는 문제다. 그러나 문제는 그리스 세계가 인간의 삶이란 전적으로 새로운 개념을 도입했다는 데 있다. 그 개념은 오늘날에도 여전히 새롭다. 냉정하게 논리적으로 밀어붙이면 모순에 이르는 개념이다. 개인의 자율성은, 전통에 맞서는 싸움은 최악의 경우 정부를 대의명분 없는 악으로 만들고 최상의 경우 필요악으로 만든다. 그러나 무정부라는 길로 여행해 내려갔던 "자유"는 영원히 사라져버렸다. 우리의 경험은 그 사실을 분명히 말해준다. 서구 세계의 문제는 이처럼 새로운 부류의 질서를 찾는 일이었다. 그 질서는 덧없지만 새로운 자유의 기초로서 작동해야 한다. 이 문제를 해결하려는 많은 시도들은 오래 가지 못했다. 왜냐하면 서구가 추구하기로 선택한 특정의 자유를-거의 불가능한 그 요구들 탓에-이해하지 못했기 때문이다. 서구 경험의 중심선에 남아 있는 시도들은 두 개의 중요 집단으로 모인다. 이들 사상에 뿌리를 둔 여러 학파들은, 혹은 방법론의 줄기들은 상당한 정도로 보수주의자와 자유주의자로 나뉜 정치 사상가들의 분류와 대체적으로 일치한다. 정확하지는 않아도 어느 정도 그렇다는 이야기다. 그리고 대중적 용어들은 더 이상 정확하지 않다. 그 대립하는 두 집단에 익숙하지는 않더라도 혼란스럽지 않은 이름을 붙여주는 편이 더 나을지 모른다. 그래서 그들을 정의의 질서(Order of Justice)를 주장하는 집단과 편의의 질서(Order of Convenience)를 주장하는 집단이라고 부르겠다.

I. 정의의 질서(Order of Justice)

만약 국가가 인간을 세상에서 마땅히 서있어야 할 자리로 인도하지 않는다면 국가의 기능은 달리 무어라 해야 할까? 가장 설득력 있는 첫 답변을 플라톤이 제시했다. 그는 국가의 목적이 정의라고 말했다. 그에 따르면 해방된 인간의 지성은 모든 신비로운 규율 뒤에 있는 하나의 질서를 파악한다. 이 질서의 유일한 힘은, 그 질서가 인간의 이성에 근거했다는 주장에서 온다. 이는 각 물체에 합당한 질서, 정의를 이데아(Idea)로 삼은 질서다. 그러나 어떤 지성은 이런 이상적 형태를 이해할 능력이 없다. 따라서 정의의 이데아와 소통하는 데 적합한 지성인을 찾아내 그에게 공적인 업무를 맡겨야 한다. 그것이 인간 사회가 마땅히 해야 할 과업이다. 나머지 인간들은 이런 지배자들이 안배하는 정의를 받아들여야만 한다. 보통 사람들은 고작 그림자에나 휘둘릴 수밖에 없으니 지도자들이 전달해주는 정의의 빛을 주는 그대로 받아들여야 한다는 말이다.

플라톤은 개인(individuality)으로 진입한 그리스의 모험이 분열의 자멸적 지점에 도달했다고 보였던 시점에, 다른 말로 하자면 질서가 실천적으로 요구되는 상황에 부응하려 글을 썼다. 내용이 뻔히 드러나 보이는 신비가,

다시 말해 물리력이라는 신비가 인간의 복종을 다시 요구하는 상황이 재등장하지 않도록 막으려고 말이다. 그는 국가의 기능들이 이성의 도전에 부응하도록 만들었다. 그러나 플라톤이 상정한 이 국가는 그런 도전에 대단히 성공적으로 답하면서 인간이 애쓰는 모든 영역을 다시 관장하게 된다. 그에 따르면 국가는 역사의 흐름에 정의를 가져온다. 신정 국가처럼 이렇게 절대주의가 돌아왔다. 이제는 이성이 새로운 신이고 절대자가 된다. 진실의 토대를 개인의 지성에 두겠다는 주장은 곧 국가의 권력에도 둘 수 있다는 동일한 주장으로 이어진다. 인간은 종교적 신비를 던져버렸지만 결국 이데아의 지배를 받게 됐을 뿐이다.

아리스토텔레스는 비록 심리적 현실주의와 관찰이라는 경험적 요소를 정치 이론에 도입했지만 플라톤처럼 국가를 양날의 형이상학적 원칙들 위에 세웠다. 그리스인들은 신학적 절대주의라는 덜 합리적인 문명에 맞서 개인의 자기만족이라는 허풍을 앞세웠다. 아리스토텔레스는 이성의 자율성이란 주장을 엄밀하게 따져보았다. 그 결과 고립된 인간은 자급자족, 혹은 충족(autarkeia)이라는 시험을, 경제적으로나 심리적으로 통과하지 못한다는 결론을 내렸다. 그에게 충족을 흉내라도 낼만한 최소 단위는 국가다. 국가만이 무력으로 외부의 침공에 방비하는 한편 내부의 경제적 필요에 부응해 낸다. 그런 다음 개인의 종속성을 논리적 종속성으로 번역하면서 이렇게 주장한다. "사물의 내재적 질서에 따라 국가는 권리에서 가족에 앞서며, 개별적인 우리 인간 하나 하나에도 앞선다. 왜냐하면 전체의 필요는 부분의 필요에 앞서기 때문이다."(1253a19-20) 인간은 그를 완성시켜줄 공동체(polis)가 없다면 심지어 인간도 아니다. 동물이 아니라면 아마도 신이다(1253a29). 마치 "장기판의 고립된 졸"처럼 그런 인간은 장기판의 돌 전체를 구성한다는 행위를 제외하고는 아무런 기능이 없다. 정당해야만 하는(1253a16-18), 인간의 존재라는 포괄적인 양태는 정의의 수호자인 국가 안에서만 완성된다. "정의의 미덕은 그것이 구현되는 공동체(polis)를 지닌다. 왜냐하면 정의의 미덕(dikaiosunê)은 정의가 무엇인지(to dikaion) 규정하며 이 정의의 질서(dikê)는 인간의 관계들에 정치 형태를 부여하기 때문이다(politikês koinônias taxis)."(1253a 37-39) 따라서 국가만이 유일하게 최고의 선을 달성할 여건을 갖추고 있다.(1252a4-6)[172]

아리스토텔레스는 독자적인 방법으로 완벽한 개별성(complete individuality)이라는 플라톤식 뒷걸음질을 반복하며 새로운 국가 절대주의로 나아간다. 플라톤과 아리스토텔레스가 말한 양 체제는 모두 이성의 자유로운 행사를 통해 의지의 자유를 성취하려 노력했다. 그러나 이성은 자유롭지 않다. 이성은 외부의 객관적인 실재에, 어떤 점에서는 단일한 그 실재에 도달하려는 도구이다. 인간은 생각하기를 거부하거나 혼란스러운 생각에 빠지기도 한다. 그러나 현실의 증거들이 지성에 수용되면 원하는 대로 아무 생각이나 멋대로 하지는 못한다. 따라서 인간 지성의 요구들을 정치적 자유의 토대로 삼으려는 어떤 시도도 국가를 진실의 중심에 놓는다. 플라톤에게 진실은 도덕적 계몽이었다. 아리스토텔레스에게 진실은 일군의 논리적 명령들이다. 인간에게 진실이라는 주장만큼 절대적인 영향력을 행사하는 주장은 없다.

아리스토텔레스의 경험적 관찰은 어떤 정치 현실주의의 근거가 되었다. 그러나 그가 내린 국가의 정의에 숨어있는 권위주의적 원칙들은 우리를 괴

---

[172] 인용문들의 출처는 아리스토텔레스의 《정치학》

롭힌다. 기독교적 아리스토텔레스 학파들은 충족(autarkeia)을 더 이상 인간 성취의 시험대로 삼지 못했다. 왜냐하면 기독교인에게 인간의 고귀함은 지상의 삶에서 찾아지지 않기 때문이다. 인간의 고귀함은 더 고귀하고 더 오래 지속되는 시민권이 주어지는 다른 도시[173]에서만 찾아진다. 기독교에 따르면 인간은 지구상에서는 제 자리에 있지 못한 셈이다. 아리스토텔레스는 "본질적으로" 혹은 사물의 질서에서 국가는 인간에 앞선다고 썼다. 그러나 기독교의 창조, 타락(Fall, 원죄), 천국이라는 강령들은 "본성(nature)"이라는 단어에 아리스토텔레스가 상상하지 못했던 여러 의미를 부여한다. 기독교라는 새로운 설계도에서 "본성"은 곧 원시적 인간에게 예정된, 사물들의 적절한 품계(ordination)를 의미할 수도 있다. 혹은 본성은 타락한 본성이며, 죄악으로 나아가는 성향으로 가늠되는 인간의 조건이다. 또한 인간이란 창조물의 나머지 반은 인간 반역의 결과이며, 상처받거나 재앙에 쉽게 직면한다는 의미이기도 하다. 혹은 본성은 인간의 현 상태에서 여전히 스스로의 존재를 주장하거나, 현 상태에 적응해가는 원초적 질서의 증거들일지도 모른다. 본성은 신의 손이 만들어낸 선한 창조물이거나, 인간이라는 작품의 왜곡된 잔해를 의미할 수도 있다. 본성은 품계의 전형으로서 "비 본성적(unnatural)" 행태들과 대비되고, 혹은 초자연적 근원에서 이뤄지는 죄의 대속 없이는 그 목표로 향해 가지 못했던 좌절된 존재로서 신의 은총과 대비되기도 한다.

이처럼 기독교인에게 국가는 더 이상 인간의 약점을 보완해주지 못하며, 자기 충족과 이상적 정의를 목표로 삼는 존재도 아니다. 세속적 질서는

---

173   천국 혹은 초월적 세계.

반드시 일시적이라고 규정되어야 하며 시행과 과도기(trial and transition)의 영역일 뿐이다. 아우구스티누스(Augustine)가 문제를 제기했듯이 천국과 지옥 두 영원한 도시의 시민들은 반드시 함께 살아야 하며 세속의 정체에서 뒤섞여야 한다. 마치 밀과 왕겨가 마지막에 체로 쳐 나뉘기 전까지 밭에서 함께 자라듯 말이다. 세속적 정치 공동체는 천국과 지옥에 사는 사람들이 구원과 천벌이라는 신비를 이해하는 휴지 상태를, 그 평온을 확보하는 제한적 합의에 중심을 두어야 한다.

그러나 아퀴나스(Aquinas)는 아리스토텔레스의 정치학을 형이상학적 현실주의와 신학적 역사라는 맥락에 밀어 넣어 완전히 변형시킨다. 그런 다음 아리스토텔레스의 용어(terms)들과 과도기(transitions)들을 지성의 질서에서 하나의 표본적 분석으로 삼았다. 그러나 이 분석이 실천 가능한 과학으로 유용해지려면 기독교적 계시라는 관점에서 근본적으로 개조된 현실 세계에, 물론 구체적 사례들에, 또 신중하게 적용돼야 한다. 문제는 아퀴나스의 추종자들이 기독교 신학의 실존적 체계 안에 아리스토텔레스 정치학을 적용할 때 반드시 했어야 할 개조를 수용하지 않으려했거나 그렇게 하지 못했다는 점이다. 토마스주의[174]의 형이상학 전부를 허깨비로 만든 바로 그 과정 때문에 아리스토텔레스의 논리학적 용어들은 신중함이라는 도덕적 행위와 형이상학적 현실주의의 중재라는 여과를 거치지 않고 또 다

---

174 토마스주의는 가톨릭 철학자 토마스 아퀴나스(Thomas Aquinas, 1225~1274)가 기독교 신학과 아리스토텔레스의 철학을 조화시켜 수립한 사상 체계. 역사상 가장 영향력 있는 이론으로 아퀴나스가 살았던 당대부터 높은 인기를 누렸다. 종교개혁에 맞서 가톨릭은 아퀴나스의 철학 체계를 성경에 버금가는 위치로 격상시켰다. 토미즘은 맹목적 신앙보다는 이성을 높이 평가했다. 현실의 근본적 원칙으로 인과 관계를 중시했으며 철학적 본질과 신학은 관찰과 이성으로 이해될 수 있다고 주장했다. 그는 믿음을 판단하는 데 이성을 활용해야 한다고 말한다. 물론 토미즘도 어떤 진실은 오직 특별한 종교적 계시로만 알 수 있다고 인정한다.

보수의 뿌리

시 현실에 그대로 적용되었다. 충족(Autarkeia)은 기독교적 정신 상태와 너무나 명백하게 충돌했다. 대신 "공동선(the common good)"이 충족이라는 그 핵심적 용어의 내용을 그대로 넘겨받았다. 공동선이 "개인선(individual good)"을 완벽하게 만드는 이상적 질서라고 여겼기 때문이다. 그리고 근대의 수많은 토마스주의 추종자들은[8] 단순하게도 아리스토텔레스 시대처럼 정의를 국가의 목적으로 간주했다.

토마스주의 정치학의 성질이 바뀌면서, "자연법(natural law)"은 "신권(divine right)" 정부 이론들의 근거가 됐다. 기독교는 헬레니즘 구조의 이성을 대체했다. 그 결과 지배자가 나머지 사람들에겐 정의의 원천이 되었다.[9] 그런 다음 "자연의 법들(laws of nature)"은 현실적인 내용이 모두 사라진 채 18세기의 이상적인 "자연(Nature)"이 돼버렸다. 군주의 "타고난(natural)" 정당성에 맞서 반역을 도모한 사람들은 정치적 결합이 "자연적" 조건의 불충분함에서 생겨난 자유계약이라고 생각해 버렸다. 루소는 그러나 플라톤이 처음 걸어갔던 과정과 똑같이 위험한 순환에 빠진다. 신비가 지배하는 국가에서 걸어 나와 이성의 형태로 이루어진 최고의 정치적 권위로 다시 되돌아가는 길 말이다. 18세기 "자연 상태(state of nature)"라는 신비에서, 다시 말해 진공상태에서, 이성은 정부가 왜 필요한지 그 "이유"를 만들어낸다. 이 이성은 계약을 작성하고, 그 조건들이 마치 논리적으로 맞는다는 듯 주장하며, 이 정신의 발명에 동의한다.

루소가 일관성이 없다고 비판했던 내용들, 예컨대 극단적인 개인주의와 집산주의적 전제정치의 통합은 사실 그가 제시한 논리가 관철된 결과였다. 그는 타고난 권리(natural rights)를 합의로 포기한다는 로크의 강령이 절대적으로 정당한 국가를 만들어낸다고 보았다. 동시에 국가가 특정 분야에서 실패하고 난 다음 사람들의 합의가 깨지지 않도록 물리력을 동원한다면 절대적으로 부당한 국가가 된다고 생각했다. 사회와 국가는 같은 시공간에 적용되는 용어다. 사회 계약 이전에 각 개인은 상이한 세계에 속한다. 이 조건의 절대적인 자율성(autonomy)은 각 개인의 그런 절대적 권리를 인식하고 요구하는 후견인에게만 포기된다. 바로 이 때문에 18세기 개혁가들은 그들의 실험을 시작하려면 자연의 의도가 분명하고, 모든 곳에서 "자명하다"고 믿어야 했다. 개인주의가 극단에 이르면서 자동적으로 정부의 절대주의로 변형되는 이 이율배반의 작동을 지켜보는 일은 흥미롭다:

> 더 이상의 완벽한 결합은 불가능하다. 그리고 어떤 구성원도 추가적으로 요구하지 않는다. 왜냐하면 만약 개인이 어떤 권리라도 유지한다면, 다음과 같은 일이 일어나기 때문이다. 그 개인과 대중 사이에 발생하는 어떤 문제에서도 최종적인 판단을 내릴 사람, 보편적 우월자가 존재하지 않게 된다. 그 개인은 이런 저런 문제에서 스스로 판단을 내리려 한다. 그리고 머지않아 모든 문제에서 판단을 내리게 된다. … 각자 자신을 모든 사람에게 주기 때문에 그는 자신을 아무에게도 주지 않는다.[10]

왜냐하면 인간의 이성은 그 자체로 자유롭지 않기 때문에 "순수한 이성"에 근거한 국가는 오로지 올바를 수 있는 자유만 인정한다. 루소의 유명한 구절에 따르면 국가는 반드시 "인간을 자유롭도록 강제해야 한다.":

사람들은 본질적으로 언제나 선함을 원하지만 언제나 그 선함을 보진 못한다. 다시 말해 일반 의지(general will)에 언제나 선한 의도가 있다 해도 일반 의지에 지침을 주는 판단이 언제나 올바르진 않다. 일반 의지는 사물을 있는 그대로 보아야만 한다. 때로는 당위의 형태로 사물을 보아야 한다. 자신이 찾는 옳은 길로 일반의지는 안내되어야 한다.[11]

소크라테스와 루소의 순수하게 합리적인 세계에서 인간들은 판단 착오와 그릇된 정보를 통해서만 잘못을 범한다. 그들을 올바른 길로 돌려놓으려면 의지를 강요하기보다는 "그릇된 마음을 없애기"만 하면 된다. 또 다시 극단적인 개인주의의 오류, 혹은 단순한 민주주의는-주변부나 모든 영역을 사회의 중심으로 만들려는 시도는- 수수께끼를 거꾸로 읽어버리는 결과를 낳는다. 진실의 근원, 그 중심이 경계선이 되어 모든 인간의 행동들을 엄격한 규칙에 가둔다.

정의의 질서(Order of Justice)는 이성에 완전히 의지할 때 그 지속적인 매력이 솟아난다. 합리주의(rationalism)는 개인을 추켜세운다. 특히 자유로운 이성으로 성취한 업적이 아주 대단했던 서구의 전통에서 합리주의는 유혹적이다. 그리고 합리주의는 언제나 최고의 논리적 기민함을 대변하는 사람을 만들어냈다. 이 학파엔 위대한 정치 이론가들- 플라톤, 아리스토텔레스, 루소 등이 있다. 그러나 과거의 위대한 정치 제도들에선 그들의 주장을 뒷받침하는 사례가 거의 없다. 대체로 헌정 체제적(constitutional) 안전장치들의 느린 축적으로 만들어졌거나, 혹은 타협과 계몽된 편의라는 체제로 만들어진 진정한 질서(real order)가 성취한 업적은 위에서 언급한 합리주의자들의 주장과는 무관하게 달성됐다.

심지어 정의의 질서를 앞세우는 이 국가관이 보다 깊은 영감을 주는 근원은 아마도 그 시각이 도덕적, 종교적 그리고 인도주의적 열정을 건드린다는 사실에 있다. 국가는 정의의 신탁, 도덕을 가르치는 스승, 인간에게 위안을 나누어주는 주체가 되어선 안 된다고 말하는 사람들이 있다. 그러면 정의의 질서를 옹호하는 이들은 자주 그런 시각이 정의 그 자체에 가해지는 공격이나 혹은 도덕적 원칙의 결여, 혹은 인간의 심장이 만들어내는 요구에 무신경함을 나타낸다고 주장한다. 물론 종교적이고 도덕적 역할을 찬탈한 국가는 정확하게 자유의 배신으로 나아간다. 그러한 국가를 지지하는 사람들은 언제나 신민들에게 엄격한 정론(orthodoxy)[175]에 따르라고 요구한다. 플라톤은 정의의 이데아를 이해할 때에만 정치적 지위를 탐할 자격이 주어진다고 했다. "신권(divine right)"에 근거한 정부 이론들은 공통적인 신앙 고백에 근거한다. 계몽 이론들은 "자연 법들(laws of Nature)이 쉽게 구분되고 보편적으로 인정된다는 확신에 기초를 둔다. "자명한" 법들에 기초해 페인(Paine)과 제퍼슨이 발의한 정론(orthodoxy)은 미국인들이 종교적 근본주의와 연방주의적 통합을 발효시킨 타협의 체제를 무산시켰다.[12] 그러나 근대 자유주의자들은 "민주주의", "평등", "자결권" 같은 특정 개념들의 생명력과 그 보편적 유효성을 실증주의적으로 고집하며 자명한 권리라는 그들의 정론을 다시 도입했다.

내가 지금까지 서술한 정의의 질서는, 우연한 사용을 차치하고, 일반적으로 자유주의적 성향이라고 불리는 서구의 정치 담론과 상응한다.[13] 자유주의란 명칭은 이 모든 체제에서 이성과 자유로운 개인을 우선적으로 강조하기 때문에 생겨난다. 그러나 합리주의자의 자유가 지성의 독재로 전환

---

175 사회 전반에서 유일하게 옳다고 인정되는 관념적 정의들을 통칭한다.

보수의 뿌리

된 일은 위대한 이상의 요구 아래 인간의 약점이 저지른 단순한 사건이나 퇴보가 아니었다. 우리는 자주 독재화의 현상이 우연이었을 뿐이라고 가정했지만 사실 독재의 씨앗은 처음부터 그 이상(Ideal)에 숨어 있었다. 로베스피에르와 공포정치는 루소와 사회 계약의 논리적 귀결이었다. 인간은 이를 깨달아야 한다. 그래야 그들은 플라톤이나 루소의 권위주의적 국가의 "일관성 없음"에, 그리고 "신권"이 자연법의 단순한 독해에 근거해 조야한 권력으로 전환되는 현상에 더 이상 당황하지 않게 된다. 정의의 질서는 정의의 여신상처럼 그 특질은 눈가림과 칼이다.

Ⅱ. 편의의 질서(Order of Convenience)

이 두 번째 질서의 형태에 내가 붙인 이름이 어떤 이들에겐 가볍게 들릴지 모르겠다. "편의(convenience)"라는 단어가 오해받기 쉽다는 점을 인정한다. 그러나 다른 단어들은 심지어 더 많은 오해를 불러일으킨다. 방편(expedient)이나 시의적절함(opportune, 도덕적 결여라는 숨은 뜻이 있다)의 지배, 합의적 다수결(concurrence, 요즘엔 민주적 절차의 독단과 혼동되어 쓰이지만 나는 그 단어를 칼훈이 사용했던 의미로 사용하겠다)의 정부, 혹은 공동체("공동선"이라는 추상적 정의로 의미가 고갈된 단어)의 원칙 등이 그런 예다. 요컨대 마땅한 단어가 없다. 따라서 상대적으로 중립적 단어를 선택했을 뿐이다. 편의라는 단어가 처음에는 가벼워 보일지 몰라도 이 논의에 필요한 구체적인 기능을 준다.[14]

정확한 단어를 찾는 문제는 방법론의 쓸데없는 트집이 아니라 본질적인 과제다. 공인된 용어가 없다는 사실은 정치적 담론의 만성적 실패, 이론과 현실의 괴리를 나타낸다. 왜냐하면 내가 생각하는 질서가 중요하지 않기 때문에 혹은 우리 역사에 그런 질서가 없었기 때문에 그 이름이 없는 게 아니다. 사실 최고의 정치 공동체들은 이 편의의 질서가 생명을 불어넣고 드러나지 않게 강화했기 때문에 성공했다. 그리스의 민주주의는 공리공론을 일삼지 않았다. 아테네엔 민주주의를 옹호하는 이론가가 없었다. 그런 강령의 주창자도 없었다. 헬라의 모든 주요 정치 이론가들은 진정한 질서를 대체할 하나의 대안으로서 자신들의 이상적 체제를 생각해 냈을 뿐이다. 따라서 오류의 가능성을 인정했으며 그것이 그들의 연구를 더 자극했다. 투키디데스, 플라톤, 아리스토텔레스는 모두 "과두제 지지자(oligarchs)"였다. 헤로도토스나 에우리피데스 같은 인물들의 입에 담겼던 민주적 연설들이 있기는 했었다. 그러나 민주주의를 관념적으로 권유한 사례는 대단히 적다. 아마도 투키디데스가 만들어낸 페리클레스의 연설[176]이 가장 유명하다. 패배의 그림자 아래에 놓인 채 역설적으로 민주주의를 소리 높여 찬양했을 뿐이다. 로마 제국은 실제로 공화국의 겉모습이나 유지하면서 가짜 이론이나 내세웠다. 중세의 이론은 봉건적이고 상업적 관행들을 회복하려 노력했으나 단지 균형을 유지하는 구성적 힘으로만 작동했다.[15] 영국은 널리 알려졌다시피 일종의 무의식적 헌정체제의 생산자이거나 그 생산물이다. 미국은 식민지들을 전쟁의 날개 위로 올려버린 이념적 분노(furor ideologicus)가 휩쓸고 지나가고 난 다음 타협이라는 부끄럼 없는 공개선언에 그 헌정 질서의 기초를 두었다.《연방주의자 논집(The Federalist Papers)》

---

176 투키디데스의 펠로폰네시아 전쟁사(B. C. 431–404)에서 전쟁 첫 해가 저물 때 아테네의 유명 정치인 페리클레스가 전쟁에서 숨진 병사들의 1주기 추도식에서 행한 연설로 투키디데스가 창작한 내용이다.

의 정치적 이상은 타협을 조화라는 원칙으로 고양시켰다. 그것은 편의의 질서를 명료하게 정리한 주요 시도의 하나였다.

이런 예비적인 언급들은 정치가 단순히 이론에 반대여야 한다는, 현대의 멍청한 단어로 다시 말하자면 정치가 "반지성적"이어야 한다는 의미인가?[16] 아니다. 그러나 편의의 질서는 현대인들에게 훨씬 더 추악하게 들릴지 모르는 기본적 진실 위에 반드시 세워져야 한다. 국가의 특별한 목적은 정의의 달성이 아니며, 정의의 분배도 분명 아니다. 뉴먼(Newman)[177]이 말하건대 "법이 가진 최고의 목적은 만족, 평화, 자유, 보수적 이해 등이지 단순히 벌거벗은 정의(justice) 그대로가 아니다."[17] 이는 물론 국가는 부당해야 한다거나 국가에 도덕률의 명령이 존재하지 않는다는 의미는 아니다. 국가는 가족이나 회사, 또는 노동조합처럼 모든 인간의 개별적이거나 집단적인 노력에 의무로 지워지는 도덕률이란 법들로 구속된다. 그 기능을 수행하면서 국가는 반드시 정의롭게 행동해야 한다. 그러나 그 구체적 목적은 정의를 있는 그대로 강요하는 데 있지 않다. 가족 역시 올바른 질서를 준수해야 한다. 아이는 복종하고 부모는 부적절한 방종이나 가혹함을 피해야 한다. 남편과 아내는 서로 돕지만 서로에게 요구하는 한도는 지켜야 한다. 이 적절한 한도, 이 권리의 질서는 정의의 준수로 달성된다. 그러나 가족의 공식적인 목적은 단순한 정의 그 자체에만 있지 않다. 가족의 목적은 인간이란 족속의 새로운 구성원을 만들어내고 교육시키며 인간의 모험에 동반자를 충원하는 데 있다. 오직 이러한 목적이 분명히 이해될 때 가족의 삶에서 정당한 활동의 영역들과 권리들의 질서가 식별된다.

177　1801~1890, John Henry Newman 영국 성공회 사제였다가 로마 가톨릭 사제. 후에 추기경이 됐음. 19세기 영국 종교사의 논쟁적인 인물이며 보수주의 사상가이기도 함.

마찬가지로 국가는 반드시 그 활동에서 정의를 준수해야 한다. 그러나 국가의 목적은 보다 제한되고 보다 구체적으로 규정돼 있다. 그리고 그 목적이 분명하지 않으면 국가에게 정의(justice)가 무엇을 의미하는지 알 도리가 없다. 정치는 온갖 선함을 추구하고, 이상적인 정의 그 자체를 지상으로 가져오는 도구가 된다. 우리는 그러한 과업의 신정 국가적 결과들을 보아왔다. 이러한 결과들 탓에 뉴먼이 "벌거벗은 정의(raw justice)"라고 불렀던 그런 정의의 지배는 만국의 영원한 유혹이자, 단순한 법익의 박탈이 아닌 모든 독재의 근원이 된다. 19세기 자유주의자들은 권력 그 자체에서 악마적인 어떤 요소를 발견했다. 마치 권력이 그 본성의 어떤 잔혹하고 벌거벗은 힘을 습관적으로 휘둘러 독재를 전면에 끌어낸다고 여겼다. 그러나 모든 종류의 진정으로 강력한 압제 체제는 하나의 이상(ideal)이 만들어냈다. 인간지배의 정점을 추구하던 그 이상(ideal)은 유능한 인물을 끌어들이고 동시에 소수의 열망을 넘어 많은 이들의 힘까지 활용했다. 이상적인 정의가 공동체의 정치적 목적으로 수립됐을 때 충족되지 않는 목적을 향해 가는 단 하나의 효율적인 경로는 국가의 물리력을 집합하고 정렬하는데 있다. 모든 독재정치는 인간이 이상향으로 가는 길에서 반드시 통과해야 하는 과도기이며 새로운 질서를 불러오자면 압제는 반드시 거쳐야 하는 일종의 고역이라고 정당화된다. 따라서 "신권 국가를 수립해야" 했던 사람들은 독재자들이나 공포의 힘을 빌렸다. 나중엔 그와 똑같이 산업주의의 "점증하는 고통"을 공리주의로 수용해야 했으며 프롤레타리아 독재에도 의지해야 했다.

나는 사회에서 원죄의 결과들을 최소화하겠다는 생각은 없다. 보수주의자는 그렇게 하지 못한다. 원죄의 결과들 중에서 가장 가슴 아프고 정치적으로 폭넓은 의미를 지닌 사례는 악의 단순한 추구에서 발생하지 않는다. 오히려 오도되었지만 절박한 선의 추구, 다시 말해 인간의 관대함을 발휘하게 하는 열정, 이단, 개혁운동 등에서 온다. 순간적인 이익을 추구하는 개인보다는 장기적인 계획, 정교함, 끈질긴 인내, 궁극적 승리에의 확신 등을 무기삼아 위대한 사명을 수행하겠다는 구세주[178]들 탓에 결과적으로는 사회가 더 크게 고통 받는다. 그런 사실들을 낙관적인 자유주의자는 보지 못한다. 우리는 이런 위험의 강도를 공산주의의 맹렬한 확산과 그 격렬함에서 목도했다.[18]

"권력"이 어디서든 언제나 최소화되어야 한다는 이야기는 자유를 양적으로 접근하는 견해만큼이나(자유가 도처에서 확장돼야 한다) 자멸적이다. 그 두 가지 시각들은 사실 한 동전의 양면이다. 권력은 그 자신을 애써 무장해 정신을 침략한다. 그리고 권력은 해체로 이어지는 발작에 맞닥뜨렸을 때가 아니라 오히려 그릇된 신의 이름으로 소환됐을 때 만인에게 전인(the whole man)적으로 군림하려는 인간적 노력에 그 틀을 갖추게 해준다. 네로 황제는 개인적으로는 레닌이나 로베스피에르보다 더 비열했지만 정치적으로는 덜 파괴적이었다.[19]

그러나 만약 국가가 정의라는 이상적 질서 위에 수립되지 않는다면 그 기초는 무엇인가? 진정한 질서야말로 분명 인간이 필요로 하는 질서다. 개인은 사회 속에서 자신의 자연스런 성취(natural fulfillment)를 발견할 뿐이다. 아리스토텔레스가 지적했듯이 언어조차도 관습이자, "함께하기(coming together)"다. 언어는 그 자체가 사회. 그리고 모든 사람의 각기 다른 성

---

178 예컨대 지상 낙원을 건설하겠다는 공산주의 혁명가들을 지칭한다.

취들은 개인의 자기표현과 유사한 사회적 기회를 필요로 한다. 그러나 만약 사회가 있다면 그곳엔 국가가 반드시 있어야 한다. 필요한 물리적 섭생(regimen)이 개인을 살아있게 해주듯이 사회엔 정치체제(regime), 질서, 규칙이 있어야 한다. 정치체제가 곧 국가다.

합리주의자들은 개인의 고립된 이성에서 출발해 정치 체제를 수립해 나간다는 오류를 저질렀다. 그들은 개인의 순수한 자치(autonomy)를 정당한 질서 속의 자치와 처음엔 충돌하게 한 다음 결국엔 통합시킨다. 그러나 인간은 조직되고 순수한 자유로 시작하지 않는다. 사회에서 "자유로운(free)" 인간은 공기가 없는(free of air) 인간이어서 그 자유(free)는 인간을 질식시킨다. 합리주의자들은 개인에게 표현과 활동의 영역을 제공하는 사회적 형태들을 모으거나 그 형태들의 자발적인 발전을 독려하지 않는다. 오히려 국가 안에서 정의라는 추상적 질서와 개인이 서로 경쟁하도록 만든다. 합리주의자의 이론들에서 국가는 파국적이게도 "새로 태어난" 정의(justice)를 그 전에 있었던 혼란으로 이끌어가는 듯 보인다. 그러나 진정한 질서에서는 사정이 다르다. 국가는 사회 조직들의 위계질서에서, 특별한 필요를 충족시키려 형성된 집단들의 위계질서에서 발생한다. 국가는 이 자발적으로 형성된 집단의 사회적 표현을 안정시킨다. 국가는 통일을 원하는 자연적 요구에 답할 뿐이다. 국가는 그런 통일 자체를 선도하거나, 입법 활동으로 없었던 나라를 지도상에 새로이 만들어내지는 못한다.

인간이 "사회적 동물"이라는 건 상식이다. 그러나 합리주의 이론들은 이를 부정해야 한다. 국가가 인간의 사회적 본능에서 발생한다면 사회적 삶의 다른 형태들이 자유롭게 활동할 영역을 주지 않을 때 국가는 그 자신의 뿌리를 파괴하는 자기모순에 빠지는 셈이기 때문이다. 국가를 정의의 근원

보수의 뿌리

으로 삼으면 또 모든 국민은 즉각적으로 또한 평등하게 국가를 활용할 수 있어야 한다. 누구나 그렇게 국가를 활용하도록 만들려면, 나아가 가족, 경제 질서, 교육적 관례, 행동 규범, 자연적 특권 계급 등이 국가에 요구하는 권리의 혼란을 일소하려면 자유주의자는 사회를 원자화시켜서 각 개인이 고립된 채 모든 정치권력의 무게를 온전하게 직접 감당하도록 만들어 버려야 한다.[20] 그럴 때 조직의 더 높은 형태들은 더 낮은 형태를 강화하지도 그로부터 자라나지도 않는다. 오히려 더 낮은 형태의 조직들을 무력케 하거나 지워버린다. 이런 현상들은 정의의 질서(Order of Justice) 아래에서 이제껏 발생해왔다. 플라톤이 국가를 가정과 싸우게 만들었던 때로부터 근대에 이르러 중앙집권화된 국가에서 분권 지배가 붕괴되기까지 말이다. 늘 그렇듯 루소는 이런 시각의 논리를 따라 그 비극적 종말로 치닫는다.:

더 광범위한 집단의 희생으로 더 작은 결사(結社)들이 형성되는 곳에서, 이런 결사들의 개별적인 의지는 그 구성원들과 관련해선 일반적이지만 국가와 관련해선 특정하게 된다.…따라서 만약 우리가 일반의지를 분명하게 선언해야 한다면 국가 안에 이런 부분적 사회들이 없어지도록 만들어 개별 시민이 자신만의 견해들을 형성하도록 해야 한다.[21]

이러한 경로로 자유주의적 국가는 도처에서 모순에 직면한다. 비록 국가는 인성의 개발을 담보하려고 만들어졌지만 합리주의자의 이상을 품은 사회들은 비인격성을 숭배하는 특징을 보인다. 플라톤은 성별의 구분을 지우려 시도했다. 프랑스와 러시아 혁명은 계급을 타파하려고 계급을 생각해냈다. 프랑스에선 "시민(Citizen)"이고, 러시아에선 "동무(Tovarich)"라는 계급이었다. 그러한 사회들에선 정치적 정의가 인간의 삶 전부를 좌우한다. 따라서 최소한의 법률적 지위와 평등한 존재로 인간이 축소되는 현상을 반긴다. 그러한 공동체들에서 국가에의 충성은 애국이 아니라 추상적 정의를 지켜내려는 의무로 표현된다.

다른 한편 현실주의자에게 국가는 특정한 사회를 통제해서 그 사회의 특징을 표현하고, 삶의 모든 수준에서 상징적인 자기 분석과 자발성을 보호하며, 사회의 고유한 자원들을 끌어내 활용하고, 애국심이란 형태로 인격화되는 충성을 요구한다. 국가는 어떻게 이를 달성하는가? 사회적 통일성의 다층적, 자발적, 혹은 혈족의 형태들을 어떻게 보완하는가? 모두 그렇듯이 부족한 부분을 공급해 보완한다.

정치적인 집단 보다는 사회적 집단들이 상호 우의나 적극적인 유대감을 지닌다. 한정되고 분명한 이해에 기반을 둔 집단이기 때문이다. 이런 사정은 그들의 강점이지만 동시에 그들의 소구력을 제한하기도 한다. 가족과 계급의, 혹은 어느 학파나 신조의 관심사를 공유하는 사람만 그 집단에 참여할 자격이 있기 때문이다. 동시에 이런 사회 집단들의 활동이 이루어지는 생활의 공통적인 영역에서 이해의 충돌이 발생한다. 모두가 공유하는 법전으로 이런 갈등을 심판하는 일과, 단일한 틀이나 최소한의 질서에 사회의 모든 계층을 아우르는 과업은 임의로 무력행사가 가능한 질서의 대리인에게 맡겨져야 한다. 이 대리인은 부분적 집단들이 아니라 더 큰 공동체를 관장한다. 이 대리인의 기능은 매 순간 자발적이지 않다. 난폭해지기도 하는 바로 그 사회적 물리력이라는 이름으로 심판을 강제하기도 한다. 국가가 필요한 이유는 이처럼 중첩되는 사회 형태들이 전혀 관장하지 못하는 인간 활동의 영역을 담당하기 때문이다. 이렇게 국가의 목적은 인간 활동의 필요한 터전으로서 사회를 규율하고, 질서 있게 나아가도록 하는 것이다. 그리고 국가 형성의 필수적이고 기본적인 조건은 선함의 공유이며, 사회적이거나 개인적인 모든 노력이 활발하게 이루어지려면 이 선함은 반드시 보호되어야 한다. 그래서 뉴먼은 공유하는 가치(common possession)를 국가의 기초라고 불렀다.[22]

다양한 사회적 연대들을 모두 아울러야 하는 국가는 그 모든 연대들에 일정한 중립성을 보여야 한다. 그리고 질서를 강요하는 대리자인 국가는 스스로 어떤 소극적이고 징벌적 기능만 가져야 한다. 그러나 만약 다른 소규모 집단들의 자발적인 활동이 위축된다면, 혹은 국가의 관리자들이 자신들의 적극적인 구상을 구현하고자 강제력을 사용한다면, 혹은 정치가 인간의 수월성 성취 전부를 관장하는 영역이라고 간주된다면 국가의 중립적이고 소극적인 측면들은 왜곡되고 만다. 그리고 결과적으로 국가는 무언가를 적극 추진하는—삶의 보존이 아니라 삶을 부여하는—존재가 되어버린다. 개인적 섭생을 사회 체제에 계속 비유하자면 위와 같은 사회는 본질적으로 인간 본연의 건강 증진이 아니라 이상적인 물리적 균형 달성에 육체의 모든 힘을 써버리는, 운동을 위한 운동에만 매몰된 미치광이(health cranks)와 마찬가지다.

오래 지속돼 왔거나 성공적인 모든 사회는 국가의 이런 찬탈을 방지하고자 정치적 물리력의 작동을 제한하는 방법들을 찾는다. 사회에서 규율의 임무를 수행하는 대리인[179] 그 자체를 사회가 규율한다는 이야기다. 지배자들이 지배되는 모양새다. 이 견제의 체제는 국가의 역할이 정의와 자선을

---

179 국가나 정부 또는 그들을 운용하는 사람들을 지칭한다.

베풀기 보다는 평등과 질서를 강요한다는 일반적 진실에 근거해 공동체마다 모두 다르게 마련된다. 사회에서 자유로운 행위 주체들은 사회 활동 전반에서 국가의 역할을 제한함으로써 자신들의 기능을 보존해야 한다. 이러한 사실을 모든 이론가들은 본능적으로 인지했다. 따라서 이상적인 형태의 정부를 논한 다음에 그들은 복합적인 형태를, 국가의 모든 지배세력 사이의 균형점을 찾아가는 형태를 추천한다. 이상에서 현실로의 이런 우회적 하강은 볼썽사납다. 사회의 진정한 형태는 순수한 요소들만의 혼합이 아니라 진정한 공동체 하나하나의 특별한 목적과 에너지에서 발견된다.

모든 사회는 각자 고유한 헌정체제(constitution)를 형성해야 한다. 그 사회가 동원할 수 있는 자원들에서 자라난 구성 요소들의 "합의된 집합처(agreed station)"를 만들어내야 한다. 이상적인 국가, 인간이 처한 특정한 상황과 무관하게 규정된 정의와 자유에 기초한다는 국가는 개인적 자아실현이라는 하나의 이상과 마찬가지로 아무런 의미가 없다. 군주제, 귀족정치, 혹은 민주주의가 최상의 정부 형태인가? 그러한 질문은 단지 더 많은 질문을 낳을 뿐이다. 어떤 사회를 위한 최선, 최상의 정부를 말하는가? 어떤 종류의 군주제나 민주주의를 말하는가? 이러한 질문은 개인들의 이상적인 삶이 무엇이냐는 물음만큼이나 절망적이다. 예술가보다 철학자가 나을까? 승려보다 순교자가, 의사보다 교사가 나을까? 근로자보다 정치인이 나을까? 만약 그가 의사라면 연구를 해야 하나? 정신과를 공부해야 하나? 아니면 빈민들 사이에서 봉사하는 일을 하는 게 나을까? 예술가라면 글을 써야 나을지 아니면 그림을 그려야 할지? 혹은 자제하는 방식보다 과시하는 형태가 좋을지? 이러한 질문들에 추상적으로 답변하려는 시도는 자유라는 인간적인 현실을 구성하는, 개별성이라는 신비, 동기라는 내밀한 원천을 모두 부인하는 셈이다. 언제나 그렇듯이 합리주의는 자유를 부인하는 이상적 자유라는 메마른 역설로 이어진다. 칼훈의 지적은 옳았다:

> 정부를 나누는 훌륭하고 포괄적인 구분은 1인의, 소수의, 혹은 다수의 정부냐가 아니라 헌정체제[180]에 따른 정부인가 아니면 절대적 가치에 따른 정부인가다.[23]

헌정체제에 따른 정부(constitutional government)란 무엇을 의미하는가? 사회의 모든, 혹은 가능한 한 많은 자유 세력과 자유로운 존재의 형태들이 그들의 삶을 유지하며 평화로운 협력과 타협이라는 정치 영역에서 "서로 합의(concur)"하는 정부라고 칼훈(Calhoun)은 말한다. 뉴먼에 따르면 "서로 합의하는(concurring)" 특징이 발전의 영역에 최적으로 허락되고, 주어진 사회가 그런 정부이다:

> 개인에게 저마다의 특질이 있듯이 국민들에게도 저마다의 특질이 있다. ···더욱이 그런 다양성과 특성들에서 자라났거나, 그 특성들에 부응하는 믿음, 확신, 규칙, 관례, 전통, 격언과 원칙들의 다양한 혼합이 그 여러 국민들에 저마다 달리 적절하다거나 ···또 어떤 특정한 정부 형태에 적합하다고 보인다. ···그것은 법을 넘어선 무엇이다. 그것은 특별한 생각들, 아마도 아주 예전부터 간직했고, 기억하기 힘들 정도로 오래전부터 활용해왔으며, 특정 국민의 가슴 가장 깊은 곳에 뿌리

---

180 어떤 사회의 사람들 모두에게 타고나고 자연스러워서 고유한 체제를 의미한다.

박힌, 그 국민의 눈에는 성스러운 그런 생각들의 구현이다. 그것들은 사회의 창조적이고 보수적인 영향력들이며, 그 영향력들이 민족들을 국가로 일으켜 세우고 국가에 헌정질서를 부여한다.[24]

절대주의 혹은 전제 정치는 날것의 물리력을 발동해 이런 자유로운 그리고 (사회를) 보존하려는 영향력들의 핵심을 총체적으로 거스르는 체제다. 절대주의는 아울러 정부의 전진을 명령하면서도 동시에 견제하는 자발적인 삶을 거부한다. 반면 헌정 체제는 정부에 생명과 제한을 동시에 부여한다. 헌정체제는 심지어 사회의 지배자를 지배하는 체제를 유지한다. 독재자들이 행사하는 물리력은 아마도 또 종종 그렇듯 이상(ideal)이라는 확고한 주장에 기반을 둔다. 그 이상은 사회적 뿌리도 없고, 사회의 살점(flesh)이나 알맹이(substance)와 무관한 이상일 뿐이다. 그것은 글자 그대로 부자연스러운 물리력으로 현실 정치를 장악하거나 따라다니며 괴롭히려는 유령 같은 존재다. 이러한 이유로 링컨의 질문에는 다음과 같은 답변이 주어져야 한다. 어떤 나라가 만약 오직 "명제에만 헌신한다면" 오래가지 않는다고 말이다. 나라는 명제가 아니라 사람들에게, 특별한 인간적 가능성들에 헌신해야 한다. 왜냐하면

전제 정치보다 강력하고, 법보다 깊은 단일성을 지니지 않았다면 그무엇도 국가가 아니라고 선언되어야 한다. 그건 국가가 아니라 그저개인들의 우연한 집합체일 뿐이다.[25]

사람은 무엇이 정의로운지(5세기 아테네, 1세기 로마, 혹은 19세기 리치먼드

에서 노예제 철폐는 모두 정의로운지), 무엇이 바람직한지(젊은이에게 더 나은 교육이 바람직한지), 무엇이 도덕적인지(성적 금욕이 도덕적인가) 단순하게 물어선 안 된다. 정치학에서는 언제나 그것이 헌정체제에 속하는지도 물어야 한다. 자발적인 조직들을 신장시키거나 위축시키는 활동과 관련해 국가는 어떤 선례를 따라 어떤 조심스러움을 지닌 채 어느 정도로 행동해야 하는가? 이런 질문들을 따져 묻지 않고, 만약 국가가 도덕의 사적 영역으로 걸어 들어간다면 검열과 정통성은 정치적 보호자에게 신과 같은 특성을 부여한다. 헌정체제에 부합하느냐 아니냐는 이 단일한 기준만이 한 국가의 정통성을 좌우한다.

헌정체제는 언제나, 단순한 종이 문서가 결코 아니다.[26] 그것은 사회의 "공유된 상황(shared situation)"으로 인간이 정치체제에서 공통의 이해를 보존하는 부단한 조정(continuous arrangement)이다. 헌정질서는 국가가 그 국민의 특성을 계속 표현하도록 만드는, 유능한 인물들을 발굴하고 그들에게 능력 발전의 여지를 주는, 그리고 사회를 통해 개인의 역량을 키우는 모든 영향력들로 구성된다. 뉴먼은 심지어 (관직과 작위를 사는) "뇌물"조차 영국 정부의 균형 잡힌 작동으로 인정되고 효율적인 부분으로 체계화된 다음에는 영국 헌정질서의 일부라고 썼다. 따라서 서약을 어긴다든가 하는 구체적으로 부도덕한 행위를 저지르지 않는다는 전제 하에 공동체의 수단으로 계속 활용되어야 한다고도 주장했다.[27] 같은 방식으로 조직 구성에서 부족적인 사회는 부족들에 기반을 둔 국가를 가져야 한다. 그렇지 않으면 사회는 정치 질서를 조직하고, 그 특질을 느끼게 만들며, 정치적으로 그 스스로를 다듬어 다른 방식으로 성장해 가는 동안 동일성을 유지할 방법이 없다. 그러한 사회는 다음과 같은 내용을 증명할 뿐이다.

법의 전통이 대중 정서와 떨어져 흘러가기 때문에 고통 받는 불편함이 있다…사법적 양심에는 국가 정신의 유입이 계속되어야 한다. 법과 정치의 이런 조심스러운 조정이 없다면, 웨스트민스터[181]에서 수립된 옳고 그름의 기준들은 공동체 일반의 수용 기준에서 벗어나게 된다. 그리고 국가는 언젠가 자신에게 주어진 최고의 신탁 때문에 저주받고 곤혹스러워진다…[28]

하나의 사례로 아프리카에 수립된 "민주적" 정체들은 칼훈의 명제에 완벽하게 들어맞는다. 이 정체들은 국가들을 제멋대로 구획한 불완전한 지역들에 도입됐다. 칼훈의 말마따나 오직 단 하나의 현실적인 정부 분류는 헌정체제에 따랐는가, 아니면 절대적 기준에 따랐는가에 있다. 아프리카에 도입된 "민주주의"는 수세기 동안 성장해온 기독교 헬레니즘 전통으로부터 수입됐다. 더구나 그 민주주의는 아프리카 부족들의 길 잃은 미로에 제멋대로 주어졌을 뿐 (공동체의) 어떤 합의에도 기초하지 않았다. 소위 대중적 지지와 "민족주의"는 아프리카 자체나, 어느 실재적 국가의 특질을 드러내지 않는다. 투표지에 단순 기표해 "자신들의 의지를 표현한" 원주민 집단들은 그런 방법으로 서구의 물질적 안락이 마술처럼 주어졌으면 좋겠다는 희망을 피력했을 뿐이다. 따라서 그 선거 결과로 나타나는 정체는 절대주의다. 비록 계몽된 절대주의라고 주장될 순 있겠지만 분명히 절대주의다. "민주주의"란 용어는 그러한 맥락에서 거의 의미하는 바가 없다. 반면 오늘날 깊이 생각하지 않고 "독재"라고 비난되는 다른 형태의 정부들은 대단히

181 영국 의회

효과적인 헌정 체제일지도 모른다.[182]

그렇다면 사회는 언제나 현재의 수준에 만족해야지 더 높은 성취를 추구하지 말아야 한다는 의미인가? "헌정 체제"의[183] 상실을 회피하려면 지도자들을 거부하고, 더 나은 무언가를 지향하는 모든 희망을 몽상적 절대주의로 이끄는 유혹이라고 취급해야 하는가?

사실 헌정체제는 자유뿐 아니라 지도자들을 육성한다. 통합된 공동체에서 지도자들은 진정성을 다해 이끌어가고, 대중은 그들을 추종한다. 대중과 지식인들 사이에 간극은 없다. 근대 민주주의의 주요한 역설의 하나는 과거의 대부분 특권 체제들[184]보다 오늘날의 평등적 강령이 사상가와 일반 대중 사이에 더 큰 간극을 벌려놨다는 사실이다. 따라서 그 양 집단 사이에 놓인 "하급관리(clerks)"들은 거의 불가피하게 대중의 이해에 거슬러 반역을 도모하는 사람이 되어 버린다. 수용된 전통 내에서 다양한 집단들의 교류는 재능 있는 사람들이 공동체에 봉사하도록 만들지, 그런 반역을 제도화해 그들이 부당한 상승이나 추구하도록 이끌지 않는다. 어떤 민족이 무언가에 의지할 만한 전통이 없고 단지 "혁명의 전통"만 가질 때 그 나라는 파산을 면치 못했다. 그런 나라는 공통의 이해인 헌정체제에 봉사하도록 대중의 잠재력을 더 이상 끌어내지 못한다. 예술가와 철학자와 성직자들이 각자가 모두 풍성해지는 의미 있는 영역을 발견하지 못한다면 정치인들은 사회적 결속력을 어디에서 찾아야 하는가? 결국 무에서(ex nihilo) 공급해야

---

182 한국적 민주주의, 유신체제를 새로이 평가하게 만드는 구절이다.

183 이미 주어진 정치 체제.

184 귀족정치 체제나 군주제 등.

만 한다.[185] 따라서 그 사회적 결속력을 권력의 호전적 중앙집권화로 강요해야 한다. 이러한 상황에서 유권자 층의 확대나 민주적 절차의 고양은 인간의 자유에 실체를 주지 않는다. 왜냐하면 자유는 선거과정 같은 기계적 도구의 산물이 아니기 때문이다.[29]

근대 민주주의 신화에 따르면 인간의 자유는 태어날 때부터 그에게 주어졌다. 그 자유는 완벽성에서 견고하고 원만하지만 시간이 갈수록 파괴되고 흩어진다. 모든 자유가 최종적으로 해체되지 않도록 막아내고자 인간은 자신의 자유 일부를 쪼개서, 그것을 국가에 주고 정체를 형성한다. 이렇게 국가는 개인의 권리에서 양보된 자유의 양으로 형성된다. 정당한 국가 건설의 기술은 개인의 "주권(sovereignty)"을 가능한 한 적게, 가장 동일한 형태로 희생해서 이 모두를 국가 주권의 중앙 보관소에 넘겨줄 방법을 찾는 데 있다. 그러나 인간의 자유는 완전하지 않으며 균질적이지도 않다. 자유는 인간만큼이나 복잡하고 다양하다. 왜냐하면 자유가 인간을 인간으로 만들기 때문이다.

첫째로 의지를 지닌 사람에게 존재하는 기본적인 자유가 있다. 이 의지는 결코 빼앗기거나 그 근원이 훼손되지 않는다. 죽일 수는 있으나 오직 인간을 죽여서만, 혹은 인간을 인간 이하의 수준으로 왜소하게 만들 때에만 그 훼손이 가능하다. 의지가 존재하는 한 의지는 옥중에서도 자유롭다.

둘째로 자유의 최종적 실현, 자유를 사용하되 결코 남용하지 않는 지속적인 선택의 상태가 있다. 기독교의 가르침에 따르면 이는 그 영원한 보상 안에서 편히 쉬는 인간의 자유다. 그러나 권위주의 국가 체제들에 따르면

---

185 결국 결속력의 공급처가 없다는 뜻이다.

그것은 또한 정치적 이상이기도 하다. 그런 모든 체제들은 인간의 자유가 선을 행하는 자유라고 의미하거나 혹은 논리적으로 끝까지 밀어붙여지면 그렇다고 강조한다. 루소가 말했듯이 국가는 인간을 자유롭도록 강요한다.

셋째로, 자유는 의지의 적극적 행사를 허용하거나 고무하는 조건을 의미한다. 이 조건은 교육으로, 자유로운 선택을 장려하고 자극하는 환경으로, 평화롭게 움직일 영역을 인간에게 주는 사회적 규율로 성취된다. 정치적 규율이 핵심적으로 기여하는 자유이다. 한 국민의 자유이며, 국가가 주었다기보다 국가가 보호하는 자유이다. 사회적 제도들에 투영된 인간의 모든 자기 구현에서 특정의 "정치적 자유"만을 분리해내는 사람들은 대개 다양한 절대적 요소들만 숭배하게 된다. 한 사회에서 공통의 영역을 발견하고 이를 표현하려는 개인이나 집단들의 경향에는 주의를 기울이지 않는다. 그들은 예컨대 보통선거권, 널리 보급된 언론, 공교육 등을 숭배한다. 이런 절대적 요소들은 권위주의 체제들만큼이나 구속적일 수 있다.[30] 플라톤은 "황금 인간"들에 복종할 때 "납 인간"의 자유가 있다고 말한다.[186] 근대 자유주의자들은 콩고 주민들의 자유가 선거제와 의회 체제에 있다고 주장한다. 그런 제도와 체제에 지역적, 부족적, 정서적, 지적인 차이나 고난을 함께 녹여서 연동시키지 않았는데도 말이다. 양 사례 모두의 결과는 혼란과 강제의 통합이며, 자유의 진정한 행사를 침범한다.

자유의 네 번째 정의는 단순히 외부 강제의 부재처럼 보인다. 그러나 자유는 다양한 선택지를 향한 자발성이라는, 하나의 행동 원칙이다. 그것을 무언가의 결여로 정의한다면 어리석은 노릇이다. 그런 정의는 "열린사회

---

186 플라톤은《공화국》이라는 저서에서 이데아를 볼 수 있는 우수한 사람이 그렇지 못한 사람들을 통치해야 한다고 했다.

(open society)"[187]라는 이상(ideal)으로 이끈다. 그런 사회에서 지적이고 문화적인 명확한 특성들은 회피되거나 파괴된다. 그리고 개인은 삶의 각 단계마다 그 자신이 지닌 자원에 의존하고 자신의 판단에 책임을 져야 한다. 그이상적 사회는 일종의 위대한 명저 클럽(Great Books Club)이다. 그곳에서 우리는 각자 가장 좋아하는 역사적 지적인 환경을 선택한다. 혹은 마음 속궁극적 선택을 염두에 두고 책들을 모두 살펴본다. 하지만 그런 사회는 불가능하다. 합의된 언어도 없고 계약서에 사용될 공통된 어휘도 없으며 일을 하는 방식에서 공통된 이해도 없으며, 교육적 훈육의 가능성도 없다. 다시 말해 그런 곳에는 사회가 없다.[31] 우선 사회의 정체성이 사라지고 나중엔개인의 정체성마저 사라진다.

자유는 단순한 무엇의 결여가 아니다. 그것은 선택의 행사로 자기 자신을 확장하려는 추동력이다. 규정되고 한계가 정해진 자아가 없다면 자유의확장은 불가능하다. 인간이 이미 수립된 모종의 기반 위에서 작동하지 않으면 선택의 범위나 가능성의 영역이란 없다. 사회가 정체성을 유지하면서풍성해질 수 없다면 사회의 연속성 안에 인간의 실현 가능성이나, 혹은 심지어 반역의 사치도 인정되지 않는다. 모든 반역은 진정한 열린사회(open society)를 싫어한다. 그곳에는 반역할 대상이 없기 때문이다. 진정한 질서안에서 자유의 범위를 부여하려면 버크가 "선입견(prejudice)"이라 부른 전통이 필요하다. 마치 그 모든 한계에도 불구하고 개인이야말로 자유로운의지 그 자체에 필요한 도구이듯 말이다. 그처럼 다른 경로로 우리는 자유

---

187 프랑스 철학자 앙리 베르그송이 도덕적 보편주의로 나아가는 역동적인 체계를 묘사하려고 처음 만들어낸 용어이지만 칼 포퍼는 문화와 종교적 다양성을 포용하고, 모든 가치 판단을 개인에게 맡기는 사회를 의미한다고 확장시켰다. 그러나 보수주의에선 지켜야할 가치, 절대적 기준과 합의가 없는 문명이나 열린사회는 도덕적 무질서와 독재체제로 귀착된다고 본다.

보수의 뿌리

와 질서가 상호 연계돼 있음을 발견한다. 그리고 합리적으로 제한된 자유는 인간적으로 제한된 질서의 동반자이고, 그 제한(limit)들은 각 사회의 역사적 조건들 아래에서 완벽한 인간의 삶을 성취하려는 인간의 노력 때문에 만들어졌다. 절대 자유를 얻으려는 시도는 논리적으로 또 경험적으로 정치적 절대주의로 뒷걸음질 친다. 자유는 구체적이어야 한다. 인간이 구체적이기 때문이다. 자유는 인간이다.

오직 계몽된 방편, 개선을 향해 동원된 선입견이라는 이 편의의 질서(Order of Convenience)만이 정치의 실천적 기술에 신축성과 안정이라는 복합물을 안겨준다. 편의의 질서야말로 잘못된 형이상학적 결과를 유발하지 않고 위대한 정치 사상가들의 발견들을 활용할 수 있다. 편의의 질서는 국가를 지성의 새로운 예루살렘으로 만들지 않으면서도 교육과 도덕성이 사회에 중요하다는 사실을 플라톤에게서 배우도록 해준다. 이 편의의 질서에 따르면 아리스토텔레스는 우리에게 국가의 권리가 개인에 우선하게 만들지 않으면서도 사회 심리학의, 재산 활용의, 중용적 개혁의 현실적 이해를 알려준다. 아울러 루소는 사회 구조에 정치 형태들을 끊임없이 적응해 가야 할 필요성을 가르쳐준다. 모든 정치 형태들을 명시적이고 합리적 "계약"에 기초하지 않아도 말이다. 편의의 질서에 따른 이런 식의 정치학은 자연법 이론의 진정한 정신으로 돌아가게 해주기 때문에 어쩌면 가장 중요하다. 그것은 자연법이 이상적 삶을 강요하는 존재가 아니라 매 순간에 개인과 사회의 진정한 반응을 요구하는 현실의 구조라고 인정하게 만든다. 이 정치학에 따르면 질서의 이상적인 구조나, 개인적인 선함의 양적인 축적이 아니라, 서로를 풍요롭게 만드는 모든 형태들이 모인 공동체의, "일반 시민(commonality)"의 진정한 삶이라는 "공동선"을 추구하게 된다. 이 자연법의 현실 정치는 그 불투명한 체제의 근대적 외연이 우리에게 상기시키듯 자연의 18 세기 식 정의와는 대단히 다른 형이상학에 뿌리를 둔다. 미국이라는 공화국을 구체적인 사례로 삼아서, 존 코트니 머리(John Courtney Murray)[188]는 썼다:

> 그 기초는 계몽을 자처한 철학적 합리주의가 아니었다. 오히려 일찍이 어느 계몽주의보다 더 계몽된 정치적 현실주의였을 뿐이다. 왜냐하면 매우 복잡하고 구체적인 사회적 현실을 다루는 길에서 자신을 안내하는 데 필요한 규범들, 그 신중한 규범들을 비추어 보려고 경험의 빛에 의지했기 때문이다.[32]

정치적 현실주의자는 또한 국가의 삶에서 정의(Justice)에 진정한 자리매김을 해주어 그 정의의 미덕을 보존한다. 이 정의는 평등과 절차의, 공정한 헌정질서 집행의 주요한 문제다. 이런 정의는 이상적인 질서를 목적으로 삼은 국가에서 정의가 담당하는 역할처럼 야심차거나 영감을 주는 존재가 아니다. 그것은 주로 사회의 특별한 추진력들이 자유롭게 발전해나가도록 해주는 공정한 규칙들의 문제로, 법관이나 경찰의 미덕이고 외국의 침략 위협을 경계하는 파수꾼의 미덕이다. 이러한 체제에 직면했을 때 이상주의자들의 실망은 실로 격렬하다(violent). 심지어 자유의 도덕주의자인 액튼 경도 뉴먼의 정치를 "비도덕적"이라고 간주했다. 플라톤의 공정한(just) 국가에 가한 아우구스티누스의 공격도 대개 무시됐거나 "개탄할만한 실

188　1904~1967, John Courtney Murray, SJ, 미국의 예수회 신부이자 신학자. 종교적 자유와 민주적으로 구성된 근대국가의 제도들을 조화시키려 애썼다.

266　　　　　　　　　　　　　　　　　　　　　　　　　　　　　　　　　보수의 뿌리

수"로 치부됐다. 그것만 빼면 위대한 사상가인 아우구스티누스인데도 말이다.[33] 그러나 국가의 제한적 기능이라는 이 인식은 정치를 초월하거나 정치 외적 역할들에서 인간을 자유롭게 만드는 수단이다.

그리스인들은 이성을 발휘해 국가를 세속화하면서 정치의 종교적 질서에서 인간을 분리했다. 그러나 이성의 질서는 그리스 말기 이론가들에게서 종교적 국가가 거쳐 왔듯이 엄격한 정치 체제가 되었다. 기독교 정신은 인간의 목적을 시간의 다른 편에 두어서 국가의 세속화를 마무리 지었으며 최종적으로 카이사르의 것에서 신의 것을 구분해 냈다. 두 개의 도시(Two Cities)나 혹은 두 개의 검(Two Swords)을 이해하거나 곡해하면서 다양하게 접근된 이 이중성은 기독교의 지혜를 이끌어 정치적 절대주의를 규정하거나 부정하게 했다. 젤라시우스(Gelasius) 1세[189]는 아나스타시우스(Anastasius) 1세[190]에게 편지를 썼다. "이 세계는 주권에 근거한 계급으로 지배되는 두 세계가 있다." –말하자면 인간의 영혼과 그 성스러운 자유를 관리하는 사제의 영역이 그 하나요, 다른 하나는 왕의 권위에 따르는 일시적 평화의 질서라는 영역으로 인간이 궁극적 자유를 구분하고 행사할 수 있는 조건이다.[34]

이 새롭고 최종적인 세속화의 효과들은 종교 자유의 수립보다 더 멀리 영향을 미친다. 일단 영원한 질서의 해석자라는 우월적 지위를 국가에서 박탈하면 국가는 자신이 위협했던 모든 중간적 집단들(intermediate

---

189　교황 젤라시우스 1세, 제49대 교황(492~496). 북아프리카 태생으로 교황이 된 세 번째이자 마지막 교황. 뛰어난 문체로 명성을 날린 문필가.

190　431~518 비잔틴 황제(431~518). 행정가로 출발해 전임 황제 제노의 부인이 60세인 그를 황제로 선택했다. 종교적 성향으로 재위기간 긴장을 유발함.

societies)에 미친 지배력을 상실한다. 달리 말해 인간 존재의 신비에 답을 추구해가던 자발적 집단들의 자유로운 조직체들과 가족에 미쳤던 국가의 지배력은 없어진다는 얘기다. 존 코트니 머리는 "둘인가 하나인가"라는 장에서 말했다. "정치 공동체 안에서 누려야 할 (교회의) 이 포괄적인 권리는 정치 공동체 내부의 모든 신성함(res sacra in temporalibus)[191]이 정치화에 휩쓸리지 않도록 적절하게 보장돼야 한다는 요구사항도 포함한다."[35]

비록 중세의 국가에 부과된 한계는 교회의 사명을 국가가 인정하면서 비롯됐지만 인간의 기독교적 소임은 기독 왕국을 위한 단일한 중심체의 파괴[192]를 겪은 개인의 영혼에도 어떤 신성함을 남겨놓았다. 근대국가는 그 최선의 구현체들(예컨대 미국 헌법)에서 기독교의 탈속성이 역설적으로 창조한 세속성을 유지한다. 국가는 무엇보다 개인의 최종 목표와 그 가능성을 알아야 한다. 국가는 또 인간을 손짓해 부르는 미지의 도시를 선점하지 않고 인간의 모험이 전진하도록 허락해야 한다. 자유주의자에 충격을 준 이 명백하게 조심스러운 국가의 이상은 인간 정신을 위한 자유의 헌장이다. 영감을 주는 정치이론들을 포기함으로써 인간은 보다 더 영속적인 영감의 다른 근원을 얻게 된다. 그것이 바로 편의의 미덕이다. 왜냐하면 "편의"는 영어의 옛 사용법에서 조화, 특히 사물과 사상의 조응을 의미했다. 편의로 탄생한 국가(convenient state)는 언제나 인간과 관계가 있다. 그리고 인간의 현실적 노력에 부응해간다. 편의의 국가는 인

---

191 현세적 신성요소, 개인과 가족, 그리고 공동체 생활의 영적 진실

192 가톨릭에서 개신교가 떨어져 나온 종교개혁을 지칭하는 듯하다.

보수의 뿌리

간의 신비나 행동이 정치제도들과 만나는 곳이다. 아울러 정치적 규율과 자유의 행사라는 개인 규율의 나란히 서기(constitution)가 곧 편의의 국가이다.

"보수적"이라는 용어가 언제나 혹은 반드시 그러한 편의로 마련된 국가를 옹호해야 한다는 주장은 쓸모없다. 우리가 이미 살펴보았듯이 "신성한 권리"와 보수주의라는 섭리의 가치는 오히려 질서의 정의를 주장하는 사람들과 관계가 있다. 따라서 나는 진정 위대한 보수주의자는 현상유지의 신성함을 믿는 사람들이 아니어야 한다고 생각한다. 그들의 특징은 버크, 존슨, 부르크하르트와 토크빌, 랜돌프, 칼훈, 애덤스 그리고 뉴먼을 보면 알 수 있듯이 인간의 진정한 필요와 성취가 무엇인가를 아는 날카로운 현실감각이다. 위대한 보수주의자들은 현상유지에 개인적인 애착이 강력하지 않았다. 그들 거의 모두는 현재의 유행이나, 자유주의가 우리 시대 세계 도처를 휩쓸며 당대의 권력중심을 호령하는 그 열기에 맞서 싸우겠다는 대항자이다. 자신과 비슷한 사람이나 특권만 사랑하는 사람으로 보수주의자를 그려서는 안 된다. 기득 권력의 획득에 목매는 사람들을 발견하길 원한다면 자유주의적 몽상가에게 가라. 그가 자신의 총체적 개혁과 이상향의 빠른 창조를 달성하려면 총체적 권력을 손에 넣어야만 한다. 페리클레스, 시저, 로베스피에르, 보나파르트, 레닌, 마오쩌둥, 카스트로에게 가라. 그런 관점이라면 윌슨이나 프랭클린 루스벨트에게로 가라. 보수주의자는 전형적으로 온건하고, 회의적이며 비판적이다. 보수주의자는 어려운 현실에서 인간의 도피를 약속하는 새로운 이론이나 혹은 새로운 정권에 언제나 반대한다.

오래 전부터 지속적으로 중추적이었던 보수주의자들이 편의의 정치를 믿는 사람들이었다고 말한다면 곧 미래에 가장 많이 기여할 보수주의도 같은 부류라는 의미다. 그리고 나는 그런 의미가 건전하다고 생각한다.

실증적 관찰들

Empirical Observations

프랑크 메이어(Frank Meyer)는 자유가 "덕이 충만한 사회를 만들어내는 조건"이라고 강변했다. 브렌트 보첼(Brent Bozell)[193]은 메이어의 이 주장을 부인했다.[36] 법원, 경찰, 군대 등 국가의 모든 기관들이 등을 돌리는 순간에도 자기 자신의 미덕이 요구하는 선택만 묵묵히 따르는 개인이 있다는 강변이다. 그러나 그런 개인은 순교자만큼이나 매우 드물다. 물론 소로(Thoreau)[194]는 부당한 전쟁에 뛰어든 정부엔 세금을 내지 않고 차라리 감옥에 가겠다고 했었다. 그러나 특정 시점에 얼마나 많은 소로가 있을 수 있

---

193 1926~1997, Leo Brent Bozell Jr.로마 가톨릭에 바탕을 둔 미국의 보수주의 활동가이자 저자

194 1817~1862 Henry David Thoreau 미국의 수필가 철학자. 노예제도와 멕시코 전쟁에 항의하고자 홀로 월든의 숲에서 작은 오두막을 짓고 살았으며 그 때의 사색을 모은 "월든"이라는 저작으로 유명하다. 인두세 납부 거부로 투옥되고, 후에는 노예 해방 운동에 헌신하였다. 정부의 정당하지 않은 요구에 굴복하지 않는다는 시민불복종 운동을 강조한 수필이 유명하다.

겠는가? 보첼의 주장은 순교자들이 가득한 사회에서나 합당한 이야기다.

신이 계시해준 진실 덕분에 미덕의 절대적 기준을 보유했다고 간주되는 교회가 국가를 통제하는 경우도 있었다. 그러나 교회가 다스리는 국가조차 미덕 있는 사회를 보장하지는 못했다. 오래 전에 《연방주의자 논집(The Federalist Papers)》의 저자들이 역설했듯이 인간은 천사가 아니다. 심지어 역사를 돌아보면 성직자 출신의 정치인들조차 엄청나게 흉악한 행위로 유죄 판결을 받는 경우가 많았다. 보르자(Borgia) 가문의 교황들[195]이 그런 예다. 불타는 덤불의 말[196]도 후대로 전해지면서 때로는 완벽하게 왜곡된다.

국가라는 기구를 통해 평균적인 사람들이 공유하는 타고난 사악함이나, 원죄가 통제된다. 그러나 선악 사이에 인간의 선택을 강요하는 힘을 행사해야 하는 국가의 권력은 마땅히 작아야 한다. 국가의 권력이 작으면 작을수록 절대적인 잘못을 인간에게 강요할 가능성은 적어지기 때문이다. 국가 권력을 가장 확실하게 제한하려면 사람들의 생계 해결 문제를 국가가 간섭하지 못하도록 해야 한다. 한 나라 경제 조직 모두가 국가라는 지배 기구에 통합되어 있을 때 인구 전반에 절대적 악을 강요할 수 있는 권력은 엄청나게 커지며 그 권력을 행사하고 싶은 유혹도 대단히 커진다. 한 인간의 가족에게 빵을 허락하지 않을 권력이 국가에 주어진다면 잠재적 순교자일지라도 국가의 칙령에 맞서 싸우기를 주저하게 된다.

분명히 경제적 자유는 미덕을 보장하지 않는다. 그러나 프랑크 메이어

---

195 르네상스 시대 타락한 교황들을 배출한 스페인 기원의 이탈리아 귀족 가문이다. 역사상 최초의 범죄자 집안이자 이탈리아 마피아의 선구자로 여겨진다. 가장(家長) 로드리고 보르자는 1492년 교황으로 선출되어, 알렉산데르 6세라는 이름을 선택하였으며 거의 11년 동안 그 지위를 유지하였다

196 하느님이 모세에게 이스라엘인을 이끌고 이집트를 탈출하라고 요구할 때 했다는 말이다.

가 말했듯이 "자유로운 경제는…근대 세계에서 자유의 보존에 필요하다."
그리고 이는 우리가 이미 말했듯이 가장 용감한 사람들이 아닌 보통 사람
들에겐 미덕을 발휘할 조건이 된다. 경제적 자유가 미덕을 보장하지 못한
다 해도(오직 선한 사람들만이 보장한다) 미덕 있는 사람들이 기업의 사악한
관행을 거부할 환경은 만들어 낸다. 경제적 자유가 제한될 때 미덕을 발휘
하기는 더 어려워진다. 국가가 경제에 침범할 때마다 거의 자동적으로 부
패가 뒤따른다. 때때로 기업인들이 부추겨 부패가 발생하기도 한다. 또 다
른 때에는 원죄, 주로 웃자란 자만심이라는 죄에 빠지는 성향이 강한 일군
의 공무원들이 경제를 계획하면서 소비자와 생산자에게 부패를 강제하기
도 한다.

첫 번째 형태의 부패를 마르크시스트들은 보통 자유방임의 탓이라 주장
한다. 그러나 국가를 활용해 특혜를 얻으려는 기업인들의 노력은 자유방임
때문이 아니다. 정확하게 그 반대다. 아담 스미스가 한때 말했듯이 둘 또는
그 이상의 기업인들이 힘을 합쳤을 때 가격을 함께 올리려 공모하는 자연
스러운 경향이 있다. 그러나 그 음모를 효과적으로 만드는 독점의 창조와
유지엔 국가의 협력이 반드시 필요하다. 셔먼 반독점법(Sherman Anti-Trust
Act)[197]의 가치는 법무부가 독점이나 담합이라는 잘못을 찾아내어 벌을 줄
수 있게 되었다는 데 있지 않다. 정말로 그렇지 않다. 반독점법의 가치는 그
것이 법률로 남아 있는 한 어떤 기업인 집단도 가격 담합이나, 특정 지역에
부과된 판매량 제한 혹은 할당량이라는 담합을 깨는 반항적인 동료 기업인
을 어느 법정에도 제소할 수 없다는 데 있다. 반독점법은 그런 독불장군 기

---

197   1890년 미국 연방의회가 제정한 독점과 담합을 금지한 법.

보수의 뿌리

업인들이 담합 기업인들의 꿍꿍이를 거부하도록 허용한다. 그리고 자유 사회에서는 언제 어떤 분야의 사업에서도 그런 독불장군들이 수없이 많다.

우리의 수많은 역사 교과서들은 남북전쟁 이후 시기, 이른바 "도금 시대 (the Gilded Age)"**198**를 부패가 창궐했던 시기로 그려낸다. 이런 부패의 모든 고전적 사례들엔 국가 권력의 사용이 불가피하게 끼어든다. 센트럴 퍼시픽 철도(Central Pacific Railroad)의 4인방, 콜리스 헌팅턴(Collis P. Huntington), 르랜드 스탠포드(Leland Stanford), 마크 홉킨스(Mark Hopkins), 찰스 크로커 (Charles Crocker)가 캘리포니아 시에라(Sierra)와 네바다(Nevada)의 사막에서 유타까지 철로를 놓는다며 1.6km마다 1만6000달러에서 4만8000달러까지의 건설비를 연방정부에게서 받아냈을 때 이는 자유방임이 아니었다. 그 4인방은 스스로 건설 회사를 설립해 철도 건설비라는 명목으로 자신들의 주머니에 미국 납세자들의 돈을 챙겼다. 이런 방식으로 그들은 거래의 양쪽에서 모두 자신들을 우위에 놓았다. 이는 국가의 묵인이 필요한 부패였다. 센트럴 퍼시픽 철도의 철로에 이으려고 네브래스카의 오마하 근처 건설지에서 서부로 철로를 건설해갔던 유니언 퍼시픽(Union Pacific)의 설립자들도 크레딧 모바일러(Credit Mobiler)라는 건설 회사를 만들어 똑같은 부패의 관행을 답습했다. 다시 말해 크레딧 모바일러는 자유방임의 사례가 아니다. 그것은 정부 특혜의 선택된 수혜자들이 세운 도구였다. 철로 건설이 자유 시장에 맡겨졌다면 크레딧 모바일러의 부패는 사실상 불가능했다.

특혜를 입은 센트럴과 유니언 퍼시픽, 그리고 다른 서부 철도회사들의

198　도금시대는 미국의 1870년에서 1900년 사이를 지칭함. 마크 트웨인 등의 소설 제목에서 유래된 명칭. 철도 건설 사업 등을 위주로 경제가 유럽보다 빠르게 성장하면서 노동 임금이 폭등하고 대량 이민이 미국에 유입되던 시대.

기업인들을 보조하느라 납세자들의 돈이 강탈되면서 정부가 남북전쟁 이후 동부 연안의 경제에 투입해야 할 자금의 상당 부분이 고갈됐다. 당연히 이런 사정이 1873년의 공황을 만들어내는 데 기여했다. 코모도어 밴더빌트(Commodore Vanderbilt)[199]는 정부가 지원했던 어느 철도 사업이 서부에서 좌절됐다는 소리를 듣자 말했다. "공적 자금으로 뜬금없는 곳에서 터무니없는 곳으로 철로를 건설하는 일은 정당한 사업이 아니다." 밴더빌트가 사용한 "정당한(legitimate)"이라는 단어는 실정법이 아니라 건전한 자연법의 개념에 근거할 때 정당하지 않다는 생각을 드러낸다. 그 자신이 어디선가 어디로 자기 돈을 들여 철로를 건설하려던 *자연적*으로 정당한 사업을 추구했을 때, 그런 자신을 방해하지 않도록 주 의회 안의 방해세력을 뇌물로 구워삶아야 했던 경험이 있었다. 밴더빌트는 경제 문제에 끌어들여진 주 정부가 부패를 만들어내는 주요 행위자임을 알았다.

19세기 말 무렵 철로 건설비의 리베이트는 부패의 주요 원인이었다. 화물 운송량의 강제 할당이나 규칙적인 기차 운행시간의 보장을 유도한다며 철도회사에 보상금이 주어졌다. 규정된 조건 아래 할인이 모두에게 적용될 때는 누구도 이의를 제기할 수 없다. 그러나 록펠러(Rockefeller)[200]가 지배한 사우스 임프르브먼트 컴퍼니(South Improvement Company)는 다른 석유 사업 경쟁자들이 석유 수송비로 펜실베이니아 철도회사에 지급한 요금에서 "환급금"을 챙겼던 때가 있었다. 이는 펜실베이니아 주가 양도한 권력을 활용해 경쟁자들의 금고에 손을 집어넣은 셈이다. 이는 법으로 보장된 도

---

199   1794~1877, 해운업과 철도산업으로 재산을 일군 사업가. 밴더빌트 대학의 기증자.

200   1839~1937 John D. Rockefeller 1870년 스탠더드 오일 창업한 역대 세계 최대의 부자로 손꼽힌다.

독질이었다. 펜실베이니아 주는 애초에 자신들의 불쾌한 창조물인 철도회사가 토지수용권이라는 정부가 부여한 합법적 권한을 토대로 통행권을 행사하도록 허용했었다. 그랬던 펜실베이니아 주였지만 그 철도회사가 "환급금"의 징수를 록펠러 회사에 허용했다는 증거가 제시됐을 때 당연히 이에 이의를 제기했다. 사우스 임푸르부먼트 컴퍼니는 공익사업체로 정실 없이 대중에 봉사하려고 존재한다는 주장에 근거해 특혜를 허용 받았던 철도회사를 대놓고 타락시켰다.

도금시대의 오랜 역사엔 각종 부패 사례들이 난무했다. 그러나 자유 경쟁이나 아담 스미스가 생각했던 자유방임 때문에 일어난 범죄는 아니었다. 오늘날 국가는 실질적으로 모든 일에 간섭한다. 기업인들은 권한을 주는 국가의 그런 힘이 자신들을 통제하거나 결국 파괴할 수도 있다는 사실을 생각하지 못한다. 그러면서 기업인들은 국가를 자신의 편으로 끌어들이려 애쓰는 근시안적 견해에 모두 빠졌다. 예를 들어 한스 이스브란트센(Hans Isbrandtsen)[201]이 미국의 포경 사업을 부흥시키려 노력했던 때의 일이다. 당시 근시안적이었던 미국의 고체형 돼지기름(lard) 생산업자들이 일거에 워싱턴으로 달려가 고래 기름이라는 건전한 경쟁자를 제거했다. 이스브란트센의 포경선은 의심할 바 없이 미국인 소유이며, 그 배들이 생산한 고래 기름은 법률적으로 관세 부과 대상이 아니었다. 그러나 불행하게도 이스브란트센은 미국인이 만든 일부 고래 기름을 남극의 포경지역에서 미국으로 운반하면서 외국 국적 선박을 사용하는 무심한 실수를 저질렀다. 그렇게 해야 자신의 포경선이 남극 지역에 더 오랜 기간 머물 수 있었기 때문이다. 그

201　1891~1953 덴마크 출생의 미국인 사업가.

러나 그것은 또한 국내의 돼지기름 생산업자들에게 그럴듯한 핑계를 주었다. 이스브란트센이 만든 고래 기름은 비록 미국산이지만 외국인 소유의 선박에 실렸기 때문에 고율의 관세 부과가 가능하게 그 성격이 바뀐다는 논리였다. 이런 장애와 또 다른 괴롭힘에도 불구하고 이스브란트센의 포경 사업은 번창했다. 그러나 이스브란트센의 전기 작가인 제임스 두건(James Dugan)의 설명에 따르면 고래 기름에 고율의 관세 부과를 이끌어낸 미국의 돼지기름 생산업자들은 "냉혹한 연쇄반응을 촉발했다. 가격 경쟁력을 잃은 노르웨이의 포경업자들이 미국 시장을 떠났고 대신 그들의 고래 기름을 독일 마가린 제조업자들에게 팔았다. 그러자 미국의 돼지기름을 빵에 발라 먹던 독일인들이 이젠 마가린을 대신 구매하기 시작했다. 2년 만에 미국의 돼지기름 독일 수출은 1억 파운드에서 5천만 파운드로 추락했다." 이렇게 자유방임의 원칙들을 경멸하면서 특혜를 좇는 기업인들이 만들어낸 정부의 부패는 역효과를 낳는다. 사악한 경로를 쫓아가다보면 장기적으론 불가피한 처벌이 따른다는 인과응보의 분명한 사례다.

경쟁자들을 합법적으로 억압하려는 시도들은 연이어 계속됐다. 주간(州間)상거래 위원회(Interstate Commerce Commission)가 요금을 규제하지 않는 트럭회사들은 마땅히 행복했어야 했다. 그러나 그들은 정부를 움직여 철도회사들의 합병을 금지하도록 만들었다. 살아남으려면 비용을 절감해줄 합병이 필요했던 철도회사들은 트럭 회사들의 그런 태도를 당연히 거부했다. 그러나 그들 역시 어처구니없게도 논리적 일관성이 없는 바보 같은 짓을 저질렀다. 철도회사들은 바로 뒤돌아서서 석탄 회사들의 액체 석탄 수송용 도관(pipeline) 사용을 반대하는 운동을 벌였다. 석탄 회사들은 당연히 자신들의 비용을 절감해줄 수송 방법을 빼앗으려는 이런 노력에 격분했다. 그

보수의 뿌리

러나 그들 역시 가정용 석유의 수입 허용량(quota) 제한이 느슨해지자 이를 반대한다. 누구든 정부를 구워삶아 경쟁자들의 사정을 어렵게 만드는 특혜나 혜택을 입을 때 그 이득은 결과적으로 모두 상쇄된다. 반면 기업들의 특혜 배분을 감독하고 규제하는 정부의 관료제를 유지하는 비용만 모두가 지불하게 된다. 결과적으로 말해 나머지 인구가 고비용을 지불하는 방식 아래에선 도덕적으로 간악한 특권 덕에 살아가는 관료들을 제외하고는 그 누구도 승리자가 되지 못한다.

만약 기업인들이 자신들에게 특혜가 돌아오게 하려고 정부 기관의 강제력을 활용하려 시도한다 치자. 그러면 그 뒤를 따라 비슷한 행동을 하는 노동조합에 맞서기는 거의 어렵다. 그러나 진정으로 자유방임을 추종하는 기업인은 정부의 보호를 받는 산별 노조가 강제로 합의를 종용하려할 때 이에 항의할 권리가 있다. 자유로운 협상이 허용된다면 그는 결코 그 합의를 수용하지 않을 테니 말이다. 노동조합들을 반독점법의 합법적인 예외[202]로 만들어버린 일이야 말로 정부가 터무니없는 특혜를 베푼 명백한 사례가 아닐 수 없다.

계획경제 국가가 소비자와 생산자에게 함께 강요하는 부패의 형태는 이미 미국의 전력 분야에서도 나타난다. 세금을 내는 사람이라면 누구나 어떤 특별한 전력 사용자들을 보조한다. 전력 사용자들은 합법적 도둑질로 납세자의 재산을 강탈하는 셈이다. 그 과정은 다음과 같다. 코네티컷 주는 테네시와 앨라배마에 걸쳐 존재하는 테네시 밸리 오소리티(TVA)에 전기료

202　기업인들의 상품 가격 담합은 반독점법으로 묶어 놓고 산별노조를 허용해, 상품 생산에 투입되는 노동력의 가격 책정은 노동 시장의 자유로운 결정이 아니라 사실상 노조가 독점적으로 결정할 수 있는 지위를 부여했다는 의미다.

를 지불한다. 그러나 TVA는 공공기관이라 민영 전력 회사들처럼 세금을 내지 않는다. 반면 TVA와 경쟁해야하는 다른 민영 전력회사들은 세금을 내야 하니 그만큼 상대적으로 차별을 받는 꼴이다. 민영회사들이 낸 세금은 하느님의 자연법에 따르면 마땅히 민영회사들의 몫이었다. 그런데도 의원 입법의 합법적 제재로 빼앗기고 말았다.

계획경제 국가에서 벌어지는 최악의 강탈은 외국에서 발생했다. 계획이 더"총체"적일수록, 그 만큼 더 사악한 범죄들이 계획이란 이름으로 저질러진다. 카스트로의 쿠바에서 순진한 민주주의자들은 그들의 회사 주식을 강제로 빼앗겼다. 그들이 몰락한 독재자 바티스타의 지지자였다는 게 유일한 이유였다. 나치가 지배한 독일에서 괴링(Goering)은 남의 정당한 재산을 강탈하라는 단순한 명령으로 자신의 배를 불렸다. 소비에트 러시아에서는 농업의 집단화를 강제하려고 국가가 유도한 기근 때문에 농민 400여만 명이 아무렇지도 않게 굶어죽어야 했다. 그들이 결코 부농이 아니었는데도 말이다. 붉은 중국에서도 인공적인 기근에 따른 비슷한 살인이 국가의 정책으로 자행됐다. 이러한 일들에 평범하게 "부패"란 이름을 붙이기도 힘들다. 그러나 그런 일들은 분명 다른 옛 사전에서는 부패라는 머리말 아래 속한다.

하이에크가 그의 고전인 《노예의 길(The Road to Serfdom)》에서 지적했듯이 경제 계획가들이 유도하는 부패는 깡패들이 하는 짓과 유사하다. 왜냐하면 계획을 거부하는 개인들을 거칠게 다루어야 하는 일을 감당하려면 악마나 하마같이 두꺼운 피부의 뻔뻔한 도덕성을 지녀야 하기 때문이다. 압도적인 계획은 예외를 인정하지 않고 반드시 통계 숫자가 적힌 컴퓨터용 천공 카드의 내용이 엄격하게 강제 집행되는 형태로 관리되어야 한다. 이는 계획이 지시하는 대로 사람들이 반드시 그곳에서 일하도록 강제된다는 의미다. 또한 소비자들은 계획가들이 좋다고 생각하는 물건만 사용하도록 강요된다는 뜻이기도 하다. 사소한 차이점에도 예민한 사람들은 그러한 계획적인 작동과정의 일부로 포함되기가 대단히 어렵다. 따라서 하이에크가 말했듯이 "최악의 인간들이 최상으로 오른다." 그들은 최상층에 머무르려고 무력 사용을 조금도 주저하지 않는 그런 종류의 사람들이다.

스스로를 사회주의자라고 부르기조차 머뭇거렸던 사람들이 많았던 영국에서 정부는 노동력의 국가 배정을 강제하려면 경찰력을 발동해야만 한다는 사실이 명백해졌을 때 총체적인 계획을 포기했다. "신민들의 자유"를 위협했기 때문에 "직업 통제(control of engagements)"[203]를 단념했을 때 영국은 부도덕한 관행(corrupt practice)에서 스스로 벗어났다. 자신의 의지에 반해 자발적으로 선택하지 않은 장소에서 선택하지 않은 주인을 위해 노동하도록 인간을 강제하는 일보다 더 부도덕한 일이 있겠는가? 지난 날 우리는 이를 노예제라 불러왔다.

"자유는 덕이 충만한 사회를 만들어 내는 조건"이라는 프랑크 메이어의 경구적 진술로 돌아가자. 경제적으로 적용될 때 자유는 미덕의 "조건"이다. 왜냐하면 기업인들이 옳은 길을 가도록 소비자들이 그들을 규율하게 만드는 사업의 선행조건이기 때문이다. 소비자가 기업인들을 장려하거나 장려를 유보할 준비가 되어 있다면 생산자들은 올바르게 행동해야만 한다. 왜냐하면 그래야 장기적으로 자신에게 득이 되기 때문이다.

메이어씨가 말했듯이 "자유경제가 국가 통제 경제보다 더 많은 미덕을

---

203 영국 노동부가 1939년 발령해 1947년까지 시행한 내용으로 석탄 산업 등 특정 산업 분야에서 노동력의 자유로운 이동을 불허하고 취업 희망자는 고용청이 지시하는 곳으로 가야했다.

끌어낸다고 주장하기는 어렵다." 그러나 자유 경제는 정치적 자유를 유지하는 데 결정적으로 중요하다. 정치적 자유 아래에서만 악의 지속 상태가 거역되기 때문이다. 만약 소비자가 품질과 서비스 그리고 좋은 가격을 보는 대로 즉시 알아내는 훌륭한 인간이라면 가장 부도덕한 기업인에게도 미덕은 강요된다.

11

보수주의의
실증적 정의

윌리엄 버클리(William F. Buckley Jr.)

마지못해 변명하듯 쓰다

 강연장에 갈 때마다 청중들에게 가장 자주 받는 질문 두 개가 있다. 어떤 질문에도 만족할만한 답을 주지는 못했다. 첫 번째 질문은 나와 마찬가지로 세계는 위기에 처했고 미국은 위태로워졌다고 느끼는 사람들이 제기한다. "나[204]는 무얼 할 수 있나?" 나는 모른다. 경구 같은 답을 고안할 만한 배짱도 없다. 두 번째 질문은 우호적이거나 적대적인 청중들이 다 같이 묻는다. "보수주의란 무엇인가?" 때때로 질문자는 강연자의 공허한 둘러댐을 예상한 듯, "가급적이면 한 문장으로"라고 덧붙인다. 그런 경우 나는 답한

---

204 청중에 있던 질문자 본인 자신을 지칭한다.

다. "나는 기독교 신앙이 무엇인지 한 문장으로 정의하지는 못하겠다. 그렇다고 기독교 신앙을 정의할 수 없다는 의미는 아니다."

질문한 사람들은 점성술, 시간(屍姦), 외국인 혐오, 속물근성 등의 정의와 함께 보수주의를 깔끔하게 정의해 자신들의 마음 한 구석에 (혹은 그런 정의들 대신에?) 담아두고 싶었는지 모른다. 그러나 위에서 내가 한 말로 그들의 희망은 무산된다. 그러나 끈질기게 계속 물고 늘어지는 사람들에겐 그들의 얼굴을 똑바로 쳐다보며 리처드 위버(Richard Weaver)교수가 내린 보수주의의 정의로 응징한다. 마치 내가 읽었던 글 중에 가장 멋진 정의나 되는 듯 보수주의란 "본질들의 패러다임으로 세계의 현상이 끊임없이 그에 수렴해 간다."고 말해버린다. 물론 내 말의 요점은 그저 우리가 위험할 정도로 말장난에 가깝게 다가갔을 뿐이라는 얘기다. 보수주의의 의미를 묻는 청중들을 실망시키지 않은 적이 없다.

그러나 적어도 나는 보수주의가 무엇인지는 몰라도 보수주의자가 누구인지는 잘 안다고 느낀다. 고백하자면 누가 보수주의자인지보다는 누가 자유주의자(liberalist)인지를 더 잘 안다. 내 눈을 가리고 팽이처럼 나를 돌린다 해도 나는 비틀거리지 않고 방에 있는 단 한 사람의 자유주의자를 향해 똑바로 걸어갈 수 있다. 심지어 그가 화분 뒤에 숨어 있다 해도 그를 발견한다. 그래서 보수주의자마저 그렇게 식별해 내는 똑같이 확실한 코를 개발하고 싶은 욕구가 있다. 그러나 보수주의자들은 우리 시대가 짓누르는 압박감 아래 모든 종류의 사람들을 불러 모아 당면한 과업을 돕도록 해야 했었다는 사실을 잘 알기 때문에 주저하게 된다. 보수주의자들은 타고난 호의가 있기 때문에 불러 모은 사람들을 단순한 앞잡이가 아니라 동등한 상대로 대우한다. 따라서 겉모습을 떠나 그들이 그저 마땅히 해야 할 일을 하는 보수주의자인지, 혹은 급진주의자나, 단순한 떠버리거나, 불꽃축제 기술자인지 알아차리기는 경험적으로 보아 힘들다. 왜냐하면 우리 넝마 부대[205]는 때로 놀라우리만치 일사분란하게 움직이며 모든 사람의 눈이 오른쪽일 때엔 유쾌한 순간도 있기 때문이다.

나는 스스로 진정한 보수주의자인지 때때로 자문하기도 했었다. 정신적으로나 철학적으로는 자격이 있다고 느낀다. 그러나 기질적으로는 비슷한 종자가 아니다. 따라서 나는 내 자신에 물어볼 필요가 있다. 다른 수많은 특징들 가운데 인간은 기질적으로 얼마나 문제가 되는가? 다른 혼란도 있다. 예컨대 휘태커 체임버스(Whittaker Chambers)[206]는 보수주의자와 "우익의 인간(man of the Right)"을 날카롭게 구분했다. 그는 <내셔널 리뷰 Nationanl Review>[207]의 편집자 자리를 사임하면서 내게 편지를 썼다. "당신은 보수주의자이다. 그리고 당신보다 그 말에 더 적합한 사람은 모른다. 그러나 나는 그런 사람이 아니고 그런 적도 없었다. 그런 질문에 대답을 회피할 수 없는 경우 나는 내 자신을 우익의 인간이라고 부른다." 그 편지를 두고 생각해 보았다. 휘태커 체임버스가 방금 사직한 그 잡지의 편집장이라면 당연히 생각해야만 했다. 그리곤 흥미로운 사실을 깨달았다. 지난 5년의 잡지 역사에서 체임버스는 이념적 지평이 달라 우리 잡지와 더 이상 함께하지 못하겠다는 분명한 이유를 들어 고위 편집진에서 사퇴한 유일한 편집자였

---

205 보수주의 운동에 참여한 인물들의 성향이 대단히 다양하다는 의미의 자학적 표현.

206 1901~1961, Whittaker Chambers 미국의 작가 언론인. 전직 소련 스파이로 1948년 공산당 간첩 행위를 증언. 1925년 공산당원이 되고 1932~1938년까지 소련 간첩이었으며 1939년부터 주간지 타임에서 일하기 시작했다.

207 미국에서 격주로 발행되는 선도적인 보수적 시사 평론지. 윌리엄 버클리가 1955년 창간했음. 2021년 발행부수는 9만 여부.

다. 그럼에도 그는 그동안 <내셔널 리뷰>가 내세우는 입장과 조화를 이루지 않는 글을 단 한 편도 쓰지 않았다. (혹은 그의 삶에서 지난 십 수 년, 내가 알기로는 다른 누구를 위해서도 <내셔널 리뷰>의 방침과 어긋나는 글을 쓰지는 않았다.)

맞다. 사람들은 물론 때로 어떤 자리에서 물러난다. 그리고 이런 저런 기분 나쁜 기사나, 사설, 혹은 서평을 두고 편지를 써 당신을 비난하며 네 무덤 위에 결코 푸른 잔디는 자라지 않으리라고 저주를 퍼붓는다. 그러나 이런 손실들은 단순히 직설적인 언론이 겪어야 하는 인간적 소모의 일부일 뿐이다. 그런 소모들은 아무런 증명도 못 된다. 우리의 경우 이념적 무분별함과도 무관하다. 보수적 시각을 수립한다는 사실 자체의 어려움도 있고, <내셔널 리뷰>가 출범하기 전 비평가들의 회의적 시각이 아주 많았지만, <내셔널 리뷰>의 관점은 내가 믿기에 창간호부터 즉각적으로 누구에게나 명료하고 뚜렷했다. (회의주의자들은 나를 두고 다음과 같이 주장할지 모른다.) 그는 어쨌든 그런 얘기를 하겠지. 그렇게 말해야 그와 그의 잡지에 득이 되니까. 그러나 나는 실증적 근거로 그렇게 진술했다. 마치 사실들을 통해 이론으로 나아가는 귀납적인 추론을 통해 내가 보수주의의 의미에 관해 이 글에서 다른 여러 진술을 하듯 말이다. 나는 <내셔널 리뷰>의 편집장이라는 내 자신의 경험에만 근거해 말하겠다. 나는 다시 이 이야기를 언급하지 않을 작정이므로 지금 분명히 말해 두겠다. 이 글은 <내셔널 리뷰>의 경험을, 그리고 현대 보수주의의 작동 가능한 정의를 수립하려는 과정에서 사람들이 <내셔널 리뷰>에서 떨어져나간 의미 있는 경험들을 다루었다. 나는 <내셔널 리뷰>가 현대 보수주의를 걸러내는 유일한 정화기라고 주장하겠다는 생각은 결코 없다. 그저 단지 내가 권위 있게 말할 자격이 있는 유일

보수의 뿌리

한 경험들을 전달할 뿐이라는 점을 감안해 주길 바란다. 그리고 그 경험들은 내가 이야기해도 좋을 만큼 흥미로우리라 생각한다.

특정한 생각과 태도에 입각해 같은 기득권을 대변하는 대개 같은 집단의 사람들이 <내셔널 리뷰>의 주요 참여자들이었다. 이 잡지는 창간하자마자 행복한 절충주의라는 잡지의 중심적인 생각을 직관적으로 이해하거나 인정한 듯 보이는 독자들의 환영을 받으며 성장해 왔다. 한편 비평가들이 초기에 흥겨이 했던 말은 다음과 같은 주제를 중심으로 한 이런 저런 변형들이었다. "우리나라엔 보수적인 잡지가 하나 필요하지. 그리고 <내셔널 리뷰>를 읽고 나서도 우리는 여전히 '이 나라에 필요한 건 보수적 잡지야'라고 말한다." 그러나 끝까지 버틴 일부 비평가들은 예외였지만 대부분은 마침내 포기하고 <내셔널 리뷰>를 단순하고 평이하게 "보수적 잡지"라고 칭하기 시작했다. 내가 포기하기를 거부한 사람들이라고 말하는 다른 비평가들은 의례적인 경멸을 덧붙여 "매카시[208]적인 <내셔널 리뷰>"라거나 "극우 <내셔널 리뷰>" 등등으로 지칭했다. 언어의 지배력은 얼마나 자주 쓰이느냐에 따라 달라진다. 따라서 이제는 피터 비에렉(Peter Viereck)[209]이나 클린턴 로시터(Clinton Rossiter)[210]나 월터 리프먼(Walter Lippmann)[211]을 미국

208 1940년대에서 50년대에 이르기까지 위스콘신 출신 미 공화당 상원의원 Joseph McCarthy는 공산주의자들을 반역죄로 규탄하는 운동을 주도해왔다. 미국을 무너뜨리려는 소련과 공산당의 간첩을 색출하겠다는 운동이었다. 적절한 증거도 없이 소련의 간첩으로 몰아버렸다는 비판을 받기도 했다.

209 1916~2006, Peter Robert Edwin Viereck 미국의 시인 정치 사상가. 마운트 홀리요크 칼리지에서 역사를 가르쳤다.

210 1917~1970, Clinton Rossiter 미국 역사학자로 코넬 대학에서 정치학을 가르쳤다.

211 1889~1974, Walter Lippmann 미국의 작가 언론인 정치평론가. 냉전이라는 개념을 처음 도입한 사람으로 유명.

보수주의의 진정한 설계자라고 느끼는 사람들은 다소 엉뚱한 사람들의 무리에 속할 수밖에 없다는 예상이 가능하다. 마치 스스로 "자유주의자"로 자칭해왔기 때문에 다른 사람들과 소통하기 힘들었던 우익의 신사들처럼 말이다. 왜냐하면 지난 60여 년간 세계는 자유주의를 달리 이해해왔기 때문이다. 산타야나(Santayana)[212]가 관찰했듯이 근대 자유주의자가 해방시키고 싶은 유일한 관심사는 결혼계약서에 묶여 있는 인간일 뿐이었다.

I

미안하게도 이 글은 <내셔널 리뷰>의 편집장으로서의 개인적 경험에 입각한 실증적 연구다. 이제 <내셔널 리뷰>가 뜻을 함께하기 어려웠던 사람들과 그들의 생각을 말해보겠다. 1957년 휘태커 체임버스는 《아틀라스 슈러그드(Atlas Shrugged)》를 다룬 서평을 썼다. 아인 랜드(Ayn Rand)[213]씨가 자신의 신조라 부르기로 선택한 "객관주의(objectivism)" 철학을 해설한 소설이다. 우익 인사, 보수주의자, 그 무엇이라고 그를 부르던 체임버스는 보수주의 운동의 관점에서 랜드의 책을 읽었다. 그는 그녀의 철학이 또 다른 종류의 유물론, 마르크스의 변증법적 유물론이 아니라 기술자 지배(technocracy)[214]의, 가차 없이 이기적인 사람들의 유물론이라고 지적했다.

---

212 1863~1952, George Santayana 스페인 태생의 미국 철학자 수필가 시인 소설가. 48세 무렵 하버드 대학의 교수직을 버리고 유럽으로 돌아가 미국으로 다시 돌아오지 않았다.

213 1905~1982, 아인 랜드는 유태계로 러시아 상페테르부르그 태생의 미국인 작가이자 철학가. 1926년 시카고의 친척을 방문차 미국에 온 이후 정착했다.

214 경제와 정치를 전문 기술자들에 위임하는 방식의 지배체제.

그들은 타인이 아니라 오로지 자기 자신만을 위해 살며, 그들이 타인에게 보이는 관심은 타인을 돕거나 스스로를 돕는다는 관계를 지성적으로 인식하는 형태로만 설명될 뿐이다. 종교는 객관주의자의 첫 번째 적이다. 종교 다음으론 국가가 적이며 그 각각은 "정신의 신비주의"이거나 "근육의 신비주의"이다. "랜드 식의 인간은 마르크스적 인간처럼 신 없는 세계의 중심을 이룬다."고 체임버스는 썼다.

보수주의는 지적이고 도덕적인 초월성을 강조한다. 따라서 보수주의자들의 공동체에서 아인 랜드를 배제한 이유는 부분적으로 그녀의 척박한 철학이 그런 보수주의와는 결정적으로 병립할 수 없었던 결과였다. 그러나 동시에 논조의 부조화 때문이기도 하다. 그 강경하고 도식적이며, 무자비하고, 그 무엇에도 굴하지 않았던 독단은 에렌버그(Ehrenburg)[215], 사바나롤라(Savonarola)[216] 혹은 아인 랜드, 그 누구의 입에서 나온다 해도 그 자체를 반대해야 한다. 체임버스는 시절에 따라 어떤 이념들이야 오고 가기도 한다고 생각했다. 그러나 수사적 전체주의는 언제나 공기를 떠돌다 궤변론자의 피뢰침이 완성되기를 기다린다. 그래서 그는 랜드의 어조를 언급했다. 내가 감히 추측해보자면 어느 다른 사람의 어투였다 할지라도 보수주의자의 성향이 있는 사람이라면 절대 용납하기 힘든 어조였다:

책(Atlas Shrugged)의 오만한 논조…는 가장 두드러진 특징이다. 평생
독서를 해오지만 다른 어느 책에서도 그렇게 압도적으로 오만한 논

---

215 1891~1967, Ilya Grigoryevich Ehrenburg 볼쉐비키 혁명을 지지한 작가이자 언론인 역사가.

216 1452~1498, Girolamo Savonarola 르네상스 시대 피렌체에서 활동한 도미니쿠스회 수도사·설교가·종교개혁가. 설교를 통해 피렌체 시를 개혁하고, 민주정치를 실시하려고 했다.

조가 무자비하게 지속되는 경우를 본 적이 없다. 그 날카로움은 잠시도 쉬지 않았다. 그 독단은 전혀 매력적이지 않았다…그녀의 메시지에 저항하는 사람은 부정직하고, 신중하지 않을 뿐이다. 인간적인 실수일 수도 없다. 저자의 계시에 달리하는 의견은 너무나 최종적이어서 의도적으로 사악할 때나 가능하다. 그리고 그런 사악함에 대처하는 방법들은 사실 저자의 논리에 그대로 드러난다.《아틀라스 슈러그드(Atlas Shrugged)》의 어느 페이지에서도 하나의 명령하는 목소리가 고통스럽지만 어김없이 들린다. "가스실로 가!" 그 같은 불변의 독선적 입장은 또한 음조와 몸짓의 지나친 방종을 낳는다.…처음 우리는 이러한 측면들이 그저 실수가 아닐까 이해해 보려고 한다. 대단히 기괴하거나 지나친 것과, 효과적이고 견고한 것의 차이에 직면했을 때 쉽사리 옳고 그름을 구분해주는 요령을 이 필자가 잠시 놓쳤을 뿐이라고 말이다. 그러나 우리는 곧 더 나쁜 무엇을 의심하게 된다. 이 필자는 분명 방종에서 어떤 고양의 즐거움을 발견하는구나, 집을 부숴버리는 데서 넘쳐나는 권력의 방출과 열정을 느끼는구나 하고 말이다.[37]

마치 누군가의 각본에 따른 듯 랜드의 추종자들은 체임버스의 요점을 처음부터 끝까지 헤집으며 <내셔널 리뷰>와 체임버스를 공격했다. (스승이 제자들의 지나침을 전적으로 책임져야 한다고 말한다면 공정하지 않다. 그러나 랜드가 나무라지 않은 랜드 추종자들의 시위는 그녀 자신의 불관용이 다른 객관주의자들에게 쉽게 전해졌음을 나타낸다.) 어느 편지는 체임버스를 비난하면서 "체임버스씨의 공산주의와의 '결별'"을 언급하기도 했다. 어느 여성은 체임버스씨의 서평을 읽자마자 <데일리 워커(Daily Worker)>[217]를 잘못 집어 들었나."고 생각했다고 고백했다. 다른 사람은 체임버스를 "거짓말, 중상, 비겁한 왜곡"을 하는 사람이라고 비난했다. 또 다른 어떤 이는 체임버스에게서 "랜드가 부정할 수 없게 증명한 인간 이하의 존재 때문에 세계가 현재 당면한 비극적 상황의 원인, 부조리, 삶의 증오, 정신공백" 등을 보았다. 이를 요약하면서 한 객관주의자는 "기독교 공산주의자 체임버스가 러시아 스파이 체임버스보다 훨씬 더 위험하다."고 썼다.

작가 랜드의 생각이나 수사법 자체를 받아들이기 어렵다는 점을 넘어 그 경험이 증명한 또 다른 측면이 있다. 어떤 보수주의자의 우주론도 모든 별과 행성이 기록된 가장 완벽한 좌표 책처럼 미국 보수주의자들을 모두 담아낼 가능성이 대단히 낮다는 점이다. 미국 보수주의자들은 완벽하게 폐쇄적인 체제, 깊고 계속되는 신비를 제공하지 않는 체제들에 저항할 만큼은 충분히 보수적이며, 반이념적이다. 그럼에도 그들은 보수주의가 단지 "정신의 태도"일뿐이라는 단호한 언명에는 저항할 만큼 충분히 친이념적일지 모른다. 그러나 나는 미국 보수주의자들과 오래 친교를 맺어온 바탕에서 예언한다. 보수주의자라면 누구나 사도신경으로 써도 좋을 만큼 모두를 충족시킬 일련의 공식을 자신의 성스러운 책에 다 기록할 수 있는 사람은 없다고 말이다. 랜드씨는 그렇게 하려고 노력했다. 그렇게 노력했기 때문에 그녀는 자기 사상의 실패를 더 가중시켰다. 그녀는 여전히 객관주의자(Objectivist)로 후세에 전해지고 싶겠지만 재미있는 소설가로서 기억되리라는 게 내 추측이다.

217　The Daily Worker는 미국 공산당이 뉴욕에서 1924년에 창간한 일간지. 지금은 웹사이트로만 운영된다.

II

보수주의자들의 국가 불신은 대단히 많이 알려진 만큼이나 불가피한 질문을 제기한다. 보수주의자는 얼마나 국가를 불신하는가? 한편으로 그 대답은 무정부주의다. 이는 명백하다. 그러나 한 사람의 무정부주의는 다른 사람의 국가주의(Statism)다. <내셔널 리뷰>는 국가를 구하려는 충분한 의도가 있지만 국가 활동의 용인 가능한 한계가 어디까지인지 다수가 만족할 만하게 정의하려 들지 않을 것이다. 독자들은 우리가 그렇게 해야 한다고 기대하지도 않는다. 그러나 우리는 그 문제에 적극적으로 대처하려 하기보다는 오히려 뒷걸음질 치다가 자주 그 문제에 봉착한다.

일군의 사람들은 국가를 격정적으로 혐오하기 때문에 자신들의 생각을 일종의 신학과 같은 형태로, 적어도 악마론으로 발전시켰다. 그들은 어떤 종교적 광신자가 신의 의지에 매달리려 시도했을 때보다 더 헌신적으로 이에 매달린다. 나는 어느 쪽 사람에게도 경멸감을 느끼지 않는다. 시(市)자치로 건설되는 도로의 대안이 무엇인지 논의하는 건 마치 이 특별한 오늘 아침의 식사로 노른자가 익지 않은 계란 요리를 먹을지 아니면 마구 휘저어 익힌 쪽을 먹어야 신의 뜻을 더 잘 받들게 되는지 숙고하는 일만큼이나 지적으로 자극적이다. 그러나 보수주의자들은 이상(Ideal)뿐 아니라 공공정책의 문제에도 관심을 가져야 한다. 이게 무슨 말이냐면 실현가능한 행동의 한계 안에서 움직여야 한다는 판에 박힌 이야기 이상의 그 무엇을 의미한다. 무엇이 영혼에 득이 되는지 사색하는 은둔자의 고통스런 숙고를 읽으면서 우리는 기쁨을 느낀다. 베르나노스

(Bernanos)[218]의 《시골 사제의 일기 (Diary of the Country Priest)》는 걸작이었을 뿐 아니라 또한 베스트셀러였다. 우리는 단순한 즐거움 그 이상을 느끼며 머레이 로스바드(Murray Rothbard)[219] 박사의 다음과 같은 제안을 읽을 수도 있다. 등대들은 민영 임대인들에게 팔려야 한다. 왜냐하면 이들은 등대가 비추는 길을 따라 폭풍우에 흔들리는 배가 나아갈 때 쾌속선으로 좇아가 기어코 돈을 받아내기 때문이다. 많은 독단들이 우리를 자유롭게 만든다는 사실을 체스터톤(Chesterton)[220]은 상기시킨다. 물론 독단이 남용될 때는 엄청난 해를 입힌다. 그러나 모든 사람들이 독단의 억압을 느끼지 않는다면 독단으로 이미 저질러진 해악과 우리를 자유롭게 하는 독단의 비교는 불가능하다. 우리 사회가 진지하게 등대를 민영화해야 할지 말아야 할지 고민한다면 의학에 종사하는 직업을 국유화해야 할지 전혀 고민하지 않게 된다.

그러나 로스바드(Rothbard) 박사와 즐거운 무정부주의자 동료들은 그들의 광신적인 반국가주의의 삶을 살고 싶어 한다. 그리고 그 결과로 그들이 촉구하는 기본 정책들과 보수주의자들이 촉구하는 정책들은 충돌한다. 보수주의자들은 정책적으로 정답에 가까운 해결책을 제시하려면 국가가 때때로, 그리고 오늘 날엔 과거 그 어느 때보다 더, 반드시 필요한 도구라는

---

218 1888~1948, Louis Émile Clément Georges Bernanos 프랑스 소설가. 1차 세계 대전 참전. 로마 가톨릭과 군주제에 기운 사상을 보였으나 부르주아 사상에는 비판적이었다.

219 1926~1995, Murray Newton Rothbard 오스트리아 학파에서 살짝 벗어난 미국의 경제학자이자 정치이론가로 근대 우익 자유지상론자들의 발달에 지대한 영향을 끼침. 무정부 자본주의의 창시자이자 선도적 이론가.

220 1874~1936, Gilbert Keith Chesterton 20세기의 가장 영향력 있는 영국 작가 중 하나. 철학, 시집, 전기, 로마 가톨릭교회 작가, 판타지와 탐정소설 분야를 비롯해 저널리즘에서도 활약. 재기 발랄하고 독창적인 역설들을 잘 사용해 '역설의 대가'라는 칭호를 얻었다.

사실을 인정하기 때문이다. 우리가 벌이는 방어적인 전쟁은 병사와 과학자 그리고 외교관과 전략가들의 자발적인 결합만으론 수행될 수 없다. 그리고 우리의 국가 혐오자들이 이런 명백한 사실을 감안해 줄 때 다수는 한숨을 내쉬며 현실에 굴복한다. 반면 국가에 보이는 적대감에 집착하는 소수는 여전히 공동체를 보호하는 데 필요한 권력마저 국가에 주지 않으려 한다. 로스바드 박사와 몇몇 사람들은 반공산주의와 관련된 모든 문제에서 20세기의 국가를 앞에 두고 보인 <내셔널 리뷰>의 안일함을 엄혹하게 비판했다. 그들은 어떤 대가를 치르고라도 국가의 성장을 저지해야할 필요성을 주문 외우듯 했다. 예를 들어 시카고 대학의 로널드 해모위(Ronald Hamowy)[221]씨는 1961년 <내셔널 리뷰>에 이렇게 불평을 늘어놓았다. "보수운동은 <내셔널 리뷰>의 지도 아래 한참 샛길로 빠졌다. 자유와 개인적 해방의 진정한 신봉자들을 재앙의 길로 이끌었다. 그리고 그렇게 하면서 그들은 우익의 고유한 전통과 원칙을 배반하도록 점차 이끈다."[38]

그리고 헨리 해즐릿(Henry Hazlitt)[222]씨는 밴 노스트랜드(Van Nostrand)가 출간한 로스바드 박사의 걸작,《인간, 경제 그리고 국가 (Man, Economy, and State)》의 서평을 <내셔널 리뷰>에 열정적으로 써주었다. 그러면서 예를 들어 명예 훼손과 중상은 불법화되지 말아야 한다거나 "심지어 협박도 '자유사회에서는 불법이 아니다.'"라는 로스바드 박사의 의견을 들어 안타깝게도 잠시 저자의 "극단적인 선험적 추론(extreme apriorism)"을 비판했다. "'왜

---

221 1937~2012, Ronald Hamowy 정치 사회학 분야의 학자. 시카고 대학에서 하이에크 교수 아래 박사학위를 취득. 개인의 자유를 각별하게 중시하는 정치 사상가.

222 1894~1993, Henry Stuart Hazlitt <월스트리트 저널>이나 <뉴욕타임즈> 등에 정치 경제 문제에 관한 글을 써온 언론인.

냐하면 협박은 다른 사람의 특정 정보를 공표하지 않는 대가로 돈을 받는 행위일 뿐 특정인이나 재산에는 폭력이나 폭력의 위협이 실제 가해지지 않기 때문이란다.'…로스바드 박사는 본인의 지식이 풍성하고 이성적 사고가 엄격하게 작동하는 경제학의 영역 밖으로 벗어날 때 '극단적인 선험적 추론'이라는 그의 인식론적 강령의 오도를 받는다. 그 결과 몇 세대에 걸친 경험을 통해 인간이 수립한 관습법의 원칙들을 그 자신의 즉흥적 법학으로 대체하려 시도한다."

"극단적인 선험적 추론"은 정곡을 찌른 말이다. 만약 <내셔널 리뷰>의 경험이 현대 보수주의 성장에 핵심적이라면 극단적인 선험적 추론에 빠진 사람들은 어떤 특정 목적을 달성하려고 때때로 서로를 돕는 경우를 제외하고는 보수주의자들과 함께 일하기 힘들다는 걸 발견하게 된다. 그 추론에 빠진 사람들은 순수한 반국가주의의 이름으로 현실의 짐을 어깨에 매길 거부하며 상비군의 일부가 되지 않으려 한다. 반복해 말하겠다. 나는 그들의 지적인 영향력을 개탄하지 않는다. 전술적으로 전혀 걱정하지 않는다. 가장 치유가 불가능한 유아론(唯我論)자와, 이를 수용하면 인간 자유의 종말을 의미하고 마는 일련의 추상과 강령들이 결합하지 못하도록 효과적으로 저항하는 일은 그다지 어렵지 않기 때문이다. 다시 말해 공산주의의 창녀들은 이미 충분히 많고 시끄럽게 떠들어댄다. 그들의 무시무시한 실재를 앞세우는 일이 전혀 힘들지 않을 만큼 도처에 모습을 드러낸다. 순수한 사람들은 미국 보수주의의 주류 밖에서 자신들의 몸을 꿈틀댄다. 해모위씨는 자기 자신을 흠잡을 데 없이 완벽한 우익의 상징이라고 거창하게 앞세우면서도 건전한 핵 정책을 위한 위원회(SANE)[223]에 가입했다.

III

우리는 존 버치 소사이어티(John Birch Society)와도 충돌했다. 더 정확하게 말하자면 로버트 웰치(Robert Welch)[224]씨와의 격돌이다. 우리는 언제나 그 둘을 구분해왔다. 웰치 씨의 견해는 잘 알려져 있다. 요점을 이야기하자면 객관적인 결과에서 주관적인 동기가 믿을만하게 유추된다는 시각이다. 예를 들면 만약 서구 사회가 지난 15년간 눈에 띌 만큼 많은 영역을 적에게 빼앗겼다면 이는 서방 진영에서 정책을 수립한 사람들이 적의 간첩이었기 때문에 가능했다는 얘기다. 이 입장의 최종적 주장은 드와이트 아이젠하워가 공산주의자라는 대중적 폭로였다. 수 백 명에게 300 여 쪽의 문서를 보냈다면 이는 대중적 폭로라는 행위로 불려야 마땅하다. (그에 가장 완벽한 반박은 그다지 분석적이라기보다는 예술적이었다. "아이젠하워는 공산주의자가 아니라 골퍼다." 이게 러셀 커크(Russell Kirk)의 말이었나?)

우리는 웰치 씨를 비판하면서도 랜드 여사나 혹은 신무정부주의자들을 비판했을 때처럼 치열한 철학적 전선으로 달려가지 않았다. 차라리 우리는 조직적인 공리로, 좌파에서 사용했던 구호를 그대로 베꼈다. 좌익이 외

223　National Committee For a Sane Nuclear Policy는 1957 6월 27명의 명사들이 모여 출범시킨 민간단체로 핵무기 철폐 핵실험 방지 등을 추진했다. 전국적으로 지부가 만들어져 1958년 이미 130개 지부에 회원 2만5천명이 되었다. 필자는 해모위씨가 보수주의자로 자처하면서도 대책 없이 평화주의에 기운 모습을 비웃었다.

224　1899~1985, Robert Henry Winborne Welch Jr. 미국의 기업인. 은퇴 후 독자적으로 반공산주의 운동에 나섰던 정치 운동가이자 저자. 1958년 John Birch Society를 수립했다.

쳤던 "좌익끼리는 적이 없다(Pas d'ennemi à gauche)"라는 구호 말이다. 이 입장은 그러나 엄격하게 설명되거나 적용되지 않았다. 웰치 씨 스스로 예외를 만들었다. 예를 들어 제럴드 스미스(Gerald L. K. Smith)[225]가 국내 정책이나 외교 정책의 수많은 개혁을 지지했다는 건 사실이다. 더구나 그런 개혁은 웰치 씨가 (그리고 <내셔널 리뷰>도) 선호하는 정책과 일치했다. 그럼에도 웰치 씨는 스미스 씨를 고정관념에 사로잡힌 사람으로 치부했다. 말하자면 현대 사회의 믿음 없는 유태인(Perfidious Jew)[226]이란 역할이었다. 많은 우익인사들은(그리고 많은 자유주의자들과 모든 공산주의자들은) 데우스 엑스 마키나(Deus ex machina)[227]를 믿는다. 단일한 세금을 도입하기만 하면 우리의 모든 문제들은 사라져버린다고 헨리 조지(Henry George)[228]의 추종자들을 말한다. …다른 사람들은 유태인들을 폭로하기만 하면 그들의 국제적 음모는 깨져 버린다고 말한다. …소득세를 철폐하기만 하면 우리 모두의 삶은

225 1898~1976, Gerald Lyman Kenneth Smith 미국의 사제이자 우익 정치 조직가. 그는 대공황 시절 우리의 부를 나누자는 운동을 전개한 지도자였으며 1944년 First Party를 창립해 그해 대통령 후보로 나섰다.

226 부활절 직전 성금요일(聖金曜日)인 그리스도의 십자가 수난일의 성찬식에서 사제가 심지어 신앙이 없어 예수를 십자가에 못 박히게 한 유태인들도 용서해달라는 기도문에 등장하는 표현이다. perfidious가 라틴에서는 신앙이 없다는 의미이나 영어에서는 반역적이라는 뜻도 있기에 반유대주의적이라는 비판이 일었고 1980년대 이후 성찬식의 공식 기도문에서 사라졌다. 필자는 보수주의 내부의 적이라는 뜻으로 사용한 듯하다.

227 문학 작품의 구성요소로 결말을 짓거나 갈등을 해소하려고 뜬금없이 도입하는 사건 등을 지칭한다. 글자 그대로는 "기계 장치를 사용해 (연극 무대에) 내려온 신(god from the machine)"이라는 뜻이다. 여기선 모든 문제를 해결하는 존재라는 의미로 쓰였다.

228 1839~1897, Henry George 미국의 정치 경제학자이자 언론인. 사람들은 본인이 생산한 가치를 소유해야 하며 토지나 자연자원에서 발생한 가치는 모든 사람이 공유해야 한다는 사상을 주장했다. 그가 1879년에 펴낸 《진보와 빈곤(Progress and Poverty)》은 세계적으로 백만 부 이상 팔렸으며 당시론 미국의 사상 최대 베스트셀러였다.

더 나아진다.…다른 건 모두 잊어버리고 금본위제만 회복시켜라.…세금 납부의 의무를 철폐하라, 우리는 모두 자유로워진다.…이들은 만병통치약을 팔러 다니는 약장사다. 그들은 분명 집착한다. 왜냐하면 그들이 촉구하는 주장에 어떤 하나의 미덕이 있기 때문에 그들의 몇몇 제안들은 대단히 바람직하게 보이지만, 또 어떤 다른 제안들은 해롭게 보인다. 그러나 그 제안들 중 그 무엇도 보수주의자가 추진하는 총체적인 일을 시작하는 데는 적합하지 않다. 인간의 원죄를 철폐하는 위원회의 임무가 성공적으로 완수되기 전에는 그들의 주장 어느 하나도 불가능하기 때문이다.[229] 유행하는 통찰과, 사회적 재구축의 급소를 부적절하게 강조했던 많은 사람들이 <내셔널 리뷰>에 불만족스러워했다. 다른 사람들은 더 격렬하게 반응했다. 우리가 그들의 해결책을 강조해주지 않아서 그 해결책의 고유한 적실성을 호도하는 결과를 낳는다고 생각했기 때문이다. 특히 그들의 위대한 계시가 우리에게 유일한 전진의 길을 가리킨다고 믿었을 때 <내셔널 리뷰>의 행위는 적극적으로 부정적 영향을 미친다고 여겨졌다. 따라서 <내셔널 리뷰>는 그들의 눈에는 단순히 소용없는 정도가 아니라 더 해로운 존재였다.

웰치 씨의 옹호자들은 역시 <내셔널 리뷰>의 심각한 비판자들이지만 결코 그 모든 사람들이 음모학파의 중독자들은 아니다. 그들은 일관성 없게도 우리는 모두 함께 협력해야 한다고 말하는 학파에 속한다. 물론 일반적인 제안으로는 건전한 충고다. 레닌은 "종파주의"와 "기회주의"의 죄를 구분했다. 종파주의란 전체적인 시각에서, 종속절까지 모두 공유하지 않는 사람들이라면 그 누구와도 협력하기를 거부하는 사람들이 저지르는 죄다.

229　보수주의자는 사회의 모든 문제가 원죄로 설명되는 인간의 근원적 약점 때문에 발생한다고 본다. 따라서 이 위원회가 인간의 원죄를 철폐하는데 성공한다면 지상에 낙원이 이룩된다는 뜻이다.

기회주의란 자신들의 정치적 패거리의 신념에 완벽하게 무신경한 사람들이 저지르는 죄다.

웰치 씨를 우리가 비판했기 때문에 <내셔널 리뷰>와 절연한 사람들 대다수는 스스로 <내셔널 리뷰>의 종파주의에 맞서 항의했기 때문이라고 믿는다. 그러나 나는 그들의 양심이 사실 상 주로 개인적이었다고 여긴다. 그들은 자신들의 마음에 깊이 담아둔 사람에게 가해진 공격 때문에 불쾌해졌다. 그(웰치)를 향한 충성심은 그가 (종종 부당하게) 공격받는 만큼 비례해서 강화됐다. 보수진영 내부에서 공격이 제기됐을 때 그들의 씁쓸함은 도를 넘었다. 이제 <내셔널 리뷰>에 간첩이 "침투했다"고 그들이 속삭인다는 이야기가 광범위하게 들린다.

<내셔널 리뷰>가 맞닥뜨리는 질문은 두 개다. 첫 번째의 질문은 공공의 사안을 바라보는 웰치 씨의 시각이 건전한가, 아닌가 이다. 우리는 이에 주저 없이 언제나 아니라고 답했다. 편집자들은 실증적 경험을 통해 그의 견해들이 건전하지 않다는 걸 알았다. 편집자들 상당수는 최근 대학을 다녔거나 학계와 계속 접촉해왔다. 따라서 최근 2차 세계대전 이후 연이어 들어선 행정부들이 처리해온 내부 치안, 외교 관계 방식을 미국 지성의 압도적 다수가 지지해왔다는 사실을 안다. 따라서 공산주의자(웰치 씨가 허락했듯, 혹은 바보)만이 하원의 비미국 행위 조사 위원회(House Committee on Un-American Activities)에 반대하고, 폴란드나 유고슬라비아에 주는 원조를 선호한다는 가정은 연역적으로 미국의 학계가 주로 공산주의자(혹은 바보)들로 가득 찼다는 의미여야 한다. 이런 가정을 거부하려면 단순한 상식이 아니라 지성계의 거의 모든 복잡한 주장에 익숙해져야 한다. (물론 지성계가 모두 바보로만 구성되지 않았으며 적어도 웰치 씨가 의미하는 바보는 결코 아니

다.)

　두 번째 질문이 떠오른다. 웰치 씨의 입장을 사상의 비현실적 양식이라고 명시적으로 거부하는 게 필요한가라는 질문이다. 이 질문은 웰치 씨의 사상이 우익 사상의 계몽에 조금이라도 기여했느냐는 질문을 통해 답해져야 한다. 그 답은 사람들이 생각하기보다는 그리 명백하지 않다. 이성이 결국 압도하고, 논리와 진실이 자명하다는 가정들은 역설적으로 웰치 씨를 내버려두라고 주장한다. A)전후 우리는 만능이었고, B)러시아는 이제 우리만큼 강력해졌으며 따라서 C)우리는 적의 성장을 도왔다(웰치 씨 방법론의 핵심)라는 삼단 논법이 정확하다고 믿는 사람들이 했던 가정들을 받아들인다면 다음과 같은 추론이 가능해진다. 만약 웰치 씨가 진실이 승리하리라 믿는다면, 다시 말해 웰치 씨가 아니었다면 관심이 없었을 그런 사람들이 공공의 사건에 주의를 돌리게 됐고 그래서 그런 문제들에 관해 읽고 생각하게 만들었다면, 비록 웰치 씨 덕분에 공공의 관심사에 주의를 기울이게 된 사람들이라도 심사숙고한 다음 이성의 힘으로 웰치 씨의 구체적인 조언을 거부하고, 지식이 풍부해진 구성원으로 반공산주의자 공동체를 졸업하게 된다고 말이다.

　그러나 이성은 왕이 아니다. (웰치 씨로부터 뒷걸음질 친 많은 사람들이 있었다. 그러나 이들이 심사숙고 끝에 그의 분석을 논박했기 때문이라고 보기는 어렵다. 차라리 더 큰 이유는 현실을 거부하는 매우 특별한 시각을 지닌 사람의 지배를 받는 운동의 추종자들에 일종의 대중적 추문이 발생했기 때문이었다.) 따라서 누군가는 명백해 보이는 이야기를 굳이 해야 할 필요가 있어 보인다. 즉 웰치 씨의 시각은 틀렸다. 웰치 씨의 개인적인 수많은 미덕에도 불구하고 틀렸으며, 정치적으로 무기력했던 사람들이 이제 웰치 씨 덕에 정치적으로 활

　　　　　　　　　　　　　　　　　　　　　　　　　보수의 뿌리

발해진 사람이 많아졌다 해도 그는 틀렸다.

　그 결과 <내셔널 리뷰>는 웰치 씨에게 "진흙 덩이를 던진다(헐뜯는다)."고 광범위하게 비판됐다.(웰치 씨에게 그 자신의 주장을 되던지는 행위를 언급하는 흥미로운 방법이 아닐 수 없다!) 일정한 전선들(몇몇 사람들의 목)이 부서졌다. 우리는 누구를 소외했는가? 일군의 사람들? 일군의 사상? 나는 그렇게 생각하지 않으려 한다. 내가 이미 제시한 논리적 사고 때문이다. "우익끼리 적은 없다(pas d'ennemi à droite)"는 구호를 순수하게 믿는 사람들을 우리가 소외했다면, 왜 같은 사람들은 (a)스미스(Gerald L. K. Smith)씨를 웰치 씨가 배제했을 때 환호했으며 (b)더 나아가 우리를 배제했는가? 그들의 행동은 일관되지 못하다. 자기편의 누군가에 등을 지는 행위를 범한다며 공격자에게 등을 돌리는 행위를 어찌 정당화할 수 있는가. 그리고 웰치 씨는 위 (a)의 관점에서는 일관되지 못했던 반면 (b)의 관점에서는 일관됐다. 웰치 씨는 <내셔널 리뷰>의 순진성을 탓하고, 공산주의자들이 존 버치 소사이어티를 중상하려면 보수주의 전선에 있는 몇몇 사람들을 필요로 한다는 사실 등을 몇 번 불쾌한 어투로 언급한 외에 어쨌든 아직까지는 그들의 반공산주의 공동체 밖으로 우리를 축출하지는 않았다.

　나는 이런 이유로 웰치 씨와의 조우는 미국 보수주의의 현대적 위치를 실증적으로 추적하는 과정에서는 철학적 의미가 전혀 없다고 생각하는 편이다. 우리는 역사를 음모적 시각으로 보는 관점을 거부한다고 언급하는 정도 말고는 웰치 씨의 활동에 더 이상의 철학적 의미를 부여할 수 없다는 말이다. 웰치 씨를 비판한다는 이유로 <내셔널 리뷰>를 떠난 웰치 씨 추종자들이 있다. 그들 대부분은 자신의 입장에 일관되지 않았다는 점에서 드러나듯 주로 개인적인 불쾌감으로 행동했을 뿐이다. 물론 그 사람들은 개인적으로 기분이 상했을지 모른다. 그러나 이 간략한 분석은 아마도 왜 <내셔널 리뷰>와 부딪친 가장 시끄러운 충돌이 보수주의의 실증적 정의를 만들어가는 과정에 전혀 긍정적으로 기여하지 않았는지를 설명한다는 점에서만 유의미하다.

IV

몇 년 전 저술가이자 시인인 맥스 이스트먼(Max Eastman)[230] 씨가 슬프게도 <내셔널 리뷰>의 편집자 명단에서 빠져야 하겠다고 내게 편지를 썼다:

> <내셔널 리뷰>에는 나의 가장 진지한 격정과 확신을 의례적으로 무시하거나 직접적으로, 또 아주 깊게 공격하는 너무도 많은 내용들이 있다. 정치적으로 동의한다는 이유로 내가 원시적이고 미신적이라고 간주하는 생명관과 우주관을 견지하는 그런 출판물과 공식적으로 협력하는 일이 가능하다고 생각한 자체가 처음부터 나의 실수였다. 우리 사이의 그 우주적, 아니 그 엄청난 차이는 나를 언제나 괴롭혀 왔다. 그리고 내가 말했듯이 최근의 정치적 함의는 내가 더 이상 용납하기 어려운 방향으로 나아갔다. 1958년 10월 11일 발행한 잡지에서 핼턴(Halton)신부가 "천국의 자리에 마땅히 계신 하느님의 권리를 인정하려" 노력한다는 문장들은 내 마음이나 내 상상력이 편안하게 쉴 수 없

---

230 1883~1969,Max Forrester Eastman 미국의 작가, 시인, 정치 운동가. 1917년 해방자라는 급진적인 잡지를 창간하고, 소련에서 2년 여 체류하는 등 공산주의 열렬 지지자. 나중에 반공주의자로 변신 시장 경제를 지지했으나 무신론자로 남았다.

보수의 뿌리

는 세계로 나를 인도했다. 비록 진저리를 쳤지만 그 만큼까지는 받아들일 만했다. 그러나 "세상을 위한 투쟁은 본질적으로 신을 몰아내려는 사람들이 벌이는 짓"이라고 첨언했을 때 <내셔널 리뷰>는 전적으로 위험하게 틀린 정치적 의견을 밝힌 셈이다.…

보수주의자이면서 신을 믿을 수 있는가? 당연하다. 보수주의자이면서 신을 믿지 않을 수 있는가? 이는 실증적인 글이다. 따라서 답은 명백하게 '그렇다'이다. 보수주의자이면서 신을 업신여기거나, 신을 믿는 사람들을 경멸할 수 있는가? 나는 '아니다'라고 말하겠다. 맞다. 맥스 이스트먼은 <내셔널 리뷰>의 친종교적 공감을 이유로 이에 항의하며 편집진에서 사임한 유일한 사람이다. 그러나 그의 행위가 상궤를 벗어나지는 않았다. 그는 결국 <내셔널 리뷰>에서 열렬한 무신론자로 종교에 옛날식 적대감을 지닌 아마도 유일한 편집자였다. 시어도어 드라이저(Theodore Dreiser)[231], 업튼 싱클레어(Upton Sinclair)[232], 헨리 멩켄(Henry Mencken)[233], 클래런스 대로(Clarence Darrow)[234]등 이스트먼의 옛날 친구들과 함께 말이다. 만약 누군가 종교를 지적으로 경멸할만한 대상으로 간주한다면 종교가 핵심적 역할을 하는 운동에 전적으로 동참하기는 어렵게 된다. 결국 맥스 이스트먼이

---

231 1871~1945, Theodore Herman Albert Dreiser 자연주의 학파의 미 소설가이자 언론인.

232 1878~1968, Upton Beall Sinclair Jr. 미국의 작가로 1000여권을 저술. 1943년 소설로 퓰리처상을 탔음.

233 1880~1956, Henry Louis Mencken 미국의 작가, 풍자 수필가, 언론인으로 사회 정치 문학 음악 등 광범위한 분야를 다루었다

234 1857~1938, Clarence Seward Darrow 미국의 변호사. 미국 시민 자유 연맹(ACLU)의 지도자 중 하나. 헨리 조지의 정치경제 사상을 지지.

떠나야 한다고 느꼈던 때가 왔다. 심지어 내가 그를 관찰하며 다음과 같이 사후적으로 내린 결론에 도달하기가 쉽지 않다고 생각했는데도 말이다. "<내셔널 리뷰>의 편집자들이 어떤 영향력을 가졌다면 그들이 미국에서 수립하고 싶어 하는 사회를 두고 무엇을 비판해야할지 몰라 당신이 당황하게 되리라는 내 생각은 앞으로도 변함이 없을 것이다."

이스트먼의 사퇴는 흥미로운 점을 생각하게 했다. 그 요점에 관해 내 옛 친구에 보낸 답장에서 나는 이렇게 답했다.

당신은 [나는 썼다] 당신의 편지를 진지하게 받아들여달라고 요구했다. 그 말대로 당신의 편지를 진지하게 받아들이면서 나는 당신보다는 나 자신을 나무라야만 한다. 왜냐하면 당신이 나와 공식적으로 협력할 수 없는 게 사실이라면 진실로 나는 당신과 공식적으로 협력하지 말았어야 했다. 왜냐하면 나는 당신이 무신론에서 기독교까지의 거리가 기독교에서 무신론까지의 거리보다 더 멀었다고 생각했다는 게 싫기 때문이다. 그리고 우리의 공동 노력이 어울리지 않는다는 당신의 말이 맞는다면, <내셔널 리뷰>의 편집장으로서 내가 먼저 그것을 발견하고 그에 맞춰 행동했어야 했다. 더구나 나의 신앙은 협력관계 구축에서 당신의 경우보다 훨씬 더 엄격한 기준을 부과하기 때문에 더욱 그랬어야 마땅했다.

이런 편지를 주고받은 지 4년이 지난 뒤 나는 이제 안다. 여기서 내가 하고자 하는 말은 이거다. 신을 싫어하는 사람이 기독교 신자와 충분히 협력할 수 없고 그 반대도 마찬가지라는 주장은 진실이 아니다. 영적이고 철학적인 시건방짐을 떤다는 위험을 무릅쓰지 않고는 적어내기 쉽지 않은 이유들 때문이다. 그러나 그 위험을 무릅써야했고 나는 세속적이기보다는 기독교적 설명을 선택하겠다. 왜냐하면 세속적 설명은 매우 손쉽기 때문이다. 예컨대 에릭 푀겔린의 《이성적 토론을 준비함에 대해 (On Readiness to Rational Discussion)》[39]를 보면 기독교적 설명이라면 허용되지 않았을 형태로 여전히 논란을 남기는 설명을 한다. 기독교 보수주의자들이 무신교도들과 협력을 맺을 수 있는 이유는 무엇보다 신앙은 선물이라고 생각하기 때문이다. 따라서 믿지 않는 사람에게 주어진 불행이나 믿는 사람에게 떨어진 행운을 정산하지 않는다. 친 종교적 보수주의자들은 따라서 무신론자들을 보수주의 공동체의 완전한 구성원으로 환영한다. 비록 마음속에선 깊은 뿌리가 서로 엮이지 않는다고 느끼면서도 말이다. 따라서 기독교 보수주의를 특별하게 번성하게 하는 자양분은 순수하게 세속적인 보수주의에는 도달하지 못한다. 푀겔린은 순수하게 지적인 근거를 바탕으로 하여 주장한다. 마치 미덕은 오직 지식으로 정의될 때만 가르쳐질 수 있다는 소크라테스의 주장을 그의 교훈으로 삼아서 말이다. 소크라테스는 지식이 초월적인 인식이라고 정의했다. 따라서 그는 사실상 사물의 본질을 깊이 보아 초월성을 인식하는 능력이 요구된다고 말했다. 푀겔린은 그런 소크라테스를 상기시켰다. 푀겔린은 이를 《프로타고라스, 정치가, 그리고 법 (Protagoras, the Statesman, and the Laws)》이라는 책에서 자세히 설명한다. 불가지론자(단지 모른다고 말하는 사람)와 달리 신을 증오하는 사람, 혹은 단지 습관적 무신론자(신이 없다고 알지만 의견이 다른 사람들에 관해 관심이 많지 않은)는 종교를 믿거나 용인하는 사람들을 좌절된 통찰력에 영향을 받은 사람으로 간주한다. 좌절된 통찰력은 지적인 결함과 심리적 미성숙이 조합된 결과이며 맥스 이스트먼이 "용납할 수 없었던" 분석의 사용이나 수사법만 낳을 뿐이다.

불가지론자는 이 모두에 어깨를 으쓱하고 말아버린다. 그는 살아 있는 동안 친종교적 요소와 반종교적 요소의 대립이 보수주의 안에서 해소되기나 할지 염려할 필요가 없다고 생각한다. 신에 관해 생각하기보다 달리 해야 할 일이 수 없이 많기 때문이라는 태도다. "당신은 무엇인가?[235]" 어떤 저녁 자리에서 학문적으로는 신사이지만 선동적인 보수주의자[236]에게 누군가 가볍게 질문을 던졌다. 그가 종교와 관련해 격렬한 대립으로 이어질지 모르는 질문들을 슬쩍 피하고 그런 대화의 흐름을 언제나 다른 쪽으로 돌려버리는 사람이기 때문이었다. 그 신사는 슬그머니 미소를 지었다. "글쎄요 무언가 이긴 하겠죠." 그리고 대화는 즐겁게 계속됐다. 그러나 맥스 이스트먼은 사실 아무것도 아니었다. 그는 성스런 사제가 혀를 깨물며 무신론자에게 개종하라는 요구를 자제하는 만큼 자신의 무신앙을 외칠 기회를 억누르지 못했다. 그래서 긴장이 생겼다.

이스트먼 씨는 수많은 다른 실용적인 보수주의자와 마찬가지로 그의 자유 옹호를 주로 실용적인 근거에 둔다. 에릭 폰 쿠에넬트-레딘(Erick von Kuehnelt-Leddihn)[237]은 한때 프리드리히 하이에크의 《자유 헌정론(Constitution of Liberty)》이 자유가 실용적으로 생산적이지 않다면 자유의 합리적 근거는 없다고 말하는 듯했다고 언급한 적이 있다. 질서 있는 자유

---

235 무신론자인가 유신론자인가, 종교적 성향을 묻는 질문이다.

236 필자 자신을 지칭함.

237 1909~1999, Erik Maria Ritter von Kuehnelt-Leddihn 오스트리아 정치 경제학자이자 언론인. 스스로를 극단적인 자유주의자로 칭하며 민주주의의 다수결이 개인의 자유를 위협한다고 주장했다.

는 바람직하다. 경제와 정치적 연대의 기초로서 자유가 발휘하는 두드러진 유용성을 별도로 하고라도 그렇다. 종교적 성향의 보수주의자들은 그렇게 공감한다고 보인다. 사회적 실용주의자들은 에드먼드 버크를 자신들과 같은 사람으로 여겼다. 그러나 지난 십 여 년 연구로 버크는 사회적 실용주의자에서 해방됐다. 이 논의에서 너무 멀리 벗어나지 않고자 몇 년 전 통계 결과를 인용한다. 절대 다수의 <내셔널 리뷰> 독자들은 그 조사에서 스스로를 공식적으로 종교적인 사람으로 생각했다. 다시 말해 내가 주장하는 종류의 보수주의는 종교적인 인간관에 뿌리내리고 있다는 반증이었다.

비록 내가 <내셔널 리뷰>의 종교 친화성에 항의해 편집진에서 사퇴한 사람으로 이스트먼 씨가 유일했다고 말했지만 특히 학계에 숨어있는 갈등은 많았다. 신이 존재하느냐 아니냐는 질문을 둘러싼 갈등이 아니었다. (오직 소수만이 계속 그 질문을 양심적일지는 몰라도, 의식적으로 탐구했다. 그리고 양심적으로 연구한다는 사람들 대부분은 품위가 떨어지는 사람들이라 여겨졌다.) 신을 증오하는 사람들이 당연하다고 생각하는 지적인 경멸을 종교를 향해 어느 정도 드러내야 적절한지를 두고 의견이 크게 엇갈렸다. 러셀 커크는 주요 대학의 교수로 받아들여지지 않았다. 특히 말하기도 참 영광스럽게 보수주의자들(구체적으로 자유지상론자들이)이 학과를 통제하는 대학의 학과에서 조차 커크는 그의 종교적 "신실함" 때문에 교수로 허락되지 않았다. 몽펠린 소사이어티(The Mont Perlerin Society)는 자유 시장 경제학자와 보통 사람들로 구성된 조직으로서 최근 이해하기 힘든 개인적인 문제들 때문에 소동을 겪었다. 아마도 그 긴장의 틈새 어디엔가 종교적 차이, 혹은 종교를 둘러싼 차이와 관련한 입장의 강화가 있었다. 그런 차이들은 때때로 느슨하게나마 "전통적" 보수주의와 "자유지상론적(libertarian)" 보수주의 사이의 논쟁들로 표현된다.

비록 나는 적대감이 이곳저곳에서 더 커져가는 듯 보인다고 말해야 하지만 낙관할 근거도 있다. <내셔널 리뷰>가 일부 헌신적인 무신론자들을 제외한 대부분의 무신론자들과 우호적인 경험을 하고 있을 뿐 아니라 과학 중심 시대의 무시무시함은 종교적 학문의 자극은 물론, 다른 모든 본능 중에서 지적이고 영적인 본능의 자극을 낳았다는 확신 때문이다. 이런 자극 덕분에 인간이 단지 가벼운 가스의 악마적 결합에 지나지 않는다고 고집하는 가장 최신의 현대인 무리들을 언제나 지옥으로 떨어뜨린다. 헉슬리나 그의 추종자들은 양고기 덩어리의 분자구조에서 어떻게 햄릿을 추론해낼 수 있는지 보여주는 데 실패했다고 말했다. 그런 헉슬리의 자기 비판적 고백에 무신론자들은 아직 답을 하지 못했다.

나는 명백한 사실을 독자들에게 반복한다. 이 글은 단지 메모에 지나지 않는다. 그럼에도 나는 이 모두가 산만한 주절거림은 아니고 어딘가에 현대 보수주의의 경계들이 있고, 어딘가에서 보수주의가 벽에 부딪혀 되튀어갔는지 언급했길 원한다. 고속도로는 여전히 광대하고, 광대한 만큼 매우 다른 선입견과 기술을 지닌 서로 매우 다른 사람들이 지나갈 수 있다. 자유의 형이상학을 주장한 프랑크 메이어에서 시작해, 전통주의에 마음을 빼앗긴 러셀 커크, 교회 중심의 사회적 전망을 지닌 브렌트 보첼에서, 개리 윌스와 그의 극복하기 어려운 정교 분리의 벽까지, 윌무어 켄달과 어네스트 반 덴 하그와 그들의 동의에 기초를 둔 사회의 강조에서, 밀턴 프리드먼과 열린사회(Open Society)까지, 그들의 차이는 어딘 가에선 어조에 지나지 않고 어딘 가에선 실체가 있다. 그러나 그들은 서로를 목 졸라 죽여 없애지는 않는다. 그들은 자유와 질서, 정의와 전통의 적절한 균형이라는 포괄적인 합의 위에 공생한다.

맺는말

Summing Up

12

합의와 차이

프랑크 메이어(Frank S. Meyer)

이 책의 첫 번째 장에서 나는 현대 미국 보수주의 운동에서 전통주의자와 자유지상론자(libertarian)들의 견해가 갈리는 근본적인 이유가 무엇인지, 또 그들이 합의하는 공통분모가 무엇인지 보여주려 했다고 말했다. 필자들은 일부러 그 두 성향들을 가장 명징하게, 또 요령 있게 설명할 만한 사람들로 선택했다. 독자들은 이 책의 첫 번째 장에서 내가 의도했던 그런 목표를 달성했는지 이제 스스로 판단해야 한다. 정말 차이보다는 공통분모가 훨씬 더 강력했는지, 20세기 첫 60년간 지배적 풍조였던 자유주의에 맞서 현대 미국 보수주의 사상은 공통의 가치체계를 품었는지, 그리고 그런 가치들이 본질적으로 건국의 아버지들이 공통으로 지녔던 가치들에서 왔는지 말이다.

나 역시 결론 삼아 이 책의 모든 필자들이 상호간에 보인 주요한 태도와 그 기저를 이루는 원칙들을 지적해보고 싶다. 필자들은 구체적인 부분에서 조금의 차이가 있긴 했지만 그 원칙들을 공통으로 보유했다. 아울러 빠르게 성장하는 보수주의 운동에 가담한 다른 모든 사람들과도 그 태도와 원칙들을 공유했다. 필자들의 개별적이고 종종 대립되는 논지들에도 불구하고 이런 기본적 합의들은 거듭해서 드러난다. (심지어 하이에크(F. A Hayek)의 "나는 왜 보수주의자가 아닌가?"나 미국 보수주의자의 압도적 다수가 존중해 마지않는 권리장전을 켄달(Willmoore Kendall)이 비판한 내용 등 보수주의의 중심적 견해와 동떨어져 보일 때조차 그렇다.)

그들이 무엇에 합의하는지는 이 책의 전반에 드러난 필자들의 기본적인 가정을 자유주의의 기본 가정들과 대조할 때 가장 잘 요약되리라 보인다. (대단히 실천적인 정치 문서인 골드워터(Goldwater) 상원의원의 《보수주의자의 양심 (The Conscience of a Conservative)》 못지않게 말이다.)

1. 종교적인 신념은 많이 달랐지만 필자들은 모두 묵시적으로나 명시적으로 에릭 푀겔린이 "존재의 헌정질서"라 부른 것에 기초한 객관적 도덕 질서를 인정한다. 다시 말해 인간의 행위를 판단하게 해주는 변하지 않는 기준들의 존재를 받아들인다.

현실에 깊이 뿌리내린 엄중한 진실들을 인정하는 이런 보수적 태도는 자유주의자들의 그것과는 정면으로 충돌한다. 자유주의자들은 보수주의자와 달리 정치 이론과 그 실천의 기초나 정당화의 수단을 도구적 방식에 의존하기 때문이다. 자유주의자들은 "민주주의"(50%의 인구에 더해 단 한 사람이라도 더 지지하는 그 무엇이든 정의롭다), "진보"(사태가 지금껏 전개돼 왔고 앞으로 계속 나아가는 방향이 정당하며, 따라서 누구든 그 방향으로 움직여 가는 사람이 정당하다), 그리고 "현대적으로 계몽된 전문가"(당대의 지적 풍조가 옳다)나, 이 셋의 조합을 신봉한다.

2. 모든 필자들에게 정치와 사회사상의 중심은 필연적으로 인간이다. 그들이 자유나 권리를 강조하든, 책임과 의무를 강조하든 개인이라는 인간의 조건에서 생각하고 쓴다. 그들은 현대 자유주의와는 대조적으로 인간의, 개인의 우위를 긍정한다. 현대 자유주의자들은 본질적으로 집합체("국민", "소수," "새로운 민족")에만 관심이 있거나, 집합체를 구성하는 사람들을 침몰시키고 조작가능 하게 만들어주는 도구적 측면에나 몰두할 뿐이다. 보수주의자들은 인간의 자기실현을 주로 개인의 독립성이라는 관점에서 인식하든, 아니면 공동체의 관점에서 인식하든 집단적 정체성이라는 이념적 개념들을 거부한다. 공동체가 주요한 개념이라고 여기는 사람들조차 집합체라는 관점에서는 생각하지 않는다. 오히려 전통에 기반을 두었으나 현재를 살아가는 여러 세대들이 다시 한 번 확인한 개인적인 관계들의 풍부한 상호침투라는 관점에서만 생각한다.

3. 위와 같은 양자의 차이는 보수주의자와 자유주의자의 국가를 보는 태도에서 가장 분명하게 대조를 이룬다. 보수주의자들 사이에서도 국가가 제한되어야 하는 정도를 두고 커다란 차이를 보인다. 그러나 그들은 모두 현대 자유주의자들과 달리 인간에게 이념적 형태를 강요하는 국가 권력의 사용[238]을 혐오한다. 그러나 국가의 권력이 제한되어야 하는 정도와 양식에서 아무리 서로 생각이 다르다 해도 그들은 국가가 많은 제도의 하나일 뿐이며 국가의 역할이 20세기에 나타난 형태로 확장될 때 전적으로 위험해진다는 점에서는 완전히 동의한다.

4. 인간의 삶을 "계획"한다는 생각은 자유주의자의 기풍(ethos)에 대단히

---

238 주로 사회주의 국가들에서 보인 전체주의적 형태로 나타난다.

보수의 뿌리

특징적으로 나타난다. 그러나 이 책의 모든 필자들은 이를 대단히 혐오했다. 인간을 얼굴 없는 단위로 간주하고 사회적 공학자들의 청사진에 따라 조직되고 지령 받는다는 인간의 도구적 전망은, 개개인의 개별적 완결성에 가치의 중심이 있고 이념적 재구성에 굴복하지 않는 불변의 도덕률이 존재한다는 사실을 무시할 때에만 가능해진다.

보수주의 안에 있는 자유지상론자와 전통주의자들은 모두 사회적 "계획"에 반드시 수반되는 명령과 중앙집권화된 권력을 거부한다고 강조한다. 비록 그들이 사회 기술자의 계획들로부터 인간의 자유를 보장하는 방법으로 무엇을 강조하든 결론은 마찬가지다. 자유기업 경제체제와 국가의 엄격한 제한이 중요하다고 역설하는 자유지상론자나, 혹은 문명의 풍부한 전통에서 솟아나는 공동체의 다양성을 살려가는 데 집중해야 한다는 전통주의자나 모두 명령과 중앙집권화를 거부한다.

5. 최초에 수립된 미국 헌법의 정신이 모든 필자들의 생각을 관통한다. 그 정신은 다음과 같다. 정부의 기능들을 적절하게 제한한다. 지방과 중앙 권력 사이의, 연방정부 안에 있는 동등한 기관들 사이의 균형과 긴장을 헌정 질서 안에서 유지한다. 보수주의자들은 연방 정부 앞에서 주(州)의 권리를 경멸하고, 연방의 행정부를 신격화하는 자유주의자들에 반대한다. 전통이나 질서 혹은 자유, 그 무엇을 강조하든 관계없이 그들은 모두 헌법 기초자들이 고안하고 집행한 질서 있는 자유를 존중하는 데 일치단결한다.

6. 이 책의 내용들은 때로는 명백하게, 때로는 묵시적으로 서구 문명에 경의를 보내고, 공산주의의 구세주적 세계 지배 의도에 맞서 서구 문명을 보호해야 할 필요성을 자각해야 한다는 데 강한 애착을 보낸다. 우리의 유산이 주로 우리의 전통이기 때문이거나, 아니면 역사적 경험에 없었던 자

유의 모체(matrix)로 그려졌기 때문에 소중했는지는 몰라도, 우리 스스로를 경멸하는 기색은 이 책에 전혀 없었다. 그런 자기 경멸은 지난 수십 년간 공산주의 침략에 저항하는 우리를 마비시켰고 자유주의적 전망을 특징짓는, 희미한 국제주의라는 형태를 보여 왔다.

따라서 나는 바로 이점이 이 책에서 솟아나는 합의라고 본다. 서로 의견이 갈리는 점이 있다면 좋은 사회를 위해 도덕적 전통과 자유의 상대적 중요성을 각 필자들이 단순히 서로 다르게 강조한 정도일 뿐이라고 요약된다. 한편으로는 국가와 공동체의 규제가, 다른 한편으로는 자유로운 개인을 통해 작동하는 도덕적이고 지적 권위라는 설득, 즉 페이토(Peitho)[239]가 강조될 뿐이다. 그러나 자유지상론에 가장 많이 기울어진 필자들도 높은 도덕적 기조가 사회에서 유지될 필요성에 동의했다. 질서와 전통을 가장 염려했던 필자들도 개인의 도덕적 자유를 존중했으며 중앙집권화된 국가와 개인을 사회 계획의 통계 숫자로 평등하게 축소해버리는, 깊게 각인된 현대 자유주의의 상처를 거부했다.

우리의 출발선으로 다시 돌아와 바라본다면 강조점의 날카로운 차이에도 불구하고, 차이 속에서 공통점이, 헌법과 공화국을 창조한 사람들을 한데 묶은 같은 특질의 공통적인 이해가 존재한다는 점을 이 책이 보여주었다고 나는 생각한다.

---

239   그리스 신화에서 페이토(Peitho)는 설득과 유혹을 의인화한 여신이다. 로마에서는 수아다, 혹은 수아델라로 불린다.

보수의 뿌리

부록

Appendix

1

우리 시대의 독단
(개정판에 붙여)

프랑크 초도로프(Frank Chodorov)

프랑크 초도로프(1887-1966)는 개인주의를 선도적으로 주창하던 분이었다. 국가주의를 통렬하게 비판했고 개인의 자유와 자유 시장을 열렬하게 옹호한 그는 한 세대의 우익 사상가들에 영향을 주었다. "모든 진단자는 치료방법까지 제시해야 한다는 요구를 받는다."는 깨달음과 함께 초도로프는 1953년 집산주의(collectivism)에 맞서 싸우는 새로운 조직을 만들었다. 개인주의자들의 대학 연합회(Intercollegiate Society of Individualists)로 출발한 이 조직은 오늘날 대학 연합 연구소(Intercollegiate Studies Institute)로 이름을 바꾸었으며《보수의 뿌리》의 출판사이기도 하다. 초도로프는 ISI의 초대 소장으로 William F. Buckley Jr.를 선임했다.

이 글은 원래 1956년 <프리맨(The Freeman)>[240]에 처음으로 발표됐으며 이 책에는 실리지 않았다. 그러나 초도로프의 생각은 다시 살펴볼 가치가 충분하다. 특히 이 책에 기여한 버클리와 M. 스탠턴, 에번스 등 몇몇 필자들에 끼친 심대한 영향력을 생각할 때 더욱 그렇다. ─조나 골드버그

역사가 지금 이 시대를 어떻게 평가할지는 오직 역사가 나중에 말해주리라 생각한다. 그러나 20세기를 규정하는 특징으로 집산주의(collectivism)를 꼽으리라는 점은 쉽게 추측된다. 왜냐하면 지난 50년간 발전해온 사상의 형태를 얼핏 훑어보아도 하나의 중심적 생각이 휘두른 그 지배력이 드러나기 때문이다. 그 생각에 따르면 사회는 초월적인 존재이다. 사회는 부분과 별개고, 부분들의 합보다 더 큰 무엇이며 초인적 특성을 지녔고 그에 걸맞은 능력들도 보유했다. 사회는 그 자체의 윤리적 철학적 세계에서 작동하며, 유한한 존재인 인간들이 전혀 모르는 별들의 안내를 받는다. 따라서 사회의 한 단위인 개인은 그 자신의 한계 탓에 사회를 판단하지 못하고, 그 자신의 생각과 행위를 측량하는 기준들을 사회에 적용할 수도 없다. 물론 개인은 사회에 필요하지만 오직 기계 부품처럼 대체 가능한 존재일 뿐이다. 따라서 사회는 개인을 가부장적으로 염려하지만 개인들에 결코 의지하지 않는다.

위와 같은 생각은 이런 저런 방식으로 거의 모든 사상의 가지들에 스스

---

240 1950년 존 체임벌린 등이 창간했으나 2016년에 폐간된 자유지상론(libertatrian)적 시각의 잡지. 경제교육재단(Foundation for Economic Education)이 1954년 인수해 운영해왔음.

로 깃들었으며 이념들은 늘 그렇듯 제도화됐다. 아마도 가장 두드러진 사례가 교육 철학의 근대적 방향성이다. 과거 교육의 주된 목적은 개인의 학습능력 개발에 있었다. 그러나 지금은 "행복"하고 유익한 사회적 위치에 적합하도록 개인을 준비시키는 데 있다고 교육계의 많은 전문가들은 솔직히 주장한다. 누구나 개인의 성향은 말살되고 동년배 집단의 관행에, 더 나아가 이른바 그가 살아갈 사회적 환경에 적응해 가야 한다. 개인은 그 자체가 목적이 아니다.

법학도 바로 그 똑같은 생각에 동조했다. 인간의 행위는 개인적 책임의 문제가 아니라 개인에게 작동하는 사회적 힘들의 반영일 뿐이라는 주장이 점점 더 강해진다. 따라서 사회 구성원들이 저지른 범죄는 해당 인간이 아니라 사회의 잘못이라고 지칭하는 성향이 있다. 이는 또 사회학의 신조이기도 하다. 사회학의 점증하는 인기, 그리고 과학으로의 고양은 집산주의가 우리 시대를 장악했다는 사실을 증명한다. 과학자는 더 이상 미지의 세계로 과감하게 탐험하는, 자연의 법칙을 찾아가는 사람이라는 영예가 주어지지 않는다. 그는 연구와 생필품을 사회에 의지하는 노예가 되어 버렸다. 영웅들과 영웅적 업적들은 대중적 사상과 운동의 우연한 수확물로 강등됐다. 우월한 사람, 자발적인 "산업의 지도자(captain of industry)," 타고난 천재 등의 사람들은 허구적 존재이며 모든 사람은 오직 사회가 만든 기계장치인 로봇에 지나지 않는다. 경제학은 사회가 그 자체의 기술과 규범 아래에서 어떻게 살아가느냐를 연구하는 학문이지 개인이 어떻게 행복을 추구하면서 삶을 영위해 나가느냐를 연구하는 학문이 아니다. 철학, 혹은 그 이름으로 불리는 그 무엇은 진실 그 자체를 그저 사회의 속성 가운데 하나로 만들어버렸다.

집산주의는 단순한 사상 이상이다. 사상은 그 자체로는 사색의 장난감, 정신적 인형에 지나지 않는다. 그러나 집산주의의 신화가 주장하듯 인간을 초월하는 사회는 가능성들로 충만하다. 따라서 그 신화를 작동하게 만들고 신화의 미덕에 힘을 불어 넣는 행위야 말로 바람직한 일이다. 손에 주어진 도구는 국가다. 그 국가는 정치적 에너지로 고동치며, 이 영광스러운 모험에 그 힘을 기꺼이 쓰려 한다.

국가주의(statism)는 근대의 발명품이 아니다. 플라톤 이전에도 정치철학은 국가의 본질, 기원 그리고 정당화에 관심을 보였다. 그러나 사상가들이 그것을 숙고하는 동안 일반 대중은 정치적 권위를 더불어 살아가야 할, 또 있는 그대로 인정해야 할 사실로 수용했다. 오직 최근에 들어서야(아마도 교회와 국가가 하나여서 종교적 제재에 정치적 강제력까지 부여했던 시기를 제외하면) 대중들은 의식적으로나 암묵적으로 헤겔의 다음과 같은 언명을 수용했다. "국가는 보편적 실체이며 사회 속의 개인들은 오직 부수적인 존재일 뿐이다." 국가를 초인적 실재라는 "실체(substance)"로 수용하고, 어느 개인도 견주지 못할 능력을 국가에 부여하는 바로 그것이 20세기의 고유한 특징이다.

국가는 누구나 무시하지 못할 대상이지만 완벽한 외부자라고 간주하던 성향이 과거에도 있었다. 개인은 가능한 한 국가와 잘 지내거나, 두려워하거나, 숭배하는 한편, 국가의 인정을 받고 국가의 특전을 누리면서도, 만질 수 없는 존재로 국가와 일정한 거리를 유지했다. 그럼에도 사람들은 국가를 사회 전체라고는 거의 생각하지 않았다. 그들은 국가를 지원해야 했다. 세금을 회피할 방법은 어디에도 없었다. 그리고 국가의 간섭을 간섭으로 용인했지, 삶의 기본적인 요소로 용인하지는 않았다. 국가 그 자체는 사회와 동떨어져 사회 위에 군림하는 지위를 누린다는 자부심을 가졌다.

지금은 국가와 사회의 제도적이거나 개념적인 어떤 구분도 없애려는 경향이 있다. 국가는 사회다. 사회 질서는 기존 정치 체제의 부속물에 지나지 않는다. 생계, 건강, 교육, 소통은 물론이고 "행복의 추구"라는 이름 아래 오는 모든 것이 사회 질서에 의지한다. 권위를 빌리려 경제학과 정치학의 대학 교과서들을 참고하자면 국가와 사회의 통합은 이론적으로는 말로 표현할 수 있는 최고의 완벽성을 보인다. 개인의 내재적인 권리라는 개념에 주어진 입바른 소리에도 불구하고 인간사의 모든 문제를 해결하는 방법으로 국가를 불러대는 성향이 생겨났다. 이는 우리가 얼마나 권리라는 강령과, 그에 따른 자립심을 포기해왔는지 그리고 국가를 얼마나 사회적 실재로 수용해왔는지 보여준다. 이론보다는 이런 실제적 통합이, 앞선 세기들과 20세기를 다르게 만든다.

국가와 사회의 통합이 얼마나 진행됐는지를 나타내는 하나의 지표는 18세기와 19세기의 최고 지성들이 참여했었던 국가 그 자체를 다루는 어떤 토론도 지금은 모두 사라졌다는 사실이다. 특정한 정권이나 그 인물의 부적절성은 언제나 공격받았지만 국가라는 제도 자체의 흠집 찾기는 없어졌다. 국가는 모두 옳다고 일반적으로 합의됐다. 그리고 "올바른" 사람이 국가의 정점에 있으면 완벽하게 작동한다. 어느 국가에서나, 어느 누가 이끈다 해도 그 모든 결함들이 내재한다는 생각들을 누구도 하지 않는다. 대부분의 뉴딜 정책 비판자들도 이미 수립된 정치 체제들이 충분한 권력을 획득할 때 선동가들이 등장한다는 생각을 떠올리지 않는다. 이 국가에 부수

보수의 뿌리

적인 권력 기관들이 진정 사회의 적이며, 이런 기관들 사이의 이해가 서로 대립한다는 생각조차 불가능해 졌다. 만약 그런 생각이 일깨워지면 "낡은 사고방식"이라 치부됐다. 그러나 국가는 항시 감시를 받아야 한다거나, 국가엔 유해한 경향성이 내재한다는 점이 공리가 됐던 근대에 이르기까지 국가와 사회의 이해는 언제나 대립해 왔다.

우리 시대의 추세를 나타내는 몇 사례들이 떠오른다.

국가의 이름으로 발생한 부채(debt)를 두고 "그것은 우리 때문이다."라는 진술이 자주 사용된다. 그런 말은 우리의 의식에서 통치자와 피통치자의 구분선을 제거해 버리는 경향을 나타낸다. 경제학 교과서에서 자주 등장하는 구절일 뿐 아니라 많은 금융계에서도 원칙적으로 건전하다고 암묵적으로 수용되는 주장이다. 많은 현대 은행가들에게 정부 채권(bond)은 적어도 사적인 시민의 의무만큼이나 건전하다. 왜냐하면 채권은 사실 시민들이 세금으로 갚아주어야 할 의무이기 때문이다. 은행가들은 생산이나 생산적 능력으로 뒷받침되는 빚과 정치권력으로 담보된 빚 사이에 차이를 두려 하지 않는다. 최종적인 분석에서 정부의 채권은 생산에의 담보권이니 무슨 차이가 있는가? 그러한 추론으로 언제나 상품 생산의 중심에 있던 대중의 이해는 국가의 약탈적 이해와 같아졌다.

많은 경제학 교과서에서 정부가 시민들에게 돈을 빌리는 행위는, 공개적으로 이뤄지거나 혹은 은행에 대출 압력을 행사하는 방법으로 이뤄지든 *같은 바지(same pants)*의 한 주머니에서 다른 주머니로 돈을 옮기는 행위와 마찬가지라고 설명된다. 시민들이 정부에 빌려준 돈은 그 자신에게 빌려주는 셈이라는 생각이다. 이런 어리석음의 합리화는 시민이 자신의 돈을 쓰거나 정부가 시민을 대신하여 돈을 쓰거나 국가 경제에 미치는 효과는 같다고 믿기 때문이다. 그는 단순히 무시해도 좋을 자신의 선택권을 포기했을 뿐이다. 그의 돈을 정부가 어디다 써야 하는지 아무런 바람이 없다는 사실, 자유로운 의지로 정부의 구매 행위에 기여하지 않는다는 사실을 괘념치 않을 뿐 아니라 유쾌하게 간과한다. "같은 바지"라는 개념은 개인의 안녕과, 명확하게 정의되지 않은 "국가 경제"를 동일시하는 데 있다. 시민은 이렇게 대중과 통합되면서 그의 인격을 상실해버린다.

이런 종류의 사고와 더불어 같이 따라다니는 구절 하나가 "우리가 곧 정부다.(We are the government.)"이다. 그 구절의 사용과 수용은 집산주의가 20 세기 미국인들의 마음에서 미국의 뿌리 깊은 전통을 몰아내고 얼마나 확실하게 영향력을 행사하게 됐는지 가장 잘 드러낸다. 미국이 처음 세워졌을 때 미국인들의 압도적 두려움은 새로운 정부가 그들의 자유를 위협하지 않을까에 있었다. 따라서 헌법을 기초한 사람들은 이런 두려움을 누그러뜨리려고 열심히 노력했다. 그러나 지금 자유는 종속을 대가로 정부에서 주는 선물이라고 생각된다. 그런 역전은 의미론의 깔끔한 속임수로 성취됐다. "민주주의"라는 단어는 이런 속임수의 열쇠다. 사람들이 이 단어의 정의를 찾아볼 때 명백하게 정의된 형태의 정부가 아니라 단지 "사회적 태도들"에 바탕을 둔 통치라는 사실을 발견한다. 그러나 "사회적 태도"란 무엇인가? 이런 미꾸라지 같은 개념의 설명을 잠시 접어두면 현실적으로 그것은 오래 전부터 있었던 선의의 다수결주의다. 51%의 사람들이 옳다고 생각하면 옳다는 말이다. 따라서 소수자는 필연적으로 틀렸다는 주장이다. 이는 새로운 이름이 붙은 일반 의지라는 허구다. 이 개념에는 타고난 권리, 자연권이라는 강령이 설 자리가 없다. 소수에게 남겨진 유일한 권리는, 심지어 고립무원의 단 한사람이라 하더라도 지배적인 "사회적 태도"에 의 순응일 뿐이다.

만약 "우리가 정부"라면 감옥에 있는 개인은, 그의 곤경이 자신 때문이라고 탓해야 한다. 그리고 법이 허락하는 모든 세금 감면을 받는 사람은 사실 자기 자신을 속이는 셈이다.…

이것이 국가주의의 구현이다. 이는 집단적인 자아 말고 어떤 자아도 인정하지 않는 정신 상태다. 비유적으로 말하자면 인신공양이라는 이교도의 관습이 떠오른다. 신들이 요구할 때, 마법사가 종족의 번성을 위해 필요한 조건이라고 고집할 때, 개인은 희생의 불에 자신을 던져야 할 의무가 있다. 사실 따지고 보면 국가주의는 이교도주의의 한 형태이다. 왜냐하면 그것은 인간이 만든 어떤 우상을 숭배하기 때문이다. 그 기초는 순수한 독단이다. 모든 독단과 마찬가지로 이 독단은 해석과 합리화에 따라 달라지며 각각의 해석과 합리화에는 그에 헌신하는 패거리들이 따라 붙는다. 그러나 그 자신을 공산주의자나 사회주의자, 혹은 뉴딜 정책을 지지하는 사람이나, 단순히 "민주주의자"라 지칭하든 그 모든 사람들은 개인이 집단 우상의 노예일 때만 의미가 있다는 전제에서 시작한다. 그렇게 국가주의는 달성된다.

심지어 이 20세기를 살아가는 사람들 중에도 신념이 굳은 영혼들은 있다. 그들은 집산주의가 사물의 더 숭고한 질서를 부인한다고 마음속으로 다짐한다. "국가는 신성한 개념을 지구상에 육화한다."는 헤겔의 개념을 거부하는, 요즘의 일반적 사회규범을 따르지 않는 사람들이다. 오직 인간만 신의 형상으로 만들어졌다고 굳게 믿는 사람들이다. 이렇게 살아남은 자들이, 이 개인들이 다른 사람들의 더 많은 이해를 얻고, 스스로를 더 잘 설명해갈 때 행복은 집산주의적 권위 아래에서만 발견된다는 어둠의 신화는 자유라는 빛을 맞고 사라져간다.

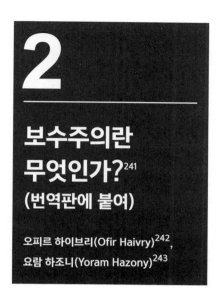

2

보수주의란
무엇인가?[241]
(번역판에 붙여)

오피르 하이브리(Ofir Haivry)[242],
요람 하조니(Yoram Hazony)[243]

2016년 영어권 국가의 정치에 극적인 변화가 일어났다. 영국은 투표로 유럽에서 떨어져나가겠다(Brexit)는 결정을 내렸고 미국은 국민주의(nationalism)를 되살리겠다고 약속한 대통령을 선출했다. 일부 비평가들은 두 사건 모두가 "반자유주의(illiberalism)"로 가는 위험한 변곡점을 나타낸다면서 "자유주의적 원칙들"이나 "자유 민주주의"와의 이 명백한 단절을 개탄했다. 지난 해 보수적 성향의 정기간행물에서 그런 주장을 펴는 글이 거

---

241 이 글은 2017년 5월 20일자 <어메리칸 어페어즈 (American Affairs)>라는 잡지에 실린 "What Is Conservatism?"이며 필자와 잡지사의 허락을 받아 전문 게재한다. 관계자들에게 감사드린다. <어메리칸 어페어즈>2017년 2월 창간된 정치 전문 계간지다.

242 이스라엘의 정치철학자이자 역사가며, 런던 대학 박사

243 1964~ 이스라엘 철학자. 프린스턴 대학 학사, 뉴저지 주립 러트거스 대학 박사. 정치철학 전공.

듭 등장했다. 그런 관점을 가장 설득력 있게 대변한 사람이 윌리엄 크리스톨(William Kristol)이라 생각된다. <위클리 스탠더드(Weekly Standard)>에 실린 일련의 글을 통해서 그는 "자유 민주주의를 옹호하는" 새로운 운동이 일어나야 한다고 촉구했다. 그의 눈에 미국 보수주의의 역사적 과업은 "미국 자유 민주주의의 보존과 강화"이며 지금은 "옛 보수적, 또한 자유주의적 원칙들에 입각한 새로운 보수주의"가 필요하다는 주장이었다. 보수적 성향의 정기간행물로는 선두에 선 <코멘타리(Commentary)>는 월스트리트 저널 기자 소랍 아마리(Sohrab Ahmari)가 기고한 "반자유주의: 세계적 위기"라는 제목의 글을 표지 기사로 다루었다. 이 글은 영국의 유럽연합(EU) 탈퇴, 트럼프 대통령 당선, 그리고 다른 현상들이 자유주의에 가하는 위험들을 소리 높여 경고했다.

위에서 말한 예나 그와 유사한 사례들은 영미의 적지 않은 유명 보수주의자들이 스스로를 보수주의자이자 동시에 자유주의자라고 간주한다는 사실을 보여주었다. 혹은 문제의 본질을 이야기하자면 그들은 보수주의를 자유주의의 지류이거나 그 계보에 속한다고 보며 자유주의의 "고전적" 그리고 가장 진정한 형태가 보수주의라고 생각한다. 이런 관점에 따르면 보수주의의 토대들은 상당한 정도로 자유주의자의 위대한 우상인 존 로크(John Lock)[244]와 그 추종자들의 사상에서 발견된다. 그들은 이런 전통에 따라 종교 표현 언론의 자유와, 사유 재산권, 법의 정당한 절차를 확보해주는 정치 체제들, 예컨대 권력 분립, 견제와 균형, 연방주의에 의지해야 한다고 말한다. 제한된 정부, 궁극적으로 미국 헌법을 원한다면 우리가 가야 할 길

---

244 1632~1704, 영국의 철학자 정치사상가. 자유계약론이 유명하다.

은 빤하다는 얘기다. 그들은 로크의 자유주의야말로 보수주의자가 갈망하는 질서 있는 자유의 이론적 근거를 제공하며, 자유민주주의가 그 유일한 수단이라고 주장한다.

이런 관점을 가장 소리 높여 외쳤던 많은 사람들이 그동안 아주 오래 보수주의자들의 친구로 지내왔다. 우리는 그들이 보수적 대의를 대변하면서 보여준 지칠 줄 모르는 노력을 존경하며 감사하게 여긴다. 게다가 그들을 동반자 삼아 몇몇 대의명분에선 함께 싸워나가기도 했다. 그러나 우리는 자유주의와 보수주의를 혼동하는 이런 시각이 역사적으로나 철학적으로 오도됐다고 생각한다. 영 미 보수주의는 로크가 태어나기 수 백 년 전부터 존재해왔던 뚜렷한 정치 전통이다. 그 전통의 옹호자들은 지금 로크의 자유주의가 배타적으로 주장했다는 대부분의 자유를 위해 오래 전부터 싸워왔고 성공적으로 그 자유를 수립했다. 물론 그들은 로크와는 매우 다른 신조를 토대로 그 자유의 수립을 주장했다. 로크는 1689년 자신의 《통치론(Two Treatises of Government)》을 출판해 포괄적으로 새로운 이론적 근거를 제시하며 당시 영국인들이 익히 알았던 그 전통적 자유들을 옹호했다. 그러자 이미 그런 자유들을 옹호해왔던 대부분의 사람들은 로크의 그런 주장에 당연히 경악했다. 그들은 로크의 이 새로운 강령에서 자유의 친구가 아니라 오히려 자유의 전당 전부를 궁극적으로 파괴해버리고 말 지적인 어리석음을 보았다. 이렇게 자유주의와 보수주의는 영국 땅에 자유주의 이론이 첫 발을 내딛은 이래 서로 대립적인 정치 이론이었다.

오늘날 보수주의 정치사상과 자유주의를 혼동하는 일은 얼핏 보아 이해할만하다. 전체주의에 맞서 싸운 20세기의 위대한 전투에서 보수주의자들과 자유주의자들은 동맹관계에 있었다. 그들은 함께 힘을 합쳐 나치즘이나 공산주의에 맞서 싸웠다. 1945년 이래 보수주의자와 자유주의자들은 공산주의와의 전쟁에서 동맹을 맺어왔다. 수세기 동안 결정적으로 양자를 가르는 중요한 차이는 이 공동투쟁이 벌어지던 지난 수십 년간 그다지 중요하지 않은 듯 처리됐고 사실상 대체로 잊혀졌다.

그러나 1989년 베를린 장벽이 무너진 이래 사정은 달라졌다. 영미의 전통이 당면한 도전은 이제 완전히 다른 방향에서 밀려온다. 그러한 도전을 하나만 들자면 급진적 이슬람이다. 자유주의자들은 자신들의 정치적 세계관에 내재한 여러 이유 때문에 급진 이슬람을 위협이라고 간주하기 어려워한다. 그래서 자유주의자에게 급진 이슬람은 효과적으로 대응하기 어려운 골칫거리다. 그러나 실제로는 자유주의 그 자체에서 발생하는 도전이 더 중요하다. 이제 자유주의의 원칙들은 수백 년간 영미 정치 질서의 토대가 되었던 제도들, 즉 국민주의(nationalism), 종교적 전통, 가족, 그리고 정치적 원칙이나 지혜의 근원인 성경과 거의 또는 전혀 무관하다는 사실이 명백해졌다. 사실 지난 세기의 투쟁에서 자유주의가 승리자로 떠오르면서, 그 강령의 논리들은 자유주의자들을 이 모든 보수적 제도들에 갈수록 등을 돌리게 만들었다. 이 양 전선에서 영미 전통의 보수적 원칙들과 자유주의적 원칙들은 이제 서로 고통스럽게 엇갈리게 되었다. 20세기에 맺어졌던 보수주의와 자유주의의 동맹은 점차 유지하기가 어려워져 간다.

보수주의와 자유주의가 오랜 기간 맺었던 동맹의 결과 때문인지 정치인이나, 언론인, 학자들은 보수주의와 자유주의의 용어와 관념들을 마치 서로 바꾸어 써도 괜찮다는 듯 오락가락 넘나들며 사용하는 성향을 보였다. 그리고 설령 그렇게 했다 해도 최근까지는 커다란 잘못이 아닌듯했다. 그러나 이런 명료함의 결여가 이민이나 해외에서 벌이는 전쟁, 교육과 공공

보수의 뿌리

의 생활에서 차지하는 종교의 위치, 그리고 헌법의 내용에 이르기까지 많은 현안들을 다뤄야 하는 우리를 무능력하게 만든다는 사실이 이제는 명백해졌다. 이런 저런 영역에서 미국과 영국, 그리고 그들의 동맹국들은 강력하고 또 지적으로 역량이 있는 보수주의로 무장해야 한다. 그렇지 못하면 앞에 놓인 어려움을 제대로 인식하기 힘들고 적절한 대응책도 개발하지 못한다. 그러나 그렇게 지적으로 역량 있고 강력한 보수주의를 구비하려면 우리는 영국과 미국 보수주의의 전통이 무엇이고, 그것이 무엇에 관한 사상인지 분명하게 보는 능력이 있어야 한다. 이를 위해 우리는 보수주의의 전통을 과거의 적(敵)인 자유주의에서 떼어내야 한다.

이 글에서 우리는 영국과 미국의 주요한 정치 전통인, 보수주의와 자유주의 사이의 역사적이고 철학적인 차이점들을 분명하게 구분해 보려고 한다. 우리는 우선 영국과 미국에서 보수주의가 어떻게 부상했는지, 그리고 보수주의와 자유주의의 갈등은 또 어떻게 드러났는지 그 주요 사건을 살펴보려고 한다. 그 다음 우리는 이런 역사적 사건들을 토대로 우리의 현 정치 상황에서 대단히 유의미하다고 보이는 보수주의와 자유주의의 정치적 차이점을 도출하려고 한다.

포테스큐(Fortescue)와 영미 보수주의의 탄생

영국과 미국 보수주의 전통은 일련의 정치적이고 지적인 거물들의 말이나 행동과 함께 부상했다. 그 거물들은 포테스큐 경(Sir John Fortescue)[245],

---

[245] 1394~1479, 영국의 법학자이자 정치가.

후커(Richard Hooker)[246], 코크 경(Sir Edward Coke)[247], 셀던(John Selden)[248], 헤일 경(Sir Matthew Hale)[249], 템플 경(Sir William Temple)[250], 스위프트(Jonathan Swift)[251], 터커(Josiah Tucker)[252], 버크(Edmund Burke)[253], 디킨슨(John Dickinson), 해밀턴(Alexander Hamilton) 등이다. 조지 워싱턴(George Washington), 존 애덤스(John Adams), 존 마셜(John Marshall) 같은 인물들을 성급하게 자유주의자로 간주하는 경우가 흔히 있다. 그러나 그들 역시 자유주의라는 적대 세력을 잘 알았을 뿐 아니라 스스로를 보수주의자로 여겼다.

이들은 서로 매우 다른 시기에 살았지만 공통의 원칙과 개념들을 공유했다. 또한 자신들을 영국의 공통적인 전통, 후일엔 영미 헌정체제의 일부라 생각했다. 이런 종류의 정치적으로 전통주의적 시각이 영국과 미국에서는 프랑스 혁명에 이를 때까지 정치사상의 주류를 장악했다. 오직 19세기에 들어서고 나서야 주류에서 밀려나 경쟁적인 정치 집단의 하나가 되면서 "보수적"이라 불리기 시작했을 뿐이다.

그 사상이 쇠퇴하던 무렵 "보수적(conservative)"이라는 이름이 붙여졌기 때문에 프랑스 혁명 이후 영미의 전통을 계속 방어해야 했던 버크나 해밀

---

246 1554~1660, 영국 성공회 신학자

247 1552~1634, 영국의 법학자이자 정치가.

248 1584~1654, 영국의 법학자이자 정치가.

249 1609~1676, 영국의 대법관.

250 1628~1699, 영국의 정치인 외교관.

251 1667~1745, 아일랜드 소설가이자 성공회 성직자. 정치인.

252 1713~1799, 영국의 경제학자이자 정치 저술가.

253 1729~1797, 아일랜드 출신의 영국 정치인. 철학자.

턴 같은 사람들을 "최초의 보수주의자"로 그릇되게 주장하는 일이 잦았다. 그러나 그 두 사람이 지키려던 전통을 그 자신들이 수립했다고 생각하려면 역사를 유별나게 왜곡해서 보아야 한다. 사실 그들이 내세웠던 원칙들이나 그 원칙을 보호하려던 주장들은 전혀 새롭지 않았다. 그들은 포테스큐, 코크, 셀던, 헤일 같은 정치인이나 사상가들의 책에서 그런 내용을 배우고 익혔다. 이 사람들은 정치적으로나 지적으로 버크나 해밀턴의 조상들이었다. 그리고 존 로크가 자유주의적이듯 바로 그렇게 보수적인 사람들이다. 비록 당대엔 그런 용어들이 아직 사용되지는 않았지만 말이다. 그러나 그 용어가 대변하는 관념들은 그들의 글, 연설, 행위 등에서 쉽게 발견된다.

영미 보수주의의 전통은 어디에서 시작됐는가? 어느 누가 선택하더라도 그 시점은 어느 정도 자의적이다. 심지어 아직 살아남은 영국의 가장 초기 법률 서적들, 12세기로 거슬러 올라가는 시기의 저작물에서도 이런 보수적 전통의 선구자들을 발견할 수 있다고 주장되기도 한다. 그러나 여기서 그런 주장을 뒷받침할 생각은 없다. 대신 논란의 여지가 없는 근거인 존 포테스큐 경의 저작물로 시작하겠다. 그 책들은 15세기말로 거슬러 올라간다. 포테스큐는 영미 보수주의의 전통에서 마치 로크가 나중에 자유주의 전통에서 차지하는 위치와 유사한 지위를 확보한다. 비록 보수주의 전통의 수립자는 아니지만 그럼에도 그는 처음으로 진정 뛰어난 해설자였으며 뒤이어 개발된 모든 전통의 견지에서 가장 모범적이었다. 영미의 전통을 배우고 싶은 모든 보수주의자는 바로 그의 저작을 공부하기 시작해야 한다.[40]

1463년 시작된 장미전쟁이 지속되던 8년간 존 포테스큐는 프랑스에서 젊은 왕자 에드워드 랭커스터(Edward Lancaster)의 신하로 살았다. 영국 왕위를 요구한 "붉은 장미"는 "하얀 장미"의 왕 요크의 에드워드 4세에 밀려 망명해야 했다. 포테스큐는 영국 의회의 의원이었으며 거의 20년간 영국 대법원(King's Bench)의 수석 대법관이었다. 망명 정부에서 그는 명목상의 상원 의장이 되었다. 망명 기간 포테스큐는 헌정체제와 영국의 법을 다룬 여러 편의 논문을 작성했다. 그 중에서도 가장 처음으로《영국 법률에 대한 찬양(Praise of the Laws of England)》이라는 표제의 책을 썼다.

비록《영국 법률에 대한 찬양(Praise of the Laws of England)》이 법을 다룬 저작으로 잘못 분류되는 일이 많지만 누구든 이를 집어든 사람은 그 즉시 이 책이 무엇을 다루었는지 알게 된다. 이 책은 영국 정치 철학의 초기 걸작이다. 기존 법률의 무미건조한 재탕이 아니라 영국 상원의장과 그가 가르쳤던 영국 왕자가 나누는 대화였다. 젊은 왕자가 자신의 나라를 현명하게 통치하는 데 도움이 되는 이야기였다. 그 책은 인간에 알려진 최고의 정부로 영국의 헌정체제가 꼽히는 이유들을 이론적으로 설명했다. (모든 헌정체제 중에 영국의 헌정체제가 인간의 자유에 가장 적합하다고 처음으로 말한 사람이 몽테스키외라고 배웠던 사람들은 그런 주장을 몽테스키외보다 근 3백 년 앞서, 몽테스키외가 아마도 잘 알았을 책에서 포테스큐가 더 분명하게 개진했다는 사실을 알고는 실망할지 모르겠다.)

포테스큐에 따르면 영국의 헌정체제는 그가 "정치적이지만 동시에 국왕에 충성스러운 정부(political and royal government)"라고 부른 그런 체제를 제공한다. 포테스큐의 말은 영국의 왕이 자신들의 권위로만 통치하지 않는다는 의미였다. 다시 말해 국왕에 충성스런 정부(royal government)만이 아니라 국민의 대표도 함께 의회와 정부에 참여하는 정치체제, 곧 정치적 정부

(political government)라는 말이었다. 다른 말로 하자면 영국 왕의 권력은 이렇게 영국이라는 나라의 전통적인 법들로 제한됐다. 신명기(Deuteronomy)의 모세가 밝힌 헌법에서 유대왕의 권력은 이스라엘 민족의 전통적인 법률들로 제한된다. 그와 똑같은 방법으로 영국 국왕의 권한도 제한된다고 포테스큐는 강조했다. 이는 무엇이든 왕을 흡족하게 만들면 법률로 힘을 얻는다는 공리에 따라 로마의 법으로 지배되던 포테스큐 시대의 신성 로마제국이나, 절대 권력을 휘두른 프랑스 왕정과 대조적이었다. 다른 무엇보다 영국의 헌정체제는 국법을 결정하고 국왕의 징세 요청을 승인하는 국민의 대변자이지, 왕의 대변자가 아니라고 묘사되었다.

포테스큐는 이어서 권력분립, 또는 견제와 균형이라고 부른 전통을 다루었으며 법률 아래 적법한 절차를 보장하는 논의에도 크게 지면을 할애한다. 그는 배심원에 의지하는 재판이라는, 영국의 체제가 개인에게 준 최고의 보호를 언급한 지면에서 그런 문제를 탐구한다. 결정적으로 포테스큐는 국법들의 특성과 개인 재산권의 보호를 경제적 번영에 끊임없이 연결 지었다. 절대 권력을 지닌 정부는 사람들을 궁핍과 멸망으로 이끌지만, 권력이 제한된 정부는 번영을 촉진한다고 그는 주장했다. 그의 또 다른 저술인 《절대 군주제와 제한된 군주제 사이의 차이점(The Difference between an Absolute and a Limited Monarchy), 1471년》(혹은 《영국의 통치(The Governance of England)》라고도 불린다)에서 그는 영국과 프랑스를 극명하게 대조했다. 제한된 정부 아래 사는 영국의 국민들은 건강하고 영양 상태도 충분히 좋았던 반면 정부가 국민들의 재산을 계속 압류하고 왕의 일방적인 명령에 따라 마을 주민들의 비용으로 그 마을에 군대를 주둔시키는 프랑스 국민들의 처지는 어렵고 힘들었다. 그런 자의적인 세금과 군대 주둔의 결과로 프랑스 국민들은 "피폐해지고 파괴되어서 연명하기 힘들었다."
고 포테스큐는 썼다. "세상에서 가장 비옥한 지역 중 하나에 살면서도 그
들은 참으로 극단적인 빈곤과 불행 속에 살았다."

후대의 보수적 전통처럼 포테스큐는 어떤 경전(經典)이나 인간의 이성
이 모든 민족에 합당한 보편적 법률을 제공한다고 믿지 않았다. 그는 정치
질서와 영국 헌정체제의 이해를 돕고자 모세의 헌법, 그리고 열왕기 1~2 와
사무엘기 1~2 등 성경에 자주 의지했다. 그럼에도 포테스큐는 각 국가의 법
률들은 각 국민의 특성과 역사적 경험을 반영해야 한다고 강조했다. 바로
영국의 관습법이 영국의 역사적 경험과 일치하듯 말이다. 예를 들어 포테
스큐는 스스로 규율되고, 강제가 아니라 자발적으로 법률에 복종하는 데
익숙한 이런 국민은 그 나라가 통치되는 방법에 생산적으로 참여할 수 있
는 국민이라고 주장했다. 포테스큐에겐 바로 그런 사람들이 영국의 국민이
었다. 반면 규율 존중의 특성을 지니지 못한 프랑스인들은 오직 절대 왕정
의 자의적이고 가혹한 지배로만 통치된다고 말했다. 다른 한편 포테스큐는
성경의 전례와 후대의 보수적 전통을 다시 존중하면서 이런 국민적 성격은
돌에 새겨져 있지 않으며 그러한 특질들은 시간이 감에 따라 단계적으로
악화되거나 개선되기도 한다고 주장했다.

포테스큐는 결국 영국으로 돌아오도록 허용됐다. 그러나 패배한 랭커스
터 왕가에 충성했기에 권력을 다시 잡지는 못했다. 그는 자신의 철학적 대
화, 《영국 법률에 대한 찬양(Praise of the Laws of England)》에서만 영국 상원
의장의 역할을 했다. 그의 책은 그러나 역사상 가장 영향력 있는 정치사상
저작의 하나가 되었다. 포테스큐는 종교개혁이 벌어지기 수십 년 전에 굳
건한 가톨릭 신자로 글을 썼다. 그럼에도 그의 글 모두엔 영국의 민족주의

정신이 깃들어 있었다. 수백 년의 경험으로, 또 히브리어 성경[254]과의 일체화가 강력하게 진행되어 온 덕분에 영국은 인간의 자유에 그 무엇 보다 도움이 되는 정부 형태를 창안했고, 인간에 알려진 어느 헌정체제보다 더 번창하도록 만드는데 성공했다는 믿음이 있었기 때문이었다. 《영국 법률에 대한 찬양(Praise of the Laws of England)》은 1545년 무렵 처음 인쇄됐다. 당시 영국의 전통들은 이미 프로테스탄티즘과 분리하기 힘들 정도로 하나가 됐다. 또한 신성로마제국과 동맹을 맺은 스페인 가톨릭 세력의 침략 위협에 맞서 영국의 민족주의적 감성이 그 어느 때 보다 높았던 시기였다. 그럼에도 가톨릭 신자가 쓴 이 책은 반향을 충분히 불러일으켰다. 이런 이유로 포테스큐는 빠르게 영국의 첫 번째 위대한 정치이론가가 되었다. 그 결과 영국과 미국의 법을 공부하는 학생이라면 누구나, 영국과 미국의 보수적 전통이 폭넓게 뿌리 내린 곳이라면 모든 지식인들이 수백 년간 그의 책을 읽어왔다.

가장 위대한 보수주의자: 존 셀던

우리는 이제 근대 영미 보수주의 형성의 결정적인 대목에 들어선다. 17세기에 벌어진 위대한 전투였다. 영국의 헌정체제를 보호하려던 사람들이 한편으로는 정치적 절대주의에 맞서, 다른 한편으로는 로크의 보편적 합리주의를 처음 옹호했던 사람들과 맞서 싸웠다. 이 장을 지배하는 인물은 존 셀던(1584~1654)이며 아마도 영미 보수주의의 가장 위대한 이론가다.

---

254 유대어로 기록된 성경으로 기독교의 구약과 대개 일치한다.

포테스큐는 엘리자베스 튜더(Elizabeth Tudor)[255]의 통치 아래 영국의 전통적 제도들에 깃든 미덕을 설명했다. 정치적으로 독립적인 영국이란 국가가 스스로를 어떻게 이해했느냐는 게 핵심적인 내용이었다. 그러나 1603년 엘리자베스가 자식 없이 서거하고 먼 친척, 스코틀랜드의 왕, 제임스 스튜어트(James Stuart)가 왕위를 계승했다. 스튜어트 왕가로선 "정치적이지만 동시에 국왕에 충성스러운 지배"라는 영국의 이론들이 마땅치 않았다. 사실 제임스 자체가 일정한 능력이 있는 사상가였으며 4년 전 그 자신의 통치론을 저술하기도 했다. 그 책에서 그는 국왕들의 통치가 신에게서 내려온 왕권으로 확립되며 국법은 그의 책 제목이 시사하듯, 왕의 선물(Basilikon Doron, 그리스어로 왕의 선물)이다. 다른 말로 법률은 왕이 자유로이 주는 선물이니 왕이 내키는 대로 만들거나 철폐할 수 있었다. 제임스는 매우 신중해서 공개적으로 자신의 절대주의적 이론을 영국의 신민들에게 압박하지 않았다. 그는 오히려 영국의 전통적 헌정체제를 존중하겠다고 강조했다. 그러나 그가 왕위에 오르자 왕의 책을 수천 권이나 사서 읽은 영국인들은 왕의 말을 곧이곧대로 믿지 않았다. 실제로 제임스나 나중에 그의 아들 찰스 1세의 정책들은 스튜어트 가문의 목적이 결과적으로 프랑스처럼 영국에서도 자유를 빼앗으려는 점진적인 권위주의라는 의심을 끊임없이 불러일으켰다.

그런 의문이 들었을 때 마침내 영국 의회 의원들과 관습법의 변호사들 대부분은 포테스큐의 "정치적이지만 동시에 왕에 충성스러운 지배(rule)"를 지키려 자신들의 경력과 자유는 물론 목숨까지 불사할 작정이었다. 이

---

255 1533~1603 엘리자베스 1세. 1558년부터 영국여왕으로 재위. 평생 독신이었다. 16세기 후진국이었던 잉글랜드를 세계 최대의 제국으로 발전시켰다.

보수의 뿌리

들 가운데 가장 저명한 이름들은 존 엘리엇 경(Sir John Eliot)과 대법원장 에드워드 코크 경(Sir Edward Coke) 등이었다. 그러나 새로운 절대주의자의 관념들에 정면으로 맞서 싸웠던 세대에서 다른 누구보다 우뚝 섰던 인물은 바로 존 셀던이었다. 당대의 가장 중요한 관습법 변호사인 그는 또한 강력한 정치 철학자였으며 스무 개 이상의 언어에 능통했던 박학다식가였다. 셀던은 의회에서 저명한 지도자이기도 했다. 그는 의회에서 왕과 벌인 일련의 충돌에서 당시 노인이었던 코크 경과 합세했다. 이 기간 의회는 대의명분 없이 영국인을 징역에 처하거나, 의회의 승인 없이 세금을 부과하거나, 정부채권 구매를 강요하거나, 일반인 개인 집에 군인을 상주시키거나, 국가의 법률을 우회하려고 계엄령을 휘두르는 권한을 왕에게 허락하지 않았다.

1628년 셀던은 권리청원(Petition of Right)이라 불리는 의회의 법을 발의하고 통과시키는 데 주도적인 역할을 했다. 영국의 전통적인 헌정체제 아래에서 두루 알려졌던 "신민들의 다양한 권리와 자유를" 회복하고 보호하려는 목적이었다. 다른 무엇보다 그 법은 "당신의 신민들은 이 자유를 물려받았으며 의회의 공통적 동의로 요구받지 않은 세금을 납부하도록 강제되지 말아야 한다."고 주장했다. 또한 "자유인은 구금 혹은 투옥되거나, 부동산이나 자유, 혹은 자유로운 관습을 침탈당하지 않지만…동료들의 정당한 판결이나 혹은 영국 법률로는 가능하다." 그리고 누구도 "법의 적절한 과정에 따라 해명할 기회가 주어지지 않은 채 자신의 집이나 토지에서 쫓겨나지 않으며, 구금 혹은 투옥되거나, 상속이 박탈되거나 사형에 처해지지 않는다."

당대의 권리청원(Petition of Right)에서 우리는 "대표 없이 과세 없다."는 유명한 원칙과, 아울러 미국의 권리장전, 수정헌법 3, 4, 5, 6, 7번째 항에 열거된 권리들의 고전적 형태를 발견한다. 이 모두 고래로부터 영국에 주어진 자유들이라고 선언됐으며 로크가 태어나기도 전에 의회는 이를 만장일치로 승인했다. 비록 권리청원에 명시적으로 언급되지는 않았으나 표현의 자유도 마찬가지다. 그 자유는 이미 1590년대 코크에 의해 "의회에서 고래로부터 이어진 관습"이라고 재확인됐다. 그리고 소위 1621년 항의의 주제가 표현의 자유였으며, 당시 70살인 코크는 이 항의 때문에 런던 타워의 감옥에 9개월이나 감금되었다.

다른 말로 하자면 우리 자신이 점차 권위주의적 정권에 맞서 소중하게 여기는 바로 그 같은 자유를 지키려 코크, 엘리엇, 셀던은 자신의 전부를 걸었다. (사실 존 엘리엇은 얼마 지나지 않아 왕의 감옥에서 죽는다.) 그러나 그들의 그러한 행위는 보편적 이성이나 타고난 권리(natural rights) 혹은 "자명한" 진리라는 자유주의적 강령의 이름으로 이뤄지지 않았다. 그들은 그런 강령들을 명백하게 거부한다. 왜냐하면 그들은 보수주의자였지 자유주의자가 아니었기 때문이다. 이를 한번 알아보자.

셀던은 스스로 포테스큐의 후계자라고 생각했다. 그는 1616년《영국 법률에 대한 찬양(Praise of the Laws of England)》의 재출간에 직접 관여하기도 했다. 영국의 국가적 전통을 훨씬 더 폭넓게 방어한 그 자신의 이론은 영국의 법을 다룬 짧은 역사적 소고의 형태로 쓰였다. 아울러 일련의 거대한 저작물(1628년~1629년에 그가 의회에서 벌인 활동을 이유로 얼토당토않게 폭동교사죄가 적용돼 투옥됐을 무렵 집필이 시작됐다.)들은 고전적 헤브라이 유대주의와의 대화라는 형태로 정치이론과 법을 분석했다. 이 중에 가장 유명한 책이 그의 기념비적인 저서인《타고남과 자연법 (Natural and Natural Law,

보수의 뿌리

1640)》이다. 이러한 저작에서 셀던은 영국의 전통을 포함하여 보수적 전통을 옹호하려 했다. 셀던은 스튜어트 왕가의 절대주의 강령뿐 아니라 보편적 합리주의라는 주장과도 맞서 싸웠다. 보편적 합리주의란 주장에 따르면 모든 인간이 똑같이 보유한 이성에만 의지해도 인류는 최선의 헌정체제를 만들어낼 수 있다. 위대한 네덜란드 정치 이론가 휴고 그로티우스(Hugo Grotius)[256]의 영국인 추종자들 가운데 이 합리주의적 관점을 지지하는 사람들이 생겨나기 시작했다. 그로티우스는 《전쟁과 평화의 법에 관해(On the Law of War and Peace, 1625)》라는 책에서 오직 개인의 합리성에만 의지해서도 각 국가의 전통적인 헌정체제를 대체할 새로운 헌정체제가 만들어진다고 주장했다.

그때도 지금과 마찬가지로 보수주의자들은 소위 보편 이성에 그렇게나 의지할 수 있다는 사실이 어떻게 조금이라도 가능하다는 이야긴지 이해하지 못했다. 셀던의 《타고남과 자연법 (Natural and Natural Law)》은 책의 첫머리에서 그러한 이론들을 폭넓게 공격했다. 셀던은 역사의 모든 곳에서 "순수하고 소박한 이성의 제한 없는 사용"은 "사람들 사이에 내재적으로 일치하지 않고 유사하지 않은" 결론들을 이끌어낸다고 주장했다. 우리가 순수 이성만을 근거로 정부를 창조하려 한다면 결과적으로 정부의 해체를 가져올 뿐 아니라 특정한 순간에 더 합리적으로 보이는 정부가 새로이 등장할 때마다 끊임없는 불안정, 반대, 널리 확산된 혼란으로 이어진다는 얘기다. 포테스큐를 따라서 셀던은 심지어 권리의 보편적 적용 체계라는 개념조차 가능하지 않다고 거부한다. 그는 초기 저작에서 "한 나라에 가장 적

---

256 1583~1645, 네덜란드 헌법학자 정치인. 국제법과 자연법의 아버지로 불린다.

절하고 정당해 보인다 해도 다른 나라에서는 부당하고 부적절한 체제일 수 있다. 그러나 각각의 체제는 탁월하게 잘 짜였고 잘 통치되기도 한다."고 썼다. 이처럼 자신들의 추론이 모든 사람들에게 자명해야 하는 보편적 진실을 생산해냈다고 믿는 사람들을 향해 그는 날카롭게 경고한다.

> 관습은 자연적이라는 가면을 꽤 자주 쓴다. 우리는 이 때문에 국가들
> 이 채택하고, 순전히 관습에 토대를 둔 관례가 자연적이고 인류의 보
> 편적 법률 같다고 자주 생각하게 된다.

셀던은 보편 이성이라는 주장에 역사적 실증주의(historical empiricism)라 불릴 만한 시각으로 대응한다. 이러한 관점에서는 물려받은 국가적 전통이란 토대 위에서 정치적이고 법률적 문제들을 따져야 한다. 이런 방법으로 정치인과 법률가는 개인이 평생 축적할 수 있는 적은 양의 경험과 관찰("우리의 짧은 인생이 우리에게 겨우 허락하는 그러한 종류의 무지몽매한 미숙함")이라는 한계를 뛰어넘는다. 이와 함께 "수없이 많은 세대의 앞선 경험과 관찰"을 활용하면 "마치 우리가 시간이 시작될 때부터 살아온 듯 수많은 세월을 축적할 수 있도록" 허용해 준다. 다른 말로 하면 과거의 축적된 경험에 의지해, 또 다양한 조건에서 비슷한 질문과 씨름해온 수많은 조상들이 평생 해온 관찰을 활용해서 우리는 개인의 판단이라는 내재적 약점을 극복한다.

물론 셀던이 과거의 규범을 맹목적으로 기꺼이 받아들이려 했다는 말은 아니다. 그는 먼 과거에서 발생한 실수를 끌어안는 사람들에게 경멸을 퍼부었다. 그는 모든 공동체들이 과거의 잘못들을 진실이라 여기고 "저항

없이 수용해서 후손들의 어깨에 엄청난 짐을 지웠다"고 말한다. 성서에서 에레미아가 과거의 경로들을 실증적으로 연구하라고 종용한 사례를 들며 (에레미아서 6장 16절), 셀던은 "모든 경우를 반드시 조심스럽게 검토해야 한다."가 옳은 방법이라고 주장했다. "우리는 반드시 과거의 경로들을 물어야 하며 진정으로 최선의 길을 선택해야 한다." 그러나 셀던이 그러한 분석과 선택에서 활용한 도구는 다양하게 상정되는 상황들을 개인적으로 사색하는 조악한 추측이 아니었다. 국가의 삶에서 법률적 견해들과 입법과정이 물려받은 전통은 다양한 시대와 상황의 다층적인 관점뿐만 아니라 그 법률들이 이리 저리 해석됐을 때 마다 국가에 미친 결과까지 포함한다. 전통 안에서 이러한 다양하고 변화하는 입장을 돌아보고 그들의 실제적 결과를 고려할 때 셀던이 아래와 같이 설명하듯이 우리는 과거의 그릇된 일탈과 그 법의 진정한 가르침을 구분하게 된다.

> 진실을 발견하는 방법은 다른 사람들의 실수를 통해서다. 내가 어떤 곳을 가고자 한다고 치자. 누군가 내 앞에서 오른 쪽 길을 택해 그곳으로 갔는데 목적지에서 벗어났고, 다른 사람은 왼쪽 길로 갔는데 역시 벗어났다면 이는 나에게 가운데 길을 유지하도록 안내하는 셈이다. 이처럼 앞서의 모험들이 내가 가기를 원했던 곳으로 나를 데려다 준다.

셀던은 헤브라이 성경이 그러했듯이 실용주의라는 형태에 의지해 정치인과 법률가들이 말하는 진실이 무엇을 의미하는지 설명하려 한다. 법률들은 수 세대의 시행착오라는 과정을 통해 발전된다. 마치 어떻게 평화와 번영("진정으로 최선인 그 무엇", "내가 가고 싶었던 그곳")이 저 선택이 아니라 이 선택에서 발생하는지 우리가 알아가듯 말이다.

과거의 전통을 참고해 선택을 해가는 과정에서 우리는 신의 도움을 받는 다고 셀던은 인정했다. 가장 기본적인 관점에서 인류에게 "진정으로 최선 이 무엇인지" 처방을 내려주는 신이 만든 자연법에, 보다 높은 기준에 우리 가 암묵적으로 의지한다는 말이다. 그의 《타고남과 자연법》에서 셀던은 이 런 자연법이 성경시대 이래 오랜 세대에 걸쳐 발견되어 왔으며 다양한 형 태로 우리에게 전해졌다고 설명한다. 이 중에 가장 믿을 만한 내용이 탈무 드에 담겨 있다. 탈무드는 노아의 아이들에게 살인, 도둑질, 변태적 성, 동물 학대, 우상숭배, 신성모독을 금지하는 법률과, 정의를 강제 집행하는 법원 들을 요구하는 등 모두 일곱 개의 법률을 묘사했다. 수 천 년의 경험은 이러 한 법들이 모든 나라의 목적인 평화와 번영의 틀을 짰으며, 궁극적으로 모 든 나라에서 지켜진 다양한 법들의 보이지 않는 뿌리라는 사실을 가르쳤다.

그럼에도 셀던은 어떤 나라도 직접적으로 그런 근본적인 법에 호소해 스스로를 다스릴 수는 없다고 강조했다. 왜냐하면 "다양한 나라들은 다양 한 사람들처럼 다양한 집합적 경험과 추론을 보유한 덕분에 단 하나의 같 은 뿌리에서도 현재의 다양한 법률들을 키워냈기" 때문이다. 각 국가는 이 처럼 그 자신의 고유한 노력을 통해 그 자신의 고유한 경험과 조건에 근거 한 이해에 따라 자연법을 집행해 나간다. 이렇게 나라들 사이에 발견되는 서로 다른 법들을 존중해야 현명하다. 왜냐하면 다른 관점들은 각자 우리 의 진실 추구에 무언가 기여할지 모르기 때문이다. (인간 지식의 다양성을 다 룬 셀던의 시각은 밀턴이 그의 《아레오파지티카(Areopagitica)》[257]에서 채택한 표

257　존 밀턴이 1644년 발간한 표현의 자유를 찬양한 책이다. '허가받지 않고 인쇄할 자유를 위 해 영국 의회에 보내진 글'이기도 하다.

현의 자유를 옹호하는 근거였다.)

셀던은 이렇게 우리에게 철학적인 국회의원이나 법률가의 모습으로 나타난다. 그로선 물려받은 국가적 구조물 전체의 권위와 안정을 언제나 유지해야 했다. 그러나 또한 필요한 곳에 따라 보수와 개선의 필요성도 인정했다. 그렇게 함으로써 그는 시행착오를 통해 단계적으로 각 국가에 가능한 최선을 찾아가려 했다.

영미의 전통적 헌정체제가 된 근본적인 원칙들을 조망한 셀던의 이런 시각은 아마도 가장 균형 잡히고 세련된 저작물을 만들어냈다. 그러나 그의 지적인 능력이나, 개인적인 용기, 혹은 의회 내 동료들의 용기조차 승리를 거두기엔 충분치 않았다. 스튜어트 왕가의 절대주의는 결과적으로 영국을 내전으로 몰아갔으며 마침내 청교도 군사독재는 왕을 처형했을 뿐만 아니라 의회와 헌정체제를 파괴했다. 셀던은 헌정체제의 회복을 보지 못하고 죽었다. 왕을 살해한 정권은 연이어 영국에 여러 헌정체제를 새로이 선보였으나 그중 하나도 원활하게 작동하지 못했으며 11년 만에 끝내 붕괴됐다.[258]

1660년 셀던의 저명한 제자 두 명, 에드워드 하이드(Edward Hyde, 나중에 클래런던 백작) 와 매튜 헤일 경(Sir Matthew Hale)은 헌정체제 복구와 스튜어트 왕가의 회복에 주도적인 역할을 했다. 가톨릭인 제임스 2세가 1685년 왕위를 승계했을 때 교황 절대주의로의 회귀와 절대주의 수립을 위한 새로운 시도를 두려워한 나머지 영국의 여러 정치적 파벌들은 차기 왕위 계승자로

---

258 한때 청교도 혁명이라고 불리기도 했던 잉글랜드 내전을 지나 만들어진 잉글랜드 연방은 1649년 찰스 1세를 대역죄로 처형하며 출발했다. 올리버 크롬웰이 1653년 호국경에 등극했다. 그는 독재적 행태로 의회와 마찰을 빚었고 1658년 그의 죽음과 함께 공화정은 붕괴되었다.

는 신교도(Protestant) 신자를 초빙하기로 단결했다. 제임스 2세의 딸 메리와 그 남편인 네덜란드 공화국 총독 윌리엄 3세가 해협을 건너 신교도 영국과 그 헌정체제를 구하러 왔다. 의회는 메리와 그 남편에게서 "종교와 권리 그리고 자유에 가하는 다른 모든 도발들"로부터 영국을 보호하겠다는 의지를 확인한 다음 1689년 새로운 왕과 여왕으로 즉위시키고 영국의 유명한 권리장전(Bill of Rights)을 비준했다. 이 새로운 문서는 일찍이 권리청원에서 발동되고 예전부터 유래된 권리들을 재확인했다. 다른 무엇보다 신교도 신민이 "자신들을 방어하기 위해 무기를 가질" 권리와 의회 내에서 "토론과 표현의 자유"라는 권리를 보장해야 한다고 확인했다. 아울러 "지나친 보석금이 청구되지 말아야 하며, 지나친 벌금도 부과될 수 없고, 잔인하고 비정상적인 형벌을 부과하지 못하도록" 했다. 이는 미국 수정헌법(권리장전)에 등장하는 첫 번째, 두 번째 여덟 번째 항의 기초다. 몇 년 뒤 영국의 언론 허가법이 폐지되면서 표현의 자유는 대중 속으로 보다 광범위하고 빠르게 확산됐다.

신교도 군주국의 복구와 권리장전의 채택은 셀던의 원칙들 아래 일치단결했던 의회가 이뤄냈다. 나중에 이것이 명예혁명이라 불린 이유는 바로 영국의 전통적인 헌정체제를 재확인하고 "종교와 권리, 그리고 자유"에 관한 새로운 공격으로부터 영국이라는 나라를 보호했기 때문이다. 그러한 공격은 한편으로는 《패트리아카(Patriarcha, 사후인 1680년에 출간)》259에서 권위주의 정부가 유일하게 정통성 있는 정부라고 옹호한 로버트 필머 경(Sir Robert Filmer)같은 절대주의자들에게서 왔으며, 다른 한편으로는 존 로크 같은 급

259　왕을 살해한 영국의 청교도 혁명이후 군주제가 회복되자 필머가 왕권신수설을 강력하게 옹호한 책. 존 로크가 정부론 제 1권을 집필하도록 촉발한 책이기도 하다.

진주의자들에게서도 왔다. 로크의 《통치론(Two Treatises of Government, 1689)》은 그러한 위기에서 전통적인 헌정체제를 해체하고 보편 이성에 따라 헌정체제를 다시 수립할 권리가 국민에게 있다고 주장했다.

로크와 자유주의의 도전

17세기를 지나며 영국의 보수주의는 일관되고 뚜렷한 정치철학으로 형성됐으며 한편으로는 스튜어트 왕가와 홉스(Hobbes), 그리고 필머의 절대주의(나중에 "우익"이라고 불리는)에 단호히 반대했고 다른 한편으로는 처음엔 그로티우스가 나중엔 로크가 내세운 보편 이성이라는 자유주의 이론(좌익)에 결연히 맞섰다. 이 온건한 보수적 시각은 150년간 영국 헌정체제를 이해하는 주류 정치사상이었다. 이들의 시각은 선도적 휘그 지식인들의 저작인, 윌리엄 애트우드(William Atwood)의 《영국 정부의 근본적 헌정체제(Fundamental Constitution of the English Government 1690)》, 조시아 터커(Josiah Tucker)의 《시민정부론(A Treatise of Civil Government, 1781)》 등으로 옹호됐다. 이 저작들은 보편적 권리라는 로크의 이론과 절대주의를 모두 강력하게 반대했다. 이러한 시각에 입각해 블랙스톤(Blackstone), 버크(Burke), 워싱턴(Washington), 해밀턴(Hamilton) 같은 사람들이 교육됐다. 영국에서뿐 아니라 영국이 지배한 미국에서 변호사들은 코크(Coke)의 《영국법의 원리들(Institutes of the Laws of England, 1628-44)》이나 헤일(Hale)의 《영국 관습법의 역사(History of the Common Law of England, 1713》를 공부하며 관습법을 훈련받았다. 양국에서 국가의 법은 전통적인 영국의 헌정체제와 관습법으로 이해됐으며 각 지역의 목적과 필요에 따라 수정되었다.

로크가 오늘날 자유주의적 전통에서 결정적인 인물로 인정되기 때문에 그의 정치 이론이 보수주의자들에게 왜 그렇게 곤란한 문제였는지 보다 자세하게 알아볼 가치가 있다. 우리는 영미의 보수적 전통이 역사적 실증주의를 지지한다고 묘사했다. 역사적 실증주의는 특정한 나라의 오래된 관습법 역사와, 이러한 법률들이 이리 저리 고쳐졌을 때 나타난 결과를 검토해야 정치적 지식이 얻어진다고 주장한다. 법률가는 물론 이성을 사용하고 판단해야 한다고 보수주의자는 이해한다. 그러나 이러한 이성적 사고는 어디까지나 어떻게 전통적인 법을 현재의 상황에 최선을 다해 적응시키느냐에 머문다. 또한 가급적 전체적인 법의 틀을 유지하면서 대중과 국가의 개선에 필요한 그런 변화를 이뤄내느냐는 과제로 귀결된다. 이에 반해 우리는 합리주의로 불릴 만한 관점에는 반대해왔다. 합리주의자들은 정치사상에서 이성이 담당하는 역할을 다른 관점에서 보았다. 사실 이성 자체를 달리 이해했다. 어느 국가의 역사적 경험을 토대로 주장하기보다 모든 인간에게 적용된다고 믿으며, 타고난 합리적 능력으로 검토한 결과 모든 인간들이 수용하리라 가정하는 일반적인 공리를 강조하면서 출발한다. 이 공리로부터 그들은 모든 인간에게 적합한 헌정체제와 법률을 연역해 낸다.

로크는 철학적으로 실증주의자라고 알려졌다. 그러나 이런 그의 명성은 대체로 그가 펴낸 《인간의 이해에 관한 에세이 (Essay concerning Human Understanding, 1689)》 때문이다. 그 글은 실증 심리학 분야에서는 영향력을 행사했다. 그러나 그의 《통치론》 두 번째 권 (Second Treatise of Government)은 그의 국가 이론에 경험적 관점을 전혀 적용하지 않았다. 대신 그 책은 국가의 역사적이고 경험적 연구를 통해 파악되는 내용과는 명백하게 무관한 일련의 공리로 시작한다. 무엇보다 로크에게 인간은 (1) 정부가 수립되기 전까지 "자연 상태"에서 존재했다. (2) 자연 상태에서 "모든 인간은 자연적으로 완벽한 자유를 누렸다." 뿐만 아니라 (3) 인간은 "완벽한 평등의 상태에 있었으며 따라서 자연적으로 누구도 우월하지 않고 누가 누구를 지배하지도 않았다." 더구나 (4) 이 자연 상태는 "그것을 지배하는 자연법을 가졌다." (5) 이 자연법은 당연히 바로 인간 "이성" 그 자체이며 "인류에게 그 이성에만 물어보도록 가르친다." 모든 인류에 똑같이 적용되는 바로 이 보편 이성이 인간을 이끌어 (6) 자연 상태를 끝내도록 한다. 인간은 자유로운 동의라는 행위에 근거해 "하나의 정치 체제(body politics)로⋯들어가도록 서로 합의한다." 이런 6개의 공리에 근거해서 로크는 지구상 모든 국가에 동일하게 적용되는 정치 질서의 적절한 특성을 연역해 나간다.

로크의 이 공리에서 중요한 점 세 가지가 주목되어야 한다. 우선 로크 정치 이론의 요소들은 경험적으로 알려지지 않았다. 자연 상태를 규정하는 "완벽한 자유"와 "완벽한 평등"은 관념적 형태에 지나지 않으며 실증적 현실과의 관계는 전적으로 불분명하다. 또한 자연법이 이성과 동일하다거나, 이성으로 만들어진 법이 "모든 인류를 가르친다."거나, 순수하게 구성원이 모두 동의한 사회 계약으로 국가가 수립된다는 얘기들은 실증적으로 확인되지 않는다. 이 모두는 하나의 수학적 체계를 시작할 때 요구되는 공리들과 같다.

두 번째로는 로크의 공리 어느 하나라도 실제로 참이라고 생각해야 할 합리적 이유가 없다는 점을 주목해야 한다. 검증하기 어려운 거창한 주장들에 직면해 흄(Hume)[260], 스미스(Smith)[261], 버크(Burke) 같은 실증주의 정

260　1711~1776, 스코틀랜드 출신의 철학자이자 경제학자.

261　1723~1790, 스코틀랜드 출신의 정치 경제학자.

치이론가들은 로크의 모든 공리를 거부하고 역사에서 또 실제 인간 사회와 정부들의 분석에서 잘 알려진 내용들을 토대로 정치 철학을 재건하려 했다.

세 번째로 로크의 이론은 국가의 역사적이고 실증적 토대를 무시할 뿐만 아니라 그런 사정을 살피는 일이 전적으로 불필요하지는 않더라도 부차적인 중요성을 띤다고 암시한다. "모든 인류에게 주어졌을 뿐 아니라 언제든 그에 의지할 수 있는" 그런 형태의 이성이 존재해 정치적 영역을 지배하는 모든 보편적 자연법들을 드러낸다면, 포테스큐, 코크, 셀던 같은 인물들이 그토록 강조했던, 역사적으로 또 실증적으로 근거 있는 합리적 추론의 필요성은 거의 없어진다. 모든 인간이 함께 모여 자신들의 이성에 묻기만 하면 그들은 "수많은 시대의 경험과 관찰이" 영국에 만들어냈던 헌정체제보다 훨씬 더 나은 정부 형태를 만들어낼 수 있기 때문이다. 이런 관점에서 볼 때 영미 보수주의 전통은 인류에게 일찍이 알려진 그 무엇보다 가장 자유롭고 가장 좋은 정부를 가져다주기는커녕, 오히려 모두가 훨씬 더 나은 삶으로 가지 못하도록 막는 장애물과 부당한 선입견들로 그득할 뿐이다. 로크의 이론은 다른 말로 하자면 영미 보수주의의 종말을, 보수주의자들이 여전히 지구상에 가장 소중하게 여기는 전통적 헌정체제의 종말을 그렇게 선언한다.

로크의 합리주의적 이론들이 영국에서는 제한된 진전을 이루었을 뿐이지만 프랑스에서는 대유행이었다. 루소(Rousseau)의 《사회계약론(On the Social Contract, 1762)》은 로크의 공리가 가져온 체계를 올바른 정치사상이라 받아들이고, 이성이 만들어주는 유일하게 정당한 헌정체제에 동의하라고 촉구하면서 다른 이들이 밟기를 두려워했던 곳으로 나아갔다. 30년 안에 루소, 볼테르(Voltaire), 그리고 로크의 합리주의 정치학을 받아들인 프

보수의 뿌리

랑스의 다른 흉내쟁이들은 프랑스 혁명이라는 형태로 그들이 요구했던 정치체제를 손에 받아 들었다. 1789년 인간과 시민의 권리 선언(Declaration of the Rights of Man and of the Citizen)은 이성의 목소리를 듣지 않으려는 사람들을 대상으로 전개된 공포 정치[262]로 이어졌다. 나폴레옹의 제국주의적 자유주의가 빠르게 들어서며 수백 만 명의 목숨을 희생양 삼아 폭력적으로 유럽 대륙 전체에 "인간의 권리들"과 보편 이성을 구현하려 했다.[41]

1790년 프랑스 혁명이 시작된 지 1년 만에 아일랜드 출신 영국인 사상가이자 휘그당 소속 의원인 에드먼드 버크는 보편이성과 보편적 권리라는 강령에 맞서 영국 헌정의 전통을 변호한 그 유명한 책《프랑스 혁명에 관한 고찰(Reflections on the Revolution in France)》을 저술했다. 그 한 구절에서 버크는 주장했다.

권리청원을 만들어낸 셀던과 여타의 심오한 지성인들은 적어도 [프랑스에서 혁명을 옹호했던 어느 사람 못지않게] "인간의 권리"에 관한 모든 일반 이론들을 충분히 알고 있었다. 그러나 이론적 과학을 유명무실하게 만들어버리는 저 실천적 지혜에 부합하는 이유들 때문에 그들은 불투명하게 관념적인 권리들 보다는 실증적이고, 기록됐으며, 계승된 권리를, 인간과 시민에게 소중한 그 모든 권리를 더 선호했다. 또한 관념적인 권리는 과격하고 따지기 좋아하는 정신의 소유자들을 몽땅 부추겨 그들에게 분명히 계승된 권리를 산산이 찢어버리거나 철폐하고 말리라고 그들은 생각했기 때문이다.

262　프랑스 혁명이 벌어진 이후 1793년 9월부터 1년간 혁명세력들이 벌인 공개처형과 대량학살 시기를 지칭한다.

이 구절에서 버크는 셀던과 당대의 다른 위대한 보수적 인물들도 프랑스에서 국가를 전복하는 근거로 활용한 바로 그 "인간의 권리"에 관한 "일반 이론들"을 대단히 잘 알았다는 사실을 올바르게 강조했다. 그런 보편적 권리들은 "실증적이고, 기록됐으며, 계승된 권리"가 아니었다. 오직 이성에만 근거했으며 이를 근거로 하면 누구나 절대적으로 어떤 권리도 요구하게 된다는 셀던의 주장을 버크는 추인했다. 보편적 권리들에 근거한 정치이론을 받아들인다면 하나의 의미가 명백해진다. 그런 권리를 활용해 언제나 새로운 요구를 할 줄 아는 "모든 과격하고 따지기 좋아하는 정신의 소유자들"은 한 국가의 "확실하게 계승된 무엇"을 즉각적으로 철폐하거나 산산조각 내버리고 만다는 얘기다.

버크가 비판한 대상이 프랑스의 루소와 그 추종자들이라고 가정하면서 보수주의자들은 오늘날 버크의 주장을 자주 인용한다. 그러나 버크의 주요 공격 대상은 루소가 아니었다. 왜냐하면 영국과 미국에서는 그 당시 루소에 열광한 사람들이 그리 많지 않았기 때문이다. 버크가 실제로 공격 대상으로 삼았던 이는 당대 그로티우스와 로크의 추종자들이었다. 예를 들자면 리처드 프라이스(Richard Price), 조셉 프리스틀리(Joseph Priestly), 찰스 제임스 폭스(Charles James Fox), 찰스 그레이(Charles Gray), 토머스 페인(Thomas Paine), 토머스 제퍼슨(Thomas Jefferson) 등이다. 프라이스는 버크가 《프랑스 혁명에 관한 고찰》의 첫 페이지에서 명백하게 공격의 대상으로 삼았던 인물이다. 프라이스는 자신의 책 《시민적 자유의 본질에 관한 관찰(Observations on the Nature of Civil Liberty, 1776)》을 시작하면서 "내 주장의 근거로 삼아온 원칙들이 모든 자유로운 국가의 기초를 형성한다. 그런 원칙들은 로크가 가르쳐온 내용과 동일하다."고 주장했다. 앞서 예시했던 다른 사람들에게도 같이 적용되는 이야기다. 그들은 모두 로크를 추종했으며 정치나 헌정 사상의 유일하게 옳은 토대는 "인간의 권리에 관한 일반 이론들"이라고 주장했다. 버크는 바로 그 이론들이 모든 나라에 혼란과 죽음을 가져오리라 믿었다.

프랑스에서 발생한 대량 학살은 영국에서 격렬한 논쟁을 불러일으켰다. (휘그이자 토리였던) 코크와 셀던식 보수주의 지지자들은 로크의 보편적 권리 이론 신봉자들(이른바 신 휘그라 불렸던)과 맞서 싸웠다. 보수주의자들은 이런 이론들이 프랑스에서 그랬듯이 영국의 모든 전통적인 정치·종교 제도들을 파괴해버린다고 주장했다. 이런 토론이 벌어지던 상황에서 버크는 의회에서 지금까지 쓰인 모든 책 중에 "가장 최악의 하나"가 로크의 정부론 2권이라고 발언했다.

미국의 자유주의와 보수주의

버크는 영국에서 전통적인 영국 헌정체제를 대단히 성공적으로 옹호했다. 그런 보수적 옹호는 버크가 사망한 이후 캐닝(Canning), 웰링턴(Wellington), 디즈레일리(Disraeli) 같은 인물들이 계속 유지해 갔다. 이런 사실은 관습법 그 자체는 물론 군주제, 상원, 영국 성공회 등의 제도들이 보편 이성과 보편적 권리라는 광풍을 이겨냈을 뿐 아니라 오늘날까지 강력한 지지자들을 끌어 모은다는 점에서 의심의 여지가 없다.

그러나 미국은 어떤가? 미국의 혁명과 소동은 로크의 보편 이성과 보편적 권리에 토대를 두지 않았는가? 오늘날 많은 보수주의자들의 말을 들으면, 미국의 주류엔 결코 보수주의자가 없었고, 정도가 다른 자유주의자들만 있었다고 생각하게 된다. 그러나 현실은 사뭇 다르다. 버크가 사용한 표현대로 **미국의 영국인들(American English)**이 영국 군주에 반역했을 때 그 반역자들 사이엔 분명히 서로 다른 두 개의 정치 이론을 앞세운 집단이 있었으며 그들 사이의 대립은 시간이 가면서 더 커졌다.

우선 영국의 헌정체제를 연구하고 계승하며 존중했던 사람들이 있었다. 영국 헌정 체제 아래 주어진 권리를 박탈당했다고 믿었던 사람들의 목적은 그 권리의 회복이었다. 그들은 코크와 셀던이 말한 전통과 일체감을 느끼며 왕정 절대주의에 맞서 승리를 희망했고 성취했다. 동시에 영국의 조상들이 권리 청원과 권리장전에서 획득했던 그런 권리들과 비슷한 무엇을 원했다. 이런 종류의 개인들에게 혁명(revolution)이라는 단어는 더 오래된 본래의 모습으로 돌아가거나, 그들의 노력으로 "회전해서(revolve)" 정당한 곳으로 되돌아가는 회복을 의미했다. 알렉산더 해밀턴은 아마도 이런 종류의 보수적 정치를 주장한 가장 잘 알려진 인물이다. 예를 들어 그는 1787년 제헌회의에 모인 대표단들에게 "나는 영국의 정부형태야말로 세계가 지금까지 만들어낸 가장 최선의 본보기라 믿는다."고 말했다. 혹은 존 디킨슨(John Dickinson)은 제헌회의에서 다음과 같이 말했다. "경험이 우리의 유일한 안내자이어야 한다. 이성은 우리를 그릇되게 인도할 수 있다. 이성이 영국 헌정체제의 비범하고 존경할 만한 구조를 발견하지 않았다. …우연한 사건들이 어쨌든 이런 발견들을 만들어냈다. 그리고 경험은 그 발견들에 힘을 주었다." 그리고 이런 시각을 지닌 다른 사람들이 배후에서 그들을 조용히 지지했으며 제헌회의의 의장이었던 조지 워싱턴(George Washington) 장군이 그 중 한명이었다.

두 번째로는 진정한 혁명가들, 제퍼슨 같은 자유주의적 로크 추종자들

보수의 뿌리

이 있었다. 그들은 영국을 혐오했으며 프랑스의 루소 추종자들이 믿었듯이 보편 이성의 명령으로 인간의 진정한 권리가 모든 사람에게 자명해졌다고 믿었다. 그들에게 영국의 전통적인 헌정체제는 자유를 가져다주는 근원이 아니라 보편 이성이 부여하는 권리들을 앞세워 휩쓸어버려야 할 대상이었다. 참으로 제퍼슨과 그 지지자들은 프랑스 혁명이야말로 미국인들이 영국을 대상으로 시작한 과업보다 더 순결한 형태라고 받아들였다. 프랑스 혁명을 정당화한 그의 유명한 1793년 편지에서 제퍼슨은 다음과 같이 썼다. "전 지구의 자유는 그 투쟁의 결과에 달려 있다. 그 투쟁이 실패하길 보느니 차라리 지구의 절반이 황폐해지길 바란다."

보수적 집단과 자유주의적 집단 사이의 긴장은 미국의 건국 문서에 극적인 표현으로 나타난다. 1776년에 제퍼슨이 초안을 잡은 독립선언은 그 전문에서 이성의 빛 앞에 "자명한" 보편적 권리라는 로크의 강령을 호소했다. 이와 유사하게 새로운 미합중국의 헌법 초안으로 그 이듬해 협상 결과로 만들어진 연합규약들(Articles of Confederation)은 전통적 영국 헌정체제와의 급진적인 절연을 담았다. 이러한 규약들은 13개 주의 독립적인 정체성을 강조했다. 동시에 그들을 모두 아우르지만 세금 징수권은 없고, 정책을 집행하려면 13개 주에서 최소한 9개주가 동의해야 하는 미약한 대의기구의 설립을 촉구했다. 규약들은 이처럼 사실상 행정부인 이 대의기구의 권한을 별도의 입법기관이나 사법기관으로 견제해 균형을 맞추려는 시도를 전혀 하지 않았다.

연합규약들은 합중국의 파괴에 가까웠다. 외교와 경제 문제에서 10여년의 혼란을 겪은 끝에 규약들은 헌법으로 대체됐다. 제퍼슨이 멀리 떨어져 프랑스에 있는 동안 해밀턴과 제임스 매디슨이 추진하고, 사려 깊은 조지 워싱턴이 주재한 제헌회의에서 헌법이 통과됐다. 그 회의에서 떠오른 헌법과 초기 연합규약들을 비교한 사람은 누구나 이 제헌회의에서 발생한 일이 1689년 명예혁명의 재연이라는 사실을 즉각 인지하게 된다. 미국적 맥락으로 변용됐지만 제헌회의가 산출한 문서는 영국 헌정체제의 그 근본적인 형태들을 복구해야 한다고 제안했다. (계승되는 군주제를 대신해) 선거인단이 지명하는 강력한 대통령이지만 조세권과 입법권이 있는 강력한 양원제라는 너무나 영국적인 형태로 권력이 제한된 대통령, 유사 귀족적인 임명제 상원과 보통선거로 선출되는 하원이라는 양분된 입법기관, 그리고 독립적인 사법부가 그런 형태들이다. 심지어 1789년 미국의 권리장전도 영국의 권리청원과 권리장전을 따라 만들어졌다. 대개 코크와 셀던 그리고 그들의 추종자들이 묘사했던 권리들을 조금 더 자세하게 다듬었으며 보편 이성과 보편적 권리들은 어느 곳에서도 단 한마디조차 언급하지 않았다.

미국의 헌법은 분명 영국의 전통적 헌정체제를 떠나 주요한 핵심적 분야에서는 미국이라는 지역적 조건에 맞게 수정됐다. 귀족이나, 세습된 지위라는 전통이 없었던 미국인들은 그러한 제도를 이제 와서 새삼 수립할 필요가 없었다. 또한 1787년의 미국 헌법은 영국에서 이미 금지된 노예제를 허용했다. 이는 헌법의 기초자들이 지독한 악몽에서도 상상하지 못했던 대가를 나중에 미국이 지불하게 만들었던 비열한 혁신이었다.

또 다른 결별, 혹은 명백한 결별은 국교를 수립하는 조항의 결여였다. 이는 수정헌법 1조에 "국교 수립을 존중하거나, 혹은 종교의 자유를 금지하는" 입법을 의회가 하지 못하게 하는 형태로 명문화되었다. 물론 영국 헌정의 전통은 프로테스탄트교에 핵심적인 역할을 맡겼다. 이는 영국의 정체성에 필수 불가결하고 분리불가능하다고 간주됐다(비록 종교적 관용이라는 광범위한 조치와 병립불가능하지는 않았지만). 어떤 측면에서 연방적인 요소가 있던 영국은 스코틀랜드와 아일랜드에 별도의 국교를 공식적으로 설립하도록 허용했다. 국교 수립 다양성의 이런 영국적 수용은 부분적으로 미국 헌법에도 반영됐다. 미국 헌법은 각 주가 그 자신들이 수립한 교회를 지지할 수 있도록 허용하거나, 각 주의 공직을 신교나 기독교인들이 담당하도록 19세기에 들어서까지 요구했다. 이러한 사실들을 고려할 때 수정헌법 1조는 국교 수립의 종말을 시도했다기보다는 국교의 형태를 주 수준에 위임하여 주 간의 평화를 유지하려는 조항으로 보인다.

그러나 1802년 당시 대통령이었던 제퍼슨은 이미 국교를 거부한 수정 헌법 1조가 사실상 "미국 전 국민의 행위로서…교회와 국가의 분리라는 벽을 세웠다"고 해석해야 한다고 선언했다. 미국 헌법이 "정교분리"를 명문화했다는 제퍼슨의 의미 규정은 분명 지나친 측면이 있다. 제퍼슨의 말은 대중의 신앙(popular religion)이 이성에 상극이라고 간주한 프랑스 자유주의의 연장선에 놓였다. 국가의 종교가 "전 미국인" 사이에서 실제로 차지했던 지위를 감안하면 적절하지 않은 주장이었다. 그러나 이 점에서 제퍼슨은 승리자가 된다. 제퍼슨에 뒤이어 그의 "정교분리의 벽"이라는 해석은 점차 미국 헌법의 필수적인 부분으로 간주됐다. 비록 실제적 문구로 헌법에 포함되지는 않았지만 말이다.

로크의 자유주의는 제퍼슨이 대통령에 선출된 이후 점차 지배적인 사상이 되었다. 1804년 1대1 결투에서 해밀턴이 47세로 사망한 사건은 미국 보수주의의 가장 유능한 대변인을 앗아간 심각한 타격이었다. 그럼에도 셀던과 버크의 전통은 미국의 가장 저명한 법조인 두 명을 포함하여 미국의 다음 세대들이 이어갔다. 이 법조인들은 뉴욕 주 대법관 제임스 켄트(James

Kent 1763~1847)와 연방 대법관 조셉 스토리(Joseph Story. 1779~1845)였다. 스토리의 영향은 특히 각별했다. 대법원장 존 마셜(John Marshall)[263]의 영향력을 약화시키겠다는 희망으로 제퍼슨 대통령이 지명했지만 스토리 대법관의 견해는 거의 즉각적으로 제퍼슨의 희망과는 반대의 성향을 드러냈으며 대법관 재임 34년 내내 그랬다. 미국의 보수적 전통에 스토리 대법관이 가장 크게 기여한 내용은 그가 1833년 3권으로 펴낸 유명한 책, 《헌법에 관한 논평들(Commentaries on the Constitution)》이다. 마셜 대법원장에게 헌정된 이 책은 19세기 미국의 헌법적 전통을 해석한 가장 중요하고 영향력 있는 책이 되었다. 이 논평들은 그 정신으로 보자면 명백하게 보수적이었으며 버크의 말을 긍정적으로 인용했고, 로크 이론들 뿐 아니라 제퍼슨 그 자체도 거듭 비판했다. 다른 무엇보다 스토리는 미국의 건국이 이성으로 만들어낸 보편적 권리들에 입각했다는 제퍼슨의 주장을 강력하게 거부했다. 오히려 미국인들이 언제나 인식했고 계속해서 인지해온 영국의 전통적 법률이 말하는 권리들에 의거했음을 강조했다. 그는 다음과 같이 썼다.

[이는] 식민지 정착 이래 미국의 일관된 강령이었다. 관습법은 우리의 타고난 권리이자 유산이고, 우리의 조상들은 자신들의 상황에 적용할 만한 그 모두를 이 땅으로 건너 올 때 지참해 왔다는 게 보편적 원칙이었다(실천이 이를 확인해주었다.). 우리 현 법체계의 모든 구조는 관습법이라는 최초의 기초들 위에 서 있다.

---

263 1755~1835, 미 정치인이자 법률가. 하원의원 4대 국무장관과 대법원장을 역임. 3대 대통령 제퍼슨의 친척.

국교 문제와 관련해 영국의 전통에서 벗어난 미국의 헌법을 고려할 때 스토리의 견해는 적절하게 균형 잡혀 있다. 한편으로 그는 "종교와 대중의 신앙적 자유라는 문제에서 양심이 말하는 대로 따른다는 사적인 판단의 권리"를 국가 헌정체제의 유산에서 핵심적인 요소로 확인했다. 동시에 "신앙심, 종교, 도덕은 국가의 복리와 밀접하게 연결됐으며 시민적 정의를 관리하는 데 필수불가결하다고 믿는 사람이라면 누구라도 한 사회나 정부가 종교 문제에 개입할 권리를 문제 삼기는 어렵다."는 영미의 전통적인 보수적 시각도 강조한다.

이런 이유로 그는 몇몇 주들이 계속 "기독교 신앙을 이런 저런 형태로 지지하고 유지한다."는 당시 진행된 상황들이 "공공의 법 혹은 공화국의 자유라는 원칙들에 위배된다는 의심이 조금도 없다."고 확신했다. 스토리는 이렇듯 주 단위에서 정교의 분리라는 벽이 바람직하지 않다고 했으며 미국의 헌법이 이를 전혀 요구하지도 않는다고 했다.

국교 수립을 금지하면서 시작된 보수적 원칙의 위배를 두고 스토리 대법관은 선견지명이 담긴 염려와 함께 다음과 같이 썼다.

> 대중적 신의 숭배나 종교의 지지가, 누구나 알아보는 형태로, 주(州)의 의무나 정책의 일부가 되지 않는 곳에서 자유로운 정부가 어떤 형태로든 영원히 존재할 수 있느냐는 질문은 여전히 인간사가 풀어야할 문제로 남는다.

보수적 전통의 원칙들

우리가 보아왔듯이 존 셸던에서 에드먼드 버크까지의 기간은 대단히 뚜렷이 구별되고 갈등하는 영미 정치 전통의 두 흐름, 즉 보수주의와 자유주의를 낳았다. 두 사상은 절대 왕정주의에 맞섰고 자유에 헌신했다. 그러나 이론적 근거에서 두 사상은 통렬하게 갈라진다. 이 두 전통을 분열시켰던 많은 주요 현안들은 오늘날에도 보수주의자와 자유주의자들을 가른다.

영미 보수주의의 정치적 전통의 핵심은 무엇인가? 우리는 이 전통 초기 설계자들의 글과 행동에서 나타나는 대로 보수주의의 원칙들을 다음과 같이 요약해 볼 수 있다.

⑴ **역사적 실증주의**. 정부의 권위는 헌정체제의 전통들에서 비롯된다. 어떤 나라의 오랜 역사적 경험을 통해 안녕과 복지, 그리고 자유를 제공한다고 알려진 전통들이다. 이러한 전통들은 수백 년 시행착오를 통해 다듬어지고 필요하다면 보수(補修)와 개선이 이뤄지지만 승계된 국가적 구축물 전체의 통일성을 유지한다. 그러한 실증주의는 신이 권력을 주었다는 지배자들의 주장이나 인간의 보편적 권리들을 회의적으로 바라본다. 다른 추상적이거나 보편적 체제들도 부정적으로 바라보긴 마찬가지다. 한 나라의 그런 헌정 체제의 전통들을 글로 쓰인 문서 하나로 정리하거나 표현하지만 그런 문서들만으로는 이 정치 전통의 전모를 정의하거나 담아내지는 못한다.

⑵ **국민주의(Nationalism)**. 국가적 경험의 다양성 때문에 각국엔 서로 다른 헌정체제와 종교적 전통이 있다. 영미 전통은 자유롭고 정당한 국가적 원칙들에, 성경에 바탕을 둔 원칙들에 귀를 기울이며 외국의 영향을 받지 않고 그 자신의 길을 걸어간다. 국가의 탄생은 다양한 부족이 모여 발생하며 국가의 통일성은 공통의 전통적 법과 종교에 근거한다. 그러한 국민주의는 종족에 기반을 두기보다는 "당신의 사람들은 나의 사람들이며 당신의 신은 나의 신이다." (구약 룻기 1장 16절)라고 선언하는 누구라도 그 국

가의 새로운 구성원으로 포용한다.

(3) **종교.** 국가는 국민에게 공통적인 종교적 실천과 성경 속의 신을 존중하고 받든다. 이는 국가적 유산의 핵심이며 정의와 공중도덕의 형성에 반드시 필요하다. 동시에 국가는 국가 전체의 복리와 통일성을 위협하지 않는 한 종교적이고 사회적인 관점들에 광범위한 관용을 제공한다.

(4) *제한된 행정 권한.* 왕이나 대통령의 권력은 국가의 법률로 제한된다. 그 법률들은 대통령이나 왕이 마음대로 만들거나 해석하지 않는다. 왕이나 대통령의 권력은 국회의원 같은 국민의 대표자들이 제한한다. 왕과 대통령은 법률 제정과 징세 문제와 관련해 대표자들의 충고와 동의를 획득해야만 한다.

(5) *개인의 자유.* 신은 개인의 생명과 재산권의 보장이 평화롭고 번영된 사회의 기초라고 우리에게 명했다. 또한 국가가 자의적 행동으로 훼손하지 못하도록 보호되어야 한다고 요구했다. 표현과 언론의 자유가 있어야 진실을 추구하고 건전한 정책을 수행하는 국가의 능력이 만들어진다. 이 모든 근본적인 권리와 자유들은 법으로 보장돼 있고 적법절차에 따라서만 제한될 여지가 있다.

이러한 원칙들은 로크나 자유주의보다 더 오래 전부터 이미 존재해왔던 보수 정치 전통의 유용한 요약이다. 이들은 1689년 영국 헌정체제 복구의 기초였으며 1787년 미국 헌법 비준의 근거가 된 토대이기도 했다. 더욱이 우리는 그 원칙들을 오늘날에도 영국 미국 그리고 다른 나라의 정치적 보수주의의 건전한 근거로 삼을 수 있다고 생각한다.

현안들을 보는 보수주의와 자유주의의 시선

이런 보수적 원칙들은 자유주의의 원칙들과 어떻게 갈등할까? 우리는 자유주의자와 보수주의자의 결정적 차이점들이 다음과 같다고 생각한다.

자유주의는 이성이 어디에나 똑같이 있고 원칙적으로 모든 개인이 그 이성을 활용할 수 있다는 가정에 토대를 둔 정치 강령이다. 자유주의는 이성에 의지하기만 하면 모든 곳에서 인류에게 유일한 최선의 정부 형태에 도달하게 된다고 주장한다. 자유주의는 현재로선 최선의 정부 형태가 "자유 민주주의(liberal democracy)"라고 주장한다. 그러나 이 용어는 영국과 미국의 옛 보수적 전통에서 특정한 원칙들을 빌려온 하나의 정부 형태를 묘사하느라 1920년대에 유행하기 시작했다. 그 원칙들이란 행정부 권한의 제약, 개인적 자유의 보장(앞서의 원칙 4,5번) 등이다. 그러나 자유주의는 그런 원칙들이 발생한 영미의 폭넓은 전통에서 이런 원칙들만 따로 분리해서 독립적 실체들로 간주한다. 이렇게 자유주의자들은 영국과 미국 정부의 국가적이거나 종교적 기초들(앞서의 원칙 2와 3)을 무시하는 데 조금도 거리낌이 없다. 그런 기초들이 보편 이성에 어긋난다고 여기지는 않는다 해도 불필요하다고 간주한다.

셀던과 함께 우리는 그들이 보편적인 "자유 민주주의"를 소리 높여 외칠 때 역사와 경험에 토대를 둔 전통적 영미 헌정체제의 특정한 원칙들을, 즉 수 세기 동안 고통스럽게 발전해오고 뿌리 내린 원칙들(원칙 1번)을 역사적이고 문화적 환경에 관계없이 모든 인간이 동등하게 활용할 만한 보편적 진리로 혼동했다고 믿는다. 이 말은 그들이 다른 모든 합리주의자들처럼 특정한 조건에서나 합당한 국지적 진실을 전혀 다른 상황과 환경에 그대로 적용하려 든다는 의미다. 이럴 때 대개 일을 그르치는 경우가 잦기 마련이다. 예를 들어 다른 어느 나라보다 멕시코, 프랑스 ,독일, 이탈리아, 나이지리아, 러시아, 이라크 같은 지역에서 자유주의적 헌정체제들이 거듭 붕괴되는 그런 실패들은 무엇을 말해주는가. 그것은 자유주의적 헌정체제의 원칙들이 지나치게 널리 적용됐으며, 보다 협소한 조건의 범위 안에서만 진리라고 간주되어야 한다는 사실을 보수주의자들에게 말해줄 뿐이다. 반면 자유주의자들은 그러한 실패들이 "그릇된 실행"의 결과일 뿐이라고 설명하면서 자유 민주주의를, 환경이 어떻든 경험으로 훼손되거나 공격해서는 안 될 보편적 진실로 계속 남겨 둔다.

원칙 4번과 5번들을 두고 모든 인류가 손쉽게 인지할 만한 보편적 진리라는 자유주의자들의 주장은 심지어 미국과 영국에서도 광범위하게 퍼져 갔다. 하지만 현재의 "자유 민주주의"는 영미의 전통적 헌정체제가 아니다. 신교(Protestant religion)와 영미의 국가적 전통에서 전면적으로 분리해 합리주의자가 재구축한 체제일 뿐이다. 오랜 세월 검증된 정부 형태가 아닌 이 자유-민주적 이상은 오직 20세기 중반에 시작됐으며 미국과 영국 모두에 전혀 새로운 체제다. 자유주의자들이 기꺼이 내다버린 보수적 원칙들 없이 이러한 종류의 자유-민주적 정권이 오래 유지된다는 주장은 이제부터 처음으로 검증되어야 할 가설이다. 이 실험의 결과가 분명 바람직하리라 믿는 사람들은 그 결론을 역사적이고 경험적 증거에서 끌어낸 사람이 아니다. 왜냐하면 그런 증거는 아직 하나도 없기 때문이다. 차라리 그들의 확신은 우리 앞에 다른 어떤 결과도 예상하지 못하도록 그들을 사로잡아 버린 폐쇄적인 로크식 합리주의에 그 뿌리를 두고 있다.

보수주의자와 자유주의자들 사이에 드러나는 이 차이는 물론 정치이론이라는 정화된 수준에만 머물지 않는다. 그 차이들은 한 세대에서 다른 세대로 넘어가며 다소 상이한 방식으로 표현되지만 현실 정책에서 쉽사리 대립한다. 오늘 날 우리는 다른 무엇보다(여기서는 대단히 간략하게 매우 단순한 관점에서 묘사된다) 다음과 같은 분야에서 보수주의와 자유주의의의 충돌을 본다.

자유주의 제국. 자유주의가 보편 이성의 명령이라고 생각하는 자유주의자들은 자유 민주주의로 통치되지 않는 모든 나라를 압박하거나 심지어 강제해서 자유주의 정부 형태를 채택하도록 해야 한다고 믿는 경향이 있다. 반면 보수주의자들은 서로 다른 사회들이 서로 다른 방법으로 평화를 유지하고 결속한다고 인지하기 때문에 자유주의적 강령의 보편적 적용은 이롭기보다는 해가 되는 붕괴와 혼란을 자주 초래한다고 인정한다.

*국제기구*들. 위와 유사하게 자유주의자들은 자유주의적 원칙들이 보편적이기 때문에 정부에 있던 권력들을 국제기구에 일부 이관한다고 해서 해가 발생하지 않는다고 믿는다. 반면 보수주의자들은 그러한 국제기구들에 어떤 건전한 통치 전통도 없으며, 보편적 권리에 관한 그들의 그럴듯한 이론을 강제하게 될지도 모를 특정한 국가들의 국민에게 어떤 충성심도 없다고 믿는다. 그들은 따라서 그러한 국제기구들이 불가피하게 자의와 독재로 흐르는 경향이 있다고 본다.

이민. 자유주의자들은 자유주의적 원칙들이 모든 사람에게 적용되기 때문에 국가적이고 종교적 전통이 우리와 매우 다른 나라에서 대규모 이민이 온다 해도 두려워할 필요가 없다고 믿는다. 보수주의자들은 성공적인 대규모 이민은 오직 이민자들이 새로 이민 가는 국가의 전통에 통합될 의지가 강력하고 그 동화 과정을 돕는 지원이 강력할 때에만 가능하다고 본다. 이러한 조건이 결여됐을 때 그 결과는 서로 다른 문화의 만성적인 긴장과 폭

력일 뿐이라고 생각한다.[264]

법. 자유주의자들은 법정에서 드러나듯, 실정법과 보편 이성의 요구 사이에 발생한 긴장에서 국가의 법령들이 생겨난다고 간주한다. 보수주의자들은 이른바 판사들의 보편 이성을 거부한다. 판사들의 판단이 당대의 유행에 굴복해 내려지는 사례가 잦기 때문이다. 그러나 보수주의자들은 또한 지나치게 성문법에 매달리는 태도도 반대한다. 왜냐하면 그럴 경우 미국의 독립선언과 헌법에서 발견된다는 이른바 추상적 이성의 산물로만 창조되고 정의되는 "강령적 국가"(혹은 "명제에 입각한 국가")라는 그 자유주의적 신화로 이어지기 때문이다.

경제. 자유주의자들은 보편적 시장경제가 국경을 개의치 않고, 보편 이성의 명령에 따라 모든 나라에 평등하게 적용된다고 간주한다. 그들은 따라서 모든 나라가 보편적이고 합리적인 규칙에 따라 참여하는 "평등한 시장"을 창조하는 것 이외의 정당한 경제적 목적은 없다고 생각한다. 보수주의자들은 시장경제와 자유기업들이 국가의 부와 복리의 증진에 없어서는 안 된다고 간주한다. 그렇지만 그들은 나라마다 경제 여건들(economic arrangements)이 불가피하게 다르며, 각국이 자국민들에게 혜택을 주려고 경쟁하는 과정에서 발생한 특별한 역사적 경험과 혁신들을 반영한다고 본다.

교육. 자유주의자들은 로크가 만들어낸 자유와 평등이란 상품을 정치 질서의 보편적 목적으로 인지하고, 미국 건국의 정치 문서들이 대개 이러한 목적들을 달성했다고 여기도록 학교가 가르쳐야 한다고 믿는다. 그러나 보수주의자들은 교육이 영미 헌정체제와 성경에 뿌리를 둔 종교적 전통이란

---

264 중남미와 아랍에서 미국과 유럽으로 유입되는 대규모 난민의 문제를 바라보는 시각의 차이다.

특별한 성격에 초점을 맞추어야 한다고 생각한다. 그리고 이러한 전통이 세계적으로 영향을 끼친 뚜렷한 정치사상과 실천을 겸비한 특정 나라들을 만들어냈다는 사실과 그 과정을 가르쳐야 한다고 믿는다.

대중 종교(popular religion) .자유주의자들은 정당하고 도덕적인 정부의 필요 충분 토대가 보편 이성이라고 믿는다. 이는 일찍이 보통 사람들이 정의와 올바름을 이해하는 기초였던 국가의 종교적 전통이 대중적 담론을 통해 보편 이성 그 자체로 대체됐다는 의미다. 자유주의는 모든 정부가 제퍼슨식 "정교 분리의 벽"을 그 현재의 형태로 받아들여야 한다고 주장한다. 그 벽의 목적은 공공의 삶에서 종교의 영향력을 사라지게 해서 사적인 영역으로 밀어두려는 것이다. 보수주의자들은 이 모두를 옳다고 여기지 않는다. 그들은 인간의 이성은 언제나 정의와 도덕에 관해 끊임없이 변화하는 관점들만 대량 생산할 뿐이라고 본다. 새롭고 빠르게 증식하는 인간의 권리들이 끊임없이 주장되는 오늘날 이는 자명한 사실이다. 보수주의자들은 국가적 독립, 정의, 공중도덕의 유일하고 안정적인 기초는 정부와 공공의 삶에 강력하게 자리 잡은 성경적 전통이라고 믿는다. 그들은 정교분리의 강령을 거부하며 대신 종교를 공중의 삶에 통합하지만 동시에 다양한 종교적 시각에 폭넓은 관용을 제공하는 그런 통합을 지지한다.

보수주의의 회복?

버크와 해밀턴은 여전히 영미 전통 전체의 의미를 교육받은 세대에 속한다. 단지 수십 년이 지나서야 이런 상황이 변화하기 시작했다. 19세기 말 보수적 견해들은 점차 소수가 되었고 영국과 미국에서 동시에 수세적 위치에 놓였다. 그런 상황을 거쳐 미국에서는 1932년 프랭클린 루스벨트가, 영국에선 1945년 노동당이 보수주의를 결정적 방식으로 망가뜨렸다. 이 시점에서 사회주의는 자유주의를 대체해 "좌파" 정당들의 세계관이 되었다. 그결과 일부 자유주의자들이 "우파" 정당들로 쫓겨 가 마지막으로 남았던 보수적 전통의 흔적에 가세하게 되었다. 이런 환경에서 새로운 지도자들과 운동들이 때때로 일어나 영미 보수주의의 깃발을 다시 휘두르는 데 성공했다. 그러나 이런 보수주의자들은 초기 보수주의자와 그들의 조상들을 연결해주었던 고리의 대부분을 잃은 채 정치적이고 철학적으로 파편화된 지평에서만 살아갔다. 이렇게 뿌리는 얇아졌고 그들의 승리는 때로 인상적이었지만 보수주의의 장기적인 회복은 발생하지 않았다.

이런 보수적 부흥에서 가장 정점이었던 시기는 1980년대 마거릿 대처 (Margaret Thatcher) 영국 총리와 로널드 레이건 (Ronald Reagan) 미국 대통령 시절이었다. 대처와 레이건은 진정 본능적인 보수주의자였다. 그들은 국가와 종교는 물론 제한된 정부와 개인의 자유라는 전통적인 영미 보수주의에 애착을 보였다. 그들은 또 영국과 미국을 함께 묶는 그 심오하고 "특별한 관계"에 주목하고 이를 공개적으로 천명했다. 공산주의에 맞선 투쟁이라는 심각한 위기를 맞아 권좌에 오른 그들의 새 보수주의는 냉전에서 승리를 거두고, 다른 나라들을 압제에서 벗어나게 했을 뿐 아니라 사회주의로 오래동안 제약 받아온 영국과 미국의 경제를 해방시키는 데도 성공했다. 두 나라에서 거둔 이러한 승리들은 한 세대의 정치 담론을 우향우하도록 했다.

그러나 레이건과 대처의 운동은 그 모든 성공에도 불구하고 미국과 영국 정치 문화의 깊숙한 곳에 이르지는 못했다. 거의 전적으로 사회주의와 자유주의의 이론화에 바쳐졌던 대학 체제에 굴복해 그들의 운동은 법학, 정치이론, 역사, 철학, 교육학 등 근본적인 분야에서 영미 보수주의를 진정한 세력으로 부활시킬 만한 원동력을 끌어내지 못했다. 문제는 이러한 학문들의 뒷받침 없이는 보수주의를 진정으로 회복시킬 수 없다는 데 있었다. 1980년대 보수적 회복을 통해 예를 들어 정부와 정치 이론이라는 학문 분야에서 영국과 미국 정치 원칙들의 근원이었던 성경을 계속 무시했듯이 포테스큐, 코크, 셀던, 그리고 헤일 같은 보수적 사상가들을 완전히 무시해버렸다. 이와 유사하게 법학이라는 학문적 체계는 추상적 자유주의 이론들의 경합만 가르치는 분야로 남았다. 이런 종류의 교육 탓에 권위 있는 대학의 학위는 그저 영미 보수적 전통의 무지(無知)만 보장해줄 뿐이었으며, 오직 손에 꼽을 만한 보수적 지성인, 가장 눈에 뜨이게는 러셀 커크와 어빙 크리스톨 등만이 이런 문제의 심각성에 주목했던 듯 보인다. 전체적으로 그 시대의 보수적 부활은 당대의 긴급한 정책 현안들에만 한사코 초점을 맞추었을 뿐이다. 결과적으로 보수주의자는 사상사를 펴들고 공부했다 해도, 혹은 대학에서 교육받은 세계관만으로는 자유주의를 극복해낼 힘을 전혀 얻지 못했다.

이 때문에 오늘날 보수적 담론은 버크와 해밀턴을 수사적 장식품으로 잠시 언급할 뿐이어서 종종 자유주의적 주제와 원칙들의 짜깁기에 지나지 않는다. 우리는 이 위대한 영미 보수주의자들이 그들 사상의 근거로 삼은 지적이고 정치적인 유산이 무엇이며, 무엇에 관한 이야긴지 알려 하거나 이해하는 데 필요한 노력을 하지 않았다. 그 결과 보수주의자들은 과거 세대의 지혜라는 뿌리가 뽑힌 채 그들이 미래 세대에 전통을 넘겨주겠다고 말할 때 전혀 설득력이 없어 보인다. 자신에게 없는 그 무엇을 남에게 전해줄 방법은 없기 때문이다.

1980년대 까지는 자유주의자들과 보수주의자들의 차이점을 그리 크게

보수의 뿌리

강조하지 않는 편이 나름 필요했을지 모른다. 말하자면 해외에서는 공산주의에 맞서, 국내에서는 사회주의에 맞서 싸워 이길 수 있도록 함께 모든 힘을 모아야 했던 때였기 때문이다. 그러나 우리는 더 이상 80년대를 살아가지 않는다. 그러한 전투는 승리했고 오늘날 우리는 새로운 위험들에 직면했다. 가장 중요한 위험은 미국과 영국 같은 나라들의 무능력이다. 그들을 수세기나 통합시켜주었던 국민주의(nationalist)적이고 종교적인 전통들은 박탈됐고, 해마다 그들이 힘의 토대로 삼았던 역사적 기초를 보편주의자적 자유주의(universalist liberalism)가 파괴해 가는데도 영미 두 나라는 스스로를 유지할 능력이 없었다. 그러한 내부 해체의 조건에 놓인 국가에서 이미 독점적 지위를 수립한 자유주의적 합리주의는 그 조직화된 세계관을 수용하지 못한 광범위한 대중을 권위주의적 운동들의 손아귀에 통째로 몰아넣어 줄 위험이 현저해지고 있다.

다양한 시각의 자유주의자들은 그들 고유의 방식으로 우리에게 비슷한 경고를 하려 했다. <포린 어페어즈>지에 1997년 파리드 자카리아(Fareed Zakaria)가 게재한 <반자유주의적 민주주의의 등장(The Rise of Illiberal Democracy)>, 2016년 <이코노미스트>지의 <반자유주의: 두려움을 활용하기(Illiberalism: Playing with Fear)>와 앞서 언급한 <코멘타리>지의 <반자유주의: 세계적 위기(Illiberalism: The Worldwide Crisis)>라는 글들이 그런 경고를 발했다. 이 글들과 다른 많은 출판물들은 반자유주의적(illiberal)이라는 용어를 로크의 자유주의가 놓은 경로에서 벗어난 사람들을 묘사하는 모멸적인 표현으로 집중 사용해왔다. 그렇게 하면서 그들은 정치적인 세계를 두 개로 나누었다. 자유주의자들은 보편적으로 수용된 방법으로 이성을 활용해 적절한 자유주의적 결론에 기꺼이 이르려는 품위 있는 사람들이며, 그와 다른 "반자유주의자들(illiberals)"은 무지, 앙심, 혹은 격세 유전적 증오로 말미암아 자유주의자들의 강령에 동참하지 않으려는 사람들이었다. 상황이 이렇게 나뉘어 있을 때 후자에는 유럽연합(EU)에서 탈퇴하려는 영국인들, 트럼프 지지자들, 복음주의적 기독교인들, 정통 유대교도들이나 독재자들과 이란 회교의 시아파 지도자들, 그리고 나치까지 한 묶음에 다 포함된다. 생각이 한번 이런 식으로 각이 잡히면 후자인 두 번째 집단에 속하는 모든 사람들은 누구나 어느 정도 맞서 싸워야 할 위협적 존재라는 결론을 회피하기 어렵게 된다.

우리 보수주의자들은 그러나 나름 선호하는 정치 세계의 구분이 있다. 영미 보수주의는 명백히 권위주의적이거나 자유주의적이지 않으면서도 나름 고유한 정치 영역으로 드러나는 세계다. 나머지 영미의 보수적 전통과 함께 우리는 제한된 정부와 개인의 자유라는 원칙들을 내세운다. 그러나 또한 우리는 (다시 보수적 전통과 발맞추어) 권위주의를 밀쳐내면서 제한된 정부를 올바른 위치에 놓고, 국가에 내적인 통일성과 안정을 주는 유일한 힘들은 우리의 국민주의(nationalist)적이고 종교적 전통들이라는 점을 분명히 본다. 이러한 원칙들은 자유주의적이지 않다. 그들은 자유주의에 앞서 존재해왔고 자유주의와 상충한다. 그리고 현재 자유주의 때문에 파괴되는 과정에 있다.

우리의 세계는 절실하게 보수의 명징한 목소리를 들어야 할 필요가 있다. 좌익의 자유주의나, 혹은 우익의 권위주의와 보수적 원칙들을 계속 혼동한다면 그저 해롭기만 하다. 마침내 보수주의자들이 자신의 고유한 목소리로 말해야 할 때가 왔다. 그렇게 할 때 우리는 많은 사람들이 찾아 나섰지만 발견하지 못했던 정치적 기초를 제공할 수 있다는 사실을 발견하게 된다.

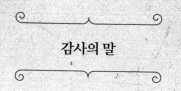

감사의 말

이 책은 대학연합 연구소(ISI)와 그 소장 빅터 밀리온(E. Victor Milione)의 재정적이고 도덕적인 지지가 없었으면 출판되지 못했다. 그들의 이해와 인내가 처음부터 이 일을 지탱해주었다.

"자유, 전통, 보수주의"라는 첫 장은 처음 <모던 에이지(Modern Age)>라는 잡지에 실렸고 조그만 책자로 ISI가 재 발간하기도 했다. 이 글에서 제기한 주제들에 토대를 둔 책을 내보자는 생각은 밀리온씨와의 대화를 통해 영글었다. 그리고 그가 이끄는 ISI가 처음부터 그 생각을 후원했다.

나는 또 하이예크(F.A. Hayek)의 "왜 나는 보수주의자가 아닌가"라는 글의 게재를 허락해 준 시카고 대학에 대단히 감사한다. 이 글은 원래 《자유 헌정론 The Constitution of Liberty》이라는 책에 처음 등장했다.

-프랑크 S. 메이어.

4장 보수주의자의 자유

1. "자유지상론자(libertarian)"라는 단어의 사용은 모든 형이상학적 의미가 포함된 고전적 자유주의이지만 화학적으로 순수한 형태를 나타내고 싶기 때문이었다. 그 용어는 때로 이와 연결된 반종교적 철학의 수용을 의미하지 않으면서도, 제한된 정부와 정치적 자유를 주장하는 사람들을 구분하려고 사용되기도 했다. 나는 눈에 두드러지는 개념의 연속성을 수립하려고 권위주의, 보수주의, 자유지상론이라는 용어를 사용했을 뿐이며 "자유지상론"을 2등급이라고 폄훼하려는 의도는 전혀 없었다. 오히려 나는 스스로를 "자유지상론자"로 부르는 많은 사람들이 자유와 도덕적 권위의 이중적인 강조와 함께 내가 보수주의라고 묘사하는 입장을 수용하리라 믿는다. 그들이 그렇게 수용하는 만큼 나는 이 글의 주장이 소위 "자유지상론자"를 공격하기 보다는 그들을 옹호한다는 사실을 내 용어사용이 모호하게 만들지 않으리라고 믿는다.

5장 경제적 자유가 관건이다

2. 액튼 경의 말이 자주 이렇게 잘못 인용되지만 사실은 매우 지적으로 말했다. "권력은 부패하는 경향이 있다. 절대 권력은 절대 부패한다." Historical Essay and Studies London, 19017), 504쪽 [강조는

필자가]

3. P. Gaxotte, Thèmes et variations(Paris, 1957), 26쪽

4. Ibid,

5. W. Eucken, Grundsätze der Wirtschaftsolitik(Bern-Tübingen, 1952), S. 194를 보라.

6. W. Röpke, "Der wissenschaftliche Ort der Nationalökonomie," Studim Generale, Juli, 1953.

7장 이성의 한계와 전통의 회복

7. "The Restoration of Tradition,"은 <Modern Age>, Vol.5. No.2 (Spring, 1961)에 실렸다.

9장 편의의 국가

8. 스콜라 철학 이론을 다룬 소박한 독서로는 Robert M. Hutchins의 《Saint Thomas and the World State, Aquinas Lecture (Milwaukee, Wis.:Marquette University Press, 1949)》가 좋다. 허친스는 충족(autarkeia)의 원칙은 세계 전체를- 비록 지금은 상호의존적이고 서로 멸망을 위협하지만-정당한 정치 체제의 가능한 가장 작은 단위로 만든다고 주장한다. 비록 아퀴나스 강의에서 신의 계시나, 철학적 현실주의로 충족(autarkeia)의 원칙에 부여된 한계들을 전혀 인정하지 않았지만 "성 토마스"는 이를 요구한다고 그려진다.

9. 신의 정당성이라는 강령은 18세기와 19세기 "보수주의"의 특정 형태들에서 섭리는 기존의 권력을 제재하면서 항상 국가의 역사에서 그 자신의 모습을 드러낸다는 시각으로 희석됐다. 무엇이든 현재가 좋다. 현상유지는 성스럽다. 버크나 심지어 토크빌도 그들이 섭리에 호소할 때마다 이 위험한 곳이나 그 근처를 밟는다. 러셀 커크 교수는 그의 저서 《보수의 정신》에서 다음과 같이 말하는 듯 했다. 신의 섭리는 그 작동이 신비스럽고 정치권력의 업적에서 쉽게 추적되지 않는다는 이유를 들어 사람들은 신의 섭리가 존재하다는 사실을 부인한다.

10. J.J. Rousseau 《사회계약론, Willmoore Kendall(Chicago, 1954)》번역 Ⅰ, 6

11. Ibid., Ⅱ,6과 Ⅱ,3을 참조하라.

12. 하나의 정체(polity)에 통일성을 부여하려면 존재해야만 하는 합의(consensus)와, 합리주의 체제들

로 강제되는 정설(orthodoxy) 사이를 구분할 필요가 있다. 합의(consensus)는 그 단어의 형태가 보여 주는 대로 다양한 견해가 공통의 장소에서 만난다는 의미고, 정설(orthodoxy)은 모든 견해가 단일한 견해로 수렴한다는 의미다. 합의에는 타협이라는 의미가 담겨있다. 동의하는 최소한의 근거를 수립해 그 위에 정치 조직을 세우는 것이다. 정설은 형이상학적이고 종교적 인식의 뿌리로 찾아들어가 이러한 문제들에 일시적 타협이 아니라 "옳은 견해"를 강요한다. (orthodoxy의 근대적 용어는 "이념(ideology)"이며, 존 애덤스의 올바른 분노와 그릇된 어원학에 따르면 이는 "바보들의 과학"이다.)

13. 명백한(신비스럽지 않은) 신의 섭리라는 "보수주의자"들의 신념은 자유주의자들의 이상적인 체계들과 함께 분류되지 않는다. 그러나 같이 분류되어야 한다. 그러한 "보수주의"의 신학적 순진함은 현실의 세계를 이상적으로 만들어 "왕의 정의"를 정의로 만든다.

14. 버크와 뉴먼 추기경은 이 용어를 그들의 정부 개념에 사용했다. 그러나 그들의 묘사에서 주도적 특징이 되도록 충분한 규칙성을 지닌 채 사용하지는 않았다. (the Rivington Burke, VI, 257 쪽: "그들(프랑스인)은 그들의 정치를 편의(convenience)가 아니라 진실 위에 수립했다."를 참조하라.)

15.예를 들어 중세 사회를 현재 이상적으로 그리는 사람들은 스콜라 학파의 신학자들이 장인 동업 조합(guilds)을 독점적 권력의 중심이라고 사실상 만장일치로 비난했다는 사실을 대체로 잊고 있다. Raymond de Roover의 <The Concept of the Just Price: Theory and Economic Policy,> Journal of Economic History XVIII(1958)에 나타난 여러 중요 문헌을 참조하라.

16. 보수주의자들은 일반적으로 정치라는 실천적 과학에서 관념론자들의 규칙들을 불신한다. 마치 예술가들이 학문적 미학론자들의 "규칙"들에 회의적이듯이 말이다. 그 두 가지 경우에서 불신은 충분히 정당화된다. 정치 부문에서 보수주의자들은 종종 종교적 사상가들에서 자신들의 우군을 발견한다. 예술가들은 철학자들 보다는 웅변가들에서 우군을 발견한다. 버크는 웅변과 편지라는 형태로 자신의 숙고를 개진하는 지혜를 (그 수단의 중요성이 18세기에 어떤 의미가 있는지 의식한 채) 가졌다. 버크를 학파의 창립자나 법칙을 주는 사람으로 여기는 사람들이 간과하는 한가지다.

17. "Who's to Blame?(누구를 탓해야 하는가?)" 뉴먼의 저서 《논의와 주장 (Discussion and Arguments)》의 4장 (London: Longmans, 1907), 351쪽. 국가는 "광범위한 보수적 경향의 이해와 일치하는 그러한 정의를"추구한다. (350쪽)

18. 원칙, 법전과 신조, 도덕적 열정, 광신주의가 모두를 삼켜버릴 불꽃이 될 수 있다는 걸 보지 않으면서, 자유주의자는 인간적 문제들의 최종적인 해결책을 이기심이란 원칙으로 대체해야 한다고 종종 이야

기한다. Ronald Knox의《열정(Enthusiasm)》을 참조하라.

19. 근대 자유주의자는 권력을 행사하면서 권력의 두려움을 잃었다. 그러나 미국 보수주의의 "개인주의" 분파는 액튼 경의 불온한 언명과 함께 그 두려움을 보유한다.("절대 권력"과 "절대 부패"가 역사가의 입에서 무엇을 의미해야 하는지 아무도 말할 수 없다.)

20. Rousseau, op. cit. Ⅱ, 12: "각 시민은 정부를 상대로 해선 종속적일 수 있듯이, 서로가 서로를 상대로 해서는 완벽하게 독립적이어야 한다."

21. Ibid. Ⅱ,3. 루소는 "정치학"에서 아리스토텔레스가 분석한 씨족 법을 대체하는, 역사적으로 조건 지워진 기술들을 근대 세계에서 그리고 전체주의적 방식으로 적용한다.: "사적인 숭배가 최소한으로 축소되어야 하며 공공의 숭배로 전환되어야 한다. 그리고 가능한 한 모든 사람이 모든 사람과 만나도록, 다른 더 오래된 충성을 분쇄하려면 모든 장치가 탐구되어야 한다."는 사실을 인간이 깨달았을 때 그리스에서 민주주의가 발달했다고 우리는 들었다."(Pol.1319b24-27)

22. Historical Sketches, Ⅰ, 161쪽. "하나의 사회는 어떤 공통의 가치를 지닌 채 참여하는 개인들의 집합으로 만들어진다. 공통의 가치는 인종, 종교, 언어, 혹은 공유하는 역사적 경험일 뿐 아니라 지상에 자연스럽게 규정된 지역의 소유다. 뉴먼의 정의는 아우구스티누스가 국가를 정의한 현실적 방법과 비교되어야 한다. (City of God, ⅩⅠⅩ, 24): "하나의 정치적 공동체는 합리적 피조물들의 집합으로 그들은 공유하는 사랑의 대상들로 통합돼 있다." 액튼 경은 서류철 형식의 카드에 담아둘 만한 경구 하나를 언급했다. "자유는 종교가 아니라 재산의 창조물이다." 이는 뉴먼과 아우구스티누스의 광범위한 재산권 개념이-어떤 좋은 무언가를 공유하고 공동체 전반의 고정된 충성을 요구하는-수용될 때에만 진실이다. 그리고 또한 신의 소유물을 카이사르에게 주길 거부하는 종교가 정치적 수준에서 그러한 "재산권"으로 고려될 수 있을 때에만 진실이다.

23. 칼훈의《정부론 (A Disquisition of Government [New York: Appleton, 1853])》37쪽.

24. "누구를 탓해야 하나?" 315-316쪽

25. Ibid. 351-352 쪽

26. 미국 사회는 특별한 상황을 제공한다. 왜냐하면 미국이 고차원의 정치적 지혜를 새롭고 혼란스런 지역으로 가져왔기 때문이다. 자연적 성장의 견제와 균형이 미비함을 보완하려고 미국의 헌법은 보다

단계적으로 성장하는 공동체에 필요한 정부 활동보다 더 구체적으로 내부적인 균형을 목표로 했다. 이는 국가의 명시적인 정치 헌장에 정상적으로는 속하지 않는 힘과 핵심적 지위를 미국의 성문헌법에 준다. 미국의 헌법은 유럽에 이어져 있으며, 의식적인 정치 지도력의 특별한 행위를 통해 분명해진 미국의 전통이다. 유럽과의 결별이 더 위험하다. 왜냐하면 미국은 그 헌법에 형태를 줄 다른 어떤 전통도 없기 때문이다.

27. "누구를 탓해야 하나?" 351–352쪽.

28. Ibid. 349쪽.

29. John Courtney Murray S. J.의 《We Hold These Truths (New York: Sheed and Ward, 1960)》의 208쪽. "민주적 과정의 현대적 우상숭배에는 전체주의 경향이 내재해 있다.… 정치적 질서 그 자체가 아니라 정치적 방법의 일원론을 재촉한다. 인간 삶의 모든 문제들, 공식적인 정치 현안 뿐 아니라 도덕적, 지적, 종교적인 문제들이 정치적 문제들로 간주되거나 해소되며, 다수결 투표라는 단일하게 전지전능한 정치 기술로 해소된다는 주장이다.

30. Herbert Butterfield가 연구한 액튼 경의 수많은 경구중 하나는 다음과 같은 진술을 담고 있다. 프랑스 혁명 과정에서 현실화된 진정한 갈등은 "자유와 민주주의의 위대한 투쟁이나, 군주제와 민주주의의, 또 전통과 자유의 투쟁이 아니라, 자유로워지고 싶은 인간의 욕구와 이러한 추력이 이끌어지고 소비되는 강령의 방향들 사이에 벌어진 투쟁이다."

31. Even Ernst Cassirer는 루소 작품의 도덕적 통일성을 주장하면서 교육의 여건으로 열린사회를 제시한 루소의 개념에 "글자 그대로"의 모순이 있다고 인정한다. "바로 그 첫 출발부터 그 작품은 인간 사회의 조건 밖에 있다. 책은 인간 사회 속 모든 종류의 관계로부터 학생을 풀어 놓는다. 과거에 그랬듯이 인간을 진공상태에 둔다. 이 감옥의 벽들은 인간을 옥죄이며 더 제한적으로 가두고.… 자연의 단순성과 평이함으로 거꾸로 이끌어간다. 그러나 아이에게 사물의 현존 질서를 숨기는 건 이렇게 부자연스러움의 정점이 아닌가? 더욱이 이 시도는 처음부터 실패할 운명이지 않은가?…정신적이고 윤리적인 발전의 결정적 전환점들에서 그러한 외부적 도움은 필요하고 받아들여진다. 우리는 예를 들어 에밀과 정원사의 대화를 회상할 수 있다. 그 대화는 에밀에게 재산권이라는 처음의 개념을 전달하고 이해할 만하게 만들려 계획됐다. 이렇게 이 교육체계를 안내해야 할 진실의 광신적 사랑은 주의 깊게 계산된 교수법적 속임수와 기만이라는 흥미롭게 복잡한 체계로 타락해가고 만다.《루소의 질문(The Question of Jean-Jacques Rousseau, Peter Gay 번역 (New York: Columbia, 1954)》

보수의 뿌리

32. Murray, op., cit., 164쪽

33. 《액튼 경이 글래드스톤에게 보낸 편지 Letters of Lord Acton to Marry Gladstone(London :Macmillan, 1905)》에서 "진실의 노예가 아니라 조작자나 궤변자"(70쪽)에 "깊이 혐오하는"(243쪽) 액튼을 참조하라. A. J. Carlyle은 국가의 특징적인 속성이 정의라는 개념을 부정하는 아우구스티누스의 행동을 두고 "위대한 기독교 교사의 탄식할만한 잘못"이라고 불렀다. 《중세 위대한 사상가들의 사회정치적 개념들 (Social and Political Ideas of Some Great Medieval Thinkers,)》 F.J. C. Hearnshaw 편집 [London, 1923], 51쪽)

34. Murray, op.ct. 209쪽. "기독교는 언제나 국가를 제한된 목적을 위해 행동이 제한된 집단으로 간주하면서, 사회의 조직화된 도덕적 양심의 가르침과 방향아래 선택되고 추구되어야 한다고 생각했다. 그런 국가의 판단은 인간의 본성과 운명을 해석할 자격이 있는 독립적이고 독자적인 공동체인 교회가 형성하고 유포한다." Acton 경의 《자유의 역사 The History of Freedom and Other Essays 》 (London: Macmillan, 1907) 205쪽. "기독교 세계에서와 마찬가지로 유대인의 세계에서 정치적이고 성서적 의무들은 일치하도록 만들어져 있다. 따라서 그리스의 정치체(politeia)에서와 마찬가지로 유태인의 신정정치에서도 국가는 절대적이다. 이제 교회의 위대한 목적은 두 영역을 영원히 서로 구별되는 세계로 유지해서, 카이사르에겐 카이사르의 것을 주고 신에겐 신의 것을 주는-어떤 종류라도 모든 절대주의를 불가능하게 만드는데 있다."

35. Murray, op. cit. 203쪽. 자유는 창조적으로 분열된 충성에서 솟아난다는 사실의 심리학적 제시를 위해선, 《문화를 정의하려는 시도 Notes Towards a Definition of Culture》에서 T. S. Eliot이 했던 종교적 논의를 참조하라.

10장 자유 기업의 도덕성

36. <자유 혹은 미덕 Freedom or Virtue>, National Review, XⅢ, 10(Sept. 11, 1962) 181–187쪽

11장 보수주의의 실증적 정의

37. 몇 년 뒤 <New Individualist Review>에 하이에크와 폰 미제스 그리고 프리드만의 제자인 어느 철학과 대학원생이 랜드 여사의 사상과 수사법을 분석해 비슷한 결론에 도달했다. 랜드 여사는 "증오에 눈이 멀었고," "그녀의 욕설에 숨이 막힐 지경이었다."고 그는 썼다. Bruce Goldberg, <아인 랜드의 '새

로운 지식인을 위해' Ayn Rand's 'For the New Intellectual>, New Individualist Review, Nov., 1961, 20쪽을 참조하라.

38. New Individualist Review, Nov. 1961, 3쪽. National Review를 대신해 나는 부분적으로 답했다. "미국 보수주의자는 역사, 인류학, 심리학의 지식 안에서 나아가야 할 필요가 있다. 우리는 우리의 시대를 살아가야 한다. 우리는 사회 안전 같은 우리의 특권을 짓누르는 제도화된 강요에 맞서겠다는 절치부심을 계속해서 소중하게 생각해야 한다. 그러나 우리가 이 고통스러운 세계를 멀쩡하게 지나려면 반드시 사회 안전법의 철폐와 소비에트 위협의 봉쇄라는 문제를 동일한 긴급성으로 다루지 말아야 한다. 두 가지 목적에서 그 우선순위를 정하는 문제는 단지 지적인 구별의 문제가 아니라 도덕적 균형의 문제다."

39. 《자유와 굴종 Freedom and Serfdom, An Anthology of Western Thought》 (Dordrecht, Holland: D. Reidel Co., 1961)에 나오는 에세이.

부록 2 보수주의란 무엇인가?

40 포테스큐의 책은 현대의 영어 철자로 옮겨진 읽기 쉬운 판본으로 나와 있다. 존 포테스큐, 《On the Laws and Governance of England》, 셸리 로크우드(Shelley Lockwood) 편집본(Cambridge: Cambridge University Press, 1997)

41 우리의 설명은 여기서 레오 슈트라우스(Leo Strauss)와 갈라진다. 그는 루소를 로크의 비판자로 제시했고, "근대의 첫 번째 위기는 장 자크 루소의 사상에서 발생했다"고 주장했다. 《자연권과 역사 (Natural Right and History, Chicago: University of Chicago Press, 1953)》 252 페이지를 보라. 특히 인간불평등기원론(Discourse)에서 루소가 고전적 고대의 응집력 있는 공동체로 돌아가야 한다고, 아울러 사회적 일관성을 유지하고 그 공동체를 방어하는 전쟁을 일으키려 할 때 요구되는 미덕으로 돌아가야 한다고 주문했다는 슈트라우스의 지적은 옳았다. 그러나 이런 주문이 "근대성의 첫 번째 위기"를 불러왔다고 간주한 점은 실수다. 현재의 정치적 근대성을 구성한다고 간주되는 내용들은 포테스큐, 코크, 셸던에 의해 표현된 보수적 전통에서 비롯됐다고 보는 편이 더 정확하다. 그 근대성의 첫 번째 위기는 그로티우스와 로크 같은 보편주의자적-합리주의자가 이런 보수적 전통에 맞서 도발했다. 어떤 점에서 루소는 일찍이 보수적 전통과 같은 편에 섰다. 로크의 합리주의가 사회적 통일성을 불가능하게 하고 미덕의 가능성을 파괴했다고 생각했던 면이 그렇다. 그러나 루소가 로크의 자유주의적 공리를 출발점으로 삼는다 해도 여전히 사회적 통일성과 미덕을 되살릴 수 있다고 믿었던 반면, 영미 보수주의는 이런 모든 노력을 부질없는 짓으로 간주한다. 루소 사상의 추적하기 힘든 모순들은 이 하나의 원을 네모로 만들

방법이 없다는 사실에 그 근원을 두고 있다. 일단 자유주의적 공리를 수용하고 나면, 루소가 필요하다고 고집한 미덕이나 사회적 통일성의 어떤 가능성도 필요가 없어진다. 루소의 "시민적 종교" 그리고 국민 국가는 보수적 사상에서 전통적 종교와 국가가 담당했던 역할을 수행해낼 가능성이 전혀 없다. 이들은 로크 세계에서 만들어진 모조품이며 루소의 사상은 여전히 그 안에 갇혀 있을 뿐이다.

William F. Buckley Jr.(1925-2008)는 <National Review>의 창립자이자 편집자며 십여 권의 책 저자이다. 저서로는 《God and Man at Yale》, 《McCarthy and His Enemies (Brent Bozel과 공저)》, 《Up from Liberalism》, 《Rumbles Left and Right》. 스파이 소설 《Blackford Oakes》시리즈. 강의와 저술로 미국 보수주의의 대표적인 대변인이라는 명성을 얻었다.

John Chamberlain(1903-1995)은 《Farewell to Reform》, 《The American Stakes》, 《MacArthur 1941-51 (Charles Willoughby 장군과 공저)》, 《The Roots of Capitalism》《The Enterprising Americans》 등의 저자. "These Days"라는 매일 연재한 신디케이티드 칼럼 집필. <New York Times>에 서평 칼럼을 썼고, <Life>, <Fortune>, <Barron's>, <Wall Street Journal>, <Harper's>, <Saturday Review>, <National Review> 등의 정기 간행물에 글을 연재했다.

Frank Chodorov(1887-1966)는 언론인으로 정기간행물 <Human Events>, <The Freeman>, <National Review> 그리고 다른 출판물에서 중요한 역할을 했다.《One is a Crowd》, 《The Income Tax: Root of All Evil》, 《Fugitive Essays》 등의 저서가 있다. 1953년에 창립한 Intercollegiate Society of Individualists는 오늘날 Intercollegiate Studies Institute로 명칭이 바뀌었다.

보수의 뿌리

M. Stanton Evans(1934-2015)는 26살에 <Indianapolis News> 편집국장이 됐다. 미국 주요 일간지의 최연소 편집국장이었다. 그는 National Journalism Center를 창립했고 《Revolt on the Campus》《The Theme Is Freedom》,《Blacklisted by History》 등의 저서가 있다.

Willmoore Kendall(1909-1967)은 예일, 조지타운, 스탠포드 대학 등에서 정치학을 가르쳤다. CIA의 분석 보고국의 라틴아메리카 지역담당 책임자를 역임했고 국무성의 정보 분석 부문과, 중남미국 담당 책임자이기도 했다. 《John Locke and the Doctrine of Majority Rule》,《Democracy and the American Party System (Austin Ranney와 공저)》,《The Conservative Affirmation》 등의 저서를 출간했다. <National Review>의 고위 편집자였으며, <American Political Science Review>, <Midwest Journal of Political Science>, <Journal of Politics>에 자주 기고했다.

Russell Kirk(1918-1994)는 《보수의 정신(The Conservative Mind)》,《The Roots of American Order》,《The American Cause》,《The Politics of Prudence》,《Enemies of the Permanent Things》 등 수많은 책의 저자다. 미국과 영국 캐나다의 수많은 정기 간행물에 광범위하게 기고해왔으며 신디케이티드 칼럼도 썼다.

Frank S. Meyer(1909-1972)는 <National Review>의 고위 편집자였으며 <Modern Age>의 편집 고문이었다. 《In Defense of Freedom: A Conservative Credo, The Moulding of Communist》 등의 저서가 있다.

Stanley Parry, C. S. C.(1918-1972)는 성 십자가 회중 소속 가톨릭 사제. 노트르담 대학에서 정치학을 가르쳤다. 예일 대학에서 박사학위를 취득한 이후 학과장으로 봉사했다. <Review of Politics>, <National Review>, <Modern Age> 등에 기고했다.

Wilehlm Röpke(1899-1966)는 예나, 그라츠, 마부르크, 이스탄불 대학 등에서 경제학 교수였다. 《Economics of the Free Society》,《A Humane Economy》,《The Moral Foundations of Civil Society》,《The Social Crisis of Our Time》 등 수많은 책을 저술했다. 2차 세계 대전 이후 독일 경제의 기적을 가져다 준 Ludwig Erhard 경제정책에 영감을 준 사람으로 널리 인정된다.

Stephen J. Tonsor(1923-2014)는 미시간 대학의 역사학 교수였다. 《Tradition and Reforms in Education》 의 저자이다. <Victorian Studies>, <Journal of Modern History>, <Catholic Historical Review>, <Review of Politics> 등의 정기 간행물에 기고했다.

필자 소개

Garry Wills(1934-)는 저서 《Lincoln at Gettysburg》로 퓰리처 상 논픽션 부문을 수상했다. 《Inventing America》로 전국 도서 비평가상과 인문학 상을 수상했다. 저서로는 《Chesterton: The Man and the Mask》, 《Mr. Jefferson's University》, 《Augustine's Confessions: A Biography》 등이 있다. 1970년대까지 <National Review>에 기고했고 <New York Review of Books>에 정기적으로 글을 쓴다.